Diane Ackerman
Die Seele meines Gartens

EUROPA
VERLAG

Aus dem Amerikanischen von Brigitte Post und Harald Höfner

DIANE ACKERMAN

Die Seele meines Gartens

Europa Verlag
Hamburg · Wien

In gleicher Ausstattung erschien
von Diane Ackerman
»Die schöne Welt der Sinne«

Die Deutsche Bibliothek – CIP-Einheitsaufnahme
Ein Titelsatz für diese Publikation ist bei
Der Deutschen Bibliothek erhältlich.

Originalausgabe:
Cultivating Delight

Published by arrangement with HarperCollins Publishers, Inc.

Deutsche Erstausgabe

Lektorat: Imke Sörensen
Umschlaggestaltung: Kathrin Steigerwald, Hamburg,
unter Verwendung eines Kupferstichs von Maria Sibylla Merian
Satz: H & G Herstellung, Hamburg
Druck und Bindung: Wiener Verlag, Himberg bei Wien
ISBN 3-203-75000-7

Informationen über unser Programm erhalten Sie beim
Europa Verlag, Neuer Wall 10, 20354 Hamburg
oder unter www.europaverlag.de

»Die Krokusse und die Lärche, die jedes Jahr früher als die anderen grünt, und die Weiden, rot von unaufgefressener Schafsplazenta, und die langen Sommertage und das frisch gemähte Heu und die Ringeltaube morgens und der Kuckuck nachmittags und der Wiesenknarrer abends und die Wespen im Gelee und der Duft des Ginsters und der Anblick des Ginsters und die Äpfel, die fallen, und die Kinder, die durch das welke Laub laufen, und die Lärche, die sich gelb verfärbt, eine Woche früher als die anderen, und die Kastanien, die fallen, und die heulenden Winde und die Sturzsee, die überm Pier zusammenbricht, und die ersten Kaminfeuer und die Hufe auf dem Weg und der schwindsüchtige Briefträger, der die *Rosen der Picardie* pfeift, und die Petroleumlampe und natürlich der Schnee und selbstverständlich der Hagel und ganz bestimmt der Matsch und alle vier Jahre das Februardebakel und die endlosen Aprilschauer und die Krokusse und dann die ganze miese Geschichte, die wieder von neuem losgeht.«

Samuel Beckett, »Watt«

1

ICH PLANE MEINEN GARTEN, wie ich mein Leben gerne planen würde – voller Inseln aus Überraschungen, Farben und Düften. Ein verführerischer Zug an der Gartenarbeit besteht darin, daß sie so viele Rituale erfordert. Zum Beispiel den Garten im Frühjahr freizulegen. Ein verrottetes Eisentor durch ein stämmiges Holztor zu ersetzen. Rhododendren an einen sonnigeren Platz zu verpflanzen. Die Stechpalmen neben die Garage zu setzen, um sie vor dem Wild zu verstecken, das sie aber trotzdem findet und mit den Stacheln und allem anderen verspeist. (Das mag unserer Leidenschaft für starken Pfefferminz, scharfen Senf und feurigen Pfeffer ähneln – die Stacheln fügen der Blattdiät des Wildes vielleicht dieses gewisse Etwas, den *frisson* hinzu.) Gartenarbeit ist per definitionem niemals abgeschlossen, und die Zeit, die sie erfordert, erinnert uns an eine Ordnung, die älter und vollständiger als unsere eigene ist. Für die Gärtner auf der ganzen Welt läutet der Wecker im Frühjahr, und von da an findet eine komplette Parade von Pomp und Prunk statt, die sich feierlich bis zum Winter hinzieht. Aber selbst dann gibt es noch viel zu bewundern und zu lernen – die Hieroglyphen der Tierfährten im Schnee zum Beispiel oder die anmutige Wölbung des Rosenstengels –, und es gilt viele Strategien zu entwickeln.

Sicher gibt es doch eine neue Methode, das marodierende Wild und die Japankäfer zu überlisten? Gärtner verstehen das Wort *Seuche* auf eine Weise wie vor ihnen lediglich mittelalterliche Stadtbewohner. Gärtner können kultiviert und vergeistigt sein. Sie können erdverbundene, großherzige

Menschen sein, die es lieben, sich die Hände beim Graben schmutzig zu machen, während die Sonne scheint. Sie können von ordentlichen Welten aus miniaturisierten, perfekt blühenden Bäumen besessen sein. Sie mögen eine Leidenschaft für Dschungelgärten entwickeln, die an die Wälder des Amazonas erinnern. Vielleicht lieben sie das Unkrautchaos riesiger Böschungen voller Wildblumen. Vielleicht erschaffen sie ineinanderfließende Welten aus Farben und Grün, in denen kleine Wiesen Platz lassen für Rosenbeete mit Spalieren, einen Wassergarten, komplett mit kleiner Brücke und Wasserfall, einen Schmetterlingsgarten, der auch von Kolibris besucht wird, einen »extravaganten« Garten, der ausschließlich mit roten, gelben und orangefarbigen Blumen besetzt ist, eine Hecke aus Pampagräsern, deren große Federbüsche sich wie Metronome wiegen.

Gärtner haben ungewöhnliche Vorlieben, die vorwiegend ihre persönlichen Dramen widerspiegeln, aber sie haben alle die Liebe zu natürlicher Schönheit gemeinsam und die Leidenschaft, aus Chaos Ordnung zu erschaffen, und sei sie auch noch so kurzlebig. Der Garten wird zu einem Rahmen für ihre Vision vom Leben. Auch teilen sie – ob traditionsorientiert oder hochtechnisiert – ein dunkles Geheimnis: Trotz ihrer Empfindsamkeit für Schönheit, trotz ihres Respekts für die Natur greifen sie mit stahlbewehrter Hinterlist auf Mord und Verwüstung zurück.

Ob sie pflegen, entscheiden, eingreifen oder schmeicheln – Gärtner sind ewige Optimisten, die den Wegen der Natur vertrauen und leidenschaftlich an die Idee der *Verbesserung* glauben. Die knorrigen, verdrehten Äste der Apfelbäume haben sie gelehrt, daß Schönheit an den unmöglichsten Stellen entstehen kann. Geduld, harte Arbeit und ein durchdachter Plan führen in der Regel zum Erfolg, zu privaten Welten aus Farben, Düften und staunenswerter Schönheit. Kein Wunder, daß eine Gärtnerin ihren Garten so plant, wie sie wünschte, ihr Leben planen zu können.

Frühling

Jeder Grashalm hat seinen Engel,
der sich über ihn beugt und flüstert:
»Wachse, wachse.«

Talmud

2

An dem Tag, an dem der letzte Schnee geschmolzen ist, schmeckt die Luft zum ersten Mal seit vielen Monaten zinnern und süß – diese feine Tinktur aus jungen Knospen, Säften und Lehm, mit der sich der erste Hauch der Frühjahrszeit ankündigt. Plötzlich bewegt sich eine braune Gestalt im Gehölz und wird unvermittelt sichtbar, als sie über den Zaun am unteren Ende der Wiese springt – ein Reh mit rostbraunen Flanken und flinken Beinen. Es schaut genau zu mir herüber, während ich es vom Wohnzimmerfenster aus beobachte, dann senkt es den Blick.

Fünf weitere Stücke Rotwild vollführen gleich Feuerwerkskörpern ähnlich spektakuläre Sprünge und landen sicher auf dem leblosen Gras. In dem Moment aber, in dem sie die Erde berühren, scheint ihre Spannkraft zu schwinden, und sie tappen schlaff, ausgemergelt und erschöpft herum. Ein großes Reh hebt sein Hinterbein, um seine struppige Flanke zu kratzen. Ich glaube, daß es das Reh ist, das ich im letzten Jahr wegen eines geometrischen Musters auf seinem Fell *Dreieck* genannt habe. Die Tiere verlieren ihr Winterfell, und da sie es nicht gleichmäßig verlieren, sieht ihr ansonsten sehr glattes Fell wie von kleinen Blitzen durchkreuzt aus. Besonders die Hirsche scheinen rasend vor Hunger. Sie beginnen, die vertrockneten Lavendelblätter zu fressen, deren strenger Geruch sie normalerweise abstößt. Sie haben ihr Winterfett verloren, aber noch steht nichts in Blüte. Ihre Speisekammer wird noch wochenlang leer sein. Verzweifelt verschlingen sie die bittersüßen Blätter und reißen Rinde von Espen und anderen Bäumen ab, die sie sonst nicht mögen. Während des Sommerbanketts können sie es sich leisten, nachlässig zu sein und nur zu fressen, worauf sie Lust haben. Aber jetzt, wo sie auf der Suche nach Nahrung mit möglichst hohem Proteingehalt sind, durchstöbern sie den Garten sorgfältig nach Resten.

Ich liebe es, das Wild zu beobachten. Immer taucht es wie von Zauberhand auf, wie durch ein Wunder oder als Antwort auf eine nichtgestellte Frage. Das Erscheinen des Rotwildes aus einer anderen Welt hält den Tag in seinem üblichen Ablauf an, konzentriert ihn auf die hypnotische Schönheit der Natur und setzt ihn dann mit einem Stoß des Wunderbaren neu in Gang. Es gibt eine Methode, ruhig dazusitzen und die Natur anzuschauen, die eine Art Meditation oder Gebet ist, und genau wie diese heilenden Handlungen beruhigt auch sie den Geist.

Wenn der Sommer kommt, wird das Wild wie immer meinen Kräutergarten durchwühlen, meine Rosen köpfen, die Beete zerstören und zwischen den geknickten Blumen seine Fußabdrücke als Visitenkarte hinterlassen. Rehe und Hirsche sind gewissermaßen die Terroristen des Gartens. Deshalb habe ich die meisten meiner Rosen in einen speziellen, eingezäunten Garten mit einem stabilen Tor gepflanzt. Es ist ein merkwürdiges Gefühl, im Wettstreit mit dem Wild zu stehen, aber das kommt dabei heraus, wenn man so viel Land kultiviert. Wenn wir die natürliche Umwelt des Wildes durch Gebäude und Äcker ersetzen, lassen wir ihm keine andere Chance, als in unsere Gärten einzufallen. Und die Menschen sind dafür bekannt, Wild zu jagen, ja es sogar als Nutztier zu hegen. Chinesische Heilmittel enthalten seit Jahrtausenden tierische Anteile zu medizinischen Zwecken, insbesondere Bast von Geweihen, Knochen- und Rückenmark, Penisse, unverdaute Milch, Föten, Gehirn, Schilddrüsen und vieles andere. Wenn der Mensch nicht so selbstgefällig am oberen Ende der Nahrungskette säße, welche Kuriositäten unserer Körper würden andere wohl als Arzneimittel verwenden? Dieser Gedanke wird in vielen Science-Fiction-Romanen und -Filmen in all seinen blutrünstigen Einzelheiten untersucht. Das Wild in meinem Garten ist schön und ein Ganzes, mehr als die Summe seiner Teile, und ich bin glücklich, alles außer preisgekrönten Blumen mit ihnen zu teilen. Aber wie die Blumen schützen? Freunde haben mir Abschreckungsmittel empfohlen wie zum Beispiel Säcke mit Haaren vom Friseur, gebrauchte Tampons, Pumapisse, Mottenkugeln, Salsa, intensiv riechende Seife oder bellende Hunde. Nach meiner Erfahrung funktioniert eine ölige Flüssigseife mit dem Namen »Hinder« recht gut; sie richtet auch bei Kindern und Tieren keinen Schaden an, man muß sie aber nach jedem Regen neu versprühen. Dieses Jahr aber stieß ich endlich auf die Lösung: Windrädchen. Ich setzte neben alle von mir geschätzten Büsche oder Blumen eines. Da sie sich nach dem Zufallsprinzip drehen und in der Sonne glänzen, wirken sie lebendig, und das Wild meidet sie. Außerdem mag ich es, wie fröhlich diese Windräder aussehen und wie sie den Garten mit Farben und Bewegungen und dem weichen Surren ihrer Flügel verzieren.

Dafür lasse ich alle Äpfel meiner beiden Bäume für das Wild übrig, ich lasse es meine Himbeeren fressen, und in strengen Wintern füttere ich es. In den kälteren Monaten lege ich manchmal Äpfel unter die Zwillingsapfelbäume, wo das Wild nach ihnen sucht. Ein Jahrzehnt lang haben die Apfelbäume dem Wild geholfen, den Winter zu überleben. Wegen der wechselnden Strömungen von El Niño und mehrerer Vulkane, die Staub in die Atmosphäre schleuderten, trugen die Apfelbäume im letzten Jahr kaum Früchte, und die Tiere fanden nur wenige Äpfel unter dem Schnee. Trotz seines dicken, eselsähnlichen Fells sieht das Rotwild dünn aus. Ich nehme an, ich befinde mich im Widerstreit mit dem Wild, wie die Psychologen gerne sagen. Aber hauptsächlich bin ich dankbar, diese Geschöpfe so nahe bei mir zu haben.

Wir haben hart daran gearbeitet, uns selbst aus der Natur zu verbannen; dennoch beschließen wir unsere Tage damit, uns nach dem zu sehnen, was wir verloren haben: dem Gefühl von Verbundenheit. Für viele Hausbesitzer, Vorstädter und

Reisende bilden die Tiere des Hintergartens wie Rotwild, Eichhörnchen, Vögel und Waschbären so etwas wie die Eingangstür zur geschäftigen Welt der Natur. Tiere zu studieren ist einfach, wenn man sie aus der Nähe sehen kann, und es gibt kaum etwas Entzückenderes, als einzelne Tiere anhand einzigartiger Merkmale und Persönlichkeiten zu erkennen: das Reh mit dem weißen Halbkreis unterhalb des einen Auges, das sich auf seine Hinterbeine erhebt, um Äpfel von den Bäumen zu pflücken; den jungen Hirschen, der immer einen kleinen Kriegstanz aufführt, bevor er über einen Zaun setzt. Wenn dergleichen passiert, verlieren wir unsere »Wir-gegen-die«-Haltung und beginnen uns als Teil eines Königreiches von Nachbarn zu fühlen. Tief in unserem Instinkt und unseren Zellen erinnern wir uns daran, wie wir ein Leben in der ursprünglichen Natur führten, uns an den nahtlosen Kreislauf der Jahreszeiten anpaßten, Wetter und Landschaften lasen, Schrecken und Herausforderungen entgegentraten. Inzwischen sind wir wahrhaftig außerhalb unseres Elements, und es ist kein Wunder, daß wir unsere seltenen Besuche in der Natur genießen – Picknicks, Waldläufe und Fahrradtouren, Reisen in Parks, Zeltlager und Zoos.

Wir mögen uns in unseren Häusern gemütlich und sicher fühlen, geschützt vor Stürmen und Raubtieren, aber wir zahlen einen Preis dafür: schlaffe Muskeln, schwache Herzen und Niedergeschlagenheit. Im Winter, wenn wir das Tageslicht entbehren müssen, fühlen wir uns bedrückt. Und selbst wenn wir nach Mitteln gegen diese Leiden suchen, fällt uns nur Künstliches ein: Gymnastik, Tabletten, Solarien. Indem wir uns immer weiter aus der Natur zurückziehen, verlieren wir das Gefühl der Zugehörigkeit, erleiden eine furchtbare Einsamkeit, die wir nicht benennen können, und berauben uns schließlich eigenhändig dessen, was wir benötigen, um uns gesund und vollständig zu fühlen. Kinder wissen das instinktiv und lernen sehr schnell die Freuden der Natur zu schätzen. Wenn ein Baumstumpf oder ein Morast locken, dann tauchen sie hinein – mit großen Augen und beiden Händen.

Ich vermute, wir fürchten den Verlust der Kontrolle über uns und unseren Planeten, und es gibt ja auch keinen Zweifel: Die Natur ist chaotisch, zufallsgesteuert, gewalttätig und nicht zu bändigen – gleichgültig, wie hartnäckig wir auch versuchen mögen, sie zu überlisten. Aber sie ist auch strahlend, wohltuend, allumfassend und stärkend. Staunen ist ein sperriges Gefühl; wenn es Herz und Geist erfüllt, bleibt wenig Platz für irgend etwas anderes.

Wild gerät so leicht in Panik, daß der einzige Weg, sich unter es zu mischen, ohne es zu erschrecken, darin besteht, sich hinzuhocken und es auf keinen Fall anzuschauen. Augenkontakt, selbst ein kurzer Blick, kann es beunruhigen. In der Regel suchen wildlebende Tiere den Augenkontakt nur dann, wenn sie kämpfen, fressen oder sich paaren wollen. Wenn ein Mensch sie ignoriert, stellt er nur eine geringe Bedrohung dar. Also stehle ich mich hinaus, ducke mich und lege einen aufgeschnittenen Pfirsich auf das Gras in die Nähe der Apfelbäume, danach krieche ich immer noch ohne Augenkontakt zurück ins Haus. Bald schnüffeln zwei Rehe auf den Schatz zu, der ungewohnt, aber verlockend süß ist, und schließlich stehen sie da, fressen Pfirsichscheiben, und der Saft tropft aus ihren Mäulern. Ich habe festgestellt, daß Eichhörnchen den Klang meiner Stimme beruhigend finden, aber Rotwild braucht Ruhe.

Eines Mittags im letzten Sommer entdeckte ich zwei Damkitze, die im Schatten eines großen Baumes auf meinem Vorplatz im Gras ruhten. Ruhig schlich ich hinaus, wobei ich meine eigentliche Absicht verbarg: Ich ging über den Hof, als ob ich bei einer Besorgung wäre, die nichts mit den Tieren zu tun hätte. Weil ich völlig mit menschlichen Angelegenheiten beschäftigt schien, beobachteten sie mich, immer auf der Hut, aber sie blieben ganz ruhig, als ich mich in ihrer Nähe ins Gras setzte, ein oder zwei Gräser abrupfte und sie nur hin und wieder mit langen, rasch aufeinanderfolgenden Blicken beobachtete. Ein vorbeifahrendes Auto schreckte sie auf, sie standen schon halb, dann ließen sie sich wieder nieder. Rotwild legt seine Läufe nicht übereinander, wie die Hunde es tun, sondern es gleitet wie Kamele über die Kniescheiben auf den Boden. Als ich mit meinem vorgetäuschten Grasen fortfuhr, rollten sich die Kitze zusammen und dösten vor sich hin.

Wo war ihre Mutter? Hatte sie keine Angst, sie allein unter Menschen zu lassen? Normalerweise hat ein Reh ein oder zwei Kitze und versteckt sie an einer abgelegenen Stelle, während es Futter sucht und nur zurückkehrt, um sie zu säugen. Während der ersten Wochen ihres Lebens sondern Kitze kaum Geruch ab. Da sie klein, ruhig, getarnt und nahezu geruchslos sind, kann man sie nur schwer entdecken; daher kann ihre Mutter sich ohne große Sorgen entfernen. Andererseits konnte mich die Mutter durchaus gesehen und als ein Geschöpf eingestuft haben, das ebenfalls in der Sonne graste. Menschen sind den Tieren der Vorstädte durchaus vertraut.

Im letzten Hochsommer nahmen die Kitze eine vegetarische Kost zu sich, die aus Hunderten von Knospen- und Blättersorten bestand, und sie durchstreiften ein großes Gebiet. Im Wald hinterließen sie Duftwolken. In der Dämmerung sah ich sie oft ins offene Feld hinausziehen, um an breitblättrigen Pflanzen zu knabbern. Dabei stellten sie sich in die Windrichtung und zogen langsam gegen den Wind weiter, immer auf der Hut vor dem Geruch von Raubtieren. Rehe neigen dazu, mit ihrem Schwanz zu zucken, bevor sie den Kopf heben; wann immer ich also das Schwanzzucken sah, stand ich still und schlug meine Augen nieder. Wenn ich sie erschreckte, rannten sie in einer unbeholfenen, schwanzwedelnden Pantomime davon, die zu besagen schien: »Ich weiß, daß du mich siehst, aber ich bin zu schnell für dich! Zu stark für dich! Es hat keinen Zweck, mir nachzujagen.« Nach meiner Auffassung ist es ein recht heikler Bluff, wenn ein Opfer die Aufmerksamkeit auf sich lenkt, aber Gazellen tun das ebenfalls.

Jetzt, fast ein Jahr später, sind die Kitze gewachsen, ihre Tupfen sind verschwunden, und ihre Bäuche sehen mager aus. Das hübsche rötlich-braune Fell, das sie als Jugendliche trugen, ist dem dunklen Graubraun des Erwachsenenalters gewichen. Dieses Fell ist etwas lockerer gewoben, aber jedes Haar ist hohl, so daß die gestaute Luft sich wie ein Wollschal in einer kühlen Nacht erwärmt. Ich kann – jedenfalls aus der Ferne – nicht sagen, ob die Kitze männlich oder weiblich sind. Ihre Mutter ist jung, deshalb sind sie wahrscheinlich weiblich, Rotwild neigt dazu, in seiner frühen Paarungszeit Weibchen zu gebären. Später, wenn das Reh älter wird, gebärt es vor allem Männchen, die es stärker bemuttert und länger säugt. Die Männchen müssen stark werden, damit die Gene der Mutter erfolgreich weiterwirken, wenn ihre Nachkommenschaft die Rivalen aussticht und den Harem dominiert. Viele Tiere sind instinktiv in der Lage, das Geschlecht ihrer Nachkommen zu wählen. Treffen auch Menschen eine solch unbewußte Wahl? Das würde ich gerne wissen.

Als ich mich daran erinnere, was ich für die Fütterung der Eichhörnchen und Vögel aufbewahrt habe, schnappe ich mir schnell ein Jacke, flitze in die Garage und kehre kurz darauf mit sechs Maiskolben zurück. Dann schlüpfe ich langsam zur Hintertür hinaus und verteile den Mais über den Hof. Die Tiere beäugen ihn aus einiger Entfernung, nähern sich vorsichtig, erkennen, worum es sich handelt, und nagen die Kolben gierig in Stücke. Und die Äpfel, die ich für einen Kuchen aufgehoben habe? Ich fülle meine Taschen und Hände mit Äpfeln und schleiche noch einmal hinaus. Als ich dem ältesten Weibchen Äpfel zuwerfe, fixiert es mich – Auge in Auge. Ein Apfel landet ungefähr einen Meter vor ihm, und immer noch beäugt es mich sorgfältig; dann geht es zum Apfel, teilt ihn mit einem Biß und frißt ihn mit einer Mischung aus Überraschung und Genuß auf. Äpfel im April! Das Weibchen schaut zu mir zurück, und ich kann mich nicht auf den Hintern niederlassen und es und seine Familie beobachten. Ich versuche mich nicht zu bewegen.

Mit der Zeit wandert das Weibchen zu den anderen, die ebenso glücklich Äpfel und Maiskolben fressen. Die Tiere werden wegen dieser Nahrung zumindest einen weiteren Tag überleben, vielleicht auch einige Tage, vielleicht sogar bis zum nächsten annehmbaren Mahl. Mein Herz blüht auf, wenn ich daran denke. Dies ist ein Moment wie in einem gläsernen Briefbeschwerer, eine Szene, die sich in einer Zauberkugel widerspiegeln könnte, ein Augenblick friedvoller Verbindung mit der Natur. Und ich sitze im Gras, bis der Abend einen grauen Schleier herabsenkt und das Tageslicht schwindet. Schließlich erschrecken sich die Tiere wegen etwas Wirklichem oder Eingebildetem und trotten zurück in den Wald, wobei das größte Reh den Weg entlang des Zauns vorgibt. Als es einen Platz findet, der ihm gefällt, stellt es sich im rechten Winkel zum Zaun auf und springt über ihn. Die anderen staksen nervös herum. Ein Tier steht vor dem Zaun, hebt ein Bein, als ob es springen wolle, überlegt es sich anders, bewegt sich zurück, beschleunigt, bricht den Versuch noch einmal ab und riskiert es schließlich: ein Sprung von 1,5 Metern Höhe. Seine Hufe streifen beim Hinüberspringen die oberste Latte. Die anderen folgen und katapultieren sich aus der Welt der Menschen zurück in ihre vertraute grüne Heimat.

3

DER FRÜHLINGSGARTEN erwacht langsam – gleich einem schlafenden Dorf. Trotz fünf Tagen Regen und wenig Sonne zeigen jeden Tag neue Pflanzen ihre Farben. Einige dösen weiter, noch in der Schwebe zwischen den Jahreszeiten, andere entfalten sich über Nacht. Wenn man dieses jährliche Drama in die Terminologie des Friedhofs übersetzte – Tausende von Zombies erwachen in ihren Wintergräbern –, klänge es nicht so heimelig. Man ersetze »jäten« durch »ermorden«, und der Frühjahrsputz klänge auch nicht mehr nach einer harmlosen Betätigung für Pastorentöchter, besonders wenn man sie einmal dabei beobachtet hat, wie sie mit ihren Spaten wild auf die Erde einstechen und einen Löwenzahn nach dem anderen ausreißen, dabei ein befriedigtes »Nimm das, du Schwein!« in den Augen. Jeder Tag bringt neue Entdeckungen mit sich. Es ist, als ob man Münzen im Gras fände: purpurrote Zwergschwertlilien, weiße Schneeglöckchen, winzige Fuchsienanemonen, zarte purpur- und grünfarbene Fritillaria. Die Temperatur ist launisch wie eine Wetterfahne. Robert Frost hat die atmosphärische Unentschiedenheit des Aprils in seinem Gedicht »Zwei Landstreicher in der Schlammzeit« sehr gut eingefangen:

»Ihr wißt, wie es zugeht im April,
Ob es immerhin kühl noch sei,
wenn die Sonne scheint und der Wind ist still,
fühlt ihr voraus euch schon mitten im Mai.
Doch wenn ihr davon nur zu sprechen wagt,
kommt über den sonnigen Himmel wie jetzt,
ein Wind von eisigen Gipfeln gejagt,
der euch zurück in den März versetzt.«

Plötzlich wird die Welt lauter. Die Amseln sind die ersten Zugvögel, die jedes Jahr zurückkehren; manchmal fliegen sie auch in gemischten Wolken aus Dohlen, Rotdrosseln, Kuhsterlingen und Amseln. In diesem Jahr gibt es Tausende von rotgeflügelten Amseln. Wenn ich radle, umtönen mich drei ihrer charakteristischen Rufe: ein kurzer, klarer Seufzer, ein Geschnatter und ein langes Summen. Ich mache mir ein Spiel daraus, sie zu entdecken, wie sie auf Rohrkolben, Telefondrähten, Zäunen und Ästen sitzen. Die Männchen kommen zuerst an, um das Territorium abzustecken (pro Männchen ungefähr 1000 Quadratmeter), auf dem sie sich niederlassen und einige Wochen später einen Harem aus unauffällig gefärbten Weibchen anlocken. Diese Vögel leben bevorzugt an Säumen – meistens von Sümpfen oder Wiesen. Fünfzehn Kilometer lang höre ich sie entlang der Straßen so laut wie Zikaden trillern. Die

Männchen haben blitzend rote Epauletten und stoßen zur Abgrenzung ihres Territoriums einen Ruf aus, den vogelkundliche Bücher mit »Oaklaree« wiedergeben. Für mich klingt er jedoch mechanisch, wie eine fest angezogene Feder, die sich aufwickelt, oder wie ein drängender Summer. Nachdem ich eine lange Steigung halb hinaufgeradelt bin, lasse ich mich dorthin zurückrollen, wo ein großer Schwarm Amseln aus einem Dach aus Eichen herausschwirrt, fahre ein paar Mal im Kreis und lausche ihrem perlenden Gesang.

Nach den Amseln kommen die Hüttensänger und die Wanderdrosseln, die Finken und die Goldspechte, ein Dutzend Arten Wasservögel und 15 Arten Raubvögel, darunter rotschwänzige Habichte, die manchmal meinen Garten besuchen, um sich ein vierbeiniges Mittagessen zu greifen. Stockenten machen einander im seichten Wasser auf der Abdeckung des Schwimmbeckens quakend den Hof. Ein anschwellender Chor signalisiert den Beginn der Brutsaison – für manchen, so vermute ich, eine Open-Air-Lasterhöhle, wenn Dohlen sich paaren und Zwergirisse ihre Geschlechtsteile vorüberfliegenden Insekten anbieten. Man könnte meinen, all die Begrüßungen, bösen Drohungen und Großtuereien klängen rauh, wie eine Symphonie, die man rückwärts abspielt. Aber so ist es nicht. Irgendwie vermischen sich die verschiedenen Gesänge wie die Steinklötze, Pfeifen, Kazoos, Trommeln und Glocken eines Kindergartenorchesters. Jeden Morgen bei Sonnenaufgang beginnen sie wie aufs Stichwort wieder neu.

T. S. Eliot behauptete, der April sei »der grausamste Monat«, aber er ist auch der krächzendste. Nach langem Winterschlaf tummeln sich im März und April die Frösche; sie krabbeln aus dem Schlamm der Teiche und den Laubhaufen und verkünden lauthals ihre Geilheit. Archie Carr, ein Naturwissenschaftler, der sein Leben mit dem Studium von Fröschen zubrachte, schreibt in *The Windward Road*: »Ich mag den Blick der Frösche und ihren Anblick. Und besonders mag ich die Art, wie sie sich in warmen Nächten an feuchten Plätzen versammeln und über Sex singen.«

Singen Frösche? Das hängt von Ihrem Verhältnis zu Dudelsackmusik ab. Surren, trillern, krächzen, zupfen, näseln, pfeifen, quaken, schnarchen – all das entsteht durch das Aufpumpen eines Luftsacks auf der Backe, unter der Haut oder in der Achselhöhle. Jawohl, unter der Achselhöhle – genau wie bei Schülern, die unanständige Töne von sich geben. Mein persönlicher Favorit ist ein grüner Frosch, der auf einer schlappen Banjosaite zupft. Und irgendwie ist es außerirdisch, ein unvergleichlicher Kitzel, wenn man das laute, glockenähnliche Klimpern winziger Laubfrösche hört. Die Leute nennen sie »Frühlingspfeifer«, aber ich könnte schwören, diese Winzlinge verwenden Lautsprecher. So ein Frosch ist nur ungefähr zwei Zentimeter lang, doch er kann seinen Kehlbeutel auf fast die gleiche Größe aufblähen und als Verstärker benutzen. Wenn sie sich im Gleichklang den Weibchen anbieten, tragen ihre Appelle kilometerweit und übertönen dabei Automotoren und Stereoanlagen. Vergessen Sie Gespräche! Denken Sie an Tausende lauter, prahlerischer, sexuell ausgehungerter Männchen am Strand zu Beginn des Frühjahrs! Viele hören sie, aber nur wenige sehen sie. Diese kleinen braunen Frösche haben ein charakteristisches X-Muster auf ihrem Rücken. Sie klettern auf Bäume und ernähren sich von Insekten, wie es viele Frösche tun, aber eine Menge in ihrem Leben bleibt ein Geheimnis. Wo paaren sie sich? Wo verbringen sie den Winter? Wir nehmen sie nur dann wahr, wenn sie auf der Bühne ihre Opern aufführen.

Dann gibt es noch die Waldfrösche und die amerikanischen Kröten, die ich mir immer als Mitglieder einer rüpelhaften Gang ausmale, die gerade eine Orgie veranstaltet. Wenn die Weibchen ankommen, versuchen die Männchen sich mit jeder, überall und in allen Stellungen zu paaren. Sie hängen sich an die Weibchen, während sie sich paaren, und treten gleichzeitig ungestüm nach ihren Rivalen. Stellen Sie sich das Chaos vor! Bei diesem Handgemenge besteigen Männchen oft andere Männchen und versuchen, sich mit ihnen zu paaren; diese Spezies besitzt daher um der Effektivität willen ein Geräusch, das »He, du hast einen Fehler gemacht, versuch's mit einem anderen Frosch« bedeutet und das die Wissenschaftler höflich als »Befreiungsruf« bezeichnen. Archie Carr hatte Recht, was Frösche betrifft. Zwar hörte ich nie wirklich einen »gribbitz« sagen, aber angeblich sollen kalifornische Laubfrösche das tun. Nach Auffassung des Biologen Adrian Forsyth, der Bücher über den Regenwald schrieb, mögen wir Frösche, weil sie uns an uns selbst erinnern; daher hätten auch so viele Kulturen Mythen, in denen Frösche zu Menschen werden.

> »[Sie] haben eine Art, einen mit ihrem glotzäugigen Blick anzusehen, die beunruhigend menschlich ist. Ihre riesigen Rundum-Münder, die vielleicht nicht wirklich einem Lächeln ähneln, sind nicht besonders bedrohlich. Sie sitzen bucklig da, als ob sie etwas erwarteten, und vermitteln so die Haltung und das ruhige Benehmen eines geduldigen Zuhörers, der bereit ist, am Gespräch teilzunehmen ... Unsere emotionalen Antworten auf diese ansprechenden Merkmale der Frösche sind nicht unwichtig. Die Kunst der Naturgeschichte liegt darin, daß sie solchen persönlichen Reaktionen auf Organismen gestattet, uns in ihre Biologie einzuführen.«

Verstecke niemals einen Frosch in deinem Mund! Lecke niemals an einer Kröte! Küsse niemals einen warzigen kleinen Mann, und sei er auch noch so prinzenhaft! Ekel ist eine unterschätzte Strategie. Viele Kröten sondern einen giftigen Schleim ab, der Raubtiere abstößt. Das Gift wirkt halluzinierend, weshalb Teenager oft versucht sind, es auszuprobieren. Aus diesem Grund sterben jedes Jahr einige Kinder am Krötenlecken. Von Kröten bekommt man keine Warzen, aber sie können einen umbringen.

Kleine Jungs sind berüchtigt dafür, manchmal grausam zu Fröschen und Kröten zu sein. Ein britischer Freund erzählte mir, daß er mit zehn Jahren zusammen mit seinen Freunden Frösche suchte, ihnen Strohhalme ins Hinterteil steckte und sie solange aufblies, bis sie platzten. »Wie können Kinder einem Lebewesen so etwas antun?« fragte ich voller Mitgefühl, und er antwortete: »Weil wir es konnten.« Es schmerzte mich, das zu hören, aber ich schätze, daß die Natur »rot von Zähnen und Klauen« ist, wie Tennyson sagt. Stinktiere zum Beispiel fressen Kröten, aber zuerst quälen sie sie und wälzen sie brutal hin und her, bis sie alles Gift abgesondert haben. Was die Stinktiere betrifft – ganz nebenbei: Ihre Leidenschaft für »Yoplait-Joghurt« veranlaßte die Herstellerfirma, die Behältnisse neu zu entwickeln. Offensichtlich durchwühlten die Stinktiere den Abfall auf der Suche nach »Yoplait-Bechern«, steckten ihre Schnauzen hinein, um die köstlichen Überreste aufzulecken und blieben dann mit ihren Nasen in den Bechern stecken. Tierschutzorganisationen beschwerten sich, und »Yoplait« entwickelte die Verpackung neu, mitsamt einer stinktierfreundlichen Vorrichtung, die es erleichtert, die Behältnisse wieder loszuwerden.

Frühling bedeutet auch, daß zwei meiner liebsten Freunde, Chrys und Bill, zurückkehren, die beiden sind Gärtner von einem besonderen Schlag: leidenschaftlich, was die Natur betrifft, kenntnisreich und entschieden biodynamisch. Sie sind keine Gäste im Garten, sondern ein willkommener Teil seiner Ökologie. In einem großen, blühenden Garten wird keine große Tat allein vollbracht. Sie machen die schwere Arbeit oder all das, an dem ich keine besondere Freude habe. Alles, was mein vertracktes Knie belästigt, fällt in beide Kategorien. Dazu gehört das Pflanzen eines Baumes, die Anwendung von Schwefel, um den Rußtau unter Kontrolle zu halten, das Einrichten eines neuen Beetes, das Eingraben ganzer Kolonnen von Frühlingszwiebeln, das Verteilen eines Berges Mulch, das Roden von Dickichten. Ich erfreue mich wirklich an Wiederholungsarbeiten wie dem endlosen Abzupfen winziger verblühter Asternblüten, aber ich bin nicht scharf darauf, sagen wir, Schnecken mit der Hand abzupflücken. Rosen müssen gehätschelt werden, und ich habe über hundert Rosenbüsche.

Deshalb gärtnern Chrys und Bill einen Tag in der Woche für mich, und das bedeutet, daß ich an den anderen Tagen eine Stunde mit Pflegen und Putzen verbringen kann – Blattläuse und vom Rußtau befallene Blätter von Hand entfernen, abgestorbene Blütenblätter auszupfen, düngen, mich den zahlreichen unausgesprochenen Bedürfnissen des Gartens widmen. Ich nehme mir jeden Tag viel Zeit, um die Blumen zu bemuttern, die sich über Nacht geöffnet haben, und sie zu bewundern, und jeden Tag mache ich gerne ein frisches Blumenarrangement – und sei es auch noch so klein – für drinnen. Ich sammle Vasen; am Anfang wählte ich sie allein nach ihrer Schönheit aus, aber inzwischen stelle ich mir die Blumen vor, die in ihnen stehen könnten. Ich berücksichtige zum Beispiel die Größe des Halses. Man braucht viele Blumen, um einen nur mittelgroßen Vasenhals zu füllen. Einige Vasen sind zu groß für den normalen Gebrauch, andere nicht groß genug. Mehrere große dekorative Vasen sehen auf einem hohen Sims hübsch aus, wo sie auf gelegentliche Bouquets von Gladiolen oder Tulpen warten. Außerdem habe ich immer eine Reihe mittlerer bis kleiner Vasen, ungewöhnliche Knospenvasen und winzige Vasen, in die nur eine Knopflochblume paßt. Ich suche immer nach Vasen, die klug geformt und reichhaltig koloriert sind. Nachdem ich die Rosen des Tages gepflückt habe, besteht ein Teil meines morgendlichen Vergnügens darin, die Vasen auszuwählen, die zu den Blumen und meiner Stimmung passen. Tanzende nackte Frauen, als Relief ausgearbeitet, rings um eine Flöte aus tschechischem Glas? Diese Vase paßt perfekt zu einer Wolke aus rosafarbenen Miniaturrosen mit einem großen Büschel aus gekräuselter Minze im Zentrum.

Heute hat Bill stundenlang mit massiven Eisenbahnschwellen gearbeitet, von denen jede einen Zentner wiegt; er verwendete dabei eine Bogensäge, um einen neuen zweireihigen Rosengarten zu bauen. Chrys und Bill haben sich für ein Leben entschieden, das an die 60er und 70er Jahre erinnert, eine Rückkehr zu den einfachen Dingen, dem Selbstgezogenen, dem Handgemachten, dem häuslichen Unterricht für ihre

Tochter, zur körperlichen Arbeit und der Liebe zum Land. Es ist kein Wunder, daß Chrys ein großes Tattoo einer Akelei, ihrer Lieblingsblume, auf ihrem Bauch hat, daß die beiden ihr Energiesparhaus eigenhändig gebaut haben oder daß Chrys ihren Namen auf gesetzlichem Wege in »Chrys Gardener (Gärtner)« geändert hat. Ihr Tattoo zeigt eine amerikanische Akelei. In meinem Garten habe ich viele Varianten der Akelei, einige sind europäisch, einige amerikanisch. Die amerikanische Akelei hat herausstehende Sporne und sieht ein wenig wie eine Narrenkappe aus. Aber in Europa und der gesamten östlichen Hemisphäre gibt es keine Kolibris, also bestand für die Akelei dort keine Notwendigkeit, diese langen Sporne zu entwickeln. Stattdessen wuchsen sie in Europa ursprünglich rund und rüschenartig in sagenhaften Farben wie pflaumenfarben und braunrot. Glücklicherweise wurden die amerikanische und die europäische Akelei in Gärten gekreuzt, so entstanden farbenfrohe, runde Rüschenblumen mit Spornen – das Beste aus der Neuen und der Alten Welt.

Ich versuche, meine Vorstellung von Ästhetik mit der von Chrys und Bill auszubalancieren. Im Frühjahr bevorzuge ich zum Beispiel Papageientulpen mit sensationellen Farben und gekräuselten Blättern. Chrys aber liebt tiefe, satte Farben, und so lasse ich sie jedes Jahr die neuen Tulpen auswählen. Ich liebe alle Tulpen und bin nicht pingelig genug, um Chrys zu überstimmen. Ich nehme an, das ist so ähnlich wie bei der Eheweisheit »Kämpfe nur um etwas, das es wert ist!« Manche Dinge in einer Ehe sind es wert, daß man sich ihretwegen kabbelt, andere nicht. So ist es auch in der Großfamilie des Gartens. Es ginge zum Beispiel viel schneller, wenn Bill eine Kettensäge für die dicken Schwellen verwenden würde, aber ich weiß, daß er die ruhige Schönheit der Bogensäge bevorzugt, die seinen Sinn für Berührung, Klang und ehrlichen Schweiß anspricht. Solange die Säge scharf ist, geht alles voran, wenn auch nur gemächlich, aber die harte Tagesarbeit im Freien erfreut Bill. Es mag zu seinem intimen Gefühl für die Natur beitragen, es mag sogar eine Frage des

Takts sein: Ich würde mich nur der Effizienz wegen da nicht einmischen.

Ich brauche beispielsweise einige neue Rittersporne, um den kleinen Hain aus blühenden Türmen zu ersetzen, der von den Schnecken aufgefressen wird, und wenn ich zu einer nahegelegenen Pflanzschule ginge, würde ich eine hervorragende Auswahl an Farben zur Verfügung haben. Aber Chrys hat Rittersporn aus Samen gezogen, und sie ist verständlicherweise stolz auf ihr Wachstum; also kaufe ich statt dessen bei ihr und lasse sie die Farben auswählen. Ich schlage ihr die Ritter der Tafelrunde als Thema vor, König Arthur, den Schwarzen Ritter, Astolat und so weiter, wohl wissend, welche Bandbreite an Farben dieser Vorschlag beinhalten mag.

»Bitte pflanze den großen Holzapfelbaum am unteren Ende des Gartens«, bitte ich Bill und denke dabei daran, wie seine strahlendroten Blätter und rosafarbenen Blüten im nächsten Frühjahr leuchten werden; außerdem stelle ich mir vor, wie sehr die Früchte das Wild erfreuen werden. Aber ich benenne den Platz nicht genau, weil Chrys und Bill ihr eigenes Gefühl für Balance und Ordnung pflegen.

Ich erlebe meinen Garten persönlich und privat, aber er erstreckt sich auch in das Leben von vielen anderen. Irgendwie wächst sein Puzzle Teil für Teil, und jedermann sollte zufriedengestellt werden: der Steinmetz, der Baumchirurg, der Bewässerungstechniker, der einen unterirdischen Wasserlauf umleitet, der Landschaftsarchitekt, Chrys und Bill und mein Paul, anderswo bekannt als Paul West, Autor von über 40 klugen Büchern, zumeist Romanen. Paul fungiert im Garten meistens als Statue, die von einem Stuhl auf der Terrasse die Dinge überblickt, dabei klassische Musik hört und ein hübsches neues Buch erträumt, das mit anderen Realitäten, anderen Welten angefüllt ist. Obwohl er wie eine ruhende Bronzegestalt wirkt, durchstreift er gleichzeitig die Häfen der Imagination, in denen jede Schnapsidee sich zu ehrenwerter Arbeit entwickeln mag. Manchmal schwimmt er oder spielt Pfeifspiele mit den Vögeln, und seine Reminiszenzen an eine englische Kindheit machen einen Rasen erforderlich – nur für den Fall, daß er ein Kricketfeld anlegen möchte. Ich habe nichts gegen Rasen. Rasen stellt einen Hort der Ruhe dar inmitten des Blütenwirrwarrs. Die Japaner nennen ihn *ma*, den Raum dazwischen. Beim Arrangieren von Blumen sind die Leerräume entscheidend für die Gesamtwirkung. Leere ist nicht immer negativ. Sie gibt einem Raum, um zu handeln und sich zu konzentrieren, sie gestaltet und definiert. In Istanbul bestimmen kuppelförmige Moscheen die Skyline – wegen des negativen Raums zwischen ihnen. Bücher benötigen Übergänge. Die Sonne kann in ihnen nicht immer im Zenith stehen. In Gedichten sind Pausen unabdingbar. In Haikus zum Beispiel sind Stille und Andeutungen ebenso wichtig wie Feststellungen. Im Garten erschaffen Pausen den kommenden Augenblick. Ein Pause im Rhythmus des Gartens macht eben diesen Rhythmus augenfälliger und verleiht der Erzählung ein Davor und ein Danach. Ich versuche, meine gewundenen Blumenbeete mit Pauls weiter Fläche aus sauber gemähtem Grün auszubalancieren. Jeder nimmt den gleichen Garten anders wahr, genau wie jedes Geschwisterteil eine einzigartige Sicht ihrer oder seiner Familie besitzt; und für mich ist das vollkommen in Ordnung. Die Natur hat allemal das letzte Wort.

4

DER FRÜHLING ist mit einem visuellen Donnerschlag eingezogen, gefolgt von Trompetenstößen. Blendend gelbe Forsythienbüsche entfalten sich rapide in der ganzen Stadt. Manche Anwohner haben lange Forsythienhecken gepflanzt – das ist ein Hinweis auf ihre Persönlichkeit. Forsythien sind die ersten Büsche, die blühen.

Sie strömen über vor Farbe und fuchteln mit ihren Zweigen im Wind, als ob sie in Flammen stünden, mehrere Büsche können eine ganze Straße erhellen. Zu Beginn des Frühjahrs verzaubern sie mit Wolken aus Gold, die in eine trübe Welt hineinziehen. Aber wenn ihre Blüten verwelken und abfallen, kehren Forsythien in eine so gewöhnliche, zaghafte und langweilige Existenz zurück, daß man sie leicht mit Unkrautbüschen verwechseln kann, die man am besten als Gestrüpp bezeichnet. Manche Gärtner, die sich nach einem schweren, grauen Winter nach einem Schuß Farbe sehnen, pflanzen Forsythien rund ums Haus. Sie kümmern sich nicht darum, wie schnell die Blüte vorbei ist und wie langweilig die Büsche den größten Teil des Jahres über wirken. Forsythien sprechen also ungeduldige, leicht entflammbare Seelen an – wie meine.

Sie müssen auch einen Reiz auf den legendären Sammler exotischer Pflanzen und professionellen Herumtreiber Robert Fortune ausgeübt haben. Nachdem der Vertrag von Nanking im Jahre 1842 China für den Westen geöffnet hatte, begeisterte sich der 30jährige Fortune für die Idee, Pflanzen in großem Maßstab in einem nahezu unbekannten Land zu sammeln. Die Britische Gartenbaugesellschaft bot ihm die Gelegenheit, nach der er sich sehnte. Ein Jahr lang reiste er quer durch China, sammelte ungewöhnliche Pflanzen und Samen und lernte viel über chinesischen Gartenbau. Dafür erhielt er 100 Pfund. Das war keine üppige Bezahlung, und er erhielt zudem strenge Richtlinien darüber, wie er zu reisen und welche Pflanzensorten er zu sammeln hatte. Die Gesellschaft hatte vor allem starkes Interesse an neuen Teesorten, blauen Pfingstrosen, Bibernell-Rosen, Azaleen, Lilien und verschiedenen Früchten. Fortune und die Gesellschaft wußten aus den Berichten einiger Reisender, daß in China die Gefahr ein unablässiger Begleiter sein würde. Die Gesellschaft stattete ihn daher mit einem chinesischen Wörterbuch aus, mit Gerätschaften zum Sammeln, luftdichten Glasbehältern (einer Art transportablem Gewächshaus) und einem mit Blei überzogenen Stock, den sie als »Lebensretter« bezeichnete. Fortune überredete sie, außerdem ein Gewehr und ein paar Pistolen beizulegen, was sie nur unter der Voraussetzung taten, daß er alles nach seiner Rückkehr verkaufen und der Gesellschaft den Erlös zurückgeben würde.

Am 26. Februar 1843 setzte Fortune Segel, vier Monate später kam er in Hongkong an. Bevor seine chinesischen Streifzüge endeten, wurde er von Piraten überfallen, er erlitt während des Monsuns Schiffbruch, verhungerte beinahe in einer Wildschweingrube, wurde von einem Sonnenstich niedergestreckt, ausgeraubt und mißhandelt. Zu essen hatte er kaum etwas. In chinesischer Kleidung und mit einem falschen Zopf stahl er sich in bis dahin verbotene Gebiete des inneren China. Da er illegal reiste, konnte er es sich nicht erlauben, in Gasthäusern zu essen, wo ihn sein Akzent und seine Ungeschicklichkeit mit den Eßstäbchen verraten hätten. Seine Aufzeichnungen berichten von hunderterlei Härten und Mißgeschicken. In Shanghai notierte er, daß ihn die Einwohner Kwei-tsz nennen, was »Kind des Teufels« bedeutet. Wohin auch immer er reiste – er war ein seltsam anmutender Zeitgenosse, dem die Einheimischen mit Argwohn, Feindseligkeit oder unverhohlener Gewalt begegneten.

Man muß wohl kaum erwähnen, daß Fortune ungeheuer tapfer und stoisch war. Was letztlich zu seinem Erfolg führte, waren sein übermenschlicher Vorrat an Geduld und Beharrlichkeit, seine Faszination für neue Sitten und Ideen, seine Vorliebe für schwere Prüfungen und eine leidenschaftliche Besessenheit von Pflanzen, die er anscheinend als irdische Engel oder winzige Bundesladen betrachtete, denen er nachspüren und die er bewahren mußte – koste es, was es wolle. Mit der Zeit gewann er das Vertrauen einheimischer Gärtner und Offizieller und verbrachte insgesamt 19 Jahre mit der Erforschung von China und Japan, die er beide lieben lernte. Ich weiß nicht, ob er der Gartenbaugesellschaft jemals das Geld für die Waffen zurückzahlte, die ihm von Straßenräubern gestohlen worden waren. Ich weiß auch nichts über sein Privatleben (er schrieb zwar viele Briefe, aber sie sind alle verlorengegangen).

Fortune schickte eine Fülle von Pflanzen nach Hause, darunter einige Gärtnerlieblinge – Forsythien, Flammendes Herz, Strauchpäonien, Jasmin, Anemonen, Weigelien, Rhododendren –, die zuerst von Chinesen gezüchtet und kultiviert worden waren. Es ist eine Schande, daß uns diese Blumen nicht mehr an die wilden Abenteuer Fortunes in China erinnern. Vielleicht sollten wir die Forsythie in Gelbes Glück (Yellow Fortune) oder Narr der Fortuna (Fortune's Fool) umbenennen und Flammendes Herz in Fortunas Kniehosen (Fortune's Breeches) oder Fortuna im Bade (Lady Fortune, Bathing).

Statt dessen wurde das üppige Gelb der Forsythie nach dem ebenso üppigen Gärtner William Forsyth benannt, dem Direktor des Chelsea Physic Garden. Eine Zeitlang waren Forsythienbüsche in England der Renner, dann verloren sie den Reiz des Neuen und wurden stillos, ja sogar vulgär. Die Forsythie war zu einfach, zu grell, ein gar zu bekannter Schrei aus Farben in der Nachbarschaft oder an einem Feldweg, wo sie sich den Passanten billig aufdrängte. Als die Forsythie »gewöhnlich« wurde, wie die klassenbewußten Engländer mitunter einfache Frauen nannten, verlor sie all ihren Reiz.

In diesem Jahr blühen die Narzissen phantastisch fremd und wunderbar. Ich bin froh, daß ich im letzten Jahr eine besondere Vielfalt gepflanzt habe. Eine meiner Lieblingspflanzen unter den neuen hat gekräuselte gelbe Blütenblätter mit einem orangefarbenen Inneren und einem goldenen Streifen unterhalb des Blattzentrums. Das Auge des Betrachters springt immer wieder von der ganzen Pflanze zu den Streifen und vom Vorder- zum Hintergrund. Sind es Osterglocken oder Narzissen? Alle Osterglocken sind Narzissen, aber nicht alle Narzissen sind Osterglocken. Ich sage abwechselnd Narzisse oder Osterglocke; das hängt von meiner Stimmung ab, aber technisch gesehen unterscheiden sie sich nach der Anzahl der Blüten pro Stengel und der Länge der Trompete.

Ein Teil meines Entzückens rührt daher, daß ich nicht weiß, was als nächstes wo aus der Erde herauskommen wird. Im Herbst habe ich Beutel mit Zwiebeln an Nachbarskinder verteilt und zu ihnen gesagt: »Ich gehe jetzt hinein. Ich will nicht sehen, wo ihr sie hinpflanzt ... Ihr könnt sie hintun, wo immer ihr wollt.« Ich war neugierig, welche Ideen die Kinder entwikkeln würden. Würden sie die Zwiebeln unter Steine pflanzen? In eine Wasserrinne? Tief in den Wald? Da sie zwar Anweisungen über das Wie, nicht aber über das Wo erhalten hatten, hatten sie vielleicht sogar versucht, die Zwiebeln in hohle Baumstämme zu pflanzen. Wäre das nicht toll? Luftige Osterglocken, die wie Orchideen wachsen. Bis jetzt sehe ich sie – wie erwartet – in den Beeten blühen, am Rand des Waldes, neben dem Briefkasten und haufenweise unter den Apfelbäumen.

Ich habe noch nie davon gehört, daß jemand nach einer Mahlzeit aus Osterglocken gestorben wäre, aber sie sind tatsächlich giftig, und darüber bin ich froh, denn das bedeutet, daß kein Lebewesen sie essen wird, nicht einmal das Wild. Ihr Saft enthält scharfe Kristalle aus Kalziumoxalat, ein Reizmittel, das anscheinend auch andere Pflanzen schädigt, denn sie welken, wenn sie eine Vase mit Osterglocken teilen müssen. Eine wirklich wildsichere Pflanze? Ich habe Tausende – vielleicht 6000 – auf meinem Grundstück gepflanzt. Ich habe Sorten gewählt, die zu unterschiedlichen Zeiten blühen, und obwohl der unerwartete Schneefall der letzten Woche viele in Mitleidenschaft gezogen hat, hat sich doch an diesem Morgen ein ganzes Bataillon an Schönheiten geöffnet und trinkt nun begierig die Sonne; Tausende sind noch im Knospenstadium. Das Staffeln der Blütezeit ist eine Hauptregel: Mein Ziel ist eine endlose Prozession von Osterglocken von der Blüte der Forsythien bis zu der der Tulpen.

Die Tulpen sind genau so weit wie die Forsythien gereist, um meinen Garten zu erreichen. Der Name Tulpe stammt vom persischen *dulband* oder »Turban« ab. Der Grund für diesen Namen ist nicht eine turbanartige Form, sondern die

Sitte der Türken, sich eine Tulpe an den Turban zu stecken. Stellen Sie sich einen Mann vor, aus dessen Turban eine Tulpe ragt. Das ist auch nicht seltsamer als eine Frau, der eine Pfauenfeder vom Hut herabhängt. Genau wie seltene Federn von den Hutmachern geschätzt wurden (was zur Ausrottung bestimmter Vogelarten führte), so erzielten ungewöhnliche Tulpen hohe Preise. Sie kamen im 16. Jahrhundert vom Hof des türkischen Sultans Suleiman des Prächtigen nach Europa und erlangten in holländischen und englischen Gärten schnell den Status königlicher Lieblinge. In Europa nahmen die Tulpen die Namen von Adligen an: Alexander der Große, Herzog vom Marlborough, Artaxerxes und der Schwarze Prinz. Während der »Tulpenmanie« in Holland, als Finanziers mit Tulpen Termingeschäfte machten, dienten sie als Währung, und seltene Zwiebeln wurden gegen Häuser, Kutschen und Vermögen getauscht. Die Eigentümer schützten ihre kostbaren Zwiebeln vor Krankheiten, Diebstahl und Kälte. Es gibt einen Bericht über einen Mann, der erfror, weil er seine letzte Decke benutzte, um seinen Tulpengarten abzudecken.

Gestreifte Tulpen erzielten die höchsten Preise, weil man sie nicht absichtlich ziehen konnte. Sie waren ein blühendes Geheimnis. Züchter bezeichnen sie als »gebrochen«, was negativ klingt; gemeint ist aber lediglich, daß die Farbe in Streifen gebrochen ist. In einem gewissen Sinn ist die Pflanze jedoch schon verletzt: Auf dem Gipfel des Tulpenwahns wußte es zwar auch niemand, aber die Streifen werden von einem Virus verursacht, der durch Blattläuse übertragen wird. Als der holländische Tulpenmarkt im Jahr 1637 zusammenbrach, vernichtete dieser Konkurs Schicksale und Menschenleben. Mit der Zeit wurde die Tulpenspekulation illegal, aber Hollands Liebesaffäre mit den Tulpen formte seine Wirtschaft und sein Image als das Land der Blumen.

Rot-weiß gestreifte Tulpen, die sich in der Brise wiegen, erinnern mich an einen Seestern, den ich einmal an einem Korallenriff sah. Es ist wirklich etwas Ozeanisches an den Wellen aus Farbe und Wind in einem Garten. Während ich gelbe Tulpen mit gepunkteten Blütenblättern, hellrote Pfingstrosen und große aprikosen- und orangefarbige Tulpen bewundere, taucht am Rande meiner Wahrnehmung ein haifischartiger Schatten auf: Eine Krähe landet auf dem frisch planierten Rasen und fängt an, die Grassamen aufzufressen. Ich pfeife sie in die Flucht.

Letzten Winter habe ich einen Drahtzaun um den Hinterhof gezogen, um das Wild von den Tulpen und Rosen fernzuhalten, und – du meine Güte! – es hat wirklich funktioniert. Eine heranwachsende Schar turbanköpfiger Tulpen gleicht einem Phantasiebasar. Jeden Tag vermischen sich neue Streifen mit neuen Pastellfarben und schreiendes Orange drängelt gegen das Rot an. Weidendes Wild starrt durch den Zaun auf das Paradies des Überflusses, das nur ein paar Meter entfernt liegt.

Auf der ersten Rosenpatrouille der Saison entdecke ich die Opfer des Winters. In den meisten Jahren gibt es Tod und Verstümmelung in den Beeten. Dieses Jahr gingen nur sieben Rosen den Weg aller Stengel – John Kennedy, Stainless Steel, Signature, Candelabra, Tropicana, Platinum und Angel Face –, obwohl einige – wie der gelb und rot gestreifte George Burns und der purpur und weiß gestreifte Purple Tiger – doch in einem recht geschwächten Zustand sind. Der Wechsel von Frost und Schmelze hat sie offensichtlich kleingekriegt. Ein kletternder Don Juan hat Blätter und Knospen verloren. Ich habe ihn letztes Jahr von der Vorderseite hierher verpflanzt, und offensichtlich braucht es nicht viel, um einen Don Juan zu schockieren.

Der Redbud ist eine reiche Verzierung der purpurnen Blumen. Die Bäume haben bereits begonnen, in jene dicken grünen Hüllen auszuschlagen, auf die ich den ganzen Winter über warte. Das erhöhte Beet auf der Vorderseite sieht besonders hübsch aus mit seinem Teppich aus rankendem Phlox, der sich über die Eisenbahnschwellen ergießt: lavendelfarben, rosa und rosa-weiß gestreift. Gelbe und orangefarbene Kaiserkronen (Fritillaria imperialis) erinnern an tanzende Kraniche. Die Blütenblätter der Purpur-Zwergiris schimmern, von magenta bis blau-purpur irisierend, in der Sonne. Büschel gelber Wolfsmilch und Becken mit cremefarbigen und weißen Narzissen ergänzen das Purpur. Ich muß lachen – jede Iris hat einen Kamm wie einen ausgeprägten, vulva-ähnlichen Haarbesatz.

Ich habe damit begonnen, ein neues Beet mit altem Pferdedung anzulegen. Ich verwende alten Dung, weil es schwer wäre, meinen Nachbarn einen frischen Haufen Pferdemist von der Straße zu erklären, wie auch immer ich seine Bezeichnung zurechtbügle. Nach zwei Jahren stinkt der Mist nicht mehr, und er vergeudet auch seinen Stickstoff beim Zerfallsprozeß nicht, sondern stellt ihn statt dessen den Pflanzen zur Verfügung.

Eine schöne Ranke mit kaskadenartigen Blüten wie weißen Wirbeln wächst jetzt unterhalb eines Fensters von Pauls Arbeitszimmer. Ein Roter Perückenstrauch mit Purpurblättern wächst unter dem zweiten Fenster, und an der Hausecke produzieren zwei rotblättrige Sandkirschen einen Regen aus rosa Blüten. Auf der Westseite des Hauses, die ich von meinem Erkerfenster aus sehen kann, zeigt ein Englischgewürz seine seltsam nußähnlichen braunen Blüten. Zwei rankende Klematis werden – so hoffe ich – blau blühen. Und zwei Zwergfederbuschsträucher werden von weißen Flaschenbürsten-Blüten verdeckt. Auf der anderen Seite des Erkerfensters blüht eine Sharontulpe noch ganz allein, aber ich plane, ihr eine Azalee oder einen Rhododendron zur Seite zu stellen.

Ein Halbkreis aus Krokussen mit safranhaltigen Staubgefäßen zeigt, wo eine Nieswurz stehen sollte. Ihre grünen Blüten, die zart mit staubrosa Wappen getupft sind, schießen jedes Frühjahr auf, aber morgen ist bereits Ostersonntag, und noch ist nichts zu sehen. Ich entdecke eine winzige grüne Hand mit faltigen Fingern, die die Erde durchstößt – könnte das die Nieswurz sein, die ihrem Fahrplan um Wochen hinterherhinkt? Könnte sein. Der Treibhauseffekt hat die Wetterabläufe durcheinandergebracht. Vor zwei Jahren stiegen die Temperaturen derart an, daß der nördliche Teil des Staates New York in eine andere Klimazone eintrat und einige einjährige Pflanzen tatsächlich überwinterten. Im letzten Winter gab es frühe Schneestürme, noch bevor die Menschen ihre Rosen mit Laub, Kieferzweigen oder Säcken schützen konnten. Aber diese leichte Schneedecke blieb schließlich monatelang liegen und isolierte die Beete besser als irgend etwas, das Menschen hätten planen können. Sie brachte aber auch einen sehr unwillkommenen Einwanderer mit sich.

Heute gab es in unserem Ort den ersten Fall von regionaler Lyme-Borreliose. Ein Mädchen kam mit einem Biß auf ihrem Bein in eine Arztpraxis. Er sah aus wie eine Zielscheibe, und der Test war positiv. Einige Leute aus unserer Stadt hatten die Lyme-Krankheit bereits, aber sie hatten sich anderswo infiziert. Jetzt ist sie ein offizielles örtliches Problem. Die Änderung unseres Klimas bringt sehr gemischte Segnungen mit sich: wunderschöne Gärten, wenig Schnee, niedrigere Heizkostenrechnungen, weniger Unfälle durch Schneestürme. Aber die kalten Winter bewahrten uns immer vor der Lyme-Zecke, denn für ein bestimmtes Entwicklungsstadium sind unsere Winter tödlich. Ähnlich ist die Situation bei den Küchenschaben in den Hamptons. Viele Bewohner Manhattans fahren regelmäßig in die Hamptons; man sollte also denken, daß Schaben dort dauerhafte Hausgäste sind. Aber irgend etwas am Klima in den Hamptons – die salzhaltige Luft oder der sandige Boden? – macht sie für die Schaben ungastlich. Lyme-Zecken dagegen gedeihen dort prächtig. 12 000 bis 17 000 Menschen ziehen sich die Lyme-Krankheit jedes Jahr zu. Sie ist die Malaria der Vereinigten Staaten – die häufigste durch Insekten verursachte Krankheit. Hauptüberträger ist die Weißfußmaus, ein kleiner Todesengel, und die Konsequenzen können verheerend sein. Das ist ein weiteres gutes Argument für biologische Artenvielfalt. Eine große Population kleiner Säugetiere und Eidechsen hält die Zecken in Schach, und das mag unsere Geheimwaffe sein – eine Vielzahl niederer Lebensformen. Biologische Artenvielfalt bedeutet auch einen Reichtum an Pflanzen, und man weiß ja nie, aus welcher die nächste Herz- oder Krebsarznei gewonnen werden könnte. Kürzlich entdeckte ein hiesiger Hochschulstudent ein neues Breitspektrum-Antibiotikum, als er Pilze im Wald sammelte. Vielleicht ist ein Wunderheilmittel direkt vor unseren Augen in irgendjemandes Garten verborgen.

5

DIE VERBLASSTEN BLÄTTER der Osterglokken müssen eine Zeitlang ein Sonnenbad nehmen, um das Sonnenlicht, die Nahrung für die Blumen des nächsten Jahres, zu tanken, aber sie sind verwahrlost und nehmen eine Menge Platz weg. Also biege ich sie um und wickle ein Blatt um jeden gefalteten Stengel. »Einsatz Disney-Musik«, sage ich zu mir selbst, während ich eine Revue aus grünen Püppchen erschaffe. Gärtner geben den aufgewickelten Narzissenblättern viele Namen. Ich kenne »Sushi«, »Mumien«, »Frühlingsknoten« oder »Krieger des Zen«. Ich selbst bevorzuge »Blattpüppchen«. Es ist schon ratsam, einen Kosenamen parat zu haben, wenn man sich vor Augen hält, daß man nur noch 3000 weitere Blätter zu falten hat. Sich ein Vokabular für die Gärtnerei auszudenken, ist wie das Erfinden von Begriffen für Sex. Es gibt korrekte lateinische Begriffe, aber die meisten Menschen neigen zu Euphemismen. Diejenigen, die Pflanzen mit ihren lateinischen Namen bezeichnen, gelten als Experten, wenn nicht gar als ein wenig pedantisch.

Eines Tages, als ich bei einer Radtour an einem Eckgrundstück am Fuß des Hügels vorbeikam, tauschte ich Nettigkeiten mit der Besitzerin aus und sagte ihr, daß ich schon oft ihren Garten bewundert und manchmal eine Pause an ihrem kleinen Teich eingelegt hätte, um die Wasserlilien anzuschauen und den Banjosaiten zupfenden Fröschen zuzuhören. Sie lud mich ein und ließ mich einen Blick auf ihr Grundstück werfen. Es ist kein Garten zum Blumenpflücken; er ist in Gruppen bepflanzt, wobei Blattwerk und Blumen gleich wichtig sind. Denn schließlich, so erklärte die Eigentümerin, müßte man immer noch mit dem Blattwerk leben, wenn die Blumen verblüht sind, und das sollte attraktiv sein. Ihr Falscher Indigo war mit Samenhülsen übersät, was bedeutete, daß es ihr nicht auf das Pflücken ankam. Daran ist nichts verkehrt. Traditionelle chinesische Gärten zum Beispiel sind auch nicht zum Pflücken gedacht. Ich lasse bei meinen beiden Falschen Indigos nur zwei bis drei Samenhülsen übrig, weil ich beinahe alle großen Stabpflanzen mit den der Gartenwicke ähnlichen Blüten ins Haus bringe. Warum pflanzte ich sie nicht längsseits der Stockrosen und Gladiolen – wie eine kleine Armada großer Schiffe? Ich beneidete sie um ihren großen Roten Perückenstrauch, der zu prächtig gedeihen schien. Während mich die Besitzerin ihre Gartenpfade entlang führte, nannte sie alle Pflanzen bei ihren lateinischen Namen, die manche Gärtner ein wenig wie Fetische verwenden. Es ist nicht so, daß sie die normalen Namen nicht kennen; aber die Fachbegriffe zu benutzen, errichtet eine Art Barriere zwischen ihnen und dem Rest der weniger kenntnisreichen Welt. Ich finde es bildhafter, »Lammohren« zu sagen oder »Schildkrötenkopf« oder »Mönchskapuze« oder »Die Liebe liegt in Wunden«. Lateinische und griechische Begriffe verwende ich nur, wenn sie aus Gründen der Klarheit notwendig sind. Zum Beispiel *ligularia*. Ich besitze in meinem Garten zwei Varianten dieser dramatischen, breitblättrigen Blume. Die Przewalski-Bandblume oder Kreuzkraut (engl. The Rocket; *Ligularia przewalskii)* bildet zwei oder mehr spektakuläre Stöcke, deren Knospen vom Boden aus zu blühen beginnen; dabei formen sie eine Zeitlupenrakete aus flammendem Gelb. Ihr Verwandter, im Deutschen ebenfalls

Kreuzkraut genannt (engl. Big Leaf Golden Ray; *Ligularia dentata*), – der aber manchmal der kompletten Verwirrung wegen auch unter dem Namen Othello firmiert – bildet gekräuselte, orangefarbene Blüten auf wirklich schlaksigen Gliedmaßen und sieht für alle Welt wie ein afrikanischer Haubenvogel aus. Weil diese *Ligularia* so unterschiedlich aussehen, verwende ich in den Pflanzschulen die lateinischen und die gewöhnlichen Namen. Ich erfreue mich daran, The Rocket und Big Leaf Golden Ray zu sagen – sie klingen wie Spitznamen aus einem film noir.

»Hüten Sie sich vor Shakespeare!« sagte neulich ein Mann zu mir. »Man kann seinen Figuren nicht trauen. Othello ist charmant, aber zu schmalzig. Die hübsche Jessica ist zuverlässig, aber absolut gewöhnlich. Jacquenetta ist reizvoll, na klar, ein wirklich dralles Bauernmädchen, aber komplett labil. Prospero kann subtil sein und hat ein interessantes Spektrum an Stimmungen, aber er steht nie lange genug auf der Bühne. Die stolze Titania hat einfach zu viele Probleme, um sie alle nachzuvollziehen. William Shakespeare ist ein protziger Riese für seinen Preis, aber insgesamt erfordert er zuviel Arbeit.«

Das wars. »Hören Sie«, erwiderte ich, »ich finde, das sind alles brillante Schöpfungen. Klar, man kriegt nicht viel von Prospero, aber was man bekommt, ist reichhaltig und unvergeßlich. Und die süße Julia hat diese Art verwirrender Extravaganz, die ich bis ans Ende meines Lebens verteidigen würde.«

Wir sind beide Gärtner und unterhielten uns über Rosen. Ob Shakespeare nicht überrascht wäre, so viele seiner Figuren transformiert in den Gärten der Welt wiederzufinden? Wahrscheinlich würde er die schlechte Presse hassen, die David Austins englische Rosen mit Shakespeare-Namen zur Zeit haben. Und es ist wirklich verwirrend, eine Rose und eine Ligularia namens Othello zu besitzen.

In den Gärtnereien wollen die Verkäufer wissen, welche der beiden Sie meinen. Von daher kann es schon nützlich sein, den lateinischen Begriff zu kennen, besonders, wenn man, ohne es zu merken, vom gelegentlichen Hobbygärtner zum Jäger seltener und ungewöhnlicher Variationen fortgeschritten ist.

Gestern früh rief Bill an und teilte mir mit, daß Chrys und er einen Notfall hätten und einen Tag später kommen würden, um beim Binden der Blattpüppchen zu helfen. Als sie heute morgen ankamen, sah Chrys besorgt aus. Sie erzählte, daß eine ihre Kundinnen, deren Garten sie vor vielen Jahren angelegt hatten und den sie immer noch pflegten, sie in einer Art Notlage angerufen hatte. Die Dame wollte in drei Wochen nach Florida umziehen; ihr Haus hatte sie ihrem Sohn, der Schwiegertochter und deren kleinem Baby übergeben. Das junge Paar hatte entschieden, aus dem Garten einen hübschen flachen Rasen zu machen, auf dem ihr Kind umhertollen könnte. Also hatten sie eine Landschaftsgärtnerei beauftragt, den gesamten Garten – Blumen, Pflastersteine, Verzierungen, einfach alles – herauszureißen und in den Wald zu kippen. Voller Ärger beschrieb Chrys den Gesichtsausdruck der Dame, die beobachten mußte, wie ihr geliebter Garten voller Erinnerungen zerstört wurde. Chrys mit ihrem Pferdeschwanz, ihrem Akelei-Tattoo und ihrer freundlichen Art. Daß ein Sohn dermaßen selbstsüchtig sein konnte, schien ihr unvorstellbar.

»Hätte er nicht einmal die drei Wochen warten können, bis seine Mutter weg war?« fragte sie böse.

»Was hast du um Himmels willen getan?« fragte ich.

Chrys erzählte, daß sie und Bill die Schattengewächse gerettet und im Wald hinter dem Haus eingepflanzt hätten. Die Rosenbüsche und die anderen Blumen luden sie auf ihren Lastwagen. Dann hatte Chrys versucht, die Dame zu trösten, indem sie ihr versprach, bei sich genau den gleichen Garten anzupflanzen, und wann immer sie einmal in den Norden kommen würde, könne sie vorbeikommen und ihn blühen sehen.

»Stell dir vor«, berichtete Chrys traurig, »er sagte der Landschaftsgärtnerei, sie sollten alle Blumen herausreißen – selbst die Teerosen – und sie auf einen Abfallhaufen im Wald werfen. Und das tat er, während seine Mutter zusah.«

Warum stieß er ihr nicht gleich ein Messer ins Herz? Was er tat, war schlimmer, als sie aus dem Haus zu jagen. Es war eine richtige Tragödie – ein Sohn, der den lebendigsten Teil aus dem Leben seiner Mutter herausriß, jenen blühenden Teil, den sie über Jahre hinweg kultiviert hatte. Warum fühlte er den Zwang, ihre umhegte kleine Welt zu zerstören, eine der letzten Quellen ihrer Freude und Erfüllung? Warum tat er das vor ihren Augen, wenn nicht als Ausdruck seiner Macht? Man kann sich nur schwer vorstellen, welches Rachedrama er aufgeführt haben mag.

Das ist nicht das erste Mal, daß ich von einem Garten höre, der als Waffe benutzt wird. Der Ehemann einer Nachbarin ließ sich wegen einer jüngeren Frau scheiden und erhielt zudem in der Scheidungsvereinbarung das Haus zugesprochen. Als die verlassene Ehefrau erfuhr, daß er bald mit seiner neuen Frau in das Haus einziehen würde, riß sie systematisch die seltenen und kostbaren Dauerpflanzen aus den Beeten und ersetzte sie durch Jahrespflanzen, an denen sie allein sich bis zu ihrem Auszug erfreuen konnte. Die Jungvermählten würden einen toten Garten vorfinden. So weit ich weiß, vergiftete sie auch noch den Boden.

Gewalt im Garten? Dank unserer antiken Vorfahren finden wir ununterbrochen Mord und Körperverletzung im Frühlingsgarten vor. Die Narzisse zum Beispiel erinnert an die Entführung einer hübschen Prinzessin. Laut der griechischen Mythologie schuf Zeus die Blume, um seinem Bruder, dem Herrn der Unterwelt, zu helfen, der sich in Persephone, die Tochter von Demeter, verliebt hatte. Eines Tages pflückte Persephone mit ihren Freundinnen Blumen, als sie eine leuchtende Blüte auf der anderen Seite der Wiese erspähte. Ihre Freundinnen hatten sie noch nicht entdeckt, und sie lachte, als sie losrannte, um zu sehen, was das wohl für eine Blume war. Sie hatte noch nie zuvor eine so strahlende Blume gesehen, mit so vielen Blüten, die aus einer Wurzel aufsprangen, und mit einem dermaßen verführerischen Duft, süß und animalisch zugleich. Als sie die Hand ausstreckte, um die Blume anzufassen, tat sich die Erde zu ihren Füßen auf und »kohlschwarze Rosse sprangen heraus, die einen Streitwagen zogen; gelenkt wurde er von einem Mann mit einem Ausdruck dunkler Pracht, majestätisch und schön und furchtbar.« Er ergriff Persephone, hielt sie fest und galoppierte mit ihr hinunter in seine Welt der Toten, weit weg von den sonnigen Freuden des Frühlings.

Das Lorbeerkrüglein *(Leucothoe)*, ein flacher, buschiger Strauch vor meinem Fenster, ist nach einer anderen Prinzessin benannt, einer Perserin, die ihr eifersüchtiger Ehemann von einer Klippe in das tosende Meer stieß. Apollo fand Gefallen an ihr und verwandelte sie in eine Meeresgöttin. Als er ihrer seichten Art müde wurde, verwandelte er sie in eine süß riechende Pflanze.

Die hellroten Anemonen, die im Sommer blühen, haben ihren Namen von Adonis. Eines Tages, während einer Jagd griff ihn ein verwundeter Bär an und kastrierte ihn mit einem Biß in die Leistengegend. Es war eine qualvolle und tödliche Verwundung. Nach einiger Zeit fand ihn Aphrodite, seine Geliebte; Adonis delirierte und war schon fast tot. Weinend umklammerte sie ihn und flehte:

»Gib mir noch einen Kuß, einen letzten, langen Kuß,
Bis ich deine Seele mit meinen Lippen aufgesogen
Und all deine Liebe getrunken habe.«

Aber er war schon weit weg von ihren Worten und Tränen, tief in der Unterwelt, wo sie ihn nicht mehr erreichen konnte. Als sein Blut auf den Boden tropfte, entsprangen diesem zarte rote Blumen. Aus seinem abgetrennten Penis soll sein Sohn Priapus, der Gott der Fruchtbarkeit, entstanden sein.

Eine Schlangenlinie aus purpur-, aprikosen- und pflaumenfarbenen Hyazinthen sprießt in meinem Garten entlang mehrerer Pfade. Die Hyazinthen haben ihren Namen von einem jungen Geliebten Apollos, den dieser versehentlich tötete. Die beiden veranstalteten ein freundschaftliches Diskuswerfen, als Zephyr, der Westwind, dessen Aufmerksamkeiten der Knabe zuvor verschmäht hatte, in eifersüchtige Raserei verfiel und auf Apollos Hand blies, so daß dieser einen Fehlwurf tat. Der Diskus flog in einem verrückten Winkel davon und brach das Genick des Knaben. Verzweifelt drückte ihn Apollo an seine Brust und weinte. Als das Blut des Knaben auf das Gras tropfte, wuchs daraus in seinem Gedenken eine einzelne phallische Pflanze, eine schöne purpurne Säule, deren Blütenblätter die Buchstaben für das griechische Wort »Alas« bilden.

Wohin auch immer man sich in einem Garten wendet, die Natur erzählt oft schmerzvolle Geschichten von verlorener Schönheit und Unschuld, vergangener Liebe und dahingegebenem Leben. In der griechischen Mythologie gab es so viel Gewalt und Verlust, daß man dazu neigte, Götter und Sterbliche in Blumen zu verwandeln. Das löste eine Menge Probleme, die durch andauernde Pein verursacht worden waren; es lieferte eine vernünftige Form der Reinkarnation, und es führte die blutigen Erzählungen in eine etwas sonnigere Form der Wiedergutmachung. Eine schöne junge Frau, die in einer Höhle an gebrochenem Herzen stirbt? Mitleiderregend. Ein schöner junger Mann, der ertrinkt? Tragisch. Aber wenigstens leben sie in der Natur fort, auf ewig und innig geliebt, und jedes Frühjahr blühen sie aufs neue. Nicht jeder denkt an Apollos Geliebten mit dem gebrochenen Genick, wenn er an Hyazinthen vorbeischlendert, aber wenn Sie genau hinhören, dann können Sie vernehmen, was der Wind flüstert: »Alas.«

6

Erster Mai. Ich könnte an die Wiedergeburt des Gartens glauben. Ich könnte einige Pflanzschulen besuchen, in denen auf Traktoranhängern die ersten Rosen, Stiefmütterchen und andere Juwelen für den Muttertag ausgeliefert werden. Ich könnte eine Radtour machen, während die Spechte ihr »Rattatat« laut wie Pistolenschüsse abfeuern. Ich könnte frische Pflanzenschößlinge und Pastinaken auf dem Bauernmarkt suchen. Ich könnte am Seeufer mit Züchtern, Schnitzern, Holzschuh-Tänzern und Töpfern plaudern, während ich laotischen Reis mit Thaigemüse und einen Berg von Koriander esse. Später könnte ich mit Spaten und Feuerspritze das erste Mal in diesem Jahr das Unkraut zwischen den Steinen der Veranda jäten. Ich könnte über die Rückkehr der Eintagsfliege an den Eriesee nachdenken. Ich könnte mich in mein Erkerfenster legen und mich an den Magnolien erfreuen, deren Blüten beim ersten heftigen Regen abfallen werden. So eine Schönheit, so eine Vergänglichkeit, ohne jede Vorkenntnis der Lebensdauer schafft eine Schmerzlichkeit, die eher menschlich als botanisch ist. Diese chinesische Magnolie hat große rosa Blüten, die sich wie Segel bauschen. In einer leichten Brise bebt der ganze Baum. Ich könnte jeden einzelnen Tag, an dem die Blüten geöffnet sind, in meinem Erker liegen. Mit ihrem wächsernen Weiß, ihrem rosa Hals und Fuß sehen sie aus wie feine Taschentücher, die von unsichtbaren Händen gehalten werden.

Viele Menschen – Architekten und Bauunternehmer – haben versucht mich zu überreden, diese stattliche Magnolie zu fällen, denn sie nimmt beträchtlichen Raum ein, den man zum Hausausbau nutzen könnte. Aber die Magnolie ist ein Leuchtfeuer am Ende der Straße, das Herz des Frühlings, auch wenn ihre Blüten nur ungefähr zwei Wochen verweilen. Während dieser Zeit ist sie so exquisit wie ein Zengemälde fallenden Schnees, der in einem Baum aufgefangen wird. Das Symbolzeichen für »Muße« stellt den Mond zwischen den Ästen eines Baumes dar. Für was könnte der Schnee in einem Magnolienbaum stehen? Alter? Toleranz? Ich könnte es nicht ertragen, diesen Baum zu verlieren. Er ist groß – mit acht Hauptarmen, die vom Stamm ausgehen, und einem acht Meter breiten Dach – und könnte 40 Jahre alt sein. Die Magnolie ist eine sehr alte Pflanze. Die ersten Blumen der Erde blühten auf magnolienähnlichen Pflanzen. Pokalförmige Blüten wie diese gibt es schon seit 200 Millionen Jahren. Was ist – damit verglichen – schon die Lebensspanne des Menschen? Brechen Sie einmal das fingerartige Samengehäuse auf, Sie werden einen perfekten Seestern finden, der mit vielen Samenkörnern angefüllt ist. Es ist ein Wunder, daß die Welt entlang ihrer Küstenstreifen nicht von Magnolien gesäumt ist.

Eines Tages beobachtete ich ein Eichhörnchen, wie es eine große Magnolienknospe abdrehte, zu Boden warf und den Saft aus dem übriggebliebenen Zweig leckte. Der Saft führt Mineralien auf seinem Weg nach oben mit sich und Nährstoffe auf dem Weg nach unten – ein gutes Stärkungsmittel für Eichhörnchen. Die harte Borkenschicht soll den Saft eigentlich schützen, aber Insekten, Pilze, Vögel und Säugetiere haben Wege gefunden, den Baum zu plündern. Natürlich bekommen die Bäume das ihre zurück, indem sie beispielsweise Insekten in ihrem Saft fangen; die versteinerte Form dieser Tropfen schätzen wir als Bernstein. Dies war das erste Mal, daß ich sah, wie ein Eichhörnchen eine Magnolienblüte abdrehte, als wäre sie ein Flaschenverschluß, aber ich wußte bereits, daß hungrige Eichhörnchen im Winter dicke Rinde abschälen. Sie können richtige Saftvampire sein.

Die Platane auf dem Gelände vor meinem Haus wirft ihre Borke jedes Jahr ab. Die Strumpfbandnattern verlieren ebenfalls ihre Haut. Rotwild und Eichhörnchen häuten ihr Winterfell. Von den Zitterpappeln schält sich ununterbrochen papierdünne Haut ab. Die oberste Schicht unserer Haut löst sich alle zwei Wochen. Manchmal fühle ich mich von Pflanzen und Tieren umgeben, die ihr früheres Selbst von sich werfen. Wir bauen Borke ab (Papier-Birke für Kanus, Korkeichen für Flaschenkorken) und nutzen die parfümierte Borke von jungen Bäumen aus Sri Lanka als Gewürz (Zimt). Es gibt Vogelhäuser, die aus der Rinde umgefallener Bäume hergestellt werden. Wir weben Borkenfasern zu Flachs, Hanf und Ramie. Wir gewinnen Tannin, Gummi, Klebstoff, Kautschuk und Latex aus Rinde, deren Harze uns Schellack, Lacke, Weihrauch und Myrrhe liefern. Im wesentlichen bildet die Rinde das Kreislaufsystem eines Baumes, und doch kann sie erstaunlich unterschiedlich sein. Manche Rinden entwickeln Dorne oder Stacheln, andere wiederum Punkte oder Schuppen, und manche zieren hübsche Farben oder Muster. Einer der schönsten Bäume in Amerika ist der nach Zitrone duftende australische Zitroneneukalyptus, *Eucalyptus citriodara,* dessen schuppige Rinde purpurrot gefärbt ist; sie platzt, und der Baum schält sich, um einen seidigen blaugrauen Stamm zu enthüllen. In der Rinde des ekuadorianischen Guarana *(Paullinia yoco)* ist Koffein enthalten, und so manche Heilmittel und Gifte finden sich in den Rinden anderer Bäume. Man könnte ein Leben damit zubringen, die geheime Welt der Rinden zu studieren – und manche Menschen tun das auch.

Heute habe ich auf dem Bauernmarkt drei Vogelhäuser gekauft, die aus ausgehöhlten Kürbissen hergestellt waren, die man getrocknet, lackiert und mit Kupferdraht umwunden hatte. Einer der Kürbisse, versehen mit einer langen Sitzstange, hängt jetzt in der Magnolie, und zwar genau im richtigen Winkel, damit ich seinen Eingang beobachten kann. In Sichtweite, ungefähr zehn Meter entfernt, habe ich einen größeren, dickbäuchigen Kürbis aufgehängt, einen perfekten Unterschlupf für Spechte, Kleiber oder Meisen. Weiter hinten schließlich habe ich – nur drei, vier Meter vom Fenster meines Arbeitszimmers entfernt – einen kleinen Kürbis als Zaunkönighaus aufgehängt, mit einem langen Modigliani-Hals aus dem Zweig eines Redbud.

Unsere heimische Überlieferung warnt uns davor, Jahrespflanzen zu setzen, bevor die Frostgefahr gebannt ist. In den meisten Jahren gibt es Schneefälle bis zum Muttertag, die uns auf Draht halten. Andererseits wird es heute über 20 Grad warm werden – Sommerwetter, Pflanzwetter –, und es fällt schwer, der Versuchung zu widerstehen, den Garten mit Dünger und neuen Pflanzen wachzurütteln. Ich habe einen hochgewachsenen Holzapfelbaum mitgebracht, der gerade Knospen bekommt und den ich am unteren Ende des Geländes einpflanzen will. Das Wild wird sich an seinen Früchten erfreuen und ich mich an seinen strahlendroten Blüten. Außerdem habe ich zwei verschiedenfarbige Weiden, vier Forsythien und vier knospende Rosen gekauft. Sie benötigen keine Pflanzentöpfe; die Erde wird sie sowohl behindern als auch unterstützen. Aber was wäre eine Veranda ohne exotische Pflanzenschalen für die empfindlicheren Pflanzen? Architektonische Elemente waren schon immer Bestandteil von Gärten. Zusätzlich zu einigen Obelisken aus schwarzem Metall für Kletterrosen, die sie mit ihren Spiralarmen erforschen können, habe ich eine Raritätenecke aus Gipspflanzentöpfen arrangiert: tanzende griechische Frauen, Cherubim, die mit Geistern ringen, kindliche Engel und Gesichter sittsamer Frauen aus der viktorianischen Epoche. Die Töpfe sehen wie Marmor aus, da sie einem künstlichen Alterungsprozeß unterzogen wurden, und sie begrüßen die Besucher des Hofs mit einem Überfluß an Blumen. Ich pflanzte rote Miniaturrosen, zweifarbige Geranien in marmoriertem Purpur und Rosa, hellgelbe Zwergdahlien und purpurrote Mini-Fuchsien in die Töpfe.

Der japanische Flieder hat sich als Enttäuschung erwiesen. Ich habe ihn letztes Jahr mit großer Freude gepflanzt. Anfang Juni war er mit großen weißen Blüten übersät, die aber erst zu duften begannen, als sie alterten und sich ganz öffneten. Davor konnte ich meine Nase hineinstecken und roch nichts. Danach konnte ich einen Meter entfernt oder sogar auf der windabgewandten Seite stehen und wurde von seinem schweren Geruch erstickt. In der ganzen Stadt blüht im Moment der japanische Flieder, einige Büsche sind über zehn Meter hoch. Nur meiner ist kahl. Aus irgendwelchen Gründen hat auch mein Roter Perückenstrauch seine Perücken nicht ausgebildet. Nur wenige Dinge werden mit so viel Hoffnung begonnen wie ein Garten, aber die mit ihm verbundenen Enttäuschungen können in einem unmittelbaren Verhältnis zu den Erwartungen stehen. Der verstorbene Henry Mitchell, der witzige Gartenkolumnen für die *Washington Post* schrieb, hat darauf hingewiesen, daß Menschen, »wo auch immer sie großartig gärtnern, großartige Versager« seien, und er bestand darauf, daß »es nirgendwo nett ist zu gärtnern. Überall gibt es heftige Winde, Überschwemmungen, wie sie nur einmal in fünf Jahrhunderten vorkommen, unvorhersehbare Dürrezeiten, rekordverdächtige Fröste, ausgedehnte und alles verdorrende Hitzewellen, wie man sie noch nie erlebt hat. Es gibt keinen Ort, keinen Garten, in dem Gärtner von diesen furchtbaren Ereignissen nicht verrückt gemacht werden«. Die Lösung ist Trotz; Ärger oder Furcht kann man gleich vergessen. Das Schlimmste wird ganz sicher eintreten, ebenso das Beste. Einige Blumen werden wachsen, andere sterben, aber der Garten wird bestehen bleiben, der Gärtner wird neue Dramen komponieren und neue Träume prägen.

Bei einem Gartenbummel treffe ich zufällig Nachbarn, die mir eine merkwürdige Geschichte erzählen. Ein Familie mit drei Autos benutzte während des Winters einen ihrer Wagen, ein Oldsmobile, nur äußerst selten. Letzte Woche fing er an, seltsame Geräusche von sich zu geben, also brachten sie ihn zur Inspektion. Ein Mechaniker entdeckte unter der Haube durchgenagte Kabel und Hunderte von Walnüssen, die ein Eichhörnchen dort für den Winter gelagert hatte. Meine Nachbarn baten den Mechaniker, die Nüsse in eine Schachtel zu tun, trugen sie nach Hause und plazierten sie vorsichtig in einem Schuppen hinter dem Haus – in der Hoffnung, das Eichhörnchen würde die neue Speisekammer akzeptieren. Gott weiß, was das Eichhörnchen gedacht haben mag, als die Nüsse aus dem Auto verschwanden und wie von Zauberhand im Schuppen wieder auftauchten. Aber es hatte nicht viel Zeit zur Bestürzung, denn kurz danach hörte der Sohn meiner Nachbarn auf einer Fahrt mit dem Oldsmobile unheimliche Töne hinter sich. Im Rückspiegel sah er ein verstörtes rotes Eichhörnchen, das oben auf der Rückenlehne saß. Er öffnete die Autotür, und das Eichhörnchen schoß hinaus, Kilometer von zuhause entfernt. Als der Junge nach Hause zurückkehrte, erzählte er seinen Eltern, er habe »das rote Eichhörnchen umgesiedelt«. Ich hoffe, das kleine Kerlchen überlebt. Hoffentlich war es kein Weibchen mit Jungen, die es zu säugen hatte. Vielleicht war es das Männchen Red Rodney, das ich seit ein paar Tagen nicht mehr gesehen habe.

Während ich auf einem Baumstumpf im Garten sitze, beobachte ich die Spiele zweier poussierender Kaninchen, die wie in einer Szene aus *Alice im Wunderland* kämpfen und tanzen. Man glaubt gar nicht, daß Kaninchen sich so altertümlich aufführen können. Ein Dutzend schlanker Knollenpflanzen sind hoch gewachsen, sie haben speerförmige Köpfe ausgebildet und schaukeln im Wind. In diesem Stadium sehen sie überhaupt nicht nach der Explosion purpurner Satelliten aus, zu denen sie bald werden, vielzahnige Körper auf der Spitze kaum sichtbarer Stengel. Fiddlehead-Farnsträucher, die gerade ihre Blätter entfalten, sehen aus wie lange Reihen von Geigenhälsen. Ich liebe die vielen Masken und Charaktere des Gartens. Lebewesen neigen dazu, sich während ihres Wachstums so zu verändern, daß man sie nicht wiedererkennt. Wer würde die Libelle aus der Larve herleiten, die Iris aus der Knospe, den Rechtsanwalt aus dem Kind? Ob Flora oder Fauna – wir alle sind Kulissenschieber und magische Wieder-Erfinder. Das Leben ist ein Substantiv in der Mehrzahl, eine Karawane der Persönlichkeiten.

Studieren Sie die Täuschungsmanöver bei Pflanzen und Tieren, und Sie werden sehr schnell feststellen, daß wir nicht die einzigen Lebewesen sind, die sich maskieren und betrügen. Die meisten Pflanzen sind Zuhälter und Verbrecher. Weil Pflanzen sich nicht fortbewegen können, unternehmen sie alles – gleichgültig, wie tödlich, extrem oder bizarr es sein mag –, um andere Lebensformen dazu zu bringen, für ihre Befruchtung zu sorgen. Daher sind Blütenblätter wie die Geschlechtsorgane weiblicher Bienen geformt, so daß werbende Bienenmännchen unabsichtlich die Gene der Blume statt ihrer eigenen weiterverbreiten. Je mehr ich über Pflanzen lerne, um so mehr bin von ihren Fertigkeiten beeindruckt – Fähigkeiten, von denen wir denken, sie würden nur von Menschen beherrscht: die Kontrolle des Windes und anderer Naturgewalten, kluge Formen der Selbstverteidigung, die Fähigkeit, sich neuen Belastungen anzupassen, das Talent der Verführung und Überredung und insbesondere die beeindruckende Begabung für Täuschung, Ausbeutung und Tauschhandel. Bäume und Blumen unterliegen chemischen Veränderungen: Kennen sie so etwas wie Stimmungen?

Diese Metamorphose erinnert mich an eine schöne Schauspielerin und Tänzerin, die ich zum ersten Mal flüchtig wahrnahm, als sie ein schottisches Schulmädchen in einer Produktion von *Die besten Jahre der Jean Brodie* spielte. Eine Woche später sah ich sie über den Campus eilen, ungeschminkt, eine durchschnittliche Studentin in Bluejeans. Bald darauf tauchte sie in meiner Klasse auf – als gescheite junge Studentin mit einer gewinnenden Persönlichkeit und einem feinen Gespür für Humor. Später im Semester besuchte ich eine Tanzaufführung, an deren Choreographie sie mitgearbeitet hatte. Es faszinierte mich zu sehen, wie die bescheidene, unschuldige Person, die ich kannte, sich in eine wollüstige Kokette verwandelte, die zusammen mit dem Rest ihrer Tanzgruppe mit großer Energie glatte zwei Stunden lang erstaunlich gut herumtollte. Das hatte ich nicht in ihr vermutet. Ich frage mich, mit welchen Verwandlungen meine anderen Studenten mich überraschen könnten. Jetzt bewegen sie sich – schimmernd zwischen Sonnenlicht und Schatten – langsam im Garten umher und versuchen ihre Plätze als frische Geister in meiner Erinnerung zu finden. Ich vermisse diese 17 Studenten schon jetzt mehr, als ich mir vorstellen konnte.

Mein Kurs über Kreativität in Kunst und Wissenschaft zog akademische Eigenbrötler von einer zauberhaften Sorte an. Ein typisches Statement hätte lauten können: »Ich studiere zwar Nuklearphysik, aber meine wirkliche Leidenschaft sind mittelalterliche irische Lieder.« Montags besuchte uns ein Komponist oder Entomologe oder eine andere zutiefst kreative Person, um mit uns über ihre oder seine Arbeitsweisen, Problemlösungen und Leidenschaften zu sprechen. Mittwochs traf ich mich mit Studenten in einer Diskussionsveranstaltung, in der wir die Kreativität im geistigen Gerangel einer Expertenkommission erforschten, die ich nur ein klein wenig mehr leitete als sie mich.

Im kleinen Garten dieses Klassenraums waren die Gespräche von Pfaden, einem Blätterdach und dem Unterholz, von Felsgestein und unlenksamer Düsternis durchsetzt. Da die Studenten aus unterschiedlichen Semestern, Disziplinen und Hintergründen kamen, stellten sie eine Schnittmenge von großer Vielfalt dar. Ich bot ihnen eigentlich nur einen sicheren Platz zum Graben und ermutigte sie, neue Ideen ans Licht zu bringen und Risiken auf sich zu nehmen. Zusätzlich zu ihren üblichen Aufgaben reichten sie jede Woche Seiten aus ihren Tagebüchern ein, die ich nicht benotete oder kommentierte. Und so hatte ich den besonderen Vorzug, in die Gespräche hineinzulauschen, die sie mit sich selbst über die Natur der Kreativität, aber auch über das Gelände ihres Lebens führten. Ich beobachtete, wie Ideen in ihren Köpfen aufkeimten, ich las von ihren Bauchschmerzen und Hoffnungen bezüglich ihres Berufes, und ich erfuhr von Schmerzen, Ängsten, Begierden und Affären. Vierzehn Wochen lang folgte ich den Bewegungen ihres Geistes und war vor allem von ihrem starken Drang zu wachsen beeindruckt.

Der Drang zum Wachsen ist etwas, das alle Lebensformen gemeinsam haben, aber für mich ist er beim Menschen am faszinierendsten, weil sich bei ihm die Notwendigkeit, sich selbst zu verbessern, sich weiterzuentwickeln, etwas zu erreichen, die eigenen Grenzen auszudehnen und weitere Varianten der Lebendigkeit des Lebens mit einem enormen Einfallsreichtum zeigen. Auch die meisten Tiere haben eine starke Lebenskraft und kämpfen um ihre Entwicklung. Aber Menschen kämpfen außerdem darum, Verständnis und Erfüllung zu entwickeln und bringen dabei mitunter große Opfer. Obwohl es nicht immer durch Glück oder Freude belohnt wird, ist dieses Wachstum eine Jagd nach Wissen um seiner selbst willen, ein Streben nach Einsichten ohne den Zwang, sie ausbeuten zu müssen. Wir wachsen auf, wir werden alt, wir gewinnen an Wissen und Erfahrung bis zum Ende. Vielleicht fühlen wir, daß Wachstum Leben bedeutet und daß wir sterben, wenn wir aufhören zu wachsen. Aber ich halte es für wahrscheinlicher, daß unsere Evolution so riskant war, daß wir einen grimmigen Instinkt für mentales Wachstum erbten, einen Instinkt, der uns eines Tages durch den Weltraum zu anderen Sonnensystemen führen wird. Wir sehen es als selbstverständlich an, daß wir unser eigenes Schicksal bestimmen können; aber wie verblüffend, wie unwahrscheinlich ist es doch, daß Fleisch und Blut sich über die Zeitalter hinweg in Lebewesen fortentwickelten, die in der Lage sind, ihren eigenen Laden zu schmeißen, ihre eigene Entwicklung zu kontrollieren, Informationen außerhalb ihres Körpers aufzubewahren und aufblühende Kulturen und Ideen zu erschaffen.

In der Klasse erkannten wir einige Elemente, die für Kreativität wesentlich sind: Risikobereitschaft, Beharrlichkeit, die Fähigkeit, neue Probleme zu lösen, disziplinierte Spontaneität, die Notwendigkeit, das eigene innere Universum nach außen zu vermitteln, Offenheit für Erfahrungen, Glück, genetische Ausstattung, die Bereitschaft, gegen den Status quo zu handeln, Freude, Beherrschung, die Fähigkeit, nicht nur das eigene Leben, sondern das seiner Zeit zu leben, kindliche Unschuld, gelenkt von der Ausgereiftheit eines Erwachsenen, Einfallsreichtum, ein Sinn für das Geistige, ein Verstand mit großem Allgemeinwissen, der gleichzeitig vom Besonderen fasziniert ist, Leidenschaft, die nutzbringende Anwendung von Besessenheit, ein geheiligter Platz (abstrakt oder körperlich). Daß alle diese Qualitäten (und noch andere) sich zu etwas vereinigen, das wir als den Moment der *Inspiration* bezeichnen – das ist eines der größten Geheimnisse und einer der gewaltigsten Triumphe des Geistes. Unser Geist wächst nicht, weil er das tun müßte, sondern weil es seiner Natur entspricht, genauso wie es der Natur der Fliegen eigen ist, offene Wunden zu suchen, und der Natur der Blumen, der Sonne zu folgen. Kann es Wachstum ohne Belastung und Kampf geben? In einem meiner Lieblingsbücher, *Über Wachstum und Gestalt*, schreibt der Kenner der Klassik, der Mathematiker und Naturwissenschaftler D'Arcy Wentworth Thompson:

> »[Es] ist eine sehr bedeutsame physiologische Wahrheit, daß die Bedingung der *Anstrengung* als Ergebnis einer *Belastung* ein direkter Stimulus für das Wachstum selbst ist ... Die Sohlen unserer Stiefel tragen sich auf, die Sohlen unserer Füße aber werden um so dicker, je mehr wir auf ihnen laufen: Daher scheint es, als würden lebende Zellen durch Druck ›stimuliert‹ ... Das Kneten des Teigs ist ein analoges Phänomen. Die Viskosität und vielleicht auch andere Eigenschaften werden durch die Anstrengungen beeinflußt, denen wir sie unterzogen haben, und daher kann man sagen, daß diese Eigenschaften nicht nur von der Natur der betreffenden Substanz abhängig sind, sondern auch von ihrer Geschichte.«

Ich glaube nicht, daß Thompson, obwohl er geniale Analogien verwendet, darüber nachgedacht hat, wie sehr die Charakterstärke eines Menschen durch eine ähnliche Entwicklung seiner Belastungen und Beanspruchungen geprägt wird. Thompsons Genialität besteht darin, biologische Prozesse in konkreten physikalischen Begriffen mathematisch zu analysieren. Es ist nur so, daß man ganz automatisch über die menschliche Beschaffenheit nachzudenken beginnt, wenn Thompson die grundlegenden Strukturen und Prozesse offenbart, die allen Lebewesen gemeinsam sind. Ein Paradoxon ist, daß wir lebende Organismen sind, die aus nichtlebenden Teilen bestehen – das gilt für Geist und Materie. Dies macht Thompsons mathematische Arbeit so menschlich und gehaltvoll. Studieren Sie den Aufbau der Wirbelsäule oder der Knochenflügel des Beckens, und Sie werden Erkenntnisse über Sexualität oder Moden gewinnen. Studieren Sie die Kräfte, die das Zellwachstum anregen, und Sie werden Wahrheiten über den Lebensunterhalt und den Geist erfahren. Für Poeten ist das eine Schatzkammer. Ich weiß nicht, ob Dylan Thomas Thompsons Buch gelesen hatte, bevor er die folgenden Zeilen schrieb, aber sie schlagen eine Thompsonsche Saite an:

»Die Kraft, die durch den grünen Zünder die Blume voran treibt,
Treibt auch mein grünes Alter; was die Wurzeln der Bäume sprengt,
Ist mein Zerstörer.
Und ich zu stumm, um der gekrümmten Rose zu sagen:
Meine Jugend ist vom gleichen Winterfieber gebeugt.«

Eine zwölfjährige Nachbarstochter kommt vorbei und fragt mich, ob ich Lust hätte, mir ein verborgenes Rotkehlchennest anzusehen, das sie entdeckt hat. Wir schlendern ans Ende der Straße, wo sich – hinter vielen Zweigen tief in einer Eibe versteckt – ein Nest mit drei zwei Tage alten Küken befindet. Ihre Schnäbel sind orange, ihre Augen noch ungeöffnete Schlitze. Die Mutter sitzt in sicherer Entfernung in einem anderen Baum. Die Babys – helle orangefarbene Dreiecke – kreischen in einem fort nach Futter. Ihr Nest aus Zweigen ist sauber, denn kleine Vögel haben ihre eigenen Windeln, kleine Kotsäcke, die ihre Ausscheidungen enthalten. Ein Elternteil pickt die Säcke auf und fliegt davon, um sie irgendwo loszuwerden.

Während der nächsten Woche sehe ich jeden Tag nach den Küken, beobachte, wie sie wachsen, Gefieder bekommen und immer kecker werden, bis ich eines Tages zu ihnen hineinschaue und feststelle, daß sie mich ernsthaft anblicken. Dieser Augenkontakt ist schockierend. Außerdem sind sie schon fast zu groß für das Nest. Am nächsten Tag sind sie fortgeflogen. Obwohl ich wußte, daß das geschehen würde, überrascht mich der Anblick des leeren Nestes doch. Auch wenn man darauf vorbereitet ist, wird das Gefühl des Verlustes nicht einfacher. Wachstum bedeutet Veränderung, und Veränderung erfordert unterschiedliche Bedürfnisse und Standorte. Ohne Veränderung gäbe es nichts Neues und keine Überraschung, und ohne dieses Geschwisterpaar wäre das Leben so flach wie eine Briefmarke.

7

JEDES JAHR beobachte ich, wie der Redbud Tausende von lila und rosafarbenen Eiern ausbildet, bevor die Blätter erscheinen. Sicher hat sie ein riesiger Frosch zurückgelassen, auf daß sie Kaulquappen und keine Blüten werden. Aber dann schwellen schnell winzige Kugeln an und übersäen die Zweige mit einem Punktmuster aus glühend lilafarbigen Büscheln. In einem bestimmten Entwicklungsstadium sehen sie wie champagnerfarbene Weintrauben aus, und sie sind eßbar – entweder roh im Salat oder gebraten als Gemüse (der Redbud gehört zur Familie der Erbsenpflanzen und entwickelt im Herbst flache Hülsen). Volkstümliche Heiler brauten aus seiner Rinde eine Arznei gegen Durchfall. Ich schätze weniger die Eßbarkeit und die Heilwirkung, sondern vielmehr die Pracht des Baumes als ein Frühlingsbankett für die Augen: rosa Feuerwerkskörper, die explodieren.

Mein Redbud kniet seit Jahrzehnten auf der Erde und winkt mit seinen Ästen in einer Haltung, die einige Gärtner vermutlich als plump empfinden würden. Der Stamm ist zweifach gesplittert, und ein räuberischer Blauregen windet sich fest um viele Zweige. An einer Stelle sind die Äste ineinander verflochten wie harte Muskeln. Obwohl der Baum instabil, gekidnappt und an allen Gliedmaßen zerbrochen aussieht, steht er doch jedes Jahr in voller Blüte.

Der Redbud sieht wegen seiner herzförmigen Blätter auch dann noch dekorativ aus, wenn die Blütezeit vorbei ist. Zum ersten Mal sah ich einen Redbud in Monticello, dem Wohnort und Forschungsgarten von Thomas Jefferson. Jefferson war ein experimenteller Gartenbauer, der Samen und Pflanzen mit Naturwissenschaftlern in aller Welt austauschte, und er war der erste ernsthafte Gärtner der USA. Er liebte Redbuds und pflanzte viele um sein Haus herum an. Ich spreche natürlich von seinem Landhaus.

Ich erinnere mich an einen Tag im Jahr 1962, als John F. Kennedy im Weißen Haus eine Feier für amerikanische Nobelpreisträger veranstaltete. Zuerst würdigte er sie, und dann spöttelte er: »Ich denke, dies ist die außergewöhnlichste Versammlung von Talent und menschlichem Wissen, die sich jemals im Weißen Haus zusammengefunden hat – vielleicht mit Ausnahme des Tages, als Thomas Jefferson hier allein speiste.«

Niemand war beleidigt. Wie denn auch? Jefferson war nicht nur ein begeisterter und verständiger Botaniker, er war auch der größte amerikanische Architekt seiner Zeit, ein gewandter Literat, ein rastloser Erfinder, Bastler und Liebhaber alles Neuen. Als Sammler von Dinosaurierknochen rekonstruierte er als erster ein Mammut. Er studierte die Antike und war ein Büchernarr, der zwei der größten privaten amerikanischen Büchereien zusammenstellte (die die Grundlage für die Kongreßbibliothek bildeten). 1766 begann er mit der Herausgabe einer Gartenzeitschrift, in der er alle Einzelheiten über das Pflanzen und die Ernte aufzeichnete, über die früheste Blüte, die Beobachtung der Vögel, das Wetter, die Vielfalt der unterschiedlichen Pflanzen, die Anordnung der Beete und seine botanischen Experimente. Da er seine Aufzeichnungen getreulich über 55 Jahre fortführte, war der Gartenklub seiner Heimatstadt in der Lage, das Erbstück seines Gartens nachzupflanzen. Jefferson hinterließ ihnen einen Führer.

Als Förderer der Forschung unterstützte Jefferson die Expedition von Lewis und Clark; er entschied sich für Meriwether Lewis wegen seiner Leidenschaft für die Entdeckung neuer Pflanzen; er schickte Lewis sogar zuerst nach Philadelphia, um seine Fähigkeiten unter der Anleitung des renommierten Botanikers Benjamin Barton weiter auszubilden. Als Lewis und Clark mit vollen Notizbüchern und Samenkästen zurückkehrten, pflanzte Jefferson einige der Samen in seinem eigenen Garten ein – das war ganz sicher eines seiner Hauptmotive für die Unterstützung der Expedition – und schickte den Rest zur Katalogisierung und zum Studium nach Philadelphia.

In seiner übrigen Zeit war Jefferson Präsident der Vereinigten Staaten. Aber sein politisches Leben war, worauf er oft hingewiesen hat, nur »Umstand«. Seine wirkliche Leidenschaft war die Gärtnerei. Seine Farm lieferte ihm nicht nur ein Einkommen, das er dringend benötigte (als er starb, hatte er 100 000 Dollar Schulden), er nutzte sie auch für seine zahlreichen Erforschungen der Natur. Die frühen Jahre in Monticello mit seiner ersten Frau Martha, die nach nur zehn Jahren Ehe starb, waren – wie er selbst behauptete – die glücklichsten seines Lebens, genau wie die 17 Jahre seines Ruhestands, umgeben von seinen Töchtern, einem Dutzend Enkelkindern und seiner Geliebten Sally Hemmings. Er verbrachte 40 Jahre damit, Monticello zu bauen und umzubauen, seine Gärten zu bepflanzen und umzugraben. Nichts im Leben begeisterte ihn mehr, als das »Errichten und Niederreißen«, wie er sagte. Und er hatte das Gefühl, daß sein Präsidentenleben in Washington beengend und erstickend war. Sein scharfer Verstand war dort in die Sorgen einer einzigen Nation eingespannt. In Monticello dagegen konnte er das Universum durchstreifen.

Jefferson verankerte sein Haus – und auch seinen Verstand – auf einer Höhe, von der aus er das Panorama des Lebens überschauen konnte. Das Haus krönt einen steilen, dichtbewaldeten, windgepeitschten Berg. Wie sein Besitzer achtet es die Antike und zitiert sie im Original – dorische, ionische und korinthische Säulen, Friese aus griechischen und römischen Tempeln in jedem Raum, eine große, imposante Kuppel, geometrische Rabatten, die dichte Logik einander überschneidender Ebenen, die reine Klarheit einfacher unendlicher Linien. Die antiken Denker waren »die ersten, die ein Beispiel gaben, wie der Mensch sein sollte«, bemerkte er, und Monticello grüßt diese Denker auf Schritt und Tritt.

Jefferson liebte Säulen und Kapitelle, aber er liebte sie vor allem, wenn sie sich gegen die wilde Fülle der Natur durchsetzten, die gereinigt, gebändigt, kurzzeitig bepflanzt, aber niemals gezähmt werden konnte. Die Gärten wechseln von sorgfältig gepflegten Bäumen und Blumen zu offenen Wiesen und wilden Gehölzen, sie gehen vom Gewöhnlichen zum Besonderen über, vom robusten Wilden zum entschieden Ruhigen. Da Wasser in Monticello knapp war, baute Jefferson Terrassengärten mit Zisternen und zog dort Hunderte unterschiedlicher Obst- und Gemüsepflanzen. Seine Lieblingsbäume – Seltenheiten, die nicht aus Virginia kamen, sondern aus exotischen Ländern stammten – pflanzte er in einen besonderen Hain, in den er gerne Besucher führte, damit sie in den Genuß der kühlenden Baumschatten kamen. »Unter der dauerhaften, strahlenden, nahezu senkrecht stehenden Sommersonne«, schrieb Jefferson, »ist der Schatten unser Elysium.« Genau das ist er auch für Löwen, Geparden, Krokodile oder Wildpferde. Da es inzwischen soviel Schatten in unserem Leben gibt, sehen wir ihn als selbstverständlich an, aber er kann schnell genauso unbezahlbar werden wie Regen. An Ruhetagen diente der Schatten eines großen Baumes den Familien früher als Zeichenraum, Büro, Küche oder Kinderzimmer.

Jefferson war vorwiegend Vegetarier; Fleisch betrachtete er lediglich als »ein Gewürz«. Sein Gemüsegarten war also gleichermaßen ein wertvolles Labor und eine unentbehrliche Speisekammer. Er machte sich sorgfältige Aufzeichnungen über das Wachstum von Spargel, Radieschen, Mais und einer bemerkenswerten Vielfalt exotischer Gemüse. Er zog so »neue« Gemüsesorten wie Tomaten, Blumenkohl und Auberginen, kaufte Zitronen und Broccoli (aus Italien), Pfeffer (aus Mexiko) und Feigen (aus Frankreich). Kohl und Bohnen wuchsen reichlich. Jefferson zog Sesam für sein Salatöl und Trauben für seinen Wein. Und er liebte Erbsen. In seinem Garten wuchsen 15 Arten englischer Erbsen, und er dokumentierte mit großem Entzücken ihre Ernte in seinem Gartenbuch. Jedes Jahr wetteiferten seine Nachbarn und er darum, die ersten Frühjahrserbsen zu ernten. Der Sieger durfte dann die anderen zu einem Abendessen mit den neuen Erbsen der Saison einladen.

Es ist schwierig, Jeffersons Herzstück auszumachen, aber es gibt in Monticello drei Hinweise. Wenn man sich der Vordertür mit ihren fächerförmigen Glasfenstern und den antiken Säulen nähert, starrt einem ein Zifferblatt entgegen. Direkt darüber dreht sich eine Wetterfahne wie die Schicksalsgöttin im leichten Bergwind. Auf dem Dach der Veranda befriedigte ein Windmeßgerät, das Jefferson entwickelt hatte, seine meteorologische Neugierde, während er trocken im Innern des Hauses bleiben konnte; auch der Zeiger dieses Geräts ist ein Herzstück. Im Garten tanzen die breiten, herzförmigen Blätter des chinesischen Trompetenbaums, einer von Jeffersons Lieblingspflanzen, wild im Wind. Jefferson starb am 4. Juli zur Mittagsstunde, am 15. Jahrestag der Unabhängigkeitserklärung. Später an diesem Tag erklärte John Adams, der selbst auf dem Sterbebett lag, als er von Jeffersons Tod hörte: »Thomas Jefferson lebt noch.«

Weiß der Himmel, er lebt an diesem Nachmittag auch in meinem Garten. Nicht nur in meinen Tagträumen, sondern ebenso in den vielen Bäumen und Blumen, die ich genieße und die Jefferson züchtete, indem er heimische mit exotischen Varianten kreuzte.

Er tauschte Samen, Ableger und botanische Beobachtungen mit anderen Gärtnern in der ganzen Welt, und er sah die relative Bedeutung seiner Präsidentschaft vollkommen richtig, als er argumentierte: »Der größte Dienst, den man einem Land erweisen kann, ist, seiner Kultur eine nützliche Pflanze hinzuzufügen.«

Ich wünschte so sehr, ich könnte meine Frühlingszwiebeln mit ihm teilen. Ich weiß, daß ihre Extravaganz, ihre Farben und Gerüche ihn erfreuen würden. Er wäre empfänglich für die Beete mit den reinrassigen und schlichten Rosen, die sich sehr von den 30 Einzelblütern unterscheiden, die er »rund um die Fliedergruppen vor dem Haus« pflanzte. Er würde auch den Morgen Bäume mögen, obwohl es sich um ein ungebärdiges Gewächs aus Eichen und Hickory handelt, denn Jefferson war ein Baumfetischist. Als Vater der amerikanischen Forstwirtschaft wäre er heutzutage ohne Zweifel ein aktiver Umweltschützer, die Art Mensch, die von manchen als »Baumumarmer« denunziert wird. Als er einmal mit dem Präsidenten speiste, betonte Jefferson: »Ich wünschte, ich wäre ein Despot, so daß ich die edlen, schönen Bäume retten könnte, die täglich wegen der Gier ihrer Eigentümer oder der Not der Armen fallen ... Bäume, die vielleicht über Jahrhunderte gewachsen sind, ohne Not zu fällen, erscheint mir fast als ein Verbrechen wie Mord.« Zwischen seinen Baumpflanzungen gestaltete er einen 70 000 qm großen, kunstvoll angelegten Hain, einen Zierwald aus beschnittenen und gelichteten Bäumen, ausgewählt nach Maserung und Blattwerk und vervollständigt durch attraktive Dickichte und Stümpfe, die er dort plazierte, »wo sie pittoresk waren«. Vielleicht würden wir uns besuchen und Briefe und Setzlinge tauschen. Zwei Monate vor seinem Tod – mit

83 Jahren – entwickelte er immer noch Baumsämlinge – für ein Arboretum der Universität von Virginia –, obwohl er wußte, daß er die ausgewachsenen Wipfel niemals sehen würde. »Ich bin zu alt, um Bäume zu meinem eigenen Genuß zu pflanzen, also werde ich es für die Nachwelt tun«, schrieb in seinem Ruhestand in Monticello und fügte mit einer ebenso zeitlosen wie gewinnenden Schärfe hinzu: »Obwohl ich ein alter Mann bin, bin ich doch ein junger Gärtner.«

8

JEDEN MORGEN werde ich mir einer neuen Überraschung im Garten bewußt. Über Nacht haben sich visuelle Prachtstücke geöffnet, manchmal in Horden. Und wenn ich einmal – Gott behüte! – über Nacht weg bin, dann kehre ich in einen Garten zurück, den ich kaum wiedererkenne. Während ich anderthalb Tage unterwegs war, sind Hunderte purpurner Günselpflanzen im Schatten der Apfelbäume hervorgeschossen. Die Jakobsleitern – buschige, gelb und grün gestreifte Pflanzen – haben sprießende Tentakel entwickelt, die an der Spitze mit zarten blauen Blüten besetzt sind. Die ersten Rosen der Saison haben sich entfaltet – zwei rosafarbene, würzig riechende Paris de Yves Saint Laurent. *»Mes roses«,* murmele ich, als ich sie abschneide, wie das Rosen liebende, sensible Ungeheuer in Cocteaus Film *Die Schöne und das Biest*. Irgend etwas, das vom Redbud baumelt, erregt meine Aufmerksamkeit – Blauregen. Ich kann es nicht glauben. Seit Jahren hat er nicht mehr geblüht. Im letzten Winter beschimpfte ich ihn als Medusa, verpaßte ihm einen strengen Haarschnitt und amputierte seine kriechenden Glieder, die die Steinterrasse überquert hatten und anfingen, vom Haus Besitz zu ergreifen – und er zahlt es mir mit Blüten heim. Traubenartige Büschel gesprenkelter purpur- und lavendelfarbiger Blüten fallen kaskadenartig von den Zweigen herab. Blauregen protzt gerne mit seinen Reisen. Wenn er nicht wandern kann, behilft er sich mit Blühen. Ich habe Jahre gebraucht, um diese einfache Wahrheit zu bemerken, wahrscheinlich weil ich fasziniert von der schauerlichen Wirkung dieser Kletterpflanze war, die ebenso kriecherisch wie gruselig ist. Jedesmal, wenn ich mich ihr zuwandte, schien sie länger und stärker geworden zu sein und noch mehr Gelände in Besitz genommen zu haben. Halb erwartete ich bereits, daß sie einen Angriff gegen meinen Stuhl unternehmen würde. Wie dem auch sei: So sehr mich auch das makabre Wachstum dieser Pflanze amüsierte, ich wollte, daß der Blauregen stärker blühte, und so amputierte ich im letzten Jahr seine längeren Glieder.

Die Federtulpen sind noch immer gut in Schuß, und ich nehme einige Dutzend mit ins Haus. In der Nähe der japanischen Lilien entdeckte ich zwei Gruppen grellrosafarbener Tulpen, und mein Blick bleibt an etwas oben im Kelch hängen, was eine Schnecke sein könnte. Schnecken *können* klettern. Als ich eines der großen rosa Blütenblätter genauer betrachte, entdecke ich zu meinem Erstaunen einen winzigen grünen Frosch, der dort schläft. Meine Gegenwart weckt ihn nicht auf. Er sieht gesund und lebendig aus – er schläft einfach nur. Ich beobachte den Frosch lange Zeit und merke, daß ich grinse. Das ist wirklich ein bewundernswerter Anblick. Bisher wußte ich nicht, daß Frösche Nickerchen auf Tulpenblüten machen.

In der Nähe läutet ein Menge weißer Maiglöckchen mit ihren Miniaturglocken. Maiglöckchen, die sehr stark nach einem Parfüm irgendwo zwischen Muskat und Apfel duften, sind oft Erbstücke: Häufig graben Gärtner einige von ihnen aus und verschenken sie. Ich erhielt die Vorfahren meiner Pflanzen vor 25 Jahren von meinen Eltern, als sie in Pennsylvania lebten. Den Maiglöckchen geht es gut – hier im feuchten Schatten unter einem Apfelbaum. Aber die meisten Schattenpflanzen wachsen an dieser Stelle, weil die heruntergefallenen Äpfel mehrerer Jahrzehnte hier verrottet sind und den Lehmboden bis zur Übersättigung angereichert haben. Sie bekommen etwas Morgensonne ab und nicht so viel Schatten, daß sie groß und schlaff werden. Jedes Jahr erscheinen die Blumen wieder wie die Zirkusdamen – fesch, gepudert und schwer parfümiert.

Anschließend folge ich dem Primelpfad (bepflanzt mit japanischen Primeln – großen, übereinander geschichteten Blüten an der Spitze eines langen Stengels) hinter die Apfelbäume und durch ein Tor auf das Seitengelände. Zwei Büsche unterhalb des Erkerfensters sind voll von weißen, golfballgroßen Troddeln. Wenn der Bewuchs im Garten sich verdichtet, muß man genau aufpassen, um die Neuankömmlinge wahrzunehmen. Manchmal sieht man den Garten kaum vor lauter Grün. Die Blumen kommen und gehen im späten Frühling so schnell, daß man das Gefühl hat, einer Parade zuzuschauen. Wo sind die Magnolienblüten, die gerade noch so triumphal vorbeigezogen sind? Von einem Platzregen auf den Boden geschmettert. Einige verrunzelte Leichen haften noch an grünen Blättern.

Ein Gewitter zieht heran; der Himmel wird pflaumenschwarz, und die Luft fühlt sich stählern an. Blitze durchzucken den dunklen Lack des Himmels, und dann fällt schwerer, dichter Regen. Plötzlich hört er auf. Ein paar vereinzelte Spritzer folgen, dann beginnt es zu hageln. Irgendwo zieht wohl ein Tornado durchs Land. Und wieder ein Regenguß. Der Garten braucht Regen, aber er benötigt auch Zeit, um ihn aufzusaugen. Wir hatten in diesem Jahr viele schwere Regenfälle (ich mußte tatsächlich noch gar nicht gießen), und dennoch waren die Blumen am nächsten Tag ausgedörrt. Die Intensität eines starken Unwetters läßt den Puls höher gehen, sie wirkt aufregend und Kraft spendend, aber alles, was das Unwetter bewirkt, sind Sturzbäche, und es verschlimmert nur noch den Durst des Bodens. Ein langsamer, stetig einsickernder und den Boden durchtränkender Regen ist es, wonach Dichter und Gärtner gleichermaßen dürsten, und daher betete im 19. Jahrhundert der Dichter Gerald Manley Hopkins: »Oh Herr des Lebens, sende meinen Wurzeln Regen.«

In der Küche finde ich einen Marienkäfer mit zwei Pünktchen, der auf der Tischplatte herumtanzt und die Flügel spielen läßt. Sein glänzendroter Rückenschild öffnet sich wie ein Hangar, Flügel entfalten sich, dann macht der Käfer einen kurzen Sprung rückwärts. Er landet auf dem Rücken, schaukelt auf seinem Panzer und schlägt voller Wut mit seinen sechs Beinchen um sich. Er hat nun gar nichts von einem Fußgänger. Welches Bein soll er zuerst bewegen? Und auf welcher Seite? Zwei weiße Pünktchen sehen wie Schimmeltröpfchen aus. Also säubert er seine Fühler. Wohin könnte er sich davonmachen auf dieser weiten Tundra? Wo ist der Ausweg, wo das rettende Blatt? Wie ein umgedrehter Fallschirm schiebt sich der Käfer ein oder zwei Körperlängen weiter. Sein Rückenschild leuchtet nagellackrot – eine Tönung, die man wohl reife Tomate nennen könnte. Er zerrt und schiebt mit seinen gebeugten Hinterbeinen und dreht sich suchend herum, richtet seinen Blick mit einem nackten, teigigen Auge fest auf mich, ruckt mit seinem Kopf und den sechs Beinen in dem Versuch, mich zu täuschen. Sorgfältig nehme ich den Marienkäfer auf, trage ihn nach draußen und lasse ihn frei – welchem Raubtier auch immer zum Fraß, jedenfalls kleiner als ich und mitleidlos. Ich bin mir nicht sicher, wer entschieden hat, daß Marienkäfer Glück bringen, aber im Garten sind sie gern gesehene Gäste, da sie solche Plagen wie Blattläuse und Parasiten vertilgen. Manche Leute importieren ganze Kübel mit Marienkäfern, lassen sie frei und wundern sich, daß sie alle davonfliegen. Ich habe noch nie fremde Marienkäfer auf meinem Gelände ausgesetzt, aber ein Bursche, der nützliche Insekten verkauft, erzählte mir, es sei klug, sie in einem frühen Entwicklungsstadium zu kaufen, so daß sie auf dem Gelände aufwachsen und es als ihre Heimat empfinden können. Das stimmt für Marienkäfer, es stimmt für das Goldgelbe Löwenäffchen (erwachsene Einwanderer haben es schwerer als die jungen, sich an einen neuen Regenwald zu gewöhnen), und es trifft auch auf die Menschen zu, denn die Jungen nehmen Eindrücke auf, die ihnen helfen, ihre Welt zu kartografieren.

Auf einer Fliese liegt der Kopf einer Grille, wahrscheinlich der Überrest einer Krötenmahlzeit. Jedes Frühjahr riskieren die Grillen für Sex alles. Wie bei manchen Vögeln, Fledermäusen, Walen und Menschen, fühlen sich die Grillenweibchen von denjenigen Männchen angezogen, die ihnen schöne Ständchen bringen. Männliche Grillen zirpen ihre Liebeslieder bis zu drei Stunden lang, und ihr Zirpen wird schneller, wenn die Temperatur steigt. Eine Methode, die Temperatur zu bestimmen, besteht darin, die Anzahl der Zirplaute 15 Sekunden lang zu zählen und die Zahl 3 zu addieren. Leider zieht ein kräftiges Lied auch hungrige Kröten an. Was soll die Grille also tun? Ein Forscher namens Davis von der Universität in Kalifornien entdeckte, daß »diese leichtsinnigen, schmachtenden Schwärmer auch eine vorsichtige Seite haben« und sich so lange wie möglich versteckt halten, während diejenigen Männchen, die nur kurze Zirper von sich geben, die Lage erkunden und auch allgemein kühner sind. Im Augenblick bilden die Grillenlieder eine feste Lärmmauer – wie das Heulen von Maschinen. Natürlich nur für uns Menschen. Grillen hören im Ultraschallbereich – jenseits unseres Hörvermögens. Versteckt im Lärm singen die Männchen – mit unterschiedlicher Finesse – unwiderstehliche Arien der Einsamkeit und des Begehrens.

9

Ich schreibe diese Aufzeichnungen in einem Arbeitszimmer, dessen Wände das Gelb von Frühlingslicht im Wald haben. Hohe Decken, Art-Deco-Lampen und buntes Fensterglas lassen es ein wenig wie ein Frank-Lloyd-Wright-Heiligtum aussehen. Weiße hölzerne Bücherregale und Aktenschränke werden genau wie die Fußleisten mit einem dunklen blau-purpurnen Licht angestrahlt. Orientalische Teppiche, Stoffe mit Blumenmustern, Zimmerorchideen und ein Schwanmotiv verschaffen dem Raum eine Art Gartengefühl. Ich sitze an meinem Schreibtisch und schaue durch ein großes Fenster nach hinten hinaus; das Fenster wird von einem japanischen Ahorn beschattet, dessen Blätter von braunrot bis olivgrün changieren. Mein Lieblingsplatz im Arbeitszimmer aber ist das Erkerfenster, das über Blumenbeeten und in der Nähe der Magnolie schwebt. Es hat mir viel Spaß gemacht, dafür zu sorgen, daß bestimmte Blumen von diesem Sitzplatz aus optimal sichtbar sind. Manchmal sitze ich dort stundenlang auf gelben und purpurfarbigen Kissen, trinke Tee und beobachte die Vögel und Blumen. Der Erker ist mein Lieblingsplatz, um zu meditieren, Gartenbücher zu lesen oder ein Nickerchen zu machen.

Seit fast einer Woche schüttet es aus grauen, verschwommenen Wolken. Gegen Mittag bemerke ich, daß sich der Himmel ein wenig aufhellt, und in dieser Flaute zwischen den durchziehenden Stürmen läßt sich ein Zaunkönig in der Magnolie nieder und bringt mir mit einem überschwenglichen Trillern ein Ständchen. Sein wohltönendes Lied ist einer der lieblichsten Frühlingsklänge. Die Beschreibung des nahegelegenen ornithologischen Instituts Sapsucker Woods fängt seinen Charme ein: »Ein hohes, perlendes Lachen, das in der Tonhöhe in drei Stufen nach unten fällt.« Manchmal enthält es auch einen schnellen Zwitschercalypso, gefolgt von musikalischem Glucksen und Trillern. Der Zaunkönig – ein winziger zimtfarbiger Vogel mit einem kecken Schwanz – hüpft auf einen Zweig neben das Kürbis-Vogelhaus, beäugt es sorgfältig und huscht dann fort. Bald darauf fliegt er langsam am Kürbis vorbei, läßt sich im Baum nieder und trillert einige Minuten lang. Als die Sonne herauskommt, fliegt der Zaunkönig ins Vogelhaus, wobei er sanft durch das Loch, das genau Zaunköniggröße hat, hindurchgleitet. Dann streckt er seinen Kopf wieder heraus und springt auf den Sitz am Kürbishals. Ich hoffe, daß der Zaunkönig sich dort häuslich einrichten wird, denn der Kürbis ist – ungefähr drei Meter entfernt – genau in Augenhöhe angebracht. Zaunkönige haben nur ein sehr kleines Territorium; sie sind wie Städter, die ihre Nachbarschaft kaum verlassen. Ich fände es wunderbar, das Kommen und Gehen einer Zaunkönigfamilie beobachten zu können. Aber es gibt noch drei andere leere Vogelhäuser auf der Vorderseite, zwischen denen die Zaunkönige wählen könnten, da sie alle unterschiedliche Vorzüge und Aussichten bieten. Ein größerer Kürbis hängt hoch oben am Stamm einer Platane. Ein Blockhaus-Vogelhaus – voll mit Zweigen aus dem letzten Jahr – und ein quadratisches Gemeinschaftsvogelhaus, das ich einem Frühjahrsputz unterzogen habe, hängen beide an niedrigeren Ästen derselben großen Platane. In einer Höhlung des Baumstamms haben bereits Meisen ein Nest gebaut. Die Öffnung zu ihrer Welt sieht klein aus, aber Platanen können innen über 30 Meter Höhlenraum haben – ein bequemes Zuhause für Vögel. Während des Nachmittags sucht der Zaunkönig jedes der leeren Vogelhäuschen ein paar Mal auf. Er wirkt ein wenig wie ein Mensch, der nach einer neuen Wohnung sucht – bei der einen von der Lage angezogen, bei der anderen von der Veranda. Zaunkönige sind, was ihre Nistplätze betrifft, recht flexibel, wie *The Audubon Society Field Guide to North American Birds* zeigt:

> »Der Zaunkönig nistet oft an seltsamen Plätzen wie Briefkästen, Blumentöpfen und selbst in Manteltaschen, die an Wäscheleinen hängen … Wenn Zaunkönige im Frühjahr zurückkehren und ihr altes Nest noch vorfinden, bauen sie es gewöhnlich Zweig für Zweig ab, nur um es dann – oftmals mit demselben Material, das sie gerade ausrangiert haben – wieder aufzubauen.«

Als der Himmel aufklart, beginne ich mit den täglichen Arbeiten. Es fühlt sich grausam an, Pflanzen, die gerade voll und grün sprießen, zu stutzen. Der Euphemismus, den wir zu diesem Zweck benutzen, lautet »zurückschneiden«. Was wir meinen, ist aber, *sie am Knie abzuschneiden.* Jetzt ist die Zeit gekommen, um Astern, Schlangenköpfe, Sternwolken-Astern, Gelenkblumen und andere im Herbst blühende Pflanzen so unter Kontrolle zu bringen. Wenn man sie im Mai auf eine bestimmte Höhe zurückschneidet, zwingt man die Pflanzen, eher buschig als hoch zu wachsen. Es gibt nur wenige Dinge, die chaotischer wirken als Wellen wackliger, menschenhoher Schlangenköpfe, die übereinander und über kleinere Pflanzen (was nahezu alle anderen einschließt) hinweg fallen. Monsterpflanzen sind tatsächlich nicht mehr zu bändigen. Wenn man endlich jede dieser spastischen, kirchturmhohen Blumen gestützt, eingezäunt, angebunden, mit Pfählen versehen und eingefaßt hat, sieht das Ergebnis eher nach Teilchenbeschleuniger als nach Garten aus. Nicht daß ich etwas gegen Teilchenbeschleuniger hätte. Ich habe einmal einen sehr schönen Morgen damit zugebracht, mit Persis, einer befreundeten Physikerin, die Sie später noch kennenlernen werden, durch die Tunnel eines Teilchenbeschleunigers zu radeln. Ich sehe sie oft im Nachbargarten arbeiten, und ich nehme an, ich könnte ihr Gesellschaft leisten, aber immer widerstehe ich. Ich bin nicht sicher, was eine Gartenetikette genau beinhaltet, aber ich glaube, *eine* Regel sollte lauten: »Nicht kiebitzen!« Oder, wenn Ihnen das lieber ist: »Kümmere dich um deinen eigenen Garten!« Die Menschen gärtnern aus unterschiedlichen Gründen, und manche erfreuen sich daran, aus eigener Kraft zu lernen, lustige Fehler zu machen und in einem Haufen Dreck herumzuwühlen, ohne jemandem das Warum erklären zu müssen. Wenn meine Nachbarin meinen Rat braucht, wird sie mich schon fragen.

Eine andere Regel sollte lauten: »Es ist unhöflich, den Garten eines anderen auszuputzen.« Das geschieht öfter, als Sie sich vielleicht vorstellen. »Ausputzen« bedeutet, Blüten zu entfernen, nachdem sie abgeblüht sind. Man macht dies, um die Pflanze zu verwirren; sie soll »denken«, ihre Blütezeit sei noch nicht beendet. Ansonsten würde sie ihre Energie dazu nutzen, ihre Wurzeln zu vertiefen oder Chlorophyll über die offenen Flächen neuer Blätter aufzunehmen. Pflanzen auf diese Weise zu kontrollieren ist ein wenig wie die Dressur von Haustieren: Wir verlangen von ihnen, unseren Fahrplan zu übernehmen, zu essen und zu schlafen, wie wir es anordnen, und sogar zur Toilette zu gehen, wann wir es passend finden. Wir zwingen unseren Haustieren unseren Lebensstil auf, genau wie unseren Pflanzen. Ich kann voll entfalteten Rosenbüschen im frühen Mai einfach nicht widerstehen, obwohl ich weiß, daß sie im Treibhaus zur Blüte gezwungen wurden. Früh in der Saison kümmert es mich nicht, wenn meine Pflanzen flachwurzlig sind; Hauptsache, sie sind prunkvoll. Später zwinge ich sie vielleicht, ihre Wurzeln zu verstärken oder Sonnenlicht zu »trinken«. Aber nicht alles ist einseitig. Ich schütze meine Pflanzen auch vor Insekten und Trockenheit, vor Wild oder Pferden, die sie als Kratzpfosten mißbrauchen wollen, und natürlich vor den Stürmen des Winters, die ihnen das Genick brechen könnten. Vielleicht helfe ich ihnen sogar bei der Fortpflanzung. Aber vor allem mache ich einen großen Wirbel um sie.

Gärtner neigen dazu, in ihrem Garten herumzuspielen und automatisch »auszuputzen«, manchmal ohne nachzudenken, und wenn wir den Garten von jemand anderem besuchen, dann spielen wir weiter herum, putzen automatisch aus oder jäten Unkraut, so wie Schafe müßig weiden. Wenn man dabei ertappt wird, tut man es lachend mit einem »ich wollte nur zur Hand gehen« ab. Aber wir alle kennen die fanatische Wahrheit. Wenn ich mit einem Rosenbusch konfrontiert werde, der noch nicht ausgeputzt ist, muß ich meine Hände in den Hosentaschen vergraben, und selbst dann werde ich wahrscheinlich drehen und zupfen. Man kann einfach keine verausgabte Blüte stehenlassen – die Pflanze könnte ja sonst etwas bekommen, das ungefähr einer Verstopfung entspricht.

Es ist schon lustig, welche Dinge wir im Garten als Feinde bezeichnen. Löwenzahn (engl. *dandelion*) zum Beispiel. Matschige Taglilien oder leicht verfaulte Rosenblätter kann man leicht als widerlich bezeichnen, aber Löwenzahn? Eine Pusteblume, die die wahre Liebe vorhersagt? Lassen Sie mich den Löwenzahn loben: Er bedeckt die Felder mit einem so lauten Gelb, daß es in der Sonne brüllt. Er ist ein zähes Kind der Straße, das im Spalt eines Bürgersteigs ebenso leicht gedeiht wie in einem Formschnittgarten. Sein Grün schmeckt gut, und man kann einen leichten, sommerlichen Wein aus ihm machen. Er ist weiß Gott hartnäckig. Im Spätherbst, wenn sämtliche Farbe aus dem Gras gewichen ist, wenn all die leuchtenden Blumen wie eine Massenhalluzination verschwunden sind und selbst die Bäume ihr Grün verloren haben – gibt es noch blühenden Löwenzahn. Seine langen, dicken Pfahlwurzeln graben tief und schicken kleine Wurzelfasern aus, die Wasser aufspüren, das flachere Pflanzen verpassen. Es macht Spaß, mit ihm zu spielen, wenn er in Samen schießt, denn das leichteste Schütteln oder Hauchen setzt seine Fallschirme in Bewegung. Er wird mit einem wunderlichen Namen tituliert. Die Franzosen fanden, daß seine gezackten Blätter wie die Zähne eines grimmigen Löwen aussähen und nannten ihn daher *dents de lion* (Löwenzahn), was die Engländer als *dandelion* mißverstanden.

Und doch: Nur der Giftefeu wird noch mehr verachtet. Warum betrachtet man den Löwenzahn als ein Werkzeug des Teufels? Vielleicht ist er zu kurz gewachsen, um als Modellblume durchzugehen. Dieselbe Form, dasselbe Gelb auf einem hoch aufgeschossenen Stengel – wie zum Beispiel beim Mädchenauge – finden wir großartig. Löwenzahn vermehrt sich schnell, denn er strömt über vor Nektar und produziert ganze Ladungen an Pollen, so besuchen ihn unzählige Insekten, die seine Pollen verteilen. Aber er ist auch selbstgenügsam, und sollten keine Insekten vorbeikommen, kann er immer noch Samen ohne Pollen herstellen. Ob nun auf die eine oder die andere Art – der Löwenzahn dominiert ein Gelände sehr schnell. Ich vermute, er ist einfach zu gewöhnlich, um ihn zu würdigen. Er ist so allgegenwärtig wie Ameisen, und man übersieht ihn leicht. Manche Leute meinen vielleicht, Löwenzahn ruiniere die festgefügte grüne Ordnung ihres Rasens. Ich habe viele Hausbesitzer beobachtet, die ihren Rasen patroullierten wie Serienmörder, mit gezückter Schere köpften sie methodisch jeden Löwenzahn, und dabei hielten sie ständig nach weiteren Trophäen Ausschau. Ich bin versucht, an solchen Gärten stehenzubleiben und ein Plakat mit der Aufschrift: »Auch der Löwenzahn ist eine Blume!« hochzuhalten. Aber das würde der vorhin erwähnten ersten Regel der Gartenetikette widersprechen.

Und vermutlich denken meine Nachbarn sowieso, daß ich ein wenig merkwürdig bin. Schließlich habe ich einmal sämtliche Eichhörnchen im Garten hinter meinem Haus gefangen, sie mit Halsketten ausgestattet (rosa Perlen für die Weibchen, blaue für die Männchen; alle bekamen Ohrenmarken), mit fünf Nußarten per Hand gefüttert und dabei beobachtet, wie die Tiere sich an dem Rummel der Eichhörnchenfütterung erfreuten, während ich ihre Gewohnheiten und Persönlichkeiten studierte. Die Eichhörnchen-Population wuchs schnell. Ungefähr 50 kamen in der Dämmerung herbeigerannt, wenn ich mit meiner schönsten Schneewittchen-Stimme »Eichhörnchen, Eichhörnchen« rief. Nachbarn berichteten, sie hätten aus ihren Fenstern Eichhörnchen gesehen, die wie winzige Massai-Krieger gekleidet waren. Sie wußten zwar, daß ich eine Studie für den *National Geographic* über Eichhörnchen durchführte, aber ich habe den Verdacht, daß es ein leicht exzentrisches Licht auf meinen Haushalt warf. Dieser Verdacht muß an jenem Tag entstanden sein, als Paul verschlafen zum Briefkasten am Ende der Auffahrt hinuntertrottete, die von einigen Zitterpappeln flankiert wird. Mit einer Hand zog er seine Boxershorts hoch, weil ihr Bund locker war. Als er den Briefkasten öffnete, ließ er die Shorts los, und sie rutschten hinab auf seine Knöchel. Dummerweise erschien genau in diesem Moment eine Nachbarin, die ihren Hund ausführte. Einen Augenblick lang starrten beide einander verzweifelt an, dann sagte sie: »Welch herrliche Zitterpappeln!«

»Ja, nicht wahr?« antwortete Paul, zog seine Unterhosen wieder hoch und ging zurück ins Haus. Die Zitterpappel-Affäre hatte ihre Runde durch die Nachbarschaft gemacht, noch bevor der Tau auf den Krokussen getrocknet war.

Ich weiß nicht, was sie von mir denken, wenn sie mich beobachten, wie ich mit den Herbstblättern spiele oder mit meiner Nase an den dicken Balken aus weißer Eiche schnuppere, um den sauberen, frischen Duft einzuatmen. Ich vermute, die Nachbarn schätzen vor allem meine Blumenoase am Ende der Sackgasse. Oft sehe ich sie vorbeischlendern, um zu bewundern, was gerade in Blüte steht, und manche sagen, mein Garten sei das Ziel ihrer frühmorgendlichen Spaziergänge. Da gibt es eine Großmutter und ein kleines Mädchen, die regelmäßig vorbeikommen, und ein jungverheiratetes Paar, das Händchen hält. Sie sind alle immer sehr diskret, und es macht Spaß, ihnen vom Haus aus zuzuschauen, ihre Gesichter zu studieren, ihre gelegentlichen Gesten und die Blumen, von denen sie an einem bestimmten Tag angezogen werden. Für sie ist es ein entspannter, privater Augenblick, in dem sie frühmorgens mit Blumen kommunizieren. Niemals übertreten sie die Grenze des Besitztums, niemals lassen sie Musterexemplare mitgehen – obwohl einige von ihnen durchaus altgediente Gartendiebe sein mögen.

Der Gartendieb führt immer einen Plastikbeutel mit sich und eine Schere, die er umsichtig in einer Hand- oder Hosentasche versteckt. Obwohl er oder sie zu klug für Ladendiebstähle sind, so zieht sie doch eine Schote mit neuem Samen oder ein junger, fruchtbarer Zweig unwiderstehlich an. Für Gärtner hat dieser kleine Diebstahl einen ganz besonderen Reiz. Zwar habe ich noch nie von jemandem gehört, der Knollen in einem Park ausgrub oder ganze Blumensträuße zusammenraffte, aber überraschen würde mich es nicht. Eine weitere Regel der Gartenetikette lautet: »Stehle niemals ein Muster aus dem Garten eines Freundes!« Wenn man einem Gärtner nur genug Komplimente für eine seiner Pflanzen macht, bekommt man garantiert einen Ableger oder sogar eine ganze

Pflanze, wenn sie überzählig ist. Gärtner empfinden es nicht als Verlust, eine Pflanze auszugraben und sie einem Freund zu schenken. Es ähnelt eher einem Erntedankfest, einer Zurschaustellung: »Sieh nur, welch prächtigen Garten ich habe!« scheinen solche Geschenke zu sagen. »Er quillt über vor Blumen; sie vermehren sich so schnell, daß ich sie *weggeben* muß.«

Natürlich vermehren sich manche Pflanzen ohne jedes Zutun und pflanzen sich wie ein grünes Buschfeuer fort, wenn man sie läßt.

Bambus. Winde. Pfefferminze. Sie überschreiten sehr schnell das Stadium des Überreichtums und werden zur Landplage. Die Pfefferminze bietet jedoch eine entzückende Bodenbedekkung, und ich versuche sie an Stellen zu pflanzen, von denen ich weiß, daß ich dort oft entlanggehe. Beim Darüberlaufen setze ich ihre Öle frei, und meine Schuhe duften. Ich besitze zwei Sorten Pfefferminze – eine glatte und eine krause. Die krause Variante sieht aus wie kurzer Kohl, der sich in Pose geworfen hat, und ihr Geschmack hält sich länger hinten im Gaumen. Die chinesische Medizin nennt die Pfefferminze – wahrscheinlich weil ihr flüchtiges Öl Menthol enthält – ein »kühlendes Heilkraut«, das den Geist erhebt und den Verstand klar macht. Es ist tatsächlich schwer, traurigen Gedanken nachzuhängen, wenn man Minze einatmet. Wenn ich erhitzt und verschwitzt aus dem Garten komme, nehme ich gerne eine Handvoll Minze mit hinein, zerteile die Blätter grob, um das Öl freizusetzen, und stopfe sie dann in ein großes Tee-Ei, das ich in die Badewanne werfe, um mich in Minze einzuweichen. Die Minze hat ihren Namen von einer griechischen Nymphe, die versuchte, Pluto, den Gott der Unterwelt, zu verführen. Als Persephone, die eifersüchtige Gattin des Pluto, ihre Absichten bemerkte, verwandelte sie das leichte Mädchen in eine Minzenpflanze. Ihr Aroma ist immer noch verführerisch, und zwar so sehr, daß wir es Zahnpasta, Getränken, Süßigkeiten und Tausenden von Nahrungsmitteln und anderen Produkten beimengen. Der Genuß von Minzgetränken rührt aus den Zeiten des Kolonialismus, als das Wasser oft ungenießbar war. Julep, ein verbreiteter Frühstücksdrink, wurde aus Minze mit Whisky, Branntwein oder Rum hergestellt, den man mit ein wenig Zucker zähmte und mit etwas Wasser verdünnte. Die Minze gehört zu den Pflanzen, die man sehr leicht erkennt, da sie quadratische Stengel hat. Befühlen Sie sie vorsichtig, und Sie werden es merken. Viele von den Kräutern, die wir lieben, entstammen der Familie der Minzen: Rosmarin, Salbei, Thymian, Basilikum, Oregano, Lavendel, Ysop und Katzenminze.

Kein Monat ist so beruhigend wie der Mai. Im März ist das Wetter launisch, der April fühlt sich irgendwie provisorisch an, aber Mitte Mai ist der Frühling wirklich da, die Natur erneuert sich, es wird warm, und die Brutzeit kommt. Der natürliche Hintergrund unseres Lebens wird sich in einer vorhersehbaren Weise weiterentwickeln, ohne Rücksicht auf unseren persönlichen Mahlstrom. Man kann dem dichter werdenden Grün der Bäume vertrauen, den Patrouillenflügen der Bienen und der Kolibris hinauf zu den Blüten der Fuchsien, den blauen, nektarreichen Veilchen mit den herzförmigen Blättern, dem Vogelchor beim morgendlichen Sonnenaufgang und der Abenddämmerung. Nichts läßt uns im Stich. Wieder einmal hat die Erde ihre Jahreszeit gewechselt, so wie sie es immer tut – obwohl wir gegen Ende des Winters manchmal daran zweifeln mögen. Lilien versüßen in allen Straßen die Luft; einige alte Büsche ergießen ihre Blütenpracht sogar über die Dächer der Häuser. Ich wünschte, sie wären immer noch hier, wenn die Rosen und die gelben Rauken blühen; ich wünschte, der ganze Jubelchor könnte gleichzeitig leben. Nach dem regnerischsten Frühling, der jemals aufgezeichnet wurde, haben die bis vor kurzem noch nackten Bäume Millionen von Blättern entfaltet, die zu Nahrungsmittelfabriken werden, und die ganze Welt erscheint plötzlich grün gefärbt.

10

Als sich der Himmel vom nächtlichen Purpur zu einem Vergißmeinnicht-Blau aufhellt, machen die einsamen Pfiffe eines einzelnen Kardinals den Weg frei für ein Pandämonium aus Vogelliedern. Es klingt, als ob sämtliche Mitglieder eines Opernchors verschiedene Melodien zur gleichen Zeit probten, ohne dabei auf die anderen zu achteten. Aber natürlich bekomme ich die Feinheiten nicht mit. Vögel können mehr Noten pro Sekunde unterscheiden als Menschen. Wenn man Vogellieder in verlangsamtem Tempo abspielt, kann man manchmal die Nebentöne hören.

Wolken langbeiniger Vergißmeinnicht heben sich deutlich vom Waldrand ab. Die meisten Tulpen haben ihre letzten Blütenblätter während des nächtlichen Regens verloren, aber die nackten Stengel stehen noch. Es ist ein kalter, dunstiger Frühlingsmorgen, und heute findet der jährliche Pflanzenverkauf an unserer High-School statt. Nach einer allgemeinen Übereinkunft riskiert niemand, Jahrespflanzen vor dem 20. Mai anzubieten; an diesem Tag versammeln sich um die 20 hiesige Züchter, um ihre besten Pflanzen zu verkaufen. Ich kaufe gewöhnlich Geranien, handgezogen und wie Pudel durch Inzucht erzeugt, und Stiefmütterchen, die mit erschwindelten Farben protzen. Genetisch veränderte Stiefmütterchen sehen längst nicht mehr so nachdenklich aus wie zu den Zeiten, als die Pflanze von den Franzosen *pensée* (Gedanken) getauft wurde.

Es gibt auch Vorträge und Ausstellungen. Ich habe dieses Jahr meinen Radio-Flyer-Rollwagen genommen, da ich mich noch gut erinnerte, wie anstrengend es im letzten Jahr war, die schweren Blumentöpfe auf dem Gelände herumzuschleppen. Aber ich bin nicht die einzige mit einem roten Rollwagen, noch unternehmungslustiger ist jenes Dutzend Leute, die Kinderwagen – ohne Kinder – mitgebracht haben, in denen sie alles von Kräutern, die an Spalieren hochranken, bis zu eingetopften Pfingstrosen transportieren. Das führt zu Späßen – »Süßes Kind, kommt ganz nach dem Vater« – und bringt ein bißchen Irrsinn ins allgemeine Getriebe. Ein Züchter hat prächtige Astern gezogen, die bereits blühen und gewaltig knospen. Einige sind sogar gestreift. Unwiderstehlich. Ich kaufe acht Pflanzen, die ich zwischen die Ziergräser pflanzen will, die die Auffahrt säumen. An einem anderen Verkaufsstand entdecke ich großblättrige Buntnesseln mit einem blauroten und einem kirschroten Fleck; ich kaufe vier davon für das Beet im Hof, in das auch viele Springkräuter sollen (auch bekannt als Fleißige Lieschen). Wenn nur die Regenfälle aufhörten! Die Nachrichten melden aus England, daß man dort den nassesten Frühling der letzten hundert Jahre habe. Bei uns ist es das gleiche. Ich bin versucht, ein Blumenbeet in Form der Arche Noah zu bauen und es mit Formschnitt-Tieren anzufüllen.

Ich würde diesen ständigen Regen einen sanften Regen nennen, aber kein Regen ist sanft. Die Form des Regens wandelt sich, während er fällt. Regentropfen sind nie lange rund; sie sind Hochgeschwindigkeits-Gestaltwechsler. Während sie in einer Sekunde 300 Mal wild pulsieren, werden sie abwechselnd kuppelförmig, abgeflacht, länglich, eiförmig, geschwollen, dünn, flach, tablettenförmig, hoch. Wenn ich die Filmaufnahme eines großen Regentropfens betrachte, der in Zeitlupe fällt, sehe ich den wohlgerundeten Frieden einer winzigen Welt, keine wilden Zusammenbrüche und Verwandlungen. Er erinnert mich an die Abstufungen des Wachsens – ob nun biologisch oder persönlich. Menschen scheinen eine Einheit darzustellen, und doch bestehen sie einzig und allein aus zahllosen kleinen Prozessen, die einander ausbalancieren. Wenn sich jemand danach sehnt, ein veraltetes Verhalten zu überwinden, dann wird er vielleicht »Ich bin noch nicht so weit« jammern und gar nicht realisieren, daß dieses »so weit« überhaupt nicht existiert. Denn

Wachstum vollzieht sich in winzigen Zuwächsen. Es mag passieren, daß jemand anläßlich eines Zwischenfalls feststellt: »Oh, irgendwie reagiere ich anders als früher«; aber man weiß nie, wie man an diesen Punkt gekommen ist. Tausend winzige Oszillationen ereignen sich in jedem Augenblick. Das ist wie mit der Gestalt des Regentropfens, der sich andauernd verändert, aber doch immer erkennbar der gleiche bleibt, auch wenn er zeitweise gegenteilige Formen angenommen hat.

Als ich wieder zuhause bin, beobachte ich die Welt wieder vom Erkerfenster aus; das Fernglas liegt neben mir. Auf einem Ast in der Magnolie beginnt der männliche Zaunkönig ein rauheres, quiekendes Lied, während er die Flügel schwingt. Das ist seine Werbung um ein Weibchen. Nach einiger Zeit, in der ich die Äste absuche, habe ich es gefunden; es trägt das gleiche Gefieder wie das Männchen und sitzt ein paar Meter entfernt. Der sangesfreudige Zaunkönig hat also eine Gefährtin gefunden, und beide sitzen wie Schmuckstücke in der Magnolie. Dann führt er sie noch einmal zu jedem einzelnen Vogelhäuschen; dabei fliegt er mit den langsamen, schweren Flügelschlägen, die signalisieren, daß er um sie wirbt. Ein wenig später fliegt sie zum Gemeinschaftsvogelhaus und bleibt dort eine Weile sitzen. Ich vermute, daß sie dieses Häuschen als Nistplatz ausgewählt hat, weil es sauber und weit von den Fenstern entfernt ist. Während das Weibchen innen Hausarbeiten verrichtet (Zweige, Gräser, Federn, Schalen von Spinneneiern und ähnliches anordnet), sitzt das Männchen auf seinem Posten und schmettert ein Solo, um sein Territorium zu markieren. Es scheint ein schrecklich lautes Lied für solch einen kleinen Vogel zu sein, aber Vögel können ihre Lungen durch Luftsäcke ergänzen, die von den Brustmuskeln wie Ballons geöffnet und geschlossen werden. Mit der Zeit wird das Männchen dazu übergehen, neue Zimmer für die zweite Brut zu säubern, aber im Augenblick ist er ganz Musik. Manchmal variiert er seine Melodie und wechselt zu einem ruhigen Nestlied über, das an seine Gattin gerichtet ist, oder er veranstaltet ein Geschnatter, wenn Gefahr droht. Genau wie die Aborigines haben die Zaunkönige Liedzeilen, die ihre Landschaft kartographisch darstellen. Sie lassen sich auf zwei oder drei Punkten nieder und beanspruchen den dazwischenliegenden Raum per Lied. Und der Himmel stehe Eindringlingen bei! Ich habe einmal einen schlecht gelaunten Zaunkönig beobachtet, der ein Kaninchen quer über den ganzen Rasen jagte, indem er immer wieder wie ein Sturzbomber auf es niederstieß, den Schnabel vorgereckt, als wolle er es aufspießen. Zwar stellt ein Kaninchen keine Gefahr für die Küken auf den Bäumen dar, aber Zaunkönige sind kleinformatige Drachen und verteidigen ihr Gebiet bis zum letzten. Benachbarte Männchen, deren Lieder sich überlappen, wechseln sich beim Singen ab. Bald wird das Weibchen fünf oder sechs Eier legen, und mit ein bißchen Glück werde ich die Brut piepsen hören und die Eltern beobachten können, wie sie Nahrung bringen oder die Kotsäcke abtransportieren.

Plötzlich flattert etwas am Fenster. Der erste Kolibri dieses Jahres! Der Vogel, eine Schönheit mit einer rubinroten Kehle, ein schwirrendes Schillern, versucht von allem zu fressen, was rot ist – der Anzeige des Fensterthermometers, dem Blütenblatt einer Geranie, die der Regen ans Fensterglas geklebt hat, und der Vogeltränke am Fenster, die ich mit Zuckerwasser gefüllt habe und die einen roten Deckel hat. Weitgehend unbekannt ist, daß manche dieser Vögel im Schlaf sterben. Kolibris verbrauchen große Mengen Energie für ihren Flugantrieb, da sie sich mit Hochgeschwindigkeit zwischen Tausenden von Blüten hin und her bewegen. Sie suchen wie rasend nach Nahrung, denn sie müssen alle 15 Minuten fressen. Ob sie nun werben, kämpfen, genießen oder herumsausen – Kolibris verbrennen ihr Leben bei Fiebertemperaturen und mit Herzen, die 500 mal pro Minute schlagen. Das alles erschöpft sie in gefährlicher Weise, und am Ende eines Tages geraten sie in einen metabolischen Schwebezustand: Die Atmung wird flacher, und der Herzschlag verlangsamt sich. Was für ein Kampf, wenn sie in der Morgendämmerung ihre Rennmaschine wieder anwerfen müssen! Das Aufwachen wird zum Kampf gegen den Tod, und manche sterben im Schlaf. Aber die meisten überleben – wie der rotgeschürzte Herr an meinem Fenster. Er ist ein leiser Besucher, weil Kolibris hauptsächlich durch Tänze kommunizieren, wobei ihr Gefieder in der Sonne aufblitzt. Sie singen zwar auch – ein kratziges kleines Lied, das nicht sehr melodisch ist –, aber meistens tanzen sie, und sie sind extrem flink. Sie können nicht nur auf der Stelle schweben, sie können auch rückwärts fliegen und mit dem Oberteil nach unten. Ihre zerbrechlichen Füße können sie zwar zum Sitzen verwenden, aber sie können nicht gut laufen und bevorzugen das Fliegen, selbst wenn es darum geht, einen nur wenige Zentimeter entfernten Punkt zu erreichen. Das Schimmern der Männchen und ihr schwirrender Tanz bewegen die Weibchen dazu, sich zu paaren, aber die zitternden Farben sind keine Pigmente, es sind Prismen. Jede Feder enthält winzige Luftblasen, die durch dunkle Zwischenräume voneinander getrennt sind. Das Licht prallt von den Luftblasen in unterschiedlichen Winkeln ab, und das läßt die Farben flattern.

Viele Dinge fangen das Licht prismenartig auf – Fischschuppen, das Perlmutt im Innern des Hauses einer Napfschnecke, Öl auf einer schlüpfrigen Straße, die Flügel einer Libelle, Opale, Seifenblasen, Pfauenfedern, Metall, das leicht angelaufen ist, die Flügeldecken von Käfern und Spinnennetze, die mit dem Tau des frühen Morgens benetzt sind. Aber das bekannteste von allen ist wohl der Wasserdampf. In einem dunstigen Wasserfall, bei Brandung oder Regen trifft das Licht die prismenartigen Wassertropfen und wird, wenn gleichzeitig die Sonne scheint, in das aufgespalten, was wir einen Regenbogen nennen. Heute protzt der Kolibri nicht mit seinen Nackenfedern. Wenig Licht und Regenwolken machen seinen Prunk trübe. Aber er schwirrt herum wie eine Windmühle.

Schlaf scheint auch für uns Menschen manchmal gefährlich zu sein. Wenn man aus einem tiefen Schlaf erwacht, fühlt man sich, als ob man aus einem Brunnen klettern müßte. Auch für

Menschen ist die gefährlichste Zeit die Morgendämmerung; dann ereignen sich die meisten Schlaganfälle und Herzinfarkte, weil der Körper viele verschiedene Prozesse in Gang bringen muß, was dazu führen kann, daß der Blutdruck stark ansteigt. Reptilien können nur bei Licht schlafen. Bei Vögeln kann man die Anfänge eines kurzen, tiefen Schlafs beobachten. Die jagende Spezies (Menschen, Katzen, Hunde) erfreut sich eines tieferen Schlafs als die gejagte (Kaninchen, Wild). Daher glaube ich, daß tiefer Schlaf eine ziemlich späte Entwicklungsstufe in der Evolution darstellt. Wir können immer noch ein Nickerchen machen wie ein Kaninchen oder ein Schwan.

Wir mögen uns vielleicht nicht dem Tode nähern, wenn wir schlafen, wie es einige Kolibris tun, aber wir leben auf des Messers Schneide, innerhalb einer sehr engen Spannbreite von Temperaturen. Menschen können nur bis zu einer Höchsttemperatur von 60 Grad überleben, die in den südwestlichen Wüsten der USA oder in Nordafrika oft erreicht werden. Bei hoher Luftfeuchtigkeit können uns schon 46 Grad töten, und Sommertemperaturen von 46 Grad sind im Mittleren Westen und entlang der Ostküste der USA nicht ungewöhnlich. Es gibt also an vielen Orten nur einen Sicherheitsspielraum von 14 Grad, und das ist reichlich wenig, wenn die Erde sich weiterhin erwärmt.

Wenn der Frühling in den Sommer übergeht, macht der Regen Sonne und Schatten Platz. Feste grüne Wände haben dann den durchsichtigen Wald ersetzt. Rumi, ein persischer Poet aus dem 13. Jahrhundert, äußerte den Gedanken: »Dieser äußere Frühling und Garten sind eine Widerspiegelung des inneren Gartens.« Betrachten Sie einmal Ihren inneren Garten, diese verborgene Lichtung, bestanden mit Tagträumen, Gefühlen und Erinnerungen. Manchmal kann man sie körperlich machen, ein Ziel des metaphysischen Gärtnerns. Ansonsten bleiben sie bloße Spiegelungen in einer Zauberkugel. Unter zwei großen, ausladenden Apfelbäumen habe ich einen Primelpfad gepflanzt, der schnell zu meinem Lieblingsschattengarten innerhalb des größeren Gartens geworden ist. Ein

Garten beinhaltet immer viele kleinere Gärten. Tatsächlich besteht kein Garten als einzelnes Ding. Er ist von seiner Natur her vielteilig. Mein Apfelgarten begann als einfacher Apfelgarten, aber jetzt beherbergt er mehrere Schichten aus Blumen und Sträuchern – von Rhododendren und Fiddlehead-Farnen im tiefen Schatten bis zu Tulpen, Pfingstrosen und Taglilien in der prallen Sonne. Und natürlich gibt es Primeln, eine spezielle Variante japanischer dreilagiger Primeln, bei denen weiße, rosa- und aprikosenfarbige Blüten in Ringen um einen hohen zentralen Stengel herum erscheinen. Klematis klettert am Zaun empor, und breitblättrige Funkien vermitteln ein prähistorisches Gefühl. Der Rindenmulchpfad lädt mich mit seinem Geschlängel ein und führt schnell zum Herz des Apfelbaumgartens, wo eine Bank wartet, eingehüllt in den betäubenden Duft der Lilien. Stellen Gärten eine Zuflucht dar? Sie sind ein Asyl, auf dieselbe Art, wie hohle Hände eine Flamme vor dem Wind beschützen. In solche grünen Hände legt eine Gärtnerin ihre Seele. An manchen Tagen im späten Frühling, wenn ich im Apfelgarten ein Nickerchen mache, zieht ein weltliches Gebet durch die dünnen Membranen meines Bewußtseins: »Unser Garten, der du in Blüte stehst ...«

11

Aus dichtem Nebel taucht der Garten wie eine Insel der Klarheit auf. Eine Katze erscheint Bein für Bein. Zu welchem Zeitpunkt meldet das Gehirn: »Oh ja, eine Katze«? Meine erste Arbeit an diesem Tag besteht darin, das Wasser für den Kolibri zu wechseln, das mache ich jeden Tag, denn ich möchte, daß seine Nahrung gesund und lecker ist. Soviel ich weiß, schmeckt abgestandenes Zuckerwasser einem Kolibri genauso schlecht wie uns alter Fisch. Irgend etwas muß ihn warnen, nichts zu fressen, was ihm schaden könnte. Wir nennen dieses Etwas *Ekel*. Ekel ist ein gut funktionierender Reflex, selbst wenn ihn das Gehirn für spaßigere Zwecke einsetzt – zum Beispiel bei einem zehnjährigen Kind, das seine Eltern schmusen sieht und »Pfui!« ausruft.

Der Longdrink aus Nektar muß dem Kolibri wie ein unverhoffter Glücksfall vorkommen; er kann zechen, so lange er will, und sich den Bauch vollschlagen. Die meisten Blumen rationieren ihren Nektar und produzieren über den Tag verteilt nur kleine Pröbchen. Sie könnten die Besucher sonst ganz an sich binden, dabei sollen sie doch so viele Blumen wie möglich aufsuchen, um in jedem Anlaufhafen Pollen aufzunehmen und zurückzulassen. Der Nektar ist eine Bestechung. Blumen lagern das Bestechungsgeld nah an ihren Fortpflanzungsorganen und stellen so sicher, daß ihre Gene auf Reisen gehen; der Köder kostet sie nur wenig, denn ein Apfelbaum beispielsweise produziert an einem Tag nur ungefähr 30 Gramm Nektar.

Über Nacht hat sich der gemäßigte Dschungel des Gartens wiederum verändert, so wie er es momentan jeden Tag macht, denn der Sommer hält sich schon mit weithin hörbarem Geflüster bereit, mit Kostümwechseln und Buketts. Rosen, Rosen – überall! Am Zaun des Rosengartens haben sich 50 rote und rosafarbige Rosen geöffnet und eine Achterbahn aus Farben erschaffen. Die Teerosen haben unisono zu blühen begonnen, und ich kann Dutzende mit ins Haus nehmen – rosa Climbing Colette, ein Springbrunnen aus Knospen, orange-gelbe Joseph's Coat, nach Moschus duftende, orangefarbene Singin' in the Rain, rote Climbing Champlain, rote Cardinal's Song, magenta-rote Othello. Ich liebe diese Rosenflut. Zwei Dutzend bringe ich ins Haus; drei Dutzend oder mehr lasse ich an den Büschen.

Als ich den plissierten weißen Vorhang an meinem Erkerfenster zur Seite schiebe, erwartet mich eine Überraschung.

Zwei Zaunkönige betrachten das Kürbis-Vogelhaus, das nur ein paar Meter von meinem Fenster entfernt unter einem Baldachin aus Magnolienblättern hängt. Immer wieder spielen sie das Drama durch: Das Männchen fliegt zum Häuschen, trillert laut und zittert vor Aufregung, verschwindet im Haus, taucht wieder auf und fliegt zu einem Zweig in der Nähe. Das schlanke Fräulein nähert sich vorsichtig, trillert ruhig, hüpft für einen Moment in das Häuschen und fliegt wieder heraus. Das Männchen scheint sie regelrecht zum Haus zurückschmeicheln zu wollen, indem es dem Weibchen solange Mut zutrillert, bis es kurz im Häuschen verschwindet. Stundenlang führen sie diese Türschwellen-Zeremonie fort, bis am frühen Nachmittag etwas anderes geschieht. Das Männchen sitzt da und trillert wie zuvor. Es ist nahe genug, so daß ich auch ohne Fernglas sehen kann, wie sich sein Nacken kräuselt, während es singt. Dann platzt es ins Häuschen hinein und fliegt wieder heraus. Das Weibchen folgt seiner Werbung. Als das Männchen zurückkehrt, trägt es etwas, das wie trockenes Gras aussieht, im Schnabel – den ersten Teil des Nestes. Von nun an sind beide ein Gespann von Baumeistern, die immer wieder mit Stückchen und Büschelchen ankommen, im Häuschen verschwinden und dort eine Weile bleiben, während sie einander immer noch zutrillern. Keine vier Meter entfernt fährt das andere Zaunkönigpaar mit dem Füttern seiner Brut im Gemeinschaftsvogelhaus fort. Zwei nistende Paare so nahe am Fenster – das ist mehr, als ich zu hoffen wagte.

Ein Blitz zuckt lautlos auf, und ich zähle drei Sekunden, bis es donnert. Ein Unwetter zieht über die Innenstadt. Bald darauf läßt ein prasselnder Regen die Vögel in Deckung gehen. Als er eine halbe Stunde später wieder aufhört, erscheint sofort der Kolibri und nimmt etliche Longdrinks zu sich. Wie überlebt er, wenn er es bei schwerem Regen nicht riskieren kann zu fressen? Nach überlieferter Wetterkunde können Pflanzen und Tiere nahende Unwetter wahrnehmen. Ich kann das nicht aus erster Hand bestätigen, aber ich zweifle nicht daran. Ihre Sinne mögen sehr wohl auf feine Änderungen in

Luftdruck, Ozongehalt und geladenen Ionen abgestimmt sein. Hier sind – dem *Book of the Weather Clues*, das von Diane Kaiser zusammengestellt wurde, entnommen – einige meiner Lieblings-Wetterüberlieferungen: Tauben baden vor einem Regen. Katzen tanzen, niesen häufig oder waschen ihr Fell gegen den Strich. »Wenn eine Kuh versucht, ihr Ohr zu kratzen, bedeutet das, daß es sehr bald regnen wird.« Schafe boxen einander und werden lebhaft. Kaninchen sitzen herum wie Statuen und zucken mit den Ohren. Hunde fressen Gras und graben Löcher. Ameisen verschließen ihre Hügel. Fliegen werden lauter. Kiefernzapfen schließen sich und warten auf trockenes Wetter. »Löwenzahn, Tulpen, Sternmiere und Klee falten sich vor einem Unwetter zusammen.«

Im scheckigen Schatten unter einem großen, ausgebreiteten Immergrün finde ich eine Fülle von Rühr-mich-nicht-an. Gelbe, orchideen-ähnliche Blüten lassen ihre Zungen heraushängen, bereit, an Passanten zu lecken. Ich denke an Zungen, aber andere finden sie eher edelsteinartig, denn ein anderer Name für diese Pflanze ist Lady's Earring. Jeder der graziösen Stiele hat zwei gezackte grüne Blätter und – im rechten Winkel dazu – zwei weichgerundete grüne Palmen. Manchmal vergessen wir, daß die Natur eine gutsortierte Apotheke ist. In der letzten Woche verwendete ich den Saft der Rühr-mich-nicht-an gegen einen Giftefeu-Ausschlag zwischen zwei Fingern. Nach einem Tag verschwanden die Bläschen, und nach drei Tagen war der gesamte Ausschlag weg. Ich schnitt einfach den Stengel auf und schmierte den Saft auf den Ausschlag; manche Leute raten allerdings, sich eine Handvoll der Pflanzen zu greifen – Blüten, Blätter, Stengel – und alles zwischen den Handflächen zu zerdrücken, so daß man eine weiche Paste erhält, die man dann auf die Haut aufträgt. Giftefeu ist ein Allergen, dessen Pusteln Histamin enthalten, kein Gift. Nur das Öl der Pflanze kann auf Körperteile übergreifen. Der Giftefeu kann jedoch – ähnlich den Nesselausschlägen – durch das Körpersystem eines Menschen wandern und an jenen dunklen, feuchten Stellen auftauchen, die er vorzieht.

Mitte Juni ist die Zeit piepsender Nestlinge und plappernder Espenblätter, wilder und zahmer Erdbeeren und des ländlichen Geruchs frischen Heus. Die Vögel tirilieren in der Morgendämmerung, als ob sie beim Vorsingen wären; in der Hitze des Tages werden sie immer ruhiger. Während eines Nachmittags verfüttern Zaunkönige 500 Insekten (gewöhnlich Spinnen und Raupen) an ihre Nestlinge. In der gleichen Zeit frißt ein kleiner Goldspecht 5000 Ameisen. Wenn die Japankäfer ankommen, trägt jeder Star und jede Schwalbe Tausende von ihnen zu ihrer Brut (und sie lassen immer noch genug übrig, die die Rosen heimsuchen). Eine Rauchschwalbe verfüttert vor der Abenddämmerung 500 Zwergzikaden. Jede kleine braune Fledermaus frißt in einer Nacht 600 Insekten. Ich habe noch nicht einmal damit begonnen, die lange Liste insektenfressender Vögel, Säugetiere und Amphibien zu erschöpfen. Und doch gibt es Insekten zuhauf, um die Entomologen glücklich zu machen. Wenn Sie sich ein Kreisdiagramm über die Lebensformen auf dieser Erde ansähen, dann würden Sie entdecken, daß Insekten mit ungefähr 1 Million Arten drei Viertel der Biomasse ausmachen. Jedes Jahr werden ungefähr weitere 5000 Insektenarten entdeckt. Das ist natürlich eine gute Nachricht für die Vögel, die Kinder und die Naturwissenschaftler. Es ist auch eine gute Nachricht für Gärtner, denn Blumen und Insekten entwickelten sich zur Zeit der Dinosaurier gemeinsam. Sie brauchen einander – und zwar manchmal so präzise, daß es einen wirklich verblüfft. Schauen Sie sich nur einmal die 30 Arten der zentralamerikanischen *Coryanthes*-Orchideen an, die von 30 unterschiedlichen Bienenarten befruchtet werden, die auf 30 unterschiedliche Orchideendüfte reagieren!

An diesem Morgen haben sieben Gänse den Verkehr aufgehalten. Auf meinem Weg zum Gartenzentrum fuhr ich recht langsam auf einem belebten Highway hinter einer Reihe von Wagen her, die plötzlich alle bremsten. Die Autos in der Gegenrichtung, taten das gleiche. Als ich auf die Standspur fuhr, sah ich, warum die Wagen angehalten hatten: Zwei erwachsene kanadische Gänse führten fünf flaumige Neugeborene über den Highway, in einer Reihe und so schnell watschelnd, wie ihre Füße es zuließen. Einer der erwachsenen Vögel führte die Gruppe an, der andere bildete das Schlußlicht. Da die Jungen noch keine Federn und nur winzige Flügelknospen hatten, konnten sie noch nicht fliegen. Ich erkannte die Junggänse wieder; ich hatte sie in Sapsucker Woods besucht und beobachtet, wie sie friedlich weideten, während zwei Erwachsene Wache standen. Viele Leute besuchten sie im Park und fuhren langsam am Teich vorbei, und daher nehme ich an, daß die Gänse Autos und Menschen gewöhnt sind. Selbst Menschen würden sich Sorgen machen, wenn sie einen so belebten Highway überqueren sollten, und es ist fast einen Kilometer den Weg hinunter bis zum Gänseteich. Ich kapiere einfach nicht, was die Gänse hier am Flughafen machten. Einfach nur einen Spaziergang? Einen Trainingsmarsch? Sobald sie vom Highway herunter und auf dem Weg zum Teich waren, begann der Verkehr wieder zu fließen; und ich wette, daß alle Autofahrer lächelten.

12

Der Schock traf mich langsam nach anfänglichem Unglauben. Das Gemeinschaftsvogelhaus lag im Gras – schrecklich ruhig. Der gesamte Garten hing wie in einer Seifenblase außerhalb der Zeit. Kein Trillern der Zaunkönigeltern. Kein Chor aus Piepsern von den hungrigen Küken. Überhaupt keine Vogelgeräusche, noch nicht einmal von den Krähen. Das Futterhäuschen gähnte leer. Ein Haufen Zweige aus dem Nest lag im Gras. Selbst im Holz-Vogelhaus war alles ruhig, obwohl es immer noch hin- und herschwang.

Irgend etwas war während der regnerischen Nacht oder in der Morgendämmerung geschehen, irgend etwas, das gewalttätig genug war, um die anderen Tiere in die Flucht zu schlagen.

Ich rannte hinaus, nahm das heruntergefallene Haus hoch und spähte hinein. Ich konnte ein bißchen Nestmaterial sehen, das immer noch da war, aber keine Küken, kein Blut. Auch auf dem Boden war kein Blut. Hatte etwa ein Eichhörnchen oder ein Waschbär das Vogelhaus zu Boden gerissen, dann hineingegriffen und die Küken nacheinander geschnappt? Vielleicht waren die Vögel ganz einfach flügge geworden, und ihr Haus war durch die Erschütterungen zu Boden gefallen? Nein, es war noch zu früh fürs Flüggewerden. Zaunkönigküken verlassen das Nest üblicherweise nach 16 oder 17 Tagen. Am 2. Juni hörte ich das Piepsen zum ersten Mal. Heute ist der 11. Juni. Die Küken hätten noch ungefähr eine Woche im Nest zubringen müssen. Und die Mutter? Gewöhnlich sitzt die Mutter in der Nacht bei den Kleinen. Ist sie auch tot? Wenn ich daran denke, wie schrecklich die letzte Nacht für die Zaunkönigfamilie gewesen sein muß, fröstle ich vor Angst. In der Ferne höre ich Zaunkönige rufen, in der Nähe ist nichts zu hören. Wer könnte sie dafür tadeln? Das andere Zaunkönigpärchen, das im Magnolienbaum nistete, scheint auch verschwunden zu sein. Ich inspiziere das »eichhörnchensichere« Vogelfutterhäuschen. Es ist völlig leer. Wo ist die zweite Zaunkönigfamilie? Hat sie die Gegend verlassen, weil sie zu unsicher ist? Gab es zu viele Plünderer, zu viele kükenfressende Mörder? Was in aller Welt geschah letzte Nacht?

Wie schnell doch eine intime Beziehung zu freilebenden Tieren wachsen kann. Man gewinnt sie lieb und wird empfindsam für ihr Los. Es ist leichter, wenn man sich nicht um sie kümmert, nicht anhänglich wird, aber dann entgeht einem so viel – und den Tieren auch. Ich sorge mich immer und leide mit, und mit der Zeit vergesse ich genug, so daß ich mich wieder um ein anderes Tier kümmern kann. Das stimmt nicht ganz. Ich werde niemals das Pinguinküken vergessen, das ich in Südgeorgien, einer Insel nahe der Antarktis, sah und das von Raubmöwen zu Tode gepickt wurde. Und ich werde nie die Mutter eines Freundes vergessen, die ich, als sie hier im Krankenhaus lag, oft besuchte und schließlich lieben lernte. Es ist schwer, etwas zu lieben, das bald gehen wird – sei es nun ein Zaunkönig oder ein Mensch –, wenn man zu lange über den Preis nachdenkt, der am Ende immer Leid heißt. Aber ich finde, man behandelt die anderen schimpflich, wenn man es nicht wenigstens versucht.

Ich kannte die Küken nur durch ihren Hunger und wußte, wie hell und warm sie klangen. Jetzt sind sie weniger als eine dunkle Ahnung. War es das graue Eichhörnchen? Das rote? Jedes von ihnen könnte der Schuldige sein. Man sollte sich eigentlich auf niemandes Seite schlagen, aber ich fühle den Verlust wie einen Schlag in den Magen. All die Arbeit, die die Zaunkönige in die Aufzucht ihrer Jungen investiert haben – und dann hilflos zusehen zu müssen, wie sie verstümmelt und aufgefressen werden. Welch ein Horror! Ich weiß: Das ist der Weg der Natur – töten und getötet werden –, und die Eichhörnchen und Waschbären haben auch Junge, die gefüttert werden müssen. Das Leben fühlt sich jeden Tag so reich und immerwährend an, und doch kann es ohne jede Warnung – ungeachtet aller Beziehungen, Verabredungen, Investitionen von Zeit und Gefühl – von einem Moment auf den anderen verschwinden; dann bleibt nur Stille, wo das Leben war. »Nichts, was existiert, kann innehalten oder verweilen,« erinnert uns Henry Wadsworth Longfellow in seinem Gedicht »Keramos«.

Auf lange Sicht geht alles den natürlichen Weg, manches früher, als wir erwartet haben. Es gibt keine Gnadenfristen, nur ein vorübergehendes Verweilen; und der Geist, mit seiner Sterblichkeit konfrontiert, kann nur versuchen, sich darauf einzustellen. Und dennoch befindet sich gerade jener Geist, der mystisch gesonnen ist, aber nicht an Gott glaubt, in der ebenso bizarren wie mißlichen Lage, nicht nach einer Antwort oder einem Schlüssel oder einer Rechtfertigung für Gottes

Ratschlüsse zu suchen, sondern nach spiritueller und nervlicher Entlastung – manchmal mit Hilfe der Kunst, durch die Herstellung von Amuletten, mit Rätseln, Erinnerungshilfen oder einfach eleganten und erregend schönen Bildern. »Ich glaube an Gott«, sagt Frank Lloyd Wright, »aber ich buchstabiere ihn Natur.« Gärtner verbringen einen großen Teil ihrer Zeit kniend und in der Haltung eines Betenden.

Den ganzen Morgen grübele ich wegen der toten Küken. Nach dem Mittagessen entschließe ich mich, das heruntergefallene Vogelhaus zu säubern und wieder aufzuhängen, dieses Mal an einem besonders dicken Draht. Ich versuche, wie ein Zaunkönig zu denken und halte nach sicheren Plätzen Ausschau. Sowohl rote wie graue Eichhörnchen fressen Vogeleier und Küken, insbesondere aber die roten, und sie sind klein genug, um in ein Vogelhaus hinein zu schlüpfen. Und in einem der Bäume lebt auch noch eine Waschbärenfamilie. Es hat keinen Zweck, daß ich mir noch weiter über das Gemetzel Gedanken mache. Die Natur kennt keine Gnade und erwartet sie auch nicht. Wir aber tun das, weil wir uns vorstellen, das Leiden der anderen sei unser eigenes, und wir schließen schnell alle jungen und verwundbaren Wesen in unser Herz.

Später steige ich auf mein Rad, um eine kurze Tour unter einem bedrohlichen Himmel zu machen. Ich bin trauriger, als ich wahrhaben will. Bei meiner Fahrt nach Norden stoße ich genau in demselben Moment auf eine belebte Kreuzung wie ein Auto. Wir prallen zusammen. Ich werde gegen die riesige Motorhaube geschleudert und rutsche auf den Boden unter mein Fahrrad. Noch nie zuvor bin ich mit einem Auto kollidiert, und ich hatte mit meinem Fahrrad noch nie einen ernsthaften Unfall. Alles tut weh: Beine, Schulter, Schenkel, Rükken. Aber ich trage einen Helm, und nichts ist gebrochen. Als ich wieder zuhause bin, reibe ich Eis auf die Blutergüsse und Schwellungen. Das Schlimmste ist die ausgerenkte rechte Schulter. Obwohl mein Nacken nicht sehr schmerzt, sind zwei Wirbel gedehnt. Man nennt das Peitschenschlagsyndrom. Aber alles wird heilen und ich bin froh, daß ich mir nichts gebrochen habe. Schuld waren die Küken: Meine Hilflosigkeit hat mich abgelenkt.

»Wenigstens werden sie in deinem Buch weiterleben«, sagt Paul ruhig. »Ihr Leben wird der Nachwelt überliefert werden.«

Ein nicht überliefertes Leben – das ist das Leben, das die meisten Pflanzen, Tiere und Menschen führen. Ich würde gerne alle Leben aufzeichnen, wenn ich denn nur könnte. Im Film *Der Schatz der Sierra Madre* rauben Banditen einige Esel, die mit Tierhäuten beladen sind. Sie bekommen gar nicht mit, daß die Esel auch Säcke mit Goldstaub tragen. Unveredeltes Gold leuchtet nicht. Da sie vermuten, die Säcke enthielten nur Sand, um die Ladung massiger aussehen zu lassen, schlitzen die Banditen die Säcke auf und werfen sie weg. Der Zuschauer weiß, wie viele Menschen für diese Säcke gelitten haben, wie viele für sie gestorben sind. Aber der wirkliche emotionale Schlag folgt am Ende des Films, als der Nordwind den Goldstaub verweht und ihn dorthin zurückwirbelt, wo er gewonnen wurde. Und bei Trauerfeiern heißt es nicht ohne Grund: »Staub zu Staub ...«.

Am nächsten Morgen erwache ich aus einem Traum und denke an eine Redewendung, die Evelyn Waugh als Titel eines Romanes verwendet hat: eine Handvoll Staub. In meinem Traum sah ich eine kleine Menge Staub – die Asche von dem, was einmal ein menschliches Wesen mit einem komplexen, tatkräftigen und persönlichen Leben war, nun auf Staub reduziert, der die Hand eines anderen Menschen durchrieselt oder sich mit dem herumwehenden Staub einer Landstraße vermischt. Aber das Gefühl des eigenen Selbst als Zentrum des eigenen Lebens, ja allen Lebens, ist beherrschend, und wir vergessen, daß wir trotz unseres Strebens, unserer Qualen, unserer grenzenlosen Gefühle und Begierden selbst wieder zu Erde werden. Das Leben fühlt sich so wuchtig und wuchernd an, so magnetisch, da es Menschen und Gegenstände anzieht, und wenn alles gesagt und getan ist, so empfinden wir es trotz des gelegentlichen Aufflackerns von Hilflosigkeit und Angst als hinreichend unter Kontrolle. Ich sitze neben einem trokkenen Beet im Garten, nehme eine Handvoll Staub und lasse ihn durch die Finger rieseln. Eine schwere grenzenlose Traurigkeit erfüllt mich. *Vergänglich*. Wir sollten mit diesem Wort auf die Haut gestempelt geboren werden. Vergänglich wie ein frisch gebackener Laib Brot. Und doch scheinen unsere Probleme so groß zu sein. Sie scheinen etwas zu bedeuten. Sie wirken so fest und trotzig wie Materie. Sich dieser grundlegenden Wahrheit bewußt zu werden, ist für mich genauso schwer, wie die Unendlichkeit zu umfassen – und dies, obwohl ein wichtiger Teil des Gärtnerns darin besteht, dem Wandel zu vertrauen.

13

Die Waagschale neigt sich vom Frühling zum Sommer. Die Jahreszeiten fluktuieren, sie schreiten nicht gleichmäßig fort, sondern wachsen in der Art von weiblichen Teenagern – in Ausbrüchen und Aufbrüchen, die manchmal noch sehr jung sind und dann wieder erstaunlich reif. Ich bin schon vor Tagesanbruch auf den Beinen, säubere die Tränke für die Kolibris und fülle sie mit frischen Bonbons auf – schlichtem Zuckerwasser. Pünktlich um 6.00 Uhr erscheint Ruby (wie ich ihn wegen seines rubinroten Gefieders nenne), stößt mit seinem nadelfeinen Schnabel in ein Loch und schlürft einen Augenblick lang mit seiner langen W-förmigen Zunge; dann zieht er den Schnabel zurück, postiert sich vor dem zweiten Loch, nippt kurz und trinkt schließlich auch aus dem dritten Loch, bevor er rückwärts schwebt und dann davonschießt. Nur die Männchen haben hellrote Nacken. Anders als Zaunkönige, die bei Wohnungssuche, Nisten und Aufzucht beisammenbleiben und sogar noch eine zweite Brut aufziehen, paaren sich Kolibris flüchtig und führen ein einsiedlerisches Leben. Sie bilden keine Gesellschaften und reisen auch nicht in Schwärmen. Ein einzelnes Männchen findet üblicherweise einen erhöhten Sitz, von dem aus es ein kratziges Lied ertönen läßt, das andere Vögel warnt, ihm aus dem Weg zu gehen. Ich weiß, wo Rubys Hochsitz ist, denn ich habe mitverfolgt, wie er vom Futterhäuschen zu einem bestimmten Ast auf einem Hickorybaum flog. Ich frage mich, wieviel Küken er wohl gezeugt hat. Irgendwo wird ein weichfarbigeres Weibchen sein, das ein Nest aus Flechten, Spinnenfäden und solch flauschigen Pflanzenfasern wie dem Flaum, der jedes Frühjahr von den Zitterpappeln ausgeschüttet wird, wenn sie in Samen schießen, gebaut hat. Ich hätte gern gesehen, wie das Weibchen Maß nimmt, denn Kolibriweibchen bauen ihr Nest exakt nach der Größe ihres Unterkörpers, der dann als warmer Deckel über den Jungen liegt. Wahrscheinlich sitzt sie auf zwei Eiern, die so zierlich wie Perlen sind, oder sie füttert ihre Nestlinge mit Insekten und Nektar. Ich habe in diesem Jahr noch keine Weibchen beim Futterhäuschen gesehen, aber das ist nicht ungewöhnlich, da Weibchen die meiste Zeit damit zubringen, ihre Küken zu füttern und zu beschützen, und mein Garten bietet Kolibris noch viele andere Plätze, an denen sie fressen können. Zwischen die Wildblumen habe ich orangefarbene Trompetenblumen gepflanzt, rote Lobelien, Akelei in vielen Formen und Farben, rosa Geißblatt, orange-gelbe Rühr-mich-nicht-an, rosa Schlangenköpfe, rote Zitronenmelisse. Zwischen den anderen Blumen stehen: rosa, rote und lavendelfarbene Springkräuter, purpurne Petunien, rote und purpurne Fuchsien, rosa und rote Seifenwurzel, vielfarbige Zinnien, rosa und weißer Phlox, rosa, blauer und purpurfarbener Fingerhut, rote Scabiosen, rosa und lavendelfarbige Klematis, rote Geranien, weiße Funkien, rosa Weigelien, scharlachrote Stangenbohnen, gelbe Dahlien, vielfarbige Lupinen und gelbe, weiße, lavendel- und purpurfarbige Schmetterlingsbüsche.

Plus Rosen in verschiedenen Farben. Wenn ich darüber nachdenke, bietet mein Garten den Kolibris ein Buffet, das alle Jahreszeiten umspannt. Ich habe Glück, daß sie sich überhaupt mit meinem Futterhäuschen abgeben! Bemerkenswert ist, daß die meisten Blumen, die von Kolibris bevorzugt werden, rot sind – eine Farbe, die so bedeutungsvoll ist wie eine Reklamefläche und die speziell dafür entwickelt wurde, Aufmerksamkeit auf sich zu lenken. Aber die Kolibris nippen auch an andersfarbigen Blumen. Es ist einfach so, daß röhrenförmige rote Blüten oft den meisten Nektar enthalten, und nach einiger Zeit kennen die Kolibris die Stellen mit den reichhaltigsten Speisen.

Ruby würde wahrscheinlich alles angreifen, was versucht, sich in seine Speisekammer zu drängen; und ich *meine* alles – Wespe, Waschbär, Mensch, Katze, Schmetterling, Habicht oder ein anderer Kolibri. Kolibris sind gut bewaffnet und für ihre Tapferkeit bekannt; ihre scharfen Schnäbel könnten ein Auge ausstechen. Doch wenn ich Ruby draußen begegne, was manchmal geschieht, ignoriert er mich komplett, oder er hält einen höflichen Abstand ein und wartet darauf, daß ich weitergehe. Ich habe den Verdacht, daß er mich von seinem Hochsitz aus dabei beobachtet hat, wie ich mich um das Futterhäuschen kümmere. Die gewundene Schlange aus Ameisen, die in das Süßigkeitenlager eindringen, oder der Streifen aus scharfer Vaseline, die ich zur Abschreckung ausschwärmender Ameisen in die Fensterecken gestrichen habe, scheinen Ruby nicht zu stören. Mir macht es nichts aus, wenn einige Ameisen in das Futterhäuschen hineinkommen, denn Ruby empfindet sie vielleicht als nahrhafte Zugabe. Wir halten Kolibris für niedliche kleine Juwelen, die sich wie die griechischen Götter von Nektar und Ambrosia ernähren, aber sie fressen auch Insekten. Sie können ihre Schnäbel weit genug öffnen, um eine Ameise oder eine Mücke zu fassen.

Wahrscheinlich ist Ruby hungrig aufgewacht und glücklich darüber, daß seine erste Mahlzeit des Tages bereits auf ihn wartet. In der Abenddämmerung trinkt er als letztes sehr lange vom Zuckerwasser, um Kraft für die Nacht zu tanken. Manchmal sehe ich ihn auch während des Tages an der Tränke, aber er liebt die Abwechslung beim Nektar, wobei Fuchsien und Rühr-mich-nicht-an seine Favoriten sind. Die rote Geranie, die in einen Baum hineingewachsen ist, stört ihn manchmal mit ihren hellroten Blüten, die er nicht mag. Das rote Zentrum des Thermometers verwirrt ihn. Wenn der Sommer kommt, wird er sich in den Hibiskusblüten verlieren und sie völlig berauscht wieder und wieder besuchen. Ich frage mich, ob ihr Nektar für ihn wohl anders schmeckt. Aber ich verstehe seine Begierde nach bestimmten Blumen; mir geht es mit frischen Süßkirschen und Heidelbeeren genauso. Und ich schätze seinen überdimensionalen Hunger: Ein Mensch, der ebensoviel Energie verbrennen würde, müßte jeden Tag 155 000 Kalorien zu sich nehmen.

Ich bin neidisch auf die Pfingstrosen meiner Nachbarn. Ich bewundere ihre großen, reichen Pflanzen, die sie weise in die volle Sonne gepflanzt haben und die sich ganzer Kaskaden melonengroßer Blüten erfreuen. Ihre Pfingstrosen sind sorgfältig mit Pfählen gestützt, und einige werden sogar durch Bänder gezähmt, die sie regelmäßig justieren, wobei sie die Schwäche der Drähte verfluchen.

Eine schleichende Besessenheit, die viele Gärtner befällt, ist der Wunsch, über die Mächte des Chaos und der Unordnung zu triumphieren, die Widerspenstigkeit wachsender Geschöpfe zu bekämpfen, die Schönheit einzusperren und der natürlichen Welt feste Zügel anzulegen. Dieser Zwang zur Ordnung stiehlt sich in die Empfindungen des Gärtners hinein, und bald schon beklagen sie oder er die Frustrationen des Stützens, Mähens, Ausreißens, Ausputzens, Abkneifens, Jätens, Trimmens und Wässerns. Gärtner führen einen Geheimkrieg gegen den fruchtbaren Dschungel der Natur, der sie zu ersticken droht. Wir wollen nicht überwältigt, wie irgendein Kadaver verdaut und in die Moleküle zurückverwandelt werden, aus denen wir bestehen. Wir wollen einzigartig bleiben. Dieser Krieg des Gärtners ist ein privater, sauberer Kampf gegen den Tod.

Sind Gärtner Kontrollfreaks? Keine große Tat geschieht ohne Leidenschaft. Einige leidenschaftliche Gärtner sind kleinliche Tyrannen. Aber nicht alle. Es ist ein nützliches Ziel des Gärtnerns, mit Kompromissen, Unsicherheiten und Versagen zu leben. Manchmal frage ich mich, was es über uns Menschen aussagt, daß wir an unvollkommenen Orten – Wahlkabinen, Büchern, Kirchen, Gärten – nach einer vollkommenen Ordnung suchen und daß wir sogar die zeremonielle Gewalt im Sport in die Barmherzigkeit eines handhabbaren Friedens verwandeln können.

Einige Gärtner scheinen unfähig zu sein, sich an ihren Gärten wirklich zu erfreuen, so gefangen sind sie im neuesten Geplänkel gegen Mehltau und Käfer. Das Jäten kann bei ihnen den Status eines heiligen Krieges erlangen. Meine Philosophie heißt: Vergiß das Siegen, widme dich dem Vergnügen! Und in der Tat habe ich darüber nachgedacht, daß es vielleicht nett wäre, den vorderen Teil des Gartens in eine Sommerwiese zu verwandeln. Ich könnte alle ein- und mehrjährigen Pflanzen entfernen und Wildblumen und Unkraut pflanzen. Es gibt zwar ein Gesetz gegen die Verwahrlosung von Gärten. Aber wo ist die Grenze zwischen einem Garten aus hübschem Unkraut und einem im Stich gelassenen Feld? Ich mag Unkraut. Es taucht an unerwarteten Orten auf, paßt sich vorzüglich an und ist erfindungsreich, indem es Methoden findet, Überfluß und Mangel zu überleben. Außerdem bereichert es den Boden. Ich habe daher in den meisten Beeten bewußt auch Unkraut gepflanzt. Das Gemeine Wollkraut (auch bekannt als Königskerze) ist mit seinen hohen Ähren, die Hunderte von gelben Blüten vorzeigen, einer meiner Lieblinge. Auch die weiße Lichtnelke gehört zu ihnen, zumal sie mit zärtlichen Erinnerungen verbunden ist. Als ich noch so klein war, daß meine Mutter mit mir zur Schule ging, kamen wir an einem unbebauten Grundstück vorbei, auf dem die Lichtnelke wuchs. Sie war ein Wunschkraut. Meine

Mutter zeigte mir, wie ich die Blume an ihrer fünfblättrigen Spitze halten und die Blase fest gegen die Innenseite meines Handgelenks schlagen mußte. Wenn die Blase einen Plopplaut machte, würde mein Wunsch in Erfüllung gehen. Lichtnelken blühen nur jedes zweite Jahr, aber wenn Sie die Pflanzen versetzt anordnen, wirken sie wie magisch.

Sumpfdotterblumen protzen auf nassen Flächen mit ihren gelben Blüten. Ich habe überall im Garten Nachtviolen plaziert, und von Mai bis August präsentieren sie ihre wohlriechenden rosa Blütenbüsche, Salomonssiegel, Jack-in-the-pulpit und wilde Orchideen blühen glücklich unter den Bäumen. Purpur-Wasserdost erhebt sich im Hintergrund der Beete, und manchmal sind Besucher überrascht, es in einem häuslichen Garten zu finden, denn es ist mit seinen rosafarbigen, abgeflachten Blütentrauben das buchstäbliche Unkraut und wächst üblicherweise in feuchten Dickichten. Hoher, weißer, an der Spitze faseriger Wasserhanf verleiht einer Rabatte mit mehrjährigen Pflanzen Höhe. Er ist mit Blut-Weiderich vermischt, der Ähren aus magentafarbigen Blüten beisteuert. Sein Gattungsname bedeutet »Blut aus Wunden« und spielt vermutlich auf das Blau der Blüten oder das Rot der Herbstblätter an. Blut-Weiderich wird als Plage der hiesigen Feuchtgebiete angesehen, wo er sich so schnell wie ein Gerücht verbreitet und dabei andere Pflanzenarten verdrängt. Aber in meinem Garten benimmt er sich sehr gut, bleibt unter sich und bedrängt seine Nachbarn nicht. Dennoch ist er in einigen Staaten verboten. In Arizona, Colorado, Florida, Idaho, Illinois, Indiana, Iowa, Kalifornien, Minnesota, Missouri, Montana, New Hampshire, Nord-Dakota, Ohio, Oregon, Pennsylvania, Süd-Dakota, Tennessee, Washington, Wisconsin und Wyoming ist es ein Vergehen, Blut-Weiderich anzupflanzen. In den meisten dieser Staaten dürfte ich auch die kanadische Distel oder die Winde nicht anpflanzen. Technisch gesehen ist es auch strafbar, Schlafmohn anzubauen, aber ich habe noch nie gehört, daß ein Gärtner deswegen strafrechtlich verfolgt worden wäre. Bestimmte Unkrautpflanzen können die natürlichen Pflanzen eines Staates verdrängen, sein Ökosystem ruinieren oder das Vieh vergiften und sind daher verboten. Ob wohl jemand ins Gefängnis müßte, weil er solche Invasoren angepflanzt hat? Wohl kaum. Allerdings können die einzelnen Staaten deftige Geldstrafen verhängen.

Zum Glück sind die meisten Unkrautsorten legal und die meisten Wildblumen willkommen. Die wilde Sumpfiris, die zwischen den häufig gewässerten Gräsern am Rande der Straßen gedeiht, diente Ludwig dem Siebten während des Ersten Kreuzzuges im 12. Jahrhundert als Emblem für Schild und Fahne. Mit den Jahren wurde die gelbe Iris als *fleur de Louis* bekannt, was für englische Ohren wie »Fleur-de-lis« klang. Als Edward der Dritte im 14. Jahrhundert Frankreich eroberte, fügte er das Fleurs-de-lis seinem eigenen Waffenrock hinzu. Wenn Sie sich das Fleur-de-lis-Muster anschauen, das man so oft mit Förmlichkeit und Anstand assoziiert, dann können Sie die Winkel einer noch ungeöffneten Knospe und die gewölbten Schultern der wilden Sumpfiris sehen.

Ein anderes Unkraut, an dem ich viel Freude habe, ist die Distel, die ich zu hohem und stacheligem Wachstum ermutige. Die wilde Edelwicke ist wahrscheinlich mein Lieblingsunkraut, denn ich verehre ihre schlappenden, rosa, wie Zungen baumelnden Blüten und die dicken, kletternden Zweige. Ich habe die Edelwicke an Gitter, Briefkästen und Zäune gepflanzt. Rühr-mich-nicht-an, bedeckt mit winzigen orangefarbigen Megaphonen, besitzt seine eigene Ecke im Garten. Zuerst habe ich die Pflanze zur Verwendung gegen den Giftefeu gezogen, aber inzwischen lasse ich sie zur Freude der Kolibris üppig wachsen. Die Vorliebe der Kolibris für ihren Nektar (und der unbeabsichtigte Abrieb der Pollen, der damit einhergeht) ist wahrscheinlich der Grund für ihre große Verbreitung.

Ich schätze Unkraut, aber sehr viele Gärtner, unter ihnen Robert Louis Stevenson, sind ihm zu Leibe gegangen. In einem Brief an Sir Sydney Colvin, den Stevenson 1890 aus Samoa schrieb, heißt es: »*Nichts* ist so interessant wie das Jäten von Unkraut. Ich wurde über der Arbeit draußen schier verrückt und mußte mich schließlich selbst ins Haus einsperren, sonst wäre die Literatur unter den Tisch gefallen.« Daß Stevenson das Wort »nichts« betonte, als ob dessen Absolutheit seine eigene Besessenheit immer noch nicht fassen könne, gibt uns ein Gefühl dafür, wie manisch er bei der Verfolgung der grünen Eindringlinge vorging.

Meine Methode, mich dem Vergnügen zu widmen, besteht darin, mich individuellen Empfindungen hinzugeben und sie auszukosten, bis sie verschwinden. Ein Garten erfreut alle Sinne, und das schließt den kinästhetischen Sinn für die Bewegung durch den Raum ein. Zum Beispiel das Riechen an der Blüte einer Pfingstrose, bis die Nase angesichts des puren Überflusses an Geruch ihren Dienst quittiert. In diesem Augenblick verschwindet das gesamte Universum – vom Schmutz unter den Füßen bis hin zu den fernsten Sternen und über diese hinaus zurück zum Anfang aller Zeiten, dem Urknall. Nichts existiert außer dem Zitrusgeruch dieser einen Pfingstrose. Wie lange werde ich diese Empfindung in meinem Geist bewahren können, bevor sie sich verflüchtigt? Das ist mir gleichgültig. Ich widme mich dem Vergnügen.

Ein anderer Sinn. Die Haut singt vor Berührung. Die Finger beschäftigen sich mit den seidig-feuchten Blütenblättern der Pfingstrose. Aber auch mit der Furche unterhalb eines Auges, wo Schweiß perlt, bereit, zu Boden zu fallen. Die Füße, die in Plüschsocken ruhen. Die Wange, auf der sich ein einzelnes Haar, das von der Brise bewegt wird, anfühlt wie ein krabbelndes Insekt. Das Blinzeln, um eine schwimmende Kontaktlinse wieder zu zentrieren. Der Schmerz, als sich der linke Knieschützer verschiebt. Das Anschmiegen des Baumwoll-T-Shirts an Schultern und Rücken. Der Kieselstein am Fuße der Pfingstrose – ein runder, vom Regen polierter Stein. Ich nehme ihn auf und reibe ihn sanft wie eine Gebetsperle.

Als ich meinen roten Radio-Flyer-Rollwagen hinter mir herziehe, quietscht ein Rad, und der Klang versetzt mich Jahre zurück in die Pocono Mountains und an den Susquehanna

River. Mit neun Jahren lebte ich in einem Pfadfinderlager für Mädchen. Wir wohnten in Zelten in den Wäldern und aßen in einem Speisesaal in einem Blockhaus. Jedes Mädchen hatte Aufgaben zu erledigen, die täglich wechselten. Am Morgen wurde eine Papierscheibe gedreht, um herauszufinden, wer was zu tun hatte. Eine Aufgabe bestand darin, die Kerosinlampen zu säubern, die so wichtig waren, damit man sich nach Einbruch der Dunkelheit im Wald zurechtfand. Schwarzer Ruß bedeckte das Glas, er war schwer zu entfernen, und ich kann mich immer noch an das quieksende, quietschende Geräusch des Papiers erinnern, das über das Glas gerieben wurde; es ist das gleiche wie das der rostigen Achse meines Rollwagens. Eine andere Aufgabe war, den hölzernen Außenabort mit einer Kiefernlösung und einem harten Schrubber zu säubern, und noch heute erinnere ich mich, wann immer ich Kiefer rieche, an die Patina dieses nassen Holzfußbodens.

Eine meiner heutigen Gartenaufgaben besteht darin, die Lilien zu kastrieren. Wenn ihre Blütezeit zuende geht, produzieren Lilien runde, reife Schoten, die so stramm sind, daß man sie wie Walnüsse aufknacken oder mit einer scharfen Schere zerteilen muß. Meine Lilien müssen nicht aus Samen wachsen (das würde zu lange dauern), und die Pflanzen können die gleiche Energie nicht zweimal aufbringen. Ich habe es lieber, daß sie sich um ihre knolligen Wurzeln kümmern und sich auf die Blüte des nächsten Jahres vorbereiten. Einige der Taglilien, besonders Stella de Oro, werden erneut blühen, und sie auszuputzen beschleunigt diesen Vorgang. Mitte Juni ist der Festzug der Frühlingsblumen vorübergezogen und hat Hülsen und Schalen zurückgelassen. Aber die Rosen blühen weiter, die Tiere sind wie berauscht voneinander, die Insekten beherrschen das Universum, und das Blüteninferno des Sommers wartet schon hinter der nächsten Biegung.

Sommer

»Niemand sieht eine Blume wirklich –
sie ist so klein, daß sie Zeit braucht –
und sie zu sehen, braucht Zeit,
wie es auch Zeit braucht, einen Freund zu haben.«

Georgia O'Keeffe

14

Der Sommer ist ein neues Lied, das jeder summt. Aus den Wipfeln eines Kastanienbaumes, von denen die Früchte wie stachlige Sputniks herabhängen, ertönt Vogelgeschrei wie auf einem Kazoo-Konzert. Jede Bewegung wird auf dem Bodenteppich aus trockenem Laub hörbar: herabfallende Beeren, sich balgende Wühlmäuse, eine Echse, die aus dem Morast hervorsieht. Kleine Eidechsen machen Liegestütze am Zaun, um mit ihrem Territorium zu protzen. Abseits der mit Unkraut übersäten Straßenränder zappeln und rascheln Heuschrecken im Gestrüpp, während sie Paarungslieder singen. Heuschrecken sind Musikinstrumente. Sie singen, indem sie 80 bis 450 Leisten auf der Innenseite jedes Hinterbeines gegen die harten Kanten ihrer Vorderflügel reiben. Verschiedene Arten geben je nach Anordnung der Leisten unterschiedliche Rufe von sich. Es gibt Alt- und Tenorheuschrecken und eine Band aus Grillen und Zikaden, die schrille Lieder auf ihren Waschbrettern schrubben. Das Gras ist nun endgültig hoch gewachsen, und die Bäume bieten zum ersten Mal in diesem Jahr Schatten.

Erwartungsfroh und rüpelhaft betreten die Tiere die grüne Metropole des Sommers durch den Tunnel des Juni, und sie alle haben lautstarke Besorgungen zu machen. Sie laufen geschäftig hin und her, um sich zu paaren, sich zu bekriegen und um zu fressen. Nur Menschen machen sich Sorgen über Sinn und Zweck der Sommerfülle; Tiere müssen Verabredungen einhalten. Sogar die Junikäfer, die gegen die Fensterscheiben klatschen – summend und surrend, knallend und krachend – sind auf romantischer Mission. Sie, die mit dem ägyptischen Skarabäus verwandt sind und deren Vorfahren in Pharaonengräbern liegen, verirren sich manchmal ins Hausinnere und rasen dann manisch umher wie aufgezogene Metallspielzeuge.

Frühling bedeutet spärliche Nahrung, schwaches Licht und Not. Der Sommer aber ist ein Königreich des puren Wachstums – die lebendige Speisekammer des Jahres – ein einziges Sprießen und Keimen, Vermehren und Schwelgen, Knospen und Erblühen, Ausbrüten und Fliegen. Jetzt suchen sich die Stockenten einen Tanzpartner, um sich feierlich zu paaren. Junge Strumpfbandnattern liegen wie Bleistiftminen im Gras. Wilde Erdbeeren reifen zu kleinen Sirenen des Wohlgeschmacks heran und locken Eichhörnchen, Hasen, Rehe und Menschen an. Eine gewaltige Armada von Insekten segelt in die Rosenbeete hinein, und Murmeltiere graben zwischen den Lilien.

Unzählige Vögel scheinen für einen Job vorzusingen. Große prächtige Krähen hören sich an, als hielte man ihnen die Schnäbel mit großen Stofflappen zu. Amseln diskutieren unentwegt auf den Telefonleitungen, wo sie wie eine Folge von Achtelnoten hocken. Manchmal versuche ich, ihre Melodien zu singen. Da jedes Tier seine eigene Stimmnische hat (so daß liebeskranke Frösche nicht die heiseren Drohungen eines Fasans übertönen, der einen Hund anbellt), entfalten sich die Sommertage wie die Sinfonien von Charles Ives; ein musikalischer Lärm, der uns nochmals versichert, daß die Natur ihren unentrinnbaren grünen Weg geht und daß mit der Welt alles in Ordnung ist.

Ein vertrautes Gezirp lockt mich ans Erkerfenster, von dem aus ich ein Kardinal-Pärchen sehe, das sich an den Samen der Sonnenblumen ergötzt. Das scharlachrote Männchen mit seiner schwarzen Gesichtsmaske frißt zuerst, es hebt den Samen auf, schiebt ihn in die eine Seite seines Schnabels, wo ein eingebauter Dosenöffner die Schale aufknackt, den Rest erledigt er auf der anderen Seite. Währenddessen steht das dunkelhäutige Weibchen in der Nähe und zittert. Sie sträubt ihre Federn, piepst und sieht dabei hilflos und gefühlskalt aus, aber in Wirklichkeit fordert sie ihren Gefährten auf, ihr den Hof zu machen. Obwohl sie sich wie ein hungriges Vogeljunges verhält, kann sie sich vollkommen selbständig ernähren und tut dies normalerweise auch. Ihr dramatischer Appell ist die altehrwürdige Art der Kardinalweibchen (und vieler anderer Vögel), Füttern zu spielen. Wenn die Jungen geschlüpft sind, müssen die Eltern sie pausenlos füttern, deshalb braucht das Weibchen einen Partner, der die Klagesignale der kindlichen Bedürfnisse erkennt und auf sie reagiert. Der männliche Kardinal beobachtet ihren Auftritt und legt seinen Kopf schräg, als ob er zuhörte, aber in Wirklichkeit schaut er scharf hin. Die räumliche Wahrnehmung der meisten Vögel ist schlecht, daher sehen sie besser, wenn sie nur mit einem Auge blicken. Das Männchen hebt einen fetten Samen auf, hüpft zu ihr hinüber wie ein Pogotänzer und plaziert ihn sorgfältig in ihrem Schnabel.

Unterdessen versuchen zwei Rotkehlchen sich gegenseitig dabei zu übertreffen, ihre kreischende Brut in einem Nest, das sie in einer Eibe in der Nähe der Tür gebaut haben, zu füttern. Die Jungen reißen allesamt die Mäulchen auf und jammern, sie sind ganz Flaum und Appetit. Wie verhindern es die Eltern, immer wieder dasselbe Küken zu füttern? Können sie sich irgendwie merken, wer bereits versorgt wurde? Das brauchen sie nicht. Vögel verfügen über einen Reflex, der für eine Pause zwischen den Schluckbewegungen sorgt. Wenn ein elterliches Rotkehlchen einen Wurm in den Schnabel eines soeben gefütterten Junges steckt, bleibt er dort liegen und wird nicht hinuntergeschluckt. Der Elternteil zieht ihn einfach wieder heraus und gibt ihn einem anderen Küken.

Der nahe gelegene Lavendelgarten ist ein Räuberlager, in dem Dutzende von drallen Bienen an den Blumen herumfummeln. In ihren gelben Pullovern gehen die Bienen nicht besonders würdevoll und methodisch ans Werk, sondern eher unbeholfen. Während sie von den wackligen Blütenblättern abrutschen, können sie gerade noch ein wenig Nektar erwischen, aber sie beschmieren sich auch mit Pollen, wenn sie aus den Blüten heraustorkeln. Sie schweben einen Augenblick, tauchen kopfüber in die nächsten Blüten ein und verbringen den Rest des Tages mit einem Fest überstandener Stürze. Man nimmt selten wahr, wie unsicher die Bienen kullern und dahinschlittern oder wie zart die Blütenblätter befestigt sind. Sie scheinen oft stabil zu sein, dann aber schwanken sie und biegen sich, ohne tatsächlich abzubrechen. Damit wird bezweckt, die Biene aus dem Gleichgewicht zu bringen.

Wenn die Nacht durch die glänzenden dunklen Blätter dringt, setzt eine Whip-Poorwill ihr langes dreistufiges Krächzen an, mit dem sie der Luft bei lebendigem Leibe die Haut abzieht. Sie gehört zu einer Gattung, deren lateinischer Name *Caprimulgidae* »Ziegenmelker« bedeutet. Da man diese Vögel häufig bei den umherwandernden Ziegenherden beobachtete, dachte man, sie würden den Ziegen nachts die Milch aussaugen. Heute wissen wir, daß sie auf der Jagd nach den ziegenmelkenden Insekten sind.

Der Johannistag am 23. Juni wird zwei Tage nach der Sommersonnenwende gefeiert. Einst wurde er als der Sabbat der Hexen angesehen, die mit einem bösen Fluch die bevorstehende Ernte vernichten konnten. Falls in jener Nacht eine Jungfrau bestimmte Zweige der Schafsgarbe unter ihr Kopfkissen legte, träumte sie angeblich von ihrem zukünftigen Ehemann. Badete ein Mann in jener Nacht in den Samen des Farnkrauts, wurde er unsichtbar, und ging er rückwärts mit einen Haselnusszweig zwischen den Knien, gelangte er zu Reichtum. Die Sommersonnenwende ist lediglich ein kleiner Sabbat mit der Sonne. Der Sommer beginnt offiziell mit der Sonnenwende, die im Lateinischen *Solstitium* – »die Sonne, die still steht« – genannt wird. Als Auftakt für den längsten Tag des Jahres geht die Sonne einige Tage lang an fast derselben Stelle des Horizonts auf und unter; dann kriecht sie südlich durch unmerklich kürzere Tage auf einen noch unvorstellbaren Winter zu. Aber im Augenblick ist noch Frühsommer, ein in der Wirbelsäule kribbelnder Sommer. Der Geruch von Jasmin und Kiefer liegt schwer in der abendlichen Luft, Sporen besäen den Himmel wie Manna, und Fasaneneier werden heimlich zu Leben im feuchten Gras.

15

Als die Landschaftsarchitektin Paula Horrigan ankommt, stehen wir einige Minuten unter der Platane und tauschen Neuigkeiten aus unseren Leben aus. Wir versuchen nicht, eine Erklärung für die Naturkräfte, die unser Leben lenken, zu finden, für die Enttäuschungen, die wir fürchten, für die Nahrung, nach der wir suchen, um weiter wachsen zu können. Aber wir wissen in gewisser Weise, daß auch unser Körper ein Garten ist. Wir, die wir hauptsächlich aus Wasser bestehen, sind kaum begrenzte Meeresbuchten aus Muskeln, Organen und Flüssigkeit. Ich staune, daß wir uns nicht bei jedem Schritt bespritzen.

Dann machen wir uns an das Vergnügen der heutigen Arbeit und fangen an, durch das Gelände zu schlendern, jedes Beet zu prüfen, den Blick von verschiedenen Fenstern aus zu berücksichtigen und unsichtbaren Möglichkeiten Gestalt zu verleihen.

Paula unterrichtet an der Universität, sie hat jedoch auch ein eigenes Architekturbüro, und ich dachte, ich konsultiere sie für meinen Garten, der sich sporadisch über Jahre hinweg entwickelt hat. Er ist winzig, verglichen mit dem Garten des Hospizes, in dem ich Paula zum ersten Mal traf. Freiwillig opferte sie Tausende von Stunden, um die außergewöhnlichen Gärten des Hospizes zu entwerfen – außergewöhnlich wegen ihrer Poesie. Manchmal sehe ich sie als eine Art Poetin des Raumes an, deren Aufgabe unter anderem darin besteht, die Bedürfnisse von Pflanzen und Menschen zu versöhnen.

Was macht eine Landschaftsarchitektin, fragte ich mich damals. Jetzt weiß ich, daß ihre Arbeit nicht nur in einem wohlgefälligen Arrangement von Bäumen und Steinen besteht. Ihre Gartenentwürfe drücken tiefe Einsichten über das menschliche Tun aus. Sie erfordern komplexe Problemlösungen, manchmal bei scheinbar unzusammenhängenden Objekten – zum Beispiel einem Bulldozer und einer Ente, die nicht bereit ist, ihr Nest zu räumen. Wie jede kreative Tätigkeit erfordert Paulas Kunst Spontaneität, der Beschränkungen auferlegt sind. Ihre Empathie für die Menschen, die sich an ihren Gärten erquicken, und ihre Vision unseres innigen Verhältnisses mit der Natur kommen in ihren Designs zum Ausdruck, die häufig symbolisch oder metaphorisch sind. Nachdem ich sie und ihre Arbeit jahrelang beobachtet hatte, entdeckte ich, wie emotional Landschaftsarchitektur sein kann. Den Sommer über wird Paula mit Mustern spielen, und dann werde ich höchstwahrscheinlich einen kleinen Abschnitt des Gartens nach dem anderen verändern. Dies wird ein Langzeitprojekt sein.

Wieviel Garten braucht man? Ich glaube, daß Nathaniel Hawthorne es treffend einschätzte: »Mein Garten ... hatte genau die richtige Größe«, schrieb er in *Mosses from an Old Manse* (1846). »Ein oder zwei Stunden morgendliche Arbeit war alles, was er benötigte. Aber ich stattete ihm täglich ein Dutzend Male immer wieder einen Besuch ab.« Dann stand er dort »in tiefer Versunkenheit ... voller Liebe, die niemand teilen oder sich vorstellen konnte, der nie an dem Prozess der Schöpfung teilhatte.«

»Spontaneität, der Beschränkungen auferlegt werden«, erinnere ich Paula, denn Paul legt sehr großen Wert darauf, daß der Rasen unverändert bleibt. Paula hat Verständnis dafür, daß der Rasen für Paul ein eindrucksvolles Abbild ist, eine Miniaturausgabe der üppigen, feuchten Landschaft des Elternhauses in seiner Kindheit. In der bäuerlichen Landschaft, in der er aufwuchs, gab es überall Grün. Während seiner Kindheit nahm er das Land hauptsächlich als offene Rasenflächen und Felder wahr, die von öffentlichen Fußwegen durchzogen waren. Er konnte meilenweit über Wiesen, Felder oder durch Dörfer wandern und begegnete dabei Weidetieren auf Feldern oder umzäunten Grundstücken. In der Regel gab es für Fußgänger einen Weg über einen Zaun – einen Zauntritt. Diese Zauntritte gibt es in verschiedenen Ausführungen. Bei Steinmauern verdicken sich die Wände, so daß man auf der einen Seite hoch und auf der anderen wieder hinuntersteigen kann. Zäune haben Holztreppen zum Hoch- und Hinunterklettern. Diese Stellen, an denen sich menschliche und tierische Pfade kreuzen, erzeugen wunderbare Augenblicke, wenn sich beide Spezies aufeinander einstellen. Pauls Landschaftserfahrung bestand aus weitläufigem Grün, und deshalb ist es immer noch Teil seines ursprünglichen Gefühls für Raum.

Paulas Ehemann Scott, der als Vermittler zwischen Arbeitgebern und Arbeitnehmern tätig ist, fühlt ganz ähnlich, was die Landschaft seiner Kindheit angeht. »Scott kann Nord-Kalifornien nicht loslassen«, sinniert Paula, »er kann den Wechsel der Landschaft von grün zu braun und gelb nicht vergessen. Dieser Wechsel ist wirklich dramatisch. Normalerweise bin ich im Sommer in Kalifornien, wenn alles ausgedörrt und braun ist, aber einmal war ich im Herbst dort und sah, daß dort alles umgekehrt verläuft. Hier im Osten wird das Grün von den Herbstfarben abgelöst, dann von den Braun- und Gelbtönen. In Kalifornien erlebst du das Gegenteil – gelb und braun werden im November zu grün. Die Regenfälle setzen ein, und plötzlich werden alle Hügel grün. Du hast dieses verrückte Phänomen am Ende des Jahres, daß die Blätter gelb, aber die Rasen grün werden. Es ist wirklich wildromantisch, sehr unwirklich und unglaublich schön.«

Die Landschaft der Kindheit wird zu einem unauslöschlichen Teil der Erinnerung. Du verleibst sie dir ein, sie verleibt dich ihr ein. Ich selbst bin im Mittelwesten aufgewachsen, in einer Kleinstadt unweit von Chicago, westlich vom Michigansee. Ich wohnte gegenüber von einem Obstgarten, den ich sehr gern erkundete, genau wie die verlassenen Grundstücke und wenig gepflegten Höfe. Keine Zauntritte. Aber jetzt hätte ich gerne einen, und das erzähle ich Paula.

»Ich bin sicher, daß wir einen Zauntritt über den Wildzaun einrichten können«, sagt sie lachend. »Der Zaun ist so hoch, daß der Zauntritt im Grunde genommen eine Leiter wäre! Wir könnten natürlich auch ein Hochtor bauen, bei dem du auf eine Plattform hinaufsteigst und ein erhöhtes Tor öffnest.«

Ich lächle, während ich sie beim Durchspielen der Möglichkeiten beobachte. Sie fährt fort: »Dann könnten wir auch etwas machen, das typisch für mittelalterliche Gärten ist: einen Hügel. Sie bauten einen Hochpunkt, einen Hügel. Die Gärten entwickelten sich über die Jahrhunderte hinweg, und während der Blütezeit der Gärten in der Regierungszeit Eduard des Siebten stieß man auf Mauern, die man hochklettern konnte, um von oben einen Überblick zu gewinnen – man wollte den Garten vor sich ausgebreitet sehen. Der französische Garten entwickelte die Tradition des *Parterre*, des verzierten Teppichs, den man unbedingt von oben betrachten mußte. Deshalb suchte man die Stellen, an denen man nach oben konnte, cool.«

»Sehr cool«, stimme ich zu. »Besonders wenn wir einige schöne Felsblöcke vom hiesigen Steinbruch bekämen. Ich liebe Felsen.«

»Von dort habe ich meinen alten rostigen Zementmixer her«, erwidert sie fröhlich. Auf ihrem Grundstück zieht das kurvenreiche und mit Rost in großartigen Schattierungen übersäte Objekt die Blicke auf sich. »Versichere Paul nochmals, daß ich Rasen liebe. Sag ihm auch, daß wir ein Schaf dort hinstellen werden, das den Rasen schön mäht und düngt!«

Ich entscheide mich gegen eine Einsiedelei, komplett mit einem gemieteten Eremiten, gegen griechische und römische Ersatzruinen im Wäldchen und gegen einen – ha! ha! – 1,5

Meter tiefen Graben rund um mein Grundstück herum, auch wenn all dies Gartenmoden aus der Vergangenheit sind. Aber ich denke ernsthaft über ein Labyrinth nach, insbesondere, weil ich einen Labyrinthbauer kenne.

In dem nahegelegenen Dorf Ellis Hollow gibt es ein Labyrinth, das von der Fellowship of Light unterhalten wird. Als ich das erste Mal dorthin ging, fragte ich mich, wie so ein Labyrinth wohl aussehen möge. Mythologische Bestien, die die Menschen in Einbahnstraßen in die Enge treiben? Nein, das ist ein Irrgarten. Ich fand einen Kreis aus Steinplatten, die wie in Stonehenge um ein kürzlich benutztes Lagerfeuer angeordnet waren. Außerdem hatte man ein komplexes Muster in das Gras eines offenen Feldes geschnitten. Die Wege, die gerade breit genug für einen Spaziergänger waren, bogen und krümmten sich und drehten sich immer wieder umeinander. Das Ziel, das runde Herz des Labyrinths war sichtbar, aber unerreichbar, es sei denn durch eine labyrinthische Reise. Also fing ich an. Einige Meter geradeaus, dann nach links …

Bald tauchten drei Leute auf (unter ihnen ein Mann, auf dessen T-Shirt »Tao Id Ta Tchai«) stand, sie hielten kurz inne, konzentrierten sich und betraten das Labyrinth unterschiedlich schnell. Wir vier kreisten langsam um das Zentrum, schlängelten uns aneinander vorbei oder blickten hintereinander her. Es sah aus, als wären wir auf demselben Pfad, und in einem gewissen Sinne waren wir das auch, allerdings durch die Zeit getrennt. Aber das machte jeden Pfad zu einem anderen. Man ist immer nah am Zentrum des Labyrinths, immer nah am Anfang und am Ende, aber man kreist um sie herum und gelangt nie hin. Manchmal kreuzten sich die Wege von zwei oder drei von uns, wir gingen einige Schritte zusammen und entfernten uns dann wieder voneinander. Wenn man sich eng, aber sanft nach links und rechts dreht, verfällt der Körper in einen wiegenden Rhythmus. Man hat keine andere Wahl, als sich fest auf seinen Pfad zu konzentrieren. Im Zentrum gibt es keine Veränderung, keine Richtung, nur einen gleichbleibenden Kreis, eine Schneise der Einfachheit, in der alle Bewegung endet. Rundherum erstreckt sich das Labyrinth, und jenseits dieses formellen Labyrinths finden sich viel komplexere aus Feldern, Bäumen, Häusern, Autos, Schulen, Städten, Fabriken, Teilchenbeschleunigern, Reitställen, freiwilligen Feuerwehren und der himmlischen Mechanik des Sonnensystems.

Auf meinem Küchenherd werden die Glühdrähte beim Erhitzen leuchtend rot, und jeder einzelne bildet ein perfektes Labyrinth. Offensichtlich ist ein Labyrinth die effektivste Weise, eine Linie zu einem Kreis aufzurollen. Aber möchte ich zum Spazierengehen in meinem Garten tatsächlich ein Graslabyrinth? Wer soll es pflegen? Bei der Fellowship of Light wird das Schneiden des Labyrinths (ungefähr 400 Meter komplizierter Kurven mit einem Rasenmäher) als spirituelle Aufgabe begriffen. Ich könnte eine Anzeige für einen Zen-Grasschneider aufgeben, und sehr wahrscheinlich würde sich jemand melden, wenn ich den Charakter meiner Stadt bedenke. Aber wie viele Leute möchte ich pro Woche als Besucher in meinem Garten haben, bevor er seine köstliche Privatheit verliert?

Nachdem Paula gegangen ist, fühle ich mich in Hochstimmung. Die Zusammenarbeit mit ihr – einer Frau, mit der ich mich leicht identifizieren kann, obwohl wir auf verschiedenen Gebieten kreativ tätig sind – wird Spaß machen. Trotzdem fühlt sich die Idee, einen Garten zu *entwerfen*, ein bißchen merkwürdig an. Haben unsere Vorfahren ihre Gärten entworfen? Nein, sie lebten in ihnen wie Zellen in einer Arterie und handelten danach. Sie waren dem Wetter und den Raubtieren ausgeliefert und ernährten sich der Lage entsprechend. Würden sie ihren weiten Garten neu gestaltet haben, wenn sie es gekonnt hätten? Das ist eine andere Frage. Die Menschen waren schon immer kreativ, und sie waren schon immer Kontrollfreaks, und in der Tat war das Bepflanzen von Gärten genau das, was wir vor Tausenden von Jahren während der landwirtschaftlichen Revolution taten. Wie dekorativ waren solche Gärten? Waren sie einfach und effizient? Folgte die Form der

Funktion, wie es sich Frank Lloyd Wright gewünscht hätte? Oder pflanzten die Menschen auch Blumen an, nur um die Sinne zu erfreuen, und ließen sie Raum für den Luxus von Ziergärten? Arbeit war kostbar. Ob sie wohl dieses Gut für die Extravaganz der Schönheit bereitstellten? Ich glaube schon. Gärten befriedigen nicht nur die Sinne, sie stillen auch das Bedürfnis nach Ruhe, Privatheit, Ausgleich und Stabilität; sie erlauben den Menschen, wie schwach und rechtlos sie auch sein mögen, dem Chaos eine Ordnung aufzuzwingen und das Lebendige zu beherrschen. Wie Juvenal 100 Jahre vor Christus in seinen Satiren schrieb: »Es will schon etwas heißen, an irgendeinem Ort, in irgendeinem Winkel, der Herr und Meister nur einer einzigen Eidechse geworden zu sein.« Gärten bieten Gelegenheiten für Ablenkung und Zurschaustellung. Wieviel Fläche benötigt man, um ein solches Verlangen zu stillen? Würde ein Quadratmeter genügen?

Sehnen wir uns immer noch nach unserem Leben in der Savanne zurück? E. O. Wilson, Gordon Orians, Yi-Fu Tuan und Renè Dubos behaupten alle, daß dies tatsächlich der Fall sein könnte. Sie machen darauf aufmerksam, daß die Menschen hart daran arbeiten, ihre Umgebung wie eine Savanne zu gestalten, selbst an so ungeeigneten Orten wie architektonischen Gärten, Friedhöfen und den Einkaufszentren der Vororte. Es dürstet sie nach offenen Räumen in der sie umgebenden Vegetation, allerdings nicht nach öden Landschaften, sondern nach einem gewissen Maß an Ordnung, wenn auch nicht von geometrischer Perfektion. Es gab reichlich Pflanzen und Tiere in der Savanne. Fische, Schalentiere und interessante Pflanzen gediehen in den Flüssen und Seen. Hügel und Klippen dienten als prächtige Aussichtspunkte. Wilson bemerkte:

> »Sobald Menschen die freie Wahl haben, ziehen sie auf vorspringende, offene, baumbestandene Landstücke, die ihnen Aussicht auf ein Gewässer gewähren. Diese weltweite Tendenz wird nicht mehr von den harten Notwendigkeiten eines auf die Jagd angewiesenen Lebens diktiert.

> Sie ist überwiegend ästhetisch begründet ... Wir, die wir ihre Schöpfungen ohne besondere Ausbildung und Überredung genießen, reagieren auf eine tiefe genetische Erinnerung an die optimale Umgebung des Menschen.«

Chrys Gardener ergänzt, daß sie ein geschlechtsspezifisches Muster bei Hauseigentümern festgestellt habe, nach dem Männer offenes Gelände und Rasen bevorzugen, Frauen hingegen viele sie umgebende Gewächse.

Wie wir unsere evolutionären Triebe ausdrücken, ändert sich im Laufe der Zeit und zwar aus vielerlei Gründen. Wir lieben es, uns über Notwendigkeiten auszulassen. Uns wird leicht langweilig. Wir verspüren den Drang, der Außenwelt unser Innenleben und unsere Werte sichtbar zu machen. Und auf jeden Fall ändern sich Klima und Ressourcen. Im antiken Ägypten beispielsweise und im gesamten Mittelosten, wo sich das alltägliche Leben wie heißer Sand anfühlte, bestand das Paradies im Versprechen eines Gartens im Himmel. Reiche Landbesitzer konnten ihr eigenes privates Paradies auf der Erde anpflanzen, und man fand in den Grabstätten der Pharaonen tragbare Dioramen, die Gärten darstellten.

Wie definiert man Garten? Als umschlossenen, kultivierten Raum? Ein Zen-Garten muß keine Pflanzen enthalten, er ist ein Ort spirituellen Wachstums, in dem es üblicherweise sorgfältig angeordnete Felsen und auch Sand gibt, die dem wechselnden Wetter ausgesetzt sind. Ein Formschnittgarten sieht anders aus als ein Garten mit wildwachsenden Blumen. Ein Mondgarten ist kein Wintergarten. Ein Felsengarten benötigt niedrige Kriechpflanzen. Ein Gemüsegarten dient einem anderen Zweck als ein Schnittgarten, auch wenn man die Gemüse zu Kunstwerken schneidet und bearbeitet. Ein Skulpturengarten verfolgt andere Ziele als ein Gewürzgarten. Bemerkenswerterweise erwähnt das Alte Testament bei der Beschreibung des Garten Eden keine Blumen, nur Bäume. Aber offensichtlich stellt sich Gott unter dem Paradies einen Garten vor.

Ist ein Labyrinth ein Garten? Eine Obstplantage wird nicht als Baumgarten angesehen, obwohl sie kultiviert ist. Wie stellen wir uns den Poesiegarten eines Kindes vor? Oder einen Biergarten? Oder den Madison Square Garden? Oder den deutschen Tiergarten? Oder Garden City im Staat New York? Ursprünglich waren Gärten entweder heilige Haine für verschiedene Gottheiten oder Gemüsegärten. Die Kulturen veränderten sich und so auch ihre Gärten. Hervorragende, profunde Geschichtsbücher über Gärten gibt es im Überfluß, und ich werde nicht versuchen, sie hier aufzuzählen. Aber wir wollen inzwischen mehr von unseren Gärten, mehr als Nahrung, Farbstoffe, Arzneien oder Gebete. Wir wollen Schönheit. Auch wollen wir einen heiligen Ort, an dem wir unseren Sinnen aufregende Anblicke und Gerüche und Berührungen gönnen können. Manchmal möchten wir Rasensportarten wie Krocket, Badminton oder Kricket im Garten spielen, ein anderes Mal möchten wir im Freien speisen, mit der Natur als Dekor und Unterhaltung. Einige Menschen sagen, daß ein Garten ein Kunstwerk sei, und zwar eines, das sich laufend verändere. Andere wiederum behaupten, daß Gärten – gleichgültig wie persönlich sie gestaltet sein mögen – stets das Temperament ihrer Zeit widerspiegeln. Das trifft selbstverständlich auf alle Schöpfungen zu – man gehört sich selbst, man gehört aber auch seiner Zeit. In ihrem Buch *What Gardens Mean* betont die Philosophin Stephanie Ross:

> »Es gibt keine grundlegende Definition von einem Garten; ein Garten braucht überhaupt kein Pflanzenmaterial. Aber die meisten Gärten enthalten welches und machen deshalb Aussagen über unseren Platz in der Natur und unser Verhältnis zu ihr. Gebäude umgeben uns, aber sie geben uns im Unterschied zu Gärten keinen Anlaß, zusätzlich über Wildnis, andere Gattungen, gegenseitige Abhängigkeit, das Vergehen der Zeit, die Grenzen der Kontrolle nachzudenken.«

Ross fährt mit dem Gedanken fort, daß »die Dichotomie innen/außen, die auf die meisten herkömmlichen Strukturen der Architektur anwendbar erscheint (zum Beispiel auf Häuser), auf Gärten nicht so einfach zutrifft«, und daß Gärten zwar Begrenzungen, aber keine Fassaden oder »ein bestimmtes Aussehen für einen Betrachter von außen« haben sollen. Hier widerspreche ich. Ein Garten besitzt ein Gesicht, einen Ausdruck. Außen hat er eine Mauer, einen Zaun oder eine Hecke, durch die man hindurchgehen kann. Innen werden seine Einzelheiten sichtbar. Man kann ihn wie ein riesiges Gewand tragen und in seinen Ärmeln verschwinden. Menschen erleben das Innen und das Außen der Gärten sehr unterschiedlich.

Alle Gärten sind Gedankengärten. Wenn der Poet Wallace Stevens mit Gästen in seinem Garten saß, erzählte er ihnen gerne, wieviel jede Blumenzwiebel gekostet hatte. Ich kann mir nicht vorstellen, daß er eine Vorstellung von seinem Garten oder von der Idee eines Gartens hatte, die sich auf Kosten für Blumenzwiebeln gründete. Alexander Pope, der Gedichte mit klassischen Themen schrieb, dehnte diese Vorliebe auch auf seinen Garten aus, der voller klassischer Anspielungen und Illusionen war. Ich würde gerne wissen, wie der Garten von Dylan Thomas aussah. Hoffentlich war er so kunterbunt und üppig wie seine Gedichte.

Ein Garten muß kultiviert und bearbeitet werden. »Ich bin fest davon überzeugt«, schreibt die Grande Dame der Landschaftsarchitektur, Gertrude Jekyll, in ihrem Buch *Colour in the Flower Garden* (1908), »daß eine Menge Pflanzen, so schön und so reichlich vorhanden sie auch sein mögen, noch keinen Garten ausmacht; sie stellt nur eine Sammlung dar.« Ein Garten ist ein Organismus, der sich bewegt und wächst. Ein Garten verändert sich mit der Zeit, wie jemand, den man gut kennt, er wandelt sich und bleibt doch derselbe. Vertone die Idee eines Gartens mit einer Metapher, und es treten alle möglichen Andeutungen in Erscheinung, zum Beispiel: Der Garten meiner Hochachtung. In dieser Metapher stellt der

Garten ein Vergnügen dar, das einen besonderen Platz in meinem Leben einnimmt, genau wie die Hochachtung. Der Garten eines Klassenzimmers, in dem junge Köpfe ihre geistige Nahrung finden. Ein Garten falsch erinnerter Tage, wie in »ihrer Kindheit, schien weit weg und verzerrt zu sein, ein Garten falsch erinnerter Tage.« Hier werden überwucherte Gärten assoziiert, aber der Garten (und die Kindheit) werden wiederum als einzigartige Orte hervorgehoben. In seinem Buch *The Fourth Book of Airs* (1617) spricht Thomas Campion, ein Dichter aus dem 17. Jahrhundert, von seiner Liebsten: »Da ist ein Garten in ihrem Gesicht, / In dem Rosen und weiße Lilien wachsen; / Ein himmlisches Paradies ist jener Platz / In dem alle vergnüglichen Früchte fließen.« In den Wüstenwelten früherer Zeiten war der Garten ein Lieblingsort für Romanzen, denn nur wenige Dinge waren ergreifender als die Idee einer Oase. Ein verborgener Garten in der Dürre des Lebens – das wurde schnell zu einer Metapher für Liebe. In der Bibel singt König Salomon in seinem leidenschaftlichen Lied an seine Zukünftige, daß ihre Jungfräulichkeit wie ein prächtiger Garten sei, in den er bald eintreten werde. Dann erwähnt er nacheinander alle Früchte, die er pflücken, und alle Düfte, die er einatmen wolle.

Das Nachdenken über Gärten führt ganz natürlich zu einer Alchimie des Geistes. Denken sie an Kompost. Um ihn zu erzeugen, transformiert man die Abfallprodukte des Gartens durch Verdauung (mittels Bakterien) und Umwandlung in einen reichhaltigen dunklen Stoff, der entscheidend für weiteres Wachstum ist. Könnten wir doch nur die schlechten Erfahrungen unseres Lebens in dieser Weise abwerfen und auf einen Haufen am Rande unseres Bewußtseins schichten, wo sie langsam verdaut und in persönliches Wachstum verwandelt werden. »Pflanzen zeigen nicht mit dem Finger«, erinnert uns Anne Raver in *Deep in the Green*. »Wenn sie leben, tragen sie keinen Groll mit sich herum. Wenn sie sterben, hat man – außer bei der Ausrottung einer ganzen Gattung oder eines Regenwaldes – nur vorübergehende Schuldgefühle, die schnell von einer philosophischen, selbstgefälligen Empfindung abgelöst werden: Mißerfolg bereichert deinen Komposthaufen.«

Dies sind nur einige Reaktionen auf den persönlichen Garten, die – auch wenn sie vielleicht nicht von den Eigentümern formaler öffentlicher Gärten geteilt werden – sich über das ganze Leben erstrecken wie eine Seelenwanderung. Und dann gibt es noch den Gartenbau als Nervenkitzel, ein spezielles Genre, das ebenso faszinierend wie bizarr ist.

16

Manchmal verfallen die Menschen ins Extrem und erschaffen exzentrische, phantastische, zwanghafte Gärten, die in Erinnerung bleiben und zu Touristenmekkas werden. Beispielsweise birgt das spanische Kloster von San Lorenzo de Trassanto aus dem 17. Jahrhundert derart komplizierte und dicht bewachsene Formschnitt-Irrgärten, daß die Gärtner sich nicht in ihnen bewegen können, sondern auf Gerüsten balancieren müssen, um sie von oben zu beschneiden. Da gibt es den Garten *Schrein der Fruchtbarkeit* im Zentrum Bangkoks, in dem die Gartenstatuen Penisse in Menschengröße aus Stein oder Holz darstellen. Einige Penisse verneigen sich, andere liegen, alle sind erigiert, und manche besitzen Hoden und Beine. Frauen besuchen den Garten, um für männliche Nachkommen zu beten und ganz nebenbei für andere, weniger hochfliegende Segnungen (einen Gewinn in der staatlichen Lotterie, einen besseren Job und so weiter). Wer könnte dem *Garten der Scheidung* in San Francisco widerstehen? Der Landschaftsarchitekt Topher Delaney entwickelte diesen Garten als persönliche Erzählung für eine Klientin, die in die Stromschnellen einer häßlichen Scheidung geraten war. Zwischen den schartigen Betonbruchstücken (die »aus einer Terrasse herausgebrochen wurden, die der Ex-Ehemann der Klientin gebaut hatte«), von denen einige verdächtig nach vernachlässigten Grabsteinen aussehen, wurden Blutgras und schäbige Büsche angepflanzt. Es gibt einige herausgeputzte surrealistische Gärten, einschließlich dem von Edward James, einem reichen anglo-amerikanischen Exzentriker, der sich in Mexiko zur Ruhe setzte und alles in seinen ausgefeilten Formschnittgarten steckte: Skulpturen, Springbrunnen und Pflanzen. Zahlreiche wuchernde Bäume und Weinreben erhöhen lediglich die Wirkung, denn mit der Zeit wird der gesamte Garten vom ungebärdigen, dunklen Es des Dschungels zurückgefordert werden. Es gibt den formellen Dachgarten auf dem Rokkefeller Center samt seines ach so sauberen Rasens und seiner manikürten Kastenhecken, der offensichtlich auf königliche Hoheiten und ihre Gäste wartet. Der Friedhof von Tulcán in Ecuador ist eines der Gartenwunder dieser Welt. Hier erreicht die Kunstfertigkeit des Formschnitts engelhafte Höhen. Taylor und Cooper beschreiben in ihrem Buch *Gardens of Obsession* einige seiner Überraschungen:

> »Einige Hecken sind so geschnitten, daß sie Basreliefs oder architektonische Formen ergeben. Andere sind tief eingeschnitten, so daß sie Portraits von südamerikanischen Helden und Inkagrößen oder von Figuren aus der aztekischen, orientalischen und ägyptischen Mythologie darstellen. Schließlich sind einzelne Bäume zu riesigen Formen geschnitten worden, zum Beispiel zu der eines Elefanten und eines übergewichtigen Astronauten.«

Formschnitte erwartet man beispielsweise in Disneyland. Aber auch die Eigentümer bescheidener Heime verspüren häufig den Drang, Formschnitte zu pflanzen, üblicherweise auf dem Rasen vor dem Haus. Die meisten stellen Tiere dar – Giraffen und Löwen sind die beliebtesten Motive, gelegentlich sieht man einen Schwan oder einen Nashorn –, aber viele sind persönlicher Natur: Familiensymbole und Boote, sinnliche Nixen oder sogar Dioramen von Ereignissen mit Basrelief-Daten.

Mein Lieblingsformschnitt steht im Old Deaf School Park in der Innenstadt von Columbus, Ohio. Dort wurde Seurats impressionistisches Gemälde *Sonntagnachmittag auf der Île de la Grande Jatte* von James und Elaine Mason als überlebensgroßer Formschnittgarten reproduziert. Die Personen in diesem pointillistischen Gemälde wurden akribisch genau aus Draht geformt und mit Buschwerk bedeckt, das zweimal im Jahr wie eine Frisur Blatt für Blatt getrimmt wird. Alles in allem gibt es dort 54 menschliche Figuren, acht Boote, drei Hunde, einen Affen und eine Katze: Frauen mit ihren Turnüren und Sonnenschirmen, herumliegende Männer, umhertollende Kinder und Hunde, sogar Leute, die auf dem Wasser Boot fahren. Um die räumliche Illusion des Gemäldes einzufangen, mußten die Figuren der Größe und der Perspektive nach angeordnet werden. So ist die größte (und die am nächsten stehende) Figur eine 3,60 Meter große Frau, und die kleinste (und entfernteste) ein 30 Zentimeter großer Hund. Es ist erstaunlich. Ich besuchte den Garten an einem Nachmittag im April und dachte, ich wäre in das lebendige Bild geraten, in dem ich die Menschen aus verschiedenen Winkeln betrachten oder mich zu ihnen an den Strand gesellen konnte. Die Besucher sollen mit den Figuren umherschlendern. Statt der Punkte im Gemälde gibt es hier Blätter und Grashalme.

Im Kunstmuseum von Columbus blühten am gleichen Tag die Galerien, als fünfzig Blumenkünstler in der jährlichen Veranstaltung »ART ALIVE ... Bouquets to Art« Blumen einsetzten, um Gemälde zu interpretieren. Die verblüffenden Ergebnisse sahen nicht nur schön aus, sie rochen auch gut; man konnte sie aus unterschiedlichen Perspektiven studieren, und sie zeigten interessante Texturen. Einige Künstler benutzten Blumen, um berühmte Bilder zu parodieren oder zu kommentieren. Andere versuchten die Gemälde in einer Art floralem

Realismus zu duplizieren. Wiederum andere verwendeten die Blumen dazu, die Stimmung des Kunstwerks oder die Empfindungen, die es bei ihnen auslöste, auszudrücken. Gemälde können unseren Sinn für Tiefe und Zeit wunderbar beeinflussen, aber sie bleiben letztlich doch flach und eindimensional. Ihre Blumenpendants fügten eine andere Empfindungsebene hinzu, eine, die die materielle Welt mit der lebenden verbindet, indem sie durch Pflanzen zu den Menschen gelangt, manchmal mit großem Witz.

Im 18. Jahrhundert waren die Formschnitte so albern, daß Alexander Pope sie in seinem *Essay from the Guardan* (1713) verspottete. Er berichtet von einem »Brieffreund«, der »Familienstücke von Männern, Frauen oder Kindern schnitzt. Jede Dame, die es wünscht, kann ihr eigenes Bildnis in Myrte oder das ihres Ehemanns in Weißbuche bekommen.« Im Namen seines Pflanzen formenden Brieffreundes offeriert Pope eine lange Liste an Möglichkeiten, darunter:

> »Adam und Eva in Eibe, Adam im großen Sturm, etwas angeschlagen vom Fall aus dem Baum der Erkenntnis, Eva und die Schlange, sehr blühend …
> Ein Paar von Riesen, *im Wachstum gehemmt*, billig zu verkaufen …
> Ein Weißdorn-Schwein, das rasch zu einem Stachelschwein heranwuchs, nachdem man es eine Woche im Regenwetter vergessen hatte.
> Ein Lavendel-Schwein, in dessen Bauch Salbei wächst.
> Die Arche Noah aus Stechpalme, auf einem Hügel stehend, die Schiffsrippen aufgrund von Wassermangel etwas beschädigt.
> Ein Paar Jungfernhäutchen in Fichte, sehr frühreif.«

Mich amüsiert die Idee der Formschnittsilhouetten. Einst entdeckte ich auf der Speisekarte eines Restaurants auf Jamaika ein Menue, das folgende Gerichte enthielt: »Steak barbecued to your likeness« (Steak, gegrillt nach Ihrer Gestalt – gemeint ist »nach Ihren Wünschen«) und »Chef's bowel salad« (Salat aus dem Gedärm des Chefs – gemeint war »eine Schale [bowl] Salat nach Art des Chefs«). Beides versprach mehr, als ich wollte. Meine Blattpüppchen sind nicht extrem, sie sehen aber etwas bizarr aus, und ich bin sicher, daß die Surrealisten sie gemocht hätten.

Es kommt darauf an, was man in seinem Garten sucht. Wenn es der gelassene Rückzug aus einer Welt voller Neuigkeiten und der inneren Unruhe ist, dann »war es sogar vernünftig, die Formschnittarbeiten der Renaissance, ihre grünen Schiffe und Helme, ihre Riesen, Drachen und Zentauren zu empfehlen«, wie Sir George Sitwell in seinem Werk *On the Making of Gardens* beobachtet. »Denn aufgrund ihrer großen Fremdartigkeit würden sie wahrscheinlich die Aufmerksamkeit erregen, die Fantasie stimulieren, die Erinnerungskraft stärken, die eigene Befangenheit und alle trivialen und quälenden Gedanken verbannen.«

17

Es ist ein heisser, feuchter Sommer, schwül und stickig. Aber er ist ein Segen für alle Geschöpfe, die krabbeln, sickern oder gleiten. Dank des reichhaltigen Bodens, des Blumenbuffets und des ständigen Regens feiern die Schnecken ein Fest in den Beeten. Wenn die Nacktschnecken anfangen, die Stengel der Taglilien hochzukriechen und sich auf den Blütenblättern niederlassen, wenn man ihnen fast bei der Debatte zuhören kann, ob sie den Garten jetzt gleich verschlingen oder ihn erst später verputzen sollen, wenn es mehr Schleim gibt als in einem Geisterhaus, dann haben die Nacktschnecken den Status einer

Plage erreicht. So wie die Nektarine ein nackter Pfirsich ist, so ist die Nacktschnecke eine hauslose Schnecke. Dicker, klebriger Schleim aus dem Vorderfuß verleiht ihr die Haftung beim Klettern, und wässriger Schleim schmiert ihren Weg zum Boden zurück. Ich beneide die Nacktschnecken um ihre Augen, die am Ende gummiartiger Stiele sitzen, sich um die Ecke in dunkle Winkel drehen können und einziehbar sind. Was ihre Paarungsgewohnheiten angeht, rivalisieren Nacktschnecken mit der Gewandtheit der zweigeschlechtlichen Plattwürmer, die sich aufrichten und sich mit ihren Penissen duellieren. Die Nacktschnecken paaren sich auf akrobatische Weise am Ende elastischer Bungeeseile aus Schleim, während sie ihre Augen umherschwenken. Es ist eine schlampige, aber effektive Angelegenheit. Das Drama dauert natürlich eine Weile, da Schnecken dafür berüchtigt sind, bei allem langsam zu sein. Wenn sie auf den Boden zurückgelangt sind, richten sie sich manchmal auf ihrem Schwanz auf, um das Terrain zu sondieren. »Tigerschnegel« werden sie wegen ihrer gepunkteten Haut und erbarmungslosen Art und Weise genannt. Da sie hauptsächlich aus Wasser und Proteinen bestehen, sind sie eine gute Vorspeise oder ein Hauptgericht. Bei der Vorstellung von Schneckeneintöpfen läuft mir nicht gerade das Wasser im Mund zusammen, aber in einigen Kulturen sind sie eine Delikatesse. In der Kultur meines Gartens sind sie eine Plage.

In dieser Saison habe ich zum ersten Mal auf die chemische Kriegsführung zurückgegriffen. Gärtner sind keine übersinnlichen Seelen, die zu allen Lebewesen freundlich sind. Wir entfesseln Todeswolken. Ich selbst bin aus tiefster Seele biologisch-organisch eingestellt. Als Strategien ziehe ich die Täuschung, die Verkleidung und den Ekel vor, die mir im Garten immer gute Dienste geleistet haben. Aber Sie müssen wissen, daß es sich bei meinem Garten nicht um ein Kleefeld handelt. Ich bin den Plagen kaum einen Schritt voraus, und ich muß dauernd pflanzenfressende Insekten vernichten, indem ich sie in Wasser und Seife oder ein schwefelhaltiges Fungizid eintauche. Ich habe den Nacktschnecken drei verschiedene Köder angeboten: eine Schale Bier (sie kriechen hinein und ertrinken), ein Pulverfass aus Terrakotta mit Süßigkeiten als Lockmittel oder – mein persönlicher Lieblingsköder, obwohl er nicht zu funktionieren scheint – ein Kupferband, das am unteren Ende um wertvolle Blumen gewickelt wird, um eine einfache Nasszellenbatterie zu erzeugen, die den Schnecken einen Schock versetzt. In Kalifornien haben Zitruspflanzer das Problem durch Kannibalismus gelöst. Sie beschäftigen einen Stamm, der mit der Nacktschnekke verwandt, aber viel wählerischer ist: die Stumpfschnecke aus dem Mittelmeerraum. Sie ernährt sich hauptsächlich von den Eiern ihrer gewöhnlichen Verwandten (der europäischen braunen Schnecke). Gärtner können sich die Stumpfschnekken bei Bio Pest in Oxnard, Kalifornien kaufen. 50 Schnecken kosten 10 $. Sie kommen schlafend an wie Raumfahrer, deren Lebensfunktionen reduziert sind. Bespritzt man sie mit Wasser, dann wachen sie hungrig auf und sind bereit, sich auszutoben. Sollte ich in meinem Garten einen Bürgerkrieg zwischen Schnecken inszenieren? Und könnte ich ihn führen, ohne mir das Gemetzel am Boden vor Augen zu führen?

Ich schreibe dies, während ich auf einer Zementbank sitze, die von Steinmetzen aus der nahegelegenen Seestadt Skaneateles gebaut wurde – »Scanty Atlas« (Kleiner Atlas), wie die Ortsansässigen sagen. Es ist ein massiver Thron, dessen Schönheit in seinem getäfelten Sitz liegt. Buntes Glas ist in ihm kunstvoll zu einem Mosaik aus purpurfarbenen Rosen mit grünen Blättern vor einem Hintergrund aus gefleckten Pastell- und Erdtönen verarbeitet. Wenn man einmal darüber nachdenkt, dann kommt es einem seltsam vor, daß die Menschen, anstatt sich auf den Boden zu hocken, lieber die Erde zu Pulver zermahlen und sie zu etwas anderem formen, das nur einen Meter höher ist und auf dem sie dann sitzen. Wir können die Natur nicht wirklich beherrschen, indem wir uns um einen Meter größer machen, aber unser Status und die Illusion der Kontrolle werden auf reizvolle Weise erhöht. Das gilt besonders dann, wenn die Natur Feuerwerke zu zünden scheint.

Über Nacht haben leuchtende Nachtkerzen angefangen sich zu öffnen, und der Garten erstrahlt in den großen Wogen der gelben Blumen, die ich mit dem Juni verbinde. Dieses Jahr sind die Nachtkerzen 90 Zentimeter hoch und so dick wie Weizen. Im Rosengarten sind die Vergißmeinnichte spindeldürr herangewachsen, und es ist unmöglich, den Rosengarten zu verlassen, ohne reichlich mit Teilen der Samenhülsen verziert zu sein – kleinen grünen Bällchen, die hartnäckig an den Socken kleben bleiben. Ein lustiges Spiel, das man am Ende des Sommers mit Kindern spielen kann, besteht darin, sie in Socken über eine Wiese laufen zu lassen und dann die mit Sporen und Samen verklebten Socken an einem unwahrscheinlichen Ort zu vergraben. Im darauffolgenden Frühjahr wird dort eine Wiese aus Wildblumen sprießen. Kinder lieben es, im Garten zu spielen, aber sie besitzen auch gern ihren eigenen kindergroßen Garten. Als eine Art Streichelzoo heißt er sie willkommen zu den Wundern der Natur und den einfachen, ziellosen Freuden der bloßen Pflege. Voltaire rät seinen Lesern in *Candide*, bei der Pflege ihres eigenen Gartens Frieden zu suchen. In jedem Leben steckt ein ökologisches System, und jede Familie ist ein Garten.

Jede Blume ist ein Garten, ein kleines Eden für nach Nektar gierende Schmetterlinge, Bienen oder Vögel; sie erschöpft sich keineswegs in der Üppigkeit ihrer Blütenblätter, die wir zum Vergnügen an unseren Sinnesorganen reiben. Ihr Ziel ist viel schamloser: Wollust ist ihr Beruf, Betrug ihre Gabe. Als Virtuosin der Bestechung und der Verkleidung gelingt es ihr, ahnungslose Spaziergänger hereinzulegen. Blumen werden ganz klebrig und farbenfroh, um Motten, Ameisen, Fledermäuse, Vögel oder Mäuse in der Hoffnung zu reizen, daß einer der agilen Fremden ihre Pollen herumträgt. Da Blumen (außer bei gelegentlichen Verbeugungen und Schwankungen) fest an einen Ort gebunden sind, müssen sie andere Lebensformen davon überzeugen, für sie Sex zu haben. So ehrenwert und liederlich ist die Geschichte der Blumen, und sie erinnert uns daran, daß die Natur weder urteilt noch bedeutet: Sie ist ganz einfach. Wir sind die Geschöpfe, die versuchen, bescheiden, moralisch oder gütig zu sein. Der Rest der Natur brüstet und entblößt sich und versickert dann. Denken Sie daran, daß uns Menschen der Sex wahrscheinlich mehr Vergnügen bereitet als einer Blume – im Gegensatz zu den Einsprüchen einiger wohlmeinender Leute bin ich nicht davon überzeugt, daß Blumen eine Stimmung wie Freude erleben –, aber auch mehr Qualen. Es ist ein offenes Geheimnis, daß sich jeder Mensch mindestens einmal in seinem Leben wünscht, Sex wäre für ihn genau so unkompliziert wie für die Blumen.

Obwohl Blumen Käfern und Vögeln und anderen Blumen eine ganze Bandbreite an Informationen übermitteln, haben die Menschen sie immer als lebende Boten für die vielgestaltigen Launen der Liebe verwendet. Die Viktorianer gingen so weit, sie wie Diener zu behandeln, indem sie sich vergewisserten, daß sie sich passend kleideten, angemessen sprachen und die richtigen Referenzen vorweisen konnten. Der Liebsten Pfirsichblüten zu schicken, bedeutete: »Ich bin dein Gefangener.« Dem Liebhaber Aloe zu senden, bedeutete Kummer. Eine leuchtende Jonquille besagte: »Erwidere mein Gefühl!« Glockenblumen standen für Beständigkeit, Butterblumen bekundeten Undankbarkeit. Da Kiefernnadeln Mitleid bedeuteten, achtete man unbedingt darauf, in welche Richtung sie gebunden waren. Wurden die Blumen mit einer Schleife übergebracht, die nach links gebunden war, sprachen sie über den Absender, nach rechts gebunden über den Empfänger. Eine Petunie bedeutete »Verzweifle niemals!«, wohingegen die Schafgarbe totalen Krieg ankündigte. Man könnte einen Strauß aus Pfingstrosen (»Ich fühle mich schüchtern.«), Zinnien (»Ich denke an dich.«), Burgundrosen (»sich ihrer selbst nicht bewußte Schönheit«) und Schneeglöckchen (»Hoffnung«) zusammenstellen, was auf ein visuelles Haiku hinausliefe. Liebende haben schon immer nach Wegen gesucht, um der Verlegenheit zu entkommen, ihr klaffendes, heißhungriges und schmuckloses Bedürfnis zu offenbaren. Einen Blumencode zu schicken, war weniger riskant, als die eigenen Gefühle unter Erröten und mit flatternden Wimpern zu erklären. Das Gefühl selbst mußte für die geliebte Person natürlich keine Überraschung sein, es durfte lediglich zuvor noch nicht übermittelt worden sein. So wie eine Blume, die sich in äußerster Langsamkeit zu einem Rausch aus Duft, Form und Farbe entfaltet, einen vertiefenden Zauber birgt. Wenn sich eine Blume ganz geöffnet hat, bietet sie keine andere Möglichkeit mehr. Sie drückt ganz und gar ihr Schicksal aus, den Gipfel ihrer immer gleichbleibenden Biologie und ihrer individuellen Merkmale. Die Liebe, die sich ganz enthüllt hat, wirkt stets wie eine Kreuzung des Schicksals, an der zwei schrullige Menschen ankommen, die alle möglichen Gepäckstücke mit sich herumschleppen.

Blumen sind wie Gedichte. Befragen Sie sie zu Ihrem Vergnügen, und sie werden Sie entzücken. Wenden Sie sich an sie um tieferer Wahrheiten willen, werden Sie vieles zum Nachdenken finden. Manches von ihrer Musik trifft auf taube Ohren, einige ihrer Werbetafeln werden nicht wahrgenommen. Ich würde zum Beispiel die Augen einer Biene benötigen, um zu erkennen, daß viele Blüten wie Landeplätze gestaltet sind. Da die Blüten perfekte Anflugmarkierungen und Landeflächen bereitstellen, laden sie Milizen rüpelhafter Besucher zur Mahlzeit ein, und beschmieren sie bei dieser Gelegenheit mit ihren Pollen, die die Besucher dann blindlings auf die nächste Blüte übertragen. Blumen kennen ihre Nachfahren nicht. Welches Glück haben wir, daß wir Sinne besitzen, mit denen wir Farben und Düfte genießen können. Wir müssen uns nicht zu Blumen hingezogen fühlen. Daß sie uns erfreuen, ist nur ein glücklicher Zufall, die verschwenderische Form eines sinnlichen Lärms, ein unerwartetes Nebenprodukt der Evolution. Um so mehr Grund haben wir, in ihre Winkel und Ecken, Windungen und Falten, heraushängenden Zungen und drallen Beutel zu spähen. Wenn Blumen »ihr Licht unter den Scheffel stellen«, wie das Sprichwort sagt, dann sind sie beides, Licht und Scheffel, der Anfang und das Ende, der blühende Tanz des Lebens. Sie sind Megaphone des Duftes, die ihren Aufenthaltsort mit molekularen Werbesprüchen hinausposaunen. Wir färben sie mit unseren Erinnerungen ein. Sie bekleckern uns mit ihrer Anmut. Wir sammeln sie wie Bonmots an einem verschlafenen Morgen und arrangieren sie Kopf an Kopf in Vasen, als ob sie miteinander sprechen könnten. Die Blume ist ein Gast im Sommerhaus der Seele. Gärtner lieben es, durch Kataloge zu blättern, in denen die Blumen nackt in Dunkelheit und Licht posieren. Sie bedienen das Auge des Betrachters, entziehen sich aber der Berührung, so wie es eben manchmal bei schönen Dingen ist. Aber die seidigen Seiten eines Katalogs können wie Blütenblätter gestreichelt werden. Blütenformen, die man flüchtig im Dämmerlicht erblickt, können die Pfade durch einen Garten der Erinnerungen erhellen. Und wenn man das Hörrohr der Phantasie benutzt, kann man hören, wie die Blumen einige der ältesten Geheimnisse des Lebens flüstern.

18

PERSIS UND ICH gehen bei Tagesanbruch schwimmen, ziehen wie üblich unsere zwanzig Bahnen und legen eine Pause zum Schwätzen ein, bevor wir weitere zwanzig schwimmen; anschließend machen wir wieder eine Pause und schwimmen dann die letzten zehn Bahnen. Während der ersten Pause nehmen wir ein merkwürdiges Phänomen wahr: Schwerter aus Licht wirbeln über dem Wasser. Es ist genau 8.00 Uhr morgens, und die Sonne fällt in einem solchen Winkel ein, daß ihre Strahlen zu tanzen scheinen, wenn sie vom bewegten Wasser auf den Dampf zurückgeworfen werden. Warum sind die Strahlen gerade? Weil das Wasser aus vielen Ebenen besteht, obwohl es sanft und gerundet aussieht. Man sieht häufig Lichtstreifen, die auf die Ränder des Swimmingpools projiziert werden, oder bei hellem Sonnenlicht rautenförmige Figuren auf der Wasseroberfläche. Aber dies ist das erste Mal, daß wir Strahlen gesehen haben, die aus dem Dampf heraustanzen und in der Luft herumwirbeln. Schwimmbad-Physik. Als die Erscheinung verschwindet, schwimmt Persis in die Mitte des Beckens, um das Wasser wieder in Bewegung zu versetzen, und wirklich kehren die Strahlen zurück.

Wir schwimmen weitere zwanzig Bahnen, gefolgt von einer Pause, während der wir über alles und nichts schwätzen. Heute bin ich darauf erpicht, ihre Meinung über etwas Faszinierendes zu hören, das ich gelesen habe. Ich persönlich spreche nicht viel mit meinen Pflanzen. Chrys dagegen glaubt, daß sie das Sprechen inspirieren. Aber wie ist es, wenn man ihnen Musik vorspielt? Musik ist organisierte Vibration, und Lebendiges reagiert auf Vibrationen. Könnten daher angenehme Schwingungen Pflanzen (oder Menschen) zum Wachstum anregen? Joël Sternheimer, ein französischer Physiker und Komponist, behauptet, daß es möglich sei, die unhörbaren Teilchenvibrationen, welche die Aminosäuren bei der Herstellung von Protein hervorrufen, mit Hilfe der hörbaren musikalischen Vibrationen wiederzugeben. Nach seiner Erklärung entsprechen die Noten den Aminosäuren in einem Protein, die für das Pflanzenwachstum benötigt werden. Es sei möglich, diese Noten so zu kombinieren, daß man für ein vollständiges Protein eine äquivalente Schallwelle erzeuge. »Jede Musiknote ist ein Vielfaches der ursprünglichen Frequenzen, die dann entstehen, wenn die Aminosäuren sich mit dem Proteinstrang verbinden.« Wenn eine Pflanze den richtigen molekularen Ton höre, dann nehme sie nicht das wahr, was wir Musik nennen, sondern eher eine Instruktion, mehr Protein zu synthetisieren – und wenn sie das tue, dann wachse sie. Nach Sternheimer wurden Tomaten, denen man dreimal am Tag jeweils ein Ständchen von sechs Wachstumsmolekülen darbrachte, zweimal so groß wie die Kontrollgruppe. Sternheimer ist außerdem an musikalischen Hemmstoffen interessiert. Hemmende Musik, so behauptet er, könne das Wachstum eines Enzyms stoppen, das für Viren wichtig sei, die Pflanzenkrankheiten auslösen. Er hat ein Patent für seine Melodien angemeldet, die in der Landwirtschaft, aber auch in der Textilindustrie und im Gesundheitswesen eingesetzt werden sollen. »Fordern Sie keinen Musiker auf, diese Melodien zu spielen«, warnt er allerdings, »Sie müssen sehr vorsichtig sein.« Wenn die Melodien Pflanzen beeinflussen, dann könnten sie sich auch auf Menschen in einer Weise auswirken, die noch nicht erforscht ist. Pflanzen nehmen Kohlendioxid auf und geben Sauerstoff ab; beim Menschen ist es genau anders herum. Pflanzen und Menschen passen deshalb gut zusammen, aber unsere Bedürfnisse und Reaktionen sind sehr verschieden.

Persis, die ebenfalls Physikerin und Musikerin ist, scheint die ideale Person zu sein, um über die Theorie Sternheimers zu sprechen, und in der Tat ist sie fasziniert. Persis ist an der ganzen Welt interessiert, insbesondere freut sie sich, ihre drei sehr unterschiedlichen Kinder beim Heranwachsen zu beobachten und ihnen zu helfen. Unterdessen geht sie ihrer Arbeit als Nuklearphysikerin nach, für die sie bekannt ist, und spielt Kammermusik auf ihrem Cello.

»Das Problem ist, daß die Wellenlänge hörbarer Töne sehr viel größer ist«, erklärt sie nachdenklich. »Der Schall ist eine oszillierende Welle, wie eine Kräuselung in der Luft, die Berge und Täler und Täler und Berge hat. Und der Abstand zwischen den Bergen und den Tälern ist viel größer als irgendeine Größe irgendeines Moleküls. Der Maßstab scheint falsch zu sein. Falls man wirklich kurze Wellenlängen einfügte, könnten sie mit den Molekülen einige Dinge machen, aber diese sind eben zu lang. Die unhörbaren Quantenvibrationen haben eine völlig andere Frequenz als hörbare Vibrationen – viele Größenordnungen voneinander getrennt –, deshalb ist es für mich schwer zu verstehen, wie das eine das andere beeinflussen kann. Es ist, als ob man sagte, daß eine Planetenbewegung in unserem Sonnensystem auf unsere Nachbarschaft einwirke, oder daß ein Geschehen in der Nachbarschaft die Planeten beeinflusse. Für mich hört sich das verrückt an.«

Ich wußte, sie würde die Angelegenheit amüsant finden. In den 70er Jahren glaubte man, daß die Pflanzen schneller wüchsen, wenn man mit ihnen redete. Heutzutage ist es populärer, sich an die wissenschaftlichen Autoritäten zu halten, insbesondere weil die meisten Leute so wenig über die Komplexität der Biophysik wissen. Deshalb frage ich Persis oft über die neuesten Befürchtungen oder Versprechungen aus. Diese Protein-Konzert-Theorie ist neu, und ich überlasse es den Wissenschaftlern, sie zu überprüfen. Persis und ich ziehen die nächsten Runden.

Während der nächsten Pause klingen Stimmen durch das Tor – es sind Persis' Ehemann Jim, ein Ingenieur, und Rose, ihre Kleinste. Gestern abend gingen Rose und Persis spazieren und stießen dabei auf einen Rosenstrauch, der das Kind entzückte. Ob auch *sie* einen Rosenstrauch züchten könnten, fragte Rose. Ihre Mama erklärte, daß Rosen schwer aufzuziehen seien. »Aber du nicht.« fügte sie hinzu, und die fünfjährige Rose hielt das für ungeheuer lustig.

Dann erzählte Persis ihr, daß ich einen Rosengarten besitze, den sie sich ansehen dürfe. Rose war ganz aufgeregt. Das Gespräch muß ihr im Gedächtnis geblieben sein, denn an diesem Morgen kam ihr der Gedanke, uns zu besuchen, da sie wußte, daß ihre Mama mit mir inmitten der Rosen schwimmen wollte.

Nach dem Schwimmen mache ich mit Rose einen Rundgang durch die Gartenbeete, gebe ihr kleine Lavendel- und Pfefferminzzweige zum Spielen und drei rote Rosen zum Mitnehmen, die ich sehr kurz abschneide, um die Dornen zu entfernen. Ich suche solche Rosen aus, die gut riechen: eine nach Nelken duftende Dainty Bess, eine Peace, die nach Zitronen und Kapuzinerkresse riecht und eine moschus-orangeartig duftende Singin' in the Rain. Ich lade Rose ein, mich und die Rosen jederzeit zu besuchen, und dann spazieren wir alle hinüber zu ihrem Haus; unterwegs machen wir eine kurze Pause, um die schöne Mooslichtung zu bewundern.

Ich besitze Blumen, die älter sind als die fünfjährige Rose, und Bäume, die bereits die aus dem Bürgerkrieg heimkehrenden Männer begrüßten und vielleicht vorher schon die Indianer. Einige Menschen finden solche Gedanken irritierend. Wie können Pflanzen es wagen, uns zu überleben? Ich für meinen Teil liebe die Art und Weise, in der Bäume eine visuelle Brücke zwischen der Erde und dem Himmel herstellen. Unter Bäumen fühle ich mich heimelig, weder erstickt von ihren überhängenden Blättern noch des Sonnenlichts beraubt.

Ich glaube, die Menschen verstehen das Wesen eines Baumes nur schwer, da ihr Zweck uns nicht einschließt. Dennoch teilen wir ähnliche Instinkte, wenn es ums Überleben geht. Bäume mögen das, was wir Schmerz nennen, nicht empfinden, aber sie schrecken vor Verletzungen zurück. Sie mögen keine elterlichen Gefühle haben, aber sie töten, um die Kontinuität ihrer Gene zu sichern. Wenn ich »töten« sage, meine ich das im wörtlichen, brutalen Sinn. Pflanzen sind keineswegs milde gesonnen. Sie üben Vergeltung, und zwar mit beeindruckender chemischer Kriegsführung. Sie entwickeln abscheuliche Gifte wie Strychnin und Atropin und greuliche Reizmittel wie Giftefeu und Giftsumach, die auf der Haut Blasen hervorrufen. Sie haben Stacheln so scharf wie Injektionsnadeln. Sogar Sporen sehen unter dem Mikroskop so tödlich aus wie mittelalterliche Waffen. Es sind dornenartige Bälle, die an der Kleidung haften bleiben und einen ärgern, so daß man sie abstreift und wegwirft, wenn man sie weit genug getragen hat. Es ist kein Wunder, daß sie unsere Stirnhöhlen und Augen reizen. Stechpalmen und Disteln haben scharfe Stacheln, Brombeeren und Rosen haben gekrümmte Dornen (die den Pflanzen auch beim Klettern helfen), Brennesselhaare funktionieren wie Spritzen, die man mit Reizstoffen wie Ameisensäure und Histaminen aufgezogen hat.

Drei Stöcke Passionsblumen, voller Blüten so protzig wie Militärinsignien, klettern auf meiner rückwärtigen Veranda das Gitter hoch. Es sind tropische Pflanzen, die sich im Sommer hier wohl fühlen, wenn sie täglich gewässert werden. Stellte ich sie aber im Winter ins Haus, bräuchte ich in jedem Fall Insektizide; deshalb gebe ich sie wahrscheinlich am Ende des Sommers an Chrys und Bill weiter. Sogar ihre Blätter sehen schön aus, aber sollten Sie vorhaben, einige an den Salat zu tun, dann lassen Sie das lieber. Die Blätter der Passionsblüte enthalten Zyanid, das schon beim Hineinbeißen freigesetzt wird. Dann zerbricht die Zellwand zwischen zwei ansonsten harmlosen Substanzen, die in ihrer Verbindung tödlich sind. Das funktioniert wie bei Nitroglyzerin oder – in harmloserer Form – bei Salz oder wie beim Aufleuchten der Glühwürmchen (durch die Vermischung aus Luciferin und Luciferase). Da die Natur häufig ein Wettrüsten veranstaltet, sind einige blattfressende Raupen – wie nicht anders zu erwarten – inzwischen immun gegen Zyanid.

Wie die Tiere finden auch Pflanzen manchmal ihre Stärke in der Zahl: Wenn Gefahr droht, können sie ihre Verwandten warnen. Wenn eine Ulme beispielsweise von Insekten attakkiert wird, sondert sie eine Chemikalie ab, die andere im Gehölz mobilisiert, Giftstoffe zu produzieren.

Zufälligerweise finden wir einige Pflanzen wie den Rosmarin schmackhaft, aber er entwickelte sein Aroma nicht, um uns Vergnügen zu bereiten, sondern um die Nasen der Tiere zu martern, die daher Abstand wahren. Dasselbe trifft auf Salbei, Thymian, Lavendel, Pfefferminze und andere Kräuter zu. Pervers wie wir sind, erfreuen wir uns an ihrem pikanten Geschmack. Aber bei den meisten Insekten und Tieren lösen sie Schmerz und Ekel aus. Wir waren nie Teil des Universums, der für die Pflanzen nützlich ist. Wie tauchten lediglich eines Tages als eine Art Ärgernis auf. Pflanzen können uns genauso benutzen, wie sie Hirsche und Löwen einsetzen – als chemische Boten, die man leicht bestechen und täuschen kann –, aber sie brauchen uns nicht wirklich. Schließlich kamen sie

Millionen von Jahren ganz gut ohne uns aus. Deshalb fühle ich mich privilegiert, wenn ich mich zwischen ihnen bewege und an ihren Eigenarten Freude finde. Es hätte auch anders sein können.

19

DAS PARADIES IST ZURÜCKGEKOMMEN. Nicht das kleine Paradies wohlgemerkt, nicht die bloßen Knochen eines Paradieses, die zu schwach sind, als daß man sich auf sie verlassen könnte, sondern ein zähes unverwüstliches Paradies mit dicken starken Gliedern, aufrechter Haltung und kraftvollen Zügen. Ein dorniges Paradies. Es gibt nichts Zartes oder Übersinnliches an seinen blühenden Lavendelfäusten. »Ach, du Schande!«, rufe ich in einer Mischung aus Freude und Verwirrung. Es ist, als ob man aufwachte und seinen toten Onkel im Garten antrifft, der als Schwergewichtsboxer wiederauferstanden ist.

Paradise, das Paradies, ist eine matt lavendelfarbige Rose, deren Rand manchmal ein dunkles Purpur trägt. Leider hält sie sich nicht gut in meinem Garten. Allen purpur- und lavendelfarbenen Rosen geht es hier schlecht, denn sie vertragen unsere Winter nicht gut. Aber da das Wetter heutzutage drunter und drüber geht, kann man nie wissen, welches Kuriosum auftaucht, das gegen die Gewohnheiten und die Weisheit des Ortes verstößt. Mein Erfolg mit der lavendelfarbigen Angel Face ist eher lausig, aber vielleicht versuche ich es noch einmal. Anders als Paradise hat Angel Face innen goldene gekräuselte Säume und Blütenblätter so zart wie Regenschleier.

Wenn ich ein kleines Kind wäre, würde ich vermutlich die Rosen in einem Halbkreis aus Vasen aufstellen und so tun, als ob sie Puppen wären; denn Rosen haben Gesichter, so wie Bücher Gesichter haben. Eine Sorge, die ich angesichts der heutigen Generation elektronischer Bücher habe, ist ihre Gesichtslosigkeit. Bücher sehen unterschiedlich aus, und das trägt zu der erfreulichen Illusion bei, etwas unverwechselbar Geistiges mit sich zu tragen. Vielleicht ändert sich die Gesichtslosigkeit der elektronischen Bücher eines Tages, aber gegenwärtig reagiere ich noch auf die Persönlichkeit des Einbandes und des Schutzumschlages. Ich habe an anderer Stelle ausgiebig über die Naturgeschichte des Gesichtes und über die Frage geschrieben, was uns antreibt, überall Gesichter zu sehen, sogar auf den Felsformationen des Mars. Hier soll der Hinweis genügen, daß wir die nicht-menschliche Welt gerne mit erkennbaren Freunden und Feinden bevölkern. Ich bringe diesen Punkt zur Sprache, da wir Menschen oft für etwas gescholten werden, das man »Anthropomorphismus« nennt, die Neigung, nicht-menschlichen Pflanzen und Tieren menschliche Qualitäten zuzuschreiben. Wir haben aus einem veralteten Glauben das Gebot geerbt, daß wir keine Tiere sind und deshalb nichts mit anderen Tieren gemeinsam haben. Das führt zu der Annahme, daß wir durch die Beobachtung von Pflanzen und Tieren nichts über menschliches Verhalten lernen können. Wie arrogant und dumm! Die Evolution hat schließlich viele Tricks bei Pflanzen, Tieren und Menschen gleichermaßen benutzt.

Ich liebe es, am Scheideweg zu sitzen, an dem die menschliche und die übrige Natur aufeinandertreffen und an dem jede ein Licht auf die andere wirft. Obwohl ich mir nicht einbilde, daß meine Pflanzen menschliche Sorgen und Gefühle teilen, reagiere ich auf ihre einmaligen Gesichter ebenso wie auf ihre Motive und Strategien, ihre Kultur und Gesundheit. Haben Pflanzen Motive und Instinkte? Absolut. Meines Wissens haben sie kein Bewußtsein. Aber sie *sind* sich ihrer selbst gewahr. Sie wissen, wenn sie verletzt werden, und sie können sich über ihre Lebensumstände klar werden und ihr Verhalten anpassen. An frostigen Frühlingsmorgen zum Beispiel beugen sich Tulpen oft vornüber, als ob sie tot wären; aber mittags stehen sie wieder aufrecht. Gefrierendes Wasser würde ihre Zellwände explodieren lassen, deshalb erschlaffen sie zum Schutz, wenn die Temperaturen sinken, und schicken das Wasser in ihre Wurzeln. Wenn die Lage wieder sicher ist, schießt das Wasser wieder hoch in die Pflanze.

In Dürrezeiten verlegen einige Tiere ihr Leben in die Nachtstunden, um ihren Bedarf an Wasser zu reduzieren, andere dagegen – Fische in einem ausgetrockneten Teich zum Beispiel – fallen in eine Art Winterschlaf, bis der Regen kommt. Die meisten Pflanzen werden schlaff. Blumen sagen uns, wenn sie durstig sind. Es gibt nur wenig, was so herzergreifend ist wie ein Fleißiges Lieschen, das verwelkt den Kopf hängen läßt wie ein Spaniel, der seine Schnauze auf die Pfote legt. Trockener Boden kann Wasser aus den Pflanzen saugen, die dann ihre Blätter zurollen, um Feuchtigkeit zu konservieren. Ihre Überlebenschancen sind größer, wenn sie Blätter und Blüten opfern und sämtliche Nahrung in die Knolle oder Wurzeln hinabziehen. Sie können neue Blüten und Blätter entwickeln, aber sie können es sich nicht leisten, ihren Kern zu verlieren. So seltsam sich das anhören mag, aber die Evolution hat Frauen mit einer ähnlichen Reaktion ausgestattet. Das habe ich in der Antarktis gelernt, in der die Gewässer so eisig sind, daß man fast auf der Stelle stirbt, wenn man hineinfällt. Frauen sind von Untertemperatur stärker bedroht als Männer, weil ihr Körper bevorzugt die Fortpflanzungsorgane schützt und Blut vom Gehirn, vom Herzen und sonst woher abzieht, um diesen reproduktiven Kern zu wärmen.

Pflanzen bekommen Fieber, wenn sie sich einen Virus zuziehen, und sogar so etwas wie rote Backen. Forscher der Universität von Gent infizierten Tabakpflanzen mit dem Tabakmosaikvirus und entdeckten mit einer hochauflösenden Infrarotkamera, daß an den infizierten Stellen die Blattemperaturen höher waren und daß Fieber auftrat, bevor Anzeichen einer Erkrankung sichtbar waren. Diese Entdeckung hilft bei der Früherkennung von Saaterkrankungen, aber sie trägt auch zum Verständnis dessen bei, was wir mit Pflanzen gemein haben: Wenn Pflanzen und Menschen krank sind, bekommen sie Fieber, und bei Stress erschlaffen sie.

Dieses Jahr gibt es eine Überfülle an Rosen. Es blühen so viele, daß ich drei Dutzend fürs Haus pflücke und erst aufhöre, als ich keinen Platz mehr in meinem Eimer habe. Ich kann mich an kein anderes Jahr erinnern, in dem die Rosen so üppig blühten. Die Colette-Rose (feste Knospen wie junge Brustwarzen, beim Aufblühen rosafarbene Blüten mit einem Hauch von Aprikose) wächst am Zaun empor und erzeugt dabei einen Blütenschweif. Die wirkliche Colette, in deren Büchern Blumen und Menschen mit dem gleichen Respekt behandelt werden, würde diese Fontäne rosafarbiger Blumen bewundern – und ebenfalls die ungewöhnlich langen Dornen. Entlang des Zauns arrangieren vier Kletterrosen ihren Farbenteppich jeden Tag aufs neue, da einige Blüten verdorren und andere sich öffnen. Reine de Violette, eine altmodische buschige purpurrote Rose, die sich zu einer seichten, traubensaftfarbenen Rüsche entfaltet, hat sich aus irgendeinem Grund zu einer leidenschaftlichen Kletterin entwickelt und ergießt sich über den Zaun. Neben ihr prangt ein Teich voller Rosen in Dunkelrosa, dann ein Beet mit orangeroten Rosen, gefolgt von einer Legion kleiner Rosen in blassem Rosa und schließlich eine riesige Schar blauroter Rosen, die in Büscheln zu je fünf bis zehn Knospen wachsen. Hinter ihnen klettert eine Rose in dem dunkelsten Rot, das ich je gesehen habe, einen hohen, schwarzen Obelisken empor. Welch ein Prunk! Ausgebildete Nasen (die Leute, die Parfüms erfinden) beschreiben Blumendüfte als Musiknoten und ihre Kombinationen als Akkorde, und in ihren Werkstätten versuchen sie, die Düfte wie die Tasten einer Orgel anzuordnen. In der Duftmusik meines Rosengartens gibt es große und kleine Akkorde, ganze Noten, die man lange riechen kann, und schnell verfliegende Sechzehntel-Noten, die die Nase nur flüchtig wahrnehmen kann. Jede Rose hat einmalige Qualitäten, öffnet sich in ihrem eigenen Tempo und entwickelt ihre Farbe und ihren

Duft auf scheinbar vorhersehbare Weise. Das Wetter kann auf der Seite des Züchters sein, ebenso wie Zufallstreffer bei der Züchtung, aber gerade wenn man eine Rosenzüchtung für gelungen hält, kann es sein, daß die Natur uns einen Strich durch die Rechnung macht.

20

Ein seltsamer Anblick im Garten hat mich schon die ganze Woche alarmiert, und heute ist er unerträglich: zwanzig Rosen mit gebrochenen Nacken. Climbing Eden und Heritage haben viele riesige creme- und rosafarbene Blüten, deren Blütenblätter sehr dicht und schwer sind. Leider sind ihre Stiele so schwach, daß sie sich ihre Nakken brechen, sobald sich die Blüten ganz öffnen! Ein Irrtum der Züchtung. Lassen Sie einmal Ihren Kopf riesig groß werden, und warten Sie ab, was passiert. Was ist zu tun? Ich notiere mir im Kopf, daß ich sie nächstes Jahr zum Zaun hin verpflanzen werde, wo ich die Stöcke sicher festbinden kann, aber auch dann werde ich vielleicht jede einzelne Blume verstreben müssen.

Auf meiner Gartenrunde heute morgen habe ich Metallreifen, Holzstöckchen und grüne Schnüre bei mir. Nachdem ich die übriggebliebenen Blüten von Climbing Eden und Heritage zusammengebunden habe, verstrebe ich die hoch aufgeschossenen Stengel der Jerusalem-Artischocke, deren Sonnenblütenköpfe bereits nach unten fallen und abbrechen. Die sich ausbreitenden Blüten von Carefree Beauty sind über den Phlox gekippt und erdrücken ihn, also bereife ich einige der eigensinnigen Rosenzweige. Ein Hügel riesiger Gänseblümchen, eine knappe Woche oder höchstens zwei vor der Blüte, steht im Augenblick noch hoch und gerade, aber aus Erfahrung weiß ich, daß sie aufs Gras plumpsen und das Gartentor blockieren werden. Also noch ein Reifrock. Nachdem das erledigt ist, nehme ich meine Werkzeuge, steuere das Unkrautgestrüpp hinter den Apfelbäumen an und beginne in aller Ruhe die Lichtung aus Primeln und Wildblumen zu pflegen.

Wir denken, daß Äpfel gesunde Amerikaner sind, aber unsere Apfelbäume sind Einwanderer, die im 17. Jahrhundert nach Amerika kamen und sich schnell ausbreiteten, teilweise dank der Großzügigkeit von Jonathan Chapman (alias Johnny Appleseed, 1774–1845), der an jeden, den er traf, Apfelkerne verteilte. Er selbst besaß 500 Hektar Apfelbäume. Der Apfel ist ein uralter Baum aus der Familie der Rosengewächse, der ursprünglich aus der Bergregion Westasiens stammt und seit vorgeschichtlichen Zeiten kultiviert wird. Im 13. Jahrhundert vor Christus züchteten die ägyptischen Pharaonen Äpfel entlang des Nils, und die Römer führten sie schließlich im dritten Jahrhundert in Europa ein. Sie schmecken gut, sie riechen gut, und ich habe Vergnügen bei dem Gedanken, daß die alten Ägypter im duftenden Schatten der Apfelbäume ein Nickerchen machten. Einige hoch aufgeschossene Himbeerbüsche erinnern mich an meinen Großvater, der es liebte, im Garten zu arbeiten und draußen zu schlafen, während die anderen drinnen dösten. Es ist harte Arbeit, einen Primelpfad zu pflegen. Als ich fertig bin, hänge ich meine Baumwollhandschuhe auf und suche mir ein weiches Stück Rasen, auf dem ich mich hinlege.

Es gibt wenige Dinge, die so wunderbar sind, wie in einer sternenklaren Sommernacht draußen zu schlafen, wenn die Planeten so gleichmäßig glühen wie Leuchttürme, Sternschnuppen hinter dem Horizont versinken und ein Karneval aus himmlischen Exotika wie schwarzen Löchern und weißen Zwergen zwischen den Sternbildern lauert. Wenn Sie sich fern von der Zivilisation aufhalten, werden Sie in einer stockfinsteren Nacht, die Städtern so wenig bekannt ist, mehr Sterne sehen, als der Geist erfassen kann oder Astronomen berechnen können, eine reiche Verzierung aus körnigem Licht. Dank der jüngsten Bilder, die das Hubble-Teleskop von den prächtigen, farbigen Sternennebeln und den leuchtenden Sternengeburten gemacht hat, kann man sich leicht die Reichtümer vorstellen, die sich außerhalb unserer Sichtweite befinden. Ohne visuelle Anhaltspunkte spielt uns unser Verstand Streiche, und das fühlt sich manchmal so an, als taumelten wir himmelwärts.

Die meisten Menschen legen sich nachts hin und öffnen für eine Weile die Traumpforten in der bizarren Auszeit des Schlafs, der Sorgenfabrik und Reparaturwerkstatt zugleich ist. Wir sehen ohne Licht nicht gut, und deshalb scheint der Rest der Welt ebenfalls zu dösen, wenn wir es tun. Aber für Nachttiere wie Fledermäuse, Füchse, Kojoten und Luchse ist jetzt Hochkonjunktur. Die Nachtschicht der Erdbewohner – die nachtaktiven Tagschläfer – streift geschäftig umher, und manchmal sieht man den winzigen roten Augenschein der Spinnen, wenn man eine Taschenlampe auf den Boden richtet; man hört Eulen schreien, Fledermäuse umherflattern oder Waschbären die Bäume hinaufklettern. Der Schlaf unter den Sternen verleiht mir stets ein Gefühl für Perspektive – für die geringe Bedeutung menschlichen Handelns angesichts der Vielfalt der Natur und der immensen Ausdehnung des Universums.

Ich habe zu verschiedenen Jahreszeiten draußen geschlafen, in verschiedenen Zeitzonen und in verschiedenen Höhen, aber am schönsten fand ich die Zeit auf einem Segelschiff bei den Bahamas, wo ich einige Wochen gefleckte Delphine beobachtete. Unter Deck war die Luft stickig und ölig, deshalb trug ich meine Luftmatratze nach oben, legte mich auf Deck und wurde schon bald durch das sanfte Schaukeln des Bootes in den Schlaf gewiegt. Nachts wachte ich auf und merkte, daß ich irgendwie über das Deck geschlittert war und mit den Füßen nach vorn halb über den Seitenrand des Bootes hing. Ich lachte laut auf und bekam gleichzeitig eine Gänsehaut, als ich mir vorstellte, desorientiert und eßbar im Wasser aufzuwachen.

Das reichte aus, um mich wieder unter Deck zu verziehen. Aber vorher saß ich noch eine Weile da, um die Sterne und den Mond zu genießen, die sich im Wasser gleißend widerspiegelten. Der Mond leuchtete hell wie eine Neonreklame.

Zwischen den Nickerchen in meinem Hinterhof beobachte ich den Aufgang des Mondes und denke an die Astronauten, die vor dreißig Jahren quer durch das Mare Tranquillitatis schritten. »Wir sind dort gewesen«, sage ich zu mir, und ich bin nach so vielen Jahren immer noch überrascht. Als Neil Armstrong über den kargen Boden des Mondes stapfte, war dies der erste von vielen Trittsteinen in den Weltraum hinaus. In der Tat hinterließ Armstrong einen menschlichen Fußabdruck im Mondstaub des Mare Tranquillitatis. Was für einen Ansporn uns diese Landung gab! Von den prüfenden Blikken durch das Teleskop wie denen von John Whipple im Jahre 1851 wußten wir, daß der Mond die Pockennarben trockener Krater besaß, von denen man annahm, sie seien einst gedeihliche Ozeane gewesen; aber sonst wußten wir wenig – noch nicht einmal, was die Landung auf der Oberfläche mit sich bringen würde. Würde der Mensch dort einsinken wie in Treibsand? Oder würde die Landefähre versinken? Würde es Anzeichen von Leben geben? Unsere tiefe kosmische Einsamkeit trieb uns damals wie heute dazu, nach anderen Wesen zu suchen, die uns gleichen, nach Geschöpfen mit Fieber in den Zellen, nach umherziehenden Wesen in einem Universum voller Leere, nach einer Lebensform, die auf der Suche ist.

Es war keine kurze Reise: Die Menschen brauchten einige Millionen Jahre, um auf den Mond zu gelangen. Oder auch 15 Milliarden Jahre, wenn wir vom Anfang des Universums ausgehen, als es eine einzige bescheidene, feste Kugel aus Wasserstoff war, die dann in einem Akt explodierte, den wir seltsamerweise Urknall nennen. Unsere Atome wurden in jenem frühen Chaos geschmiedet, und der Rest ist Geschichte. Die Entwicklung schritt schnell voran von jenen Atomen bis zu dem Menschen, der seinen Fuß in den Mondboden preßte.

Natürlich war es enttäuschend, die verdorrte Ödnis des Mondes zu entdecken. Stellen Sie sich vor, daß etwas derart Großes tot ist! Aber es war auch fesselnd, unsere Gattung in einer Art Konfettiregen des Lichts, einer Einmann-Parade in einer anderen Welt landen zu sehen. Ich erinnere mich, die Szene in freudigem Unglauben immer wieder im Fernsehen verschlungen zu haben. Wirklich atemberaubend war der Moment, als die Astronauten die Kamera auf die Erde richteten, die wie milchblauer Marmor vor dem Juweliersamt des Weltalls schwebte. Die dünnste Schale um den Planeten enthält den Boden, den Himmel, das Wetter und die Gesamtheit der menschlichen Geschichte, jeden, den wir kennen und lieben – unsere ganze Erfahrung des Lebens an einem Ort auf einer kleinen, zerbrechlichen Kugel. Jenes Bild von der Mission der Apollo 11 erzählte die ganze Geschichte und half uns, zum ersten Mal zu verstehen, wie saumlos unser Planet ist, was wir mit unseren Nachbarn teilen und wie unsere Adresse wirklich lautet.

Nach einer Legende schlenderte der heilige Franz eines Abends durch die Straßen von Assisi und genoß die Kühle der Nachtluft, als der Mond wie ein stummes Gewitter auftauchte, eine große goldene Münze. Sein Licht warf Teiche aus Glanz auf die dunklen Gassen und trennte ungesehene Welten von unsichtbaren Landschaften. Weil Franz dieses Wunder ganz allein erblickte, rannte er zur Kirche und läutete die Glocke in wilder Freude. Alarmiert eilten die Menschen nach draußen, weil die Kirchenglocken nachts sonst nur bei Tragödien oder Katastrophen oder zur Warnung läuteten. Als sie an der Kirche ankamen und den heiligen Franz im Glockenturm erblickten, riefen sie besorgt zu ihm hinauf, was denn nicht stimme. Mit größter Begeisterung antwortete der heilige Franz: »Hebt Eure Augen, meine Freunde! Blickt auf den Mond!«

In manchen Nächten würde auch ich gerne die Nachbarschaft wecken, so daß sie den Mond am Ende der Straße sähe, besonders wenn er im Herbst wie eine riesige Eule auf einem

Baumast thront. Der Mond ist tief in Mythen und Märchen verankert und hat die Menschheit schon immer gereizt, weil er auf uns herunterspäht wie ein ewig gegenwärtiger Begleiter, der die Paarungszeiten der Tiere kontrolliert, das Auf und Ab der Ozeane und unsere inneren Gezeiten (das Wort »Menstruation« geht auf dieselbe Wortfamilie zurück wie »Mond«). Als Nachtlicht der Erde hat der Mond den Weg bei Trekkingtouren ausgeleuchtet und Seefahrer nach Hause geleitet. Er hat das Wetter vorausgesagt und war uns dabei behilflich, unsere komplizierten Vorstellungen über die Zeit zu bilden. Wir müssen immer noch viel über seine Anziehungskraft auf uns lernen, wie Wallace Stevens klug bemerkte: »Das Buch des Mondlichts ist noch nicht geschrieben.«

Einige Gärtner richten sich beim Pflanzen oder Ernten, Düngen, Schneiden der Ableger und sogar beim Unkrautjäten nach dem Mond. So wie seine Zu- und Abnahme das Auf und Ab der Gezeiten kontrolliert, so beeinflußt er ihrer Meinung nach auch die Pflanzen, indem er Energie über oder unter die Erde ziehe. Das allgemeine Prinzip ist dieses:

> »Wenn der Mond vom Vollmond zum letzten Viertel abnimmt, pflanze alles, was großes Wurzelwerk oder ein unterirdisches Speichersystem benötigt – etwa Zwiebeln, Knollen, zweijährige und viele Dauerpflanzen ... Während der letzten Phase des Mondes, vom letzten Viertel bis zum Neumond, pflanze gar nichts. Jäte stattdessen Unkraut ... Die besten Bedingungen fürs Pflanzen sind dann gegeben, wenn der Mond in einer geeigneten Phase und in einem Tierkreiszeichen steht, das als fruchtbar gilt, etwa Krebs, Skorpion, Fische, Stier, Steinbock oder Jungfrau.«

Mondgärtnerei hört sich vielleicht *au courant* und nach New Age an, aber sie hat eine uralte Geschichte. Sogar der *Old Farmer's Almanac* hält sich an die Mondphasen, um den Gartenkalender zu erstellen. Ich persönlich folge der einfachen Regel des grünen Daumens: Wenn Sie sich nicht vom Land ernähren oder das Land nicht Ihre Einnahmequelle ist, dann ist die beste Zeit für die Gartenarbeit dann, wenn Sie in der Stimmung dafür sind. Sie werden einiges gewinnen, einiges verlieren, und einiges wird durch den Regen fortgeschwemmt werden, aber zumindest werden Sie Ihren Garten genießen.

Einen Augenblick lang scheint es, als ob eine Galaxie auf die Erde gefallen wäre; aber nein, es ist nur eine Wolke Glühwürmchen, die auf dem Rasen tanzt. Das ganze Jahr über warte ich auf ihr leuchtendes Treiben und damit eine der großen Wonnen der Sommernächte: die Beobachtung der Glühwürmchen. Manchmal fange ich eines in meiner Hand und betrachte die kleine Laterne seines Körpers, die ein kaltes, grünes Licht aussendet, eines der hellsten kalten Lichter, das jemals gesehen wurde. Sie können in diesem Licht lesen. Unsere Glühbirnen verschwenden Energie, aber Glühwürmchenlicht ist fast perfekt.

Sowohl Männchen als auch Weibchen blinken und verwenden während der Paarungszeit einen persönlichen Code. Es gibt auch den Typ der *Femme Fatale* unter den Leuchtkäfern, die die Partner anderer Weibchen anlockt, indem sie deren Paßwörter nachahmt. Ich sage »Paßwort« als eine Art Abkürzung, denn der wirkliche Code betrifft die Abwesenheit, nicht die Anwesenheit. Ein Männchen blinkt und wartet auf das Antwortsignal seiner Partnerin. Die Dauer ihres Zögerns ist das, was das Männchen entschlüsselt. Andere Weibchen wissen dies. Genau dann, wenn das Männchen nach unten taucht und sich paaren will, frißt ihn die *Femme Fatale* auf. Sie eignet sich dabei eine seiner Chemikalien an, die sie und ihre Nachkommen gegen Raubvögel und Spinnen wappnet. Was wir sehen, ist eine Nacht, die mit den privaten Dramen der Glühwürmchen von Liebe, Verlust, Gefahr und Zurschaustellung durchsetzt ist.

Amerikanische Frauen pflegten sich im 18. Jahrhundert Glühwürmchen als Schmuck ins Haar zu binden – eine Art lebendes Diadem –, aber ich weiß nicht genau, wie sie die Glühwürmchen befestigten (mit Fäden? mit Einzelhaaren?).

Was für ein Anblick muß das gewesen sein – ein Gartenfest im Zauberlicht. Besonders eindrucksvoll muß es gewesen sein, wenn das Fest in einem Mondgarten gefeiert wurde – einem Garten mit weißen Blumen, die nachts blühen. Tagsüber sieht ein solcher Garten kühl, talkartig und mit seinen blassen Blumen etwas förmlich aus, eingerahmt von grünen Blättern. Aber nachts zieht er Nektar suchende Falter an, und der Mond wird von den Blättern und den Spinnweben widergespiegelt. Fügen Sie eine Ladung Glühwürmchen hinzu, japanische Laternen, einige Freunde, und rühren Sie sanft um.

Unter dem Sternenzelt der Nacht werde ich an die Zeilen von W. H. Auden erinnert: »Draußen auf dem Rasen/ liege ich im Bett,/ Vega auffallend über mir.« Die Magie der Nacht wird noch akzentuiert durch ein Orchester aus Fröschen, Kröten, Vögeln und Grillen, die eine seltsame, synkopische Serenade darbieten, wenn sie die Nacht mit ihrem Knallen, Klappern, Zupfen, Schaben, Summen und Ächzen erfüllen. Sie alle sprechen verschiedene Versionen des einen Wortes: Sommer.

21

WÄHREND ICH AN EINEM SCHWÜLEN MORGEN am Schreibtisch sitze, werde ich von etwas Schönem abgelenkt. Direkt vor mir steht eine smaragdgrüne Vase mit einem Strauß aus zwanzig Rosen in den unterschiedlichsten Farben: fuchsienfarbig, blaurot, talkrosa, apricot, gelb-weiß (Swan), lila-weiße Streifen (Purple Tiger), orange-creme mit einem Anflug von Rosa (Abraham Darby) und grelles Rosa, das in Rot übergeht (Leonardo da Vinci). Die Rosen haben natürlich alle Namen wie Intrigue, Autumn

Sunset, Lasting Peace und Fame. Einige öffnen sich einfach, andere sind dicht gekräuselt. Einige Rosen scheinen aus der flachen, runden Vase herauskippen zu wollen, werden aber auf halbem Weg aufgehalten. Andere werden von der Tülle der Vase gestützt und legen ihr Kinn auf. Die meisten zeigen in verschiedene Richtungen. Gäbe ihnen das grüne Laubwerk nicht Zusammenhalt und Gewebe, sähen sie aus wie schwebende Wolken oder ein Eisberg aus Rosen mit unterschiedlichen Tönungen. Die ganze Wirkung ist so schön, daß man laut aufschreien möchte, nicht vor Schmerz, sondern aus Freude. Wunderbar! Dieses Wort drückt schon viel aus, entspricht aber noch lange nicht der sinnlichen, überwältigenden Betäubung durch die kühnen, satten Farben und Formen, die ganz unterschiedlich und oft unerwartet funkeln. Ralph Waldo Emerson schrieb, daß es Zeiten gab, in denen ihn die Natur froh machte bis an den Rand der Angst, und diese Formulierung fängt das Gefühl viel besser ein. Obwohl wir alle von Zeit zu Zeit ein Erstaunen in uns verspüren und sogar eine Ehrfurcht, die durch Mark und Bein geht, fühlt sich nicht jeder behaglich dabei, diese Empfindungen so frei auszusprechen wie John Muir, Ralph Waldo Emerson oder Walt Whitman. Ich glaube, die Menschen fürchten einen Verlust an Objektivität. Aber das Leben verlangt von uns nicht, zwischen Vernunft und Ehrfurcht zu wählen oder zwischen geistesklarer Analyse und einem verzückten Sinn für Wunder. Ein ausgeglichenes Leben beinhaltet beides. Eines der faszinierenden Paradoxa des Menschen ist, daß wir unausweichlich körperliche Wesen sind, die sich nach Transzendenz sehnen. Man kann spirituell sein, ohne an ein übernatürliches Wesen zu glauben. Meistens ist das Ergebnis einfach ein erhöhtes Gefühl von der Art eines alltäglichen »Super! Toll!«. Aber jemand wie Lewis Thomas beispielsweise hatte ein wirkliches Talent, seinen Sinn für das Wunderbare auf einmalig künstlerische Weise mitzuteilen. Dummerweise kommt die Sprache ins Holpern, wenn die Emotionen aufwallen. Deshalb haben wir kein präzises Vokabular für komplexe Gefühle. Es ist nicht überraschend, daß die Menschen auf Metaphern zurückgreifen, um ihre übergroße Freude, ihren Mystizismus und ihre Ehrfurcht auszudrücken. Dies sind Momente, in denen »ich aus meinem Herzen herausschreiten / und unter dem gewaltigen Himmel spazieren möchte«, wie Rilke sagte.

Die Rosen blühen wie ein Meteoritenschauer, dichter und gesünder in diesem Jahr als jemals sonst. Nicht nur bei mir. Auch die Gärten meiner Nachbarn sind üppig. Nickende Pfingstrosen, herabhängende Glyzinien, die unerwartet aufplatzen, Dickichte aus Oregano und russischem Salbei nehmen die Nachbarschaft in Besitz. Aber meine Rosen sind ein Wunder. Carefree Wonder – rosa mit einer talkweißen Unterseite – ist so buschig und voller Blüten, daß sie ein großes Fenster verdunkelt. Die rote Kletterrose Blaze hat es zuwege gebracht, sich mit einer Blütenkaskade machtvoll um ein Spalier zu winden. Rote Passionsblumen und lilafarbene Gartenwicken klettern dasselbe Spalier empor, jedoch näher am Boden. Aus einem einzigen Rosenstock habe ich schon ganze Sträuße zusammenstellen können: acht Abraham Darbys oder ein Dutzend Dark Ladys. An den meisten Tagen pflücke ich zwei oder drei Dutzend Rosen. Bald werden einige Pflanzen eine Ruhepause einlegen, und ich werde Trübsal blasen, bis sie im Spätsommer noch einmal blühen. Aber im Moment herrscht ein Aufruhr aus Rosen.

Die Wahl zwischen Blumen gleicht vielleicht der Wahl zwischen Kindern: An jedem hat man seine Freude. Aber es sind hauptsächlich Rosen, die ich ins Haus bringe. Meine Leidenschaft für Rosen grenzt an Besessenheit. Ich besitze 120 Rosenbüsche. Ich rede mir ein, daß es momentan nur eine ausgeprägte Vorliebe ist, die aus dem Lot geraten ist. Obwohl ich bereits eine prächtige Sammlung von Rosenbüschen habe, kaufe ich immer neue hinzu. Ich kann keiner gesunden Rose mit vielen Knospen widerstehen, und selten lasse ich die Blüten an den Büschen stehen. Sobald sie reif zum Pflücken sind, bringe ich sie ins Haus und arrangiere sie. Während ich dies schreibe, gibt es vier Dutzend Schnittrosen im Haus, und jeden Tag blühen neue auf, fast mehr, als ich handhaben kann. Ich bin berauscht von Rosen – und heute morgen habe ich auf einer Fahrradtour zwei weitere Rosenbüsche gekauft. Meine Tour führt mich regelmäßig an meinen Lasterhöhlen vorbei, zwei Gärtnereien, in denen meine köstlich blühende und duftende Droge verkauft wird.

Ich bin auf gar keinen Fall eine Rosenexpertin, aber wenn ich in Gartengeschäfte gehe, nehmen die Leute oft an, ich sei eine Angestellte und fragen mich um Rat. Ich denke, es liegt daran, daß sie mich dabei beobachten, wie ich mit großer Sorgfalt die Rosen prüfe. Hat diese Mehltau? Und jene Rußtau? Wie viele Knospen hat diese? Wie viele neue Triebe? Zu meiner Überraschung scheine ich mir in diesem Jahr genug Erfahrung angeeignet zu haben, um vernünftig helfen zu können. Meistens fragen die Leute nach pflegeleichten, zuverlässigen Rosen, die jeder züchten kann. Dann empfehle ich ihnen die rosafarbige Fairy, eine robuste Rose, die in dieser Gegend mehrfach blüht, bis der Frost einsetzt, und an die aus irgendeinem Grund das Wild nicht herangeht. Sie hat nur kleine Blüten zwischen vielen Dornen, und vielleicht sind für die Rehe die Blüten den Ärger nicht wert. Ich empfehle auch die Carefree-Rosen – Carefree Beauty, Carefree Delight, Carefree Wonder –, die gut mit Krankheiten zurecht kommen und schnell zu großen üppigen Bergen rosafarbener Blumen heranwachsen. Eine andere gute Wahl ist die englische Teerose Abraham Darby (benannt nach einem britischen Industriellen aus dem 19. Jahrhundert), deren Geruch großartig und deren mehrdeutige Farbe (eine leichte Mischung aus Aprikose, Rosa und Gelb) spektakulär ist. Ihre Blütenblätter stehen dicht, und sie blüht während der ganzen Saison. Und bezüglich der Purpurrosen: Die Reine de Violette ist so ziemlich die einzige, die ich kenne, die zuverlässig und robust ist. Sie hat ein ungewöhnliches Wachstumsverhalten – sie wächst sehr buschig mit zahlreichen Blättern, zwischen denen viele flache, flaumige, weintraubenfarbene Blüten sitzen. Ich finde, sie sieht eher nach einem Obst- als nach einem Rosenbusch aus. Blaze ist die beliebteste rote Kletterrose für Spaliere, die Fontänen roter Blüten hervorbringt, obwohl es Jahre braucht, bis sie hoch wächst und fest Fuß faßt. In der Innenstadt verzieren alte Blaze-Rosen viele Veranden; es sieht aus, als ließen die Besitzer rote Flaggen vom Dach hängen. Othello ist ebenfalls eine gute Wahl unter den Teerosen. Sie ist kräftig und winterfest und kann gut klettern (meine ist dreieinhalb Meter hoch). Die Blüten sind groß, magentarot und von schwerem Duft. Im Augenblick hat meine hohe Othello am Zaun beim Erkerfenster vierzehn große Blüten. Die Leute werden oft von Don Juan in Versuchung geführt, einer dunkelroten Rose, die schön und verführerisch glüht. Ich finde aber, daß die Don Juans beim Umpflanzen recht empfindlich sind und schnell einen Schock erleiden. Und man kann keine einzige Blüte pflükken, bevor sie sich geöffnet hat. Und sogar dann öffnet sie sich nach dem Pflücken vielleicht nicht ganz. Eine andere rote Rose, die Squire, ist etwas aufgeschlossener, kann aber auch störrisch sein. Wenn Sie sie pflücken, sobald die Blütenblätter anfangen sich zu lockern, kann es sein, daß sie sich im Haus nicht öffnen. Ich weiß nicht genau warum. In einer Vase bekommen sie Wasser zum Trinken; ihr Stiel ist wie ein Strohhalm, der die Pflanze mit Wasser versorgt. Aber sie brauchen darüber hinaus eine Chemikalie, die ihnen signalisiert, daß sie aufblühen sollen. Um bei Don Juan und Squire sicher zu gehen, warte ich, bis die äußeren Blütenblätter sich abgelöst haben und Luft an die Blüte lassen. Wenn die Kunden nach einer langstieligen roten Rose fragen, schlage ich ihnen eine Chrysler Imperial oder Mister Lincoln vor. Eine andere meiner Lieblingsrosen, die wie eine richtige Unruhestifterin aussieht, aber keine ist, ist die rot-weiß gestreifte Scentimental, eine Rose mit einem ungewöhnlich schweren Duft und einem festlichen Aussehen. Aber wie die meisten Rosen erfordern die fünf letztgenannten einige Pflege. Ich könnte ein ganzes Kapitel mit meinen Lieblingsrosen füllen, die ich unverwüstlich und schön finde. Ich habe einige kanadische Kletterrosen gekauft, und ich bin glücklich, wie gut sie die rauhen Winter überstehen.

Je genauer wir eine Sache kennen, desto mehr schätzen wir ihre Feinheiten. Ich liebe meine Rosen, weil ihre Unterschiede so fein sind: Bei dieser sind es die Kelchblätter, bei jener das Rosa (die Leonardo da Vinci ist zum Beispiel nur um einen Hauch braunroter als die Jean Piaget). Solche kleinen Nuancen erzeugen Individuen, die oft sehr verschiedene Gewohnheiten haben. Rosen sind *carpe-diem*-Blumen – ich bin nie sicher, welche den Winter überleben werden. Es ist, als ob man viele Kinder adoptiert, ohne zu wissen, wie sie sich entwikkeln werden. Ich schätze sie alle um so mehr, da ich nicht weiß, ob dies die letzte Saison ist, in der ich ihre schönen Gesichter und faszinierenden Eigenarten genießen kann.

Rose, woher bekommst du dein Rot? Morgens, wenn ich meine Vitamine zu mir nehme, zögere ich manchmal bei den glänzenden ovalen Geltabletten mit den gemischten Karotinoiden. Wenn ich genug von ihnen nähme, würde ich orange werden; man kann Karotinoidtabletten kaufen, die Sonnenbräune hervorrufen. Karotinoide verleihen den Rosenblüten ihr Rot und den Herbstblättern ihr schimmerndes Scharlachorange. Vor kurzem habe ich gelernt, daß Rosen ein Enzym besitzen, das die Karotinoide in den Duft verwandelt, den wir mit Rosen assoziieren. Dies ist lediglich ein weiteres Beispiel dafür, wie die Natur *eine* Chemikalie auf verschiedene Art und Weise verwendet. »Was kannst du alles mit einem Bleistift machen?« könnte man fragen, um kreatives Denken anzuregen. Die Evolution spielt dieses Spiel seit Beginn des Lebens. Beinahe hätte ich gesagt, seit Beginn der *Zeit*, aber natürlich hat Leben vor der Zeit existiert – eine nützliche Idee, die vom Menschen entwickelt wurde und die wir zwanghaft in solche Begriffe fassen, die unsere Sinne ausloten können. Carl von Linné, ein Botaniker des 18. Jahrhunderts, erfand sogar eine florale Uhr. Aufgrund der Beobachtung, daß sich Blütenblätter jeden Tag um dieselbe Zeit öffnen und schließen (weil sie durch die Menge des empfangenen Lichts synchronisiert werden), ordnete er Blumen in einer bestimmten Reihenfolge an und nutzte die Bewegung der Blütenblätter zur Zeitmessung.

Mannigfaltigkeit ist ein Versprechen des Lebens, das nicht nur auf Chemikalien, sondern auch auf Verhalten zutrifft, und hier insbesondere auf Paarung und Kindererziehung. »Verschwende nicht, begehre nicht«, sagt ein altes Sprichwort. So redundant und verschwenderisch das Gehirn manchmal mit seinen Zellen umgeht, so hat es doch auch Methoden entwickelt, dieselben Pfade für unterschiedliche Aufgaben zu verwenden. Verschiedene Züge fahren auf denselben Schienen. Nicht nur Gehirne benutzen diese Strategie, auch Blumen. Chemiker haben gewissenhaft nach dem Duftenzym der Rose gesucht, denn für Parfümhersteller ist es schwer, reine Blumendüfte in einem Labor herzustellen. Bei einigen Blumen ist es unmöglich, überhaupt einen Duft zu erzeugen. Wenn die Gärtner uns mit Züchtungen der von uns so geliebten Gartenpflanzen erstaunen, dann opfern sie oft den Duft. Zwingt man Blumen, ihre Energie auf die Farbe zu verwenden, dann bleibt nur noch wenig Energie für die Duftproduktion übrig, was bedeutet, daß sie nicht so viele Bestäuber anziehen (vom Menschen einmal abgesehen). Deshalb sind meine schönen, großen, Farbe verschleudernden Löwenmäulchen geruchlos. Aber eine Molekularbiologin an der Purdue-Universität hat das Duftgen der Löwenmäulchen isoliert und plant, es den entdufteten Blumen wieder einzusetzen. Glauben Sie nicht, daß dies der Versuch einer Idealistin ist, das wiederherzustellen, was verloren ging; sie plant auch, den Duft einiger Pflanzen zu akzentuieren. »Wenn wir beispielsweise den Duft von Apfelbäumen verstärken«, erklärt sie, »werden die Blüten mehr Bestäuber anziehen oder neue Nahrungssuchende rekrutieren. Und das bedeutet bessere Obstqualität.«

Man hat mir gesagt, daß sich im Sommer Düfte besser verkaufen als zu jeder anderen Jahreszeit, und das überrascht mich nicht. Die ganze Natur ist in Blüte, durchdrungen von Duft, voll von Romantik, und unsere Instinkte heißen uns, an der Party teilzunehmen.

Wenn die Rosenblüten abfallen, sieht das Haus aus, als sei es mit leuchtenden Farbchips übersät. Sie fallen im Zeitlupentempo und sanft wie Regen. Ich liebe es, bei geöffneter Hintertür auf dem Sofa zu liegen und auf dem Couchtisch neben mir zwei oder drei gefüllte Vasen mit Rosen stehen zu haben. Die Rosen erzeugen einen Geruchsschleier zwischen mir und der Außenwelt. Sie baden mich jedes Mal in Duft, wenn eine leichte Brise sie berührt. Zwischen den Brisen sind sie ruhig, und mein Geist widmet sich einer anderen Wahrnehmung. Dann beginnt die Rose leise und subtil, wieder ihren Geruch zu murmeln.

22

JEDEN SAMSTAGMORGEN gibt es auf dem Bauernmarkt am Seeufer einen Basar mit Blumen, Lebensmitteln, Unterhaltung und Raritäten. Die Einheimischen schlendern in Birkenstockschuhen und Jeans herum, um alte Freunde zu treffen und mit Bekannten zu schwätzen und scheren sich nicht um die Gepflogenheit der Europäer, in den traditionellen Badekurorten fürstlich gekleidet die Promenaden entlangzuflanieren. Der Markt gleicht am ehesten einer improvisierten Cocktailparty mit Reformkost und Handwerkskunst. Ich gehe oft dahin, um einjährige Pflanzen, Hängeampeln oder eine seltene winterharte Pflanze zu kaufen, aber vor allem liebe ich es, die Auberginen und Melonen von Museumsqualität zu bestaunen, genau wie den Zuckermais, der so frisch ist, daß seine Seidenfäden noch glitzern, und die erntefrischen Erdbeeren, die man schon aus einigen Metern Entfernung riechen kann. Ich genieße die sinnliche Schönheit der vollkommen frischen Gemüsesorten, die wie ein Mosaik aus satter Farbe, kräftigem Duft und schwerem Stoff ausgebreitet daliegen.

Die örtlichen Bauern verkaufen ihre Waren, und auch Kunsthandwerker haben Stände. Nur handgemachte oder selbst gezogene Waren dürfen auf dem Markt verkauft werden. An jedem Ende der drei langen Promenaden und an ihren beiden Kreuzungen spielen Musiker alles von Bluegrass bis Glasharmonika. Manchmal treten Morikentänzer, Bauchtänzerinnen, ein einsamer Holzschuhtänzer oder eine menschliche Statue auf. Junge Katzen und Hunde in Pappschachteln ziehen Bewunderer und Käufer an. Holzkünstler, Modedesigner, Quilthersteller, Töpfer, Silberschmiede, Glashandwerker, Ölmaler, Teppichweber, Handtaschenhersteller, Photographen, Köderschnitzer und viele andere bieten ihre Waren feil. Ein Mann, der ausgedehnte Reisen in China unternommen hat, bemalt exquisite T-Shirts und Kleider mit asiatischen Motiven; sie enthalten oft Gedichte in Chinesisch. Letztes Jahr fing er an, Kleider mit großen blauen Reihern zu bemalen, nachdem ich ihm von dem großen blauen Reiher erzählt hatte, den ich am Six Mile Creek gesehen hatte. Ich besitze einige Baumwollkleider von ihm, mein Lieblingskleid ist weiß mit rosafarbenen und roten Pfingstrosen und einem Gedicht in schwarzer Kalligraphie, das übersetzt wie folgt lautet:

»Im Frühling in Jo-Yang sind die Pfingstrosen wie
Brokat –
Alle Töne und Farben, voll und reich in der Eleganz
des Frühlings.
Warme Sonne und sanfter Wind, vollkommener Frühling.
Mein Garten ist gefüllt mit Duft, Reichtum und Ehre.«

Das Angebot der Imbißstände reicht von makrobiotischer bis thailändischer Küche. Fleisch, Eier und Schafskäse von Biohöfen werden verkauft. Eine Frau, die Schafe züchtet und die Wolle mit satten Pigmenten färbt, strickt ununterbrochen. In den letzten zehn Jahren habe ich sie nie *nicht* stricken gesehen.

Dann sind da die Erzeuger. Einer, der 10 000 Knoblauchzwiebeln zieht und einen langen, widerspenstigen grauen Pferdeschwanz trägt, sieht selbst ein wenig wie eine Knoblauchknolle aus. Zwei ältere Brüder verkaufen schwarze Walnüsse und selbstgemachte Marmelade. Größere Betriebe bieten ihre Wochenernte an. An einem Samstag sind es vielleicht Erdbeeren und Kirschen, an einem anderen körbeweise Pfirsiche, dann wieder Aprikosen. Die Leute, die frische grüne Salate und Kräuter verkaufen, bieten gewöhnlich auch ihre eigenen selbstgemachten Salatsoßen und Marmeladen an. Eine Frau zieht Pilze in verschiedenen Farben und Formen, eine andere verkauft eßbare Blumen. An den meisten Ständen wird man zum Probieren ermuntert. Kapuzinerkresse schmeckt nach Pfeffer, Knollenbegonie ein wenig sauer und nach Zitrone, Stiefmütterchen ziemlich mild, Bienenbalsam ein wenig nach Minze. Man kann einen Salat mit Schnittlauch, aber auch mit Gänseblümchen, Levkoje oder Hibiskus garnieren. (Aber hüten Sie sich davor, Blumen zu futtern, die Sie als Hauspflanzen gekauft haben, denn sie wurden höchstwahrscheinlich mit Insektiziden besprüht.) Irgend jemand verkauft immer Kristalle, Aromatherapie, Gartenzwerge oder spirituelle Hilfsmittel. Der Mann, der Honig in Stangen oder in Spendern mit Bärengestalt anbietet, verkauft auch Bienenwachskerzen. Einige Züchter verkaufen Schnittblumen, was dazu führt, daß in der buntgemischten Menge überall Menschen mit Blumensträußen herumlaufen.

Heute haben einige Leute, vielleicht nach vorheriger Verabredung, ihre exotischen Lieblingstiere mitgebracht. Ich kenne einen Professor für Landwirtschaft, der ein Kamel in seinem Hinterhof hält, ich sehe ihn aber nie auf ihm herumreiten oder es vorführen. Das ist sogar für meine Heimatstadt ungewöhnlich, eine moderne Hippiegemeinde, von der ich manchmal glaube, sie bestehe fast ausschließlich aus Therapeuten und Künstlern. Das bedeutet, daß fast jede Form von Exzentrizität spielend leicht erschaffen wird. Ich habe mir nie klargemacht, wie viele Menschen ihr Leben mit ungewöhnlichen Tieren teilen möchten und bis zu welchem Grad sie ihren Tieren ähneln. Ob sie irgendwann einmal in ein Wasserbecken starrten, ihre veränderten Gesichtszüge in dem schwankenden Spiegel wahrnahmen und dachten, ein Affe oder eine Schildkröte starrten zurück? Wurden sie bei ihrer Suche nach einem spirituellen Führer auf totemistische Weise von dem Tier angezogen, das am ehesten Ausdruck ihrer selbst war? Oder begannen sie im Laufe der Zeit den Gesichtsausdruck mit ihren Tieren zu teilen, so wie das bei Langzeitehepaaren der Fall ist? Spürt der Mann, der sich eine Schlange als Gefährtin ausgewählt hat, daß sie einen wichtigen Aspekt seiner selbst symbolisiert, weil sie ihn von der »normalen« Gesellschaft trennt? Weil sie die zivilisatorischen Worte auslöscht, die er jedes Mal leise äußert, wenn er einen Anzug anlegt? Warum strahlt eine Frau mittleren Alters vor Freude, wenn ihre Lieblingsmaus über ihre Schultern läuft? Benutzt die sexuell ambivalente Frau, die eine Cutaway-Jacke trägt und rechts einen großen Leguan an der Leine hält, ihre linke Hand, um den unsichtbaren Leguan in ihrem Gehirn in Schranken zu halten? Oder denkt sie nur nach? Während sie mit dem Leguan in der einen Hand dasteht und die andere an ihre Stirn hält, sieht sie aus, als stünde sie in Kontakt mit ihrem Reptiliengehirn, dem ältesten, tiefsten, primitivsten Teil des Geistes. Der Analytiker, der die Zwillingsbulldoggen seiner Psyche spazierenführt – was soll ich über sein gehetztes häusliches Leben annehmen? Hat er bemerkt, daß die Hunde wie geschwollene Hoden aussehen? Diese Tiere bringen keine süße und knuddelige Saite in uns zum Schwingen, aber sie erfreuen offensichtlich ihre Besitzer, die sich behaglich Wange an Wange, Herz an Herz, Seite an Seite mit ihnen fortbewegen oder sie mit Würde und Zuneigung hochheben, als umarmten sie ein Kind oder einen intimen Freund.

Während sich die exotischen Tiere mit den Menschen mischen, die ihre Blumensträuße wie Fackeln hochhalten, herrscht auf dem Bauernmarkt ein lebhaftes Treiben wie auf dem großen Basar in Istanbul, den ich mit meiner Mutter zusammen besuchen durfte, als ich sechzehn war. Ich frage mich, was aus den paillettenbesetzten, an den Zehen gekrümmten Pantoffeln geworden ist, die wir damals kauften. Hier würden sie zusammen mit Blue Jeans und einem mintgrünen T-Shirt, bedruckt mit herumtollenden Ottern, völlig vertraut aussehen. Bald finde ich den vermeintlichen Grund meines heutigen Besuchs – einen Stand, der doppelblättrige rosenfarbige Petunien und Hängeampeln verkauft, die mit gemischten Sonnen- und Schattenblumen kunstvoll bepflanzt sind.

Der selbstgemachte American-Angel-Food-Kuchen, der von dem Mann im Stand auf der anderen Seite des Gangs verkauft wird, schmeckt göttlich zusammen mit einigen wilden Erdbeeren aus meinem Garten, die sich wie kleine Organe in mein Pfefferminzbeet kuscheln. Früher kaufte ich häufig stark blühende Pflanzen von einem älteren Mann, der ein Geheimrezept hatte, um seine Rosen zum Blühen zu überreden. Jede Woche ging ich mit einem anderen Rosenbusch nach Hause, der wie ein Weihnachtsbaum geschmückt war, nur mit Blumen statt mit Schmuck. Er war ein stiller Mann mit einem angenehmen Lächeln, der von weither zum Markt kam. Ich habe ihn seit einiger Zeit nicht mehr gesehen, aber ich hoffe, es geht ihm gut, und er zieht noch immer seine umstrittenen Rosen.

23

Schliesslich ist es an der Zeit, die Blattpüppchen und Blattflechten und Blattmatten und Blattdächer und Blattschnüre und Blattmäntel und Blattsonnenschirme und Blattregenschirme und all die Blattärgernisse, die die Beete seit Mai verstopfen, zu entfernen.

Ich weiß, die Frühlingszwiebeln müssen Sonne und Regen tanken und kontinuierlich genährt werden, wenn ich im nächsten April fantastische Blüten haben möchte, aber um diese Jahreszeit verliere ich meine Geduld mit ihnen und glaube sogar wahrzunehmen, wie die Beete langsam unter ihrem Gewicht ersticken. Sie nehmen *tatsächlich* anderen Blumen das Licht, die man sorgfältig um sie herum und durch sie hindurch führen muß. Sie konkurrieren *tatsächlich* mit jungen mehrjährigen Pflanzen, die verzweifelt um ein wenig Großzügigkeit in Sachen Sonne und Wasser kämpfen. Zwiebeln müssen für die nächste Saison reichlich genährt werden, aber bei einigen Beeten widersetzte ich mich den Blattpüppchen und pflanzte statt dessen hohe Tarnpflanzen (hauptsächlich Funkien, Phlox und Taglilien), die sich zwischen den verwelkten, seetangartigen Blättern der Narzissen erheben sollen.

Am Ende des Tages fühlt es sich in einem undefinierbaren Teil meiner Psyche gut an, den Garten zu inspizieren, dessen Beete jetzt Luftigkeit und – wie ich zu behaupten wage – sogar ein bißchen Ordnung zwischen ihren Extravaganzen zeigen. Ich bin nicht die Art Gärtnerin, die kleine Blumeninseln anlegt und diese durch Mulch oder Felsen säuberlich voneinander trennt. Ich halte das für eine Art Zoogärtnerei: Nicht zu viel von allem und alles an seinem Platz. Mir gibt das einen Stich, wenn ich nur daran denke. Solche Leute haben wahrscheinlich auch ordentliche Schreibtische. Ich liebe Überfülle. Obwohl ich Gärten bewundere, in denen sich eine einzige

Pflanzenart in großen farbigen Wogen ergießt, bin ich nicht in der Lage, meinen eigenen Garten in dieser Weise zu mäßigen. Wenn plötzlich zweieinhalb Meter hoher wilder Senf oder ein Rautengewächs mitten im Taglilienbeet auftauchen, bin ich zu überrascht, um sie zu entfernen. Irgendwie sind die violette Gartenraute und das Senfkraut, dessen charakteristische Farbe seinem Namen alle Ehre macht, ebenfalls hübsche Pflanzen, die sich von der Brise tragen lassen wie Segelflugzeuge. Wenn die blauen Lobelien, weil sie robuster und stets die Sieger sind, die roten vertrieben haben, was kann ich sagen außer: Dem Sieger gehört der Boden. Ich gehe davon aus, daß jeder Garten ein eigenwilliges Geschöpf ist, und daher versuche ich nicht allzu viel einzugreifen. Mein Motto lautet: Je mehr, desto fröhlicher; mögen meine Beete ein Ellis Island der Eingeborenen und Einwanderer sein, deren Kulturen sich zu einer schönen Mischung vermengen. Aber die Straße zum Exzeß führt am Schloß der Trägheit vorbei, und Mischmaschbeete erfordern eine Menge Instandhaltungsarbeiten.

Ich schwöre, daß ich das freiere Atmen der kleinen Stella-de-Oro-Taglilien hören kann, als sie ihre Köpfe über die wogenden Nachtkerzen erheben. Die Nachtviolen haben Platz, im Zeitlupentempo Raketen aus gelben Blüten vom Boden bis zur Spitze emporschießen zu lassen. Gruppen hoher Gänseblümchen wachsen zu riesigen Freiluftsträußen zusammen, die ich mit einem Reifen aus Pfingstrosen eingekreist habe. Die purpurfarbenen Schmetterlingsbüsche haben genug Platz, lange schwebende Arme auszustrecken. Die kleinen, farbenfreudigen Zinnien sind aus dem Schatten herausgesprungen. Die sich selbst bestäubende Kranzrade, die sich im ganzen Garten ausgebreitet hat, findet schließlich eine Stelle für ihre silbrigen Stengel und magentaroten Blüten. Die Viktorianer liebten Kranzraden, und die Mutterpflanze, von der meine abstammen, ist um die achtzig Jahre alt, so daß sie durchaus in der viktorianischen Zeit angepflanzt worden sein kann. Woher ich ihr Alter weiß? Meine reizende Freundin Jeanne, eine belesene Romanschriftstellerin, fand, als sie vor Jahren in ein altes Haus einzog, eine Pflanze, die von Unkraut fast ganz überwuchert war. Dank Jeannes Großzügigkeit und der freizügigen Samenaussaat der Pflanze können die meisten Kranzraden der Stadt wahrscheinlich auf diese Mutterpflanze zurückgeführt werden. Die Rosen legen eine Pause beim Blühen ein, die anderthalb Meter hohen Gräser fangen an, ihre Fahnen zu hissen, und wenn ich nicht aufpasse, fange ich bald an, die ersten Anzeichen des Herbstes beklagen, die bereits in den Beeten der Neugeborenen präsent sind.

Einige winterharte Pflanzen sind beim Ausputzen sehr verwirrend. Der *Well-Tended Perennil Garden*, meine Bibel in solchen Angelegenheiten, empfiehlt, den Waldehrenpreis und die Königskerze auszuputzen. Aber bei diesen Pflanzen gibt es nur einen winzigen Unterschied zwischen Samenköpfchen und Blütenknospen. Die Samenhülsen sind etwas runder und härter. Die Blütenknospen zeigen tendenziell mehr nach oben. Beide haben winzige Haare. Beide Blütenstände können – so unterschiedlich ihr Zweck auch ist – gleich aussehen. Wenn Sie ein Samenköpfchen öffnen, finden Sie vielleicht das, was man (wegen seiner Keilformen) »Käse« nennt.

Es ist auch an der Zeit, den Penstemon und die Glockenblume auszuputzen. Bevor ich die Stockrose und die Betonie ausputze, besprenkle ich den Boden rund um ihre Stammpflanze mit Samen, in der Hoffnung auf eine ganze Sippschaft. Ein verwilderter angenagter Stengel fällt mir ins Auge, dann noch einer und noch einer. Oh nein! Die Rehe haben all die jungen Triebe auf den Sträuchen gefressen, die im Frühjahr blühen. Ich wußte nicht, daß sie auch die Blätter der Sandkirsche fressen. Nun, jedenfalls entscheidet das darüber, wie hoch die Büsche werden – sie werden klein und gedrungen sein. Und es bedeutet auch, daß ich sie im Winter in ein Vogelnetz oder in Hühnerdraht einwickeln muß. An einigen Tagen ist es im Wald so trocken, daß die Bäume anfangen zu verdorren. Dann sind die Rehe glücklich, wenn sie saftige, neue Triebe in meinem gewässerten Garten finden.

Ich habe meiner Vasenkollektion ein kurioses neues Exemplar hinzugesellt: eine hölzerne Hand mit biegsamen Fingern, von denen ich dachte, es könnte Freude machen, mit ihnen zu spielen. Jetzt steht die Vase mit einer einzigen Rose, deren Stiel in einem mit Wasser gefüllten Frischhalteröhrchen endet, auf einem Regal in der Nähe. Sie sieht wirklich surrealistisch aus, und ich überlege, auch noch einen hölzernen Fuß zu erwerben, so daß ich die Rosen zwischen den Zehen anordnen kann.

24

WENN DIE ZEN-BUDDHISTEN »trockene« Gärten kreieren, verwenden sie oft nur Felsbrocken, Sand oder Kies und Raum. Aber ihre Anordnung hat Methode: Wenn Sand oder Kies in eine Wellenform gehakt werden, vermittelt das die Empfindung fließenden Wassers. Ein anderer wesentlicher Bestandteil dieser Gärten ist das Wetter, denn Freiheit und Gelassenheit erfordern eine Anpassung an »Formen, die die Bedeutung kosmischer Gesetze haben«. Wenn Wind oder Regen den sorgfältig geharkten Kies zerstören, dann erschafft man dasselbe Muster neu, während man beim Harken meditiert.

Ich glaube nicht, daß im Westen Zen und Gartenarbeit so einfach zusammenpassen. Mein eigener Geist greift den Gedanken begierig auf. Die Herausforderung besteht nicht darin, die Tiefe eines Augenblicks zu finden, denn jeder Garten bietet unzählige Momente großer Dramatik oder fesselnder Ruhe. Gärtner leben im Augenblick, aber auch in der Zukunft, und die Vergangenheit hat man ebenfalls immer klar vor Augen. Jede Blume besitzt eine Geschichte, die vielleicht von Kampf und Krankheit erzählt. Jede Pflanze wird mit

Hoffnung und Erwartung gepflanzt. Ein Besucher, der den Garten bewundert, wertschätzt diesen an diesem Tag und zu dieser Stunde, aber für den Gärtner vor Ort, der den Garten über viele Jahre hinweg entwickelt hat, ist jeder Moment mit Erinnerungen verknüpft. Augenblicke schweben vor dem Hintergrund einer vorgestellten Zukunft, in der der Garten sogar noch lieblicher aussehen mag, falls das überhaupt möglich ist, oder in einer anderen Weise lieblich, da andere Pflanzen zur Blüte gelangen.

Aber Zen fordert auch das Fehlen einer Absicht. Der Garten sollte nicht den Anschein erwecken, er sei schön arrangiert; aber der Gärtner sollte auch nicht danach streben, ihn als *nicht* schön gestaltet erscheinen zu lassen. Statt dessen sollte man ganz in den Garten versunken sein, aber nicht als Individuum, das ihn erschafft, sondern so, als ob der Garten sich in Harmonie mit den kosmischen Gesetzen selbst erschaffe; die innere und die äußere Welt sollten im Gleichgewicht sein.

Das Arrangieren von Blumen im Zen, ursprünglich eine religiöse Zeremonie auf der Grundlage von Meditation und strenger geistiger Disziplin, wurde von Kriegern, Priestern und Hausfrauen gleichermaßen geschätzt. »Selbstversenkung in Eintracht mit den Blumen«, schreibt Gustie L. Herrigel in ihrem Buch *Zen and the Art of Flower Aranging* (1958), »atmet den Geist der Samurai und den Ernst endgültiger, unwiderruflicher Entscheidungen.« Eine der wesentlichen Wahrheiten ist das »Prinzip der Drei«, wonach eine Person zwischen Himmel und Erde in enger Verbindung mit einer Pflanze wie auch mit dem ganzen Universum steht und zum Kanal für das Spirituelle und das Irdische wird. Das Blumenarrangieren des klassischen Zen umfaßt diese drei Bereiche in genialer Weise. Für mich ist das Arrangieren von Blumen weder Religion noch Zeitvertreib; es ist der ruhige Auftakt eines jeden Sommertags. Ich weiß nicht, ob Gustie Herrigel recht hat, wenn sie schreibt, daß »der korrekte Umgang mit Blumen die Persönlichkeit verfeinert«, aber ich finde es beruhigend, zwischen den Pflanzen umherzuschlendern und diese oder jene für ein Arrangement auszuwählen – *Arrangement* auch im Sinne von Übereinkommen, das darin besteht, das Unbekannte eines neuen Tages zu akzeptieren.

Um den Augenblick zu beruhigen, wiederhole ich auf meinen Spaziergängen durch den Garten das, was man vermutlich ein Mantra nennt. »Wunderschön, wunderschön, wunderschön«, murmele ich. Das ist ein Kompliment *und* eine Beobachtung. Ich lächle und atme tief, wenn ich das sage. Ich empfinde Ehrfurcht angesichts der sinnlich-prickelnden Schönheit solcher Lebensformen, die so verschieden von der unseren sind. Allein sie anzuschauen, ist ein Sinnengenuß, und ich bin dankbar. Ich erwarte von den Pflanzen kein Verständnis und keine Antwort. Ich bringe ihnen dennoch mein Wohlwollen dar und die einfache, ziellose Dankbarkeit des »Wunderschön, wunderschön, wunderschön«. Mein Wohlwollen ist kein allgemeines Halleluja für das Leben auf der Erde, sondern eine Lobpreisung einzelner Pflanzen, obwohl ich nicht erwarte, daß sie mich hören oder mir antworten. Vielleicht ähnelt das ein wenig den Jägern, die sich bei ihrem Opfer dafür entschuldigen, daß sie es getötet haben. Ich danke den Pflanzen, daß sie mich nähren. Sie legen es nicht darauf an, schön zu sein, sie können nichts dafür. An diesem Punkt betrete ich manchmal den Bereich der Transzendenz, wenn ich über all die Zufälle des Schicksals seit Beginn des irdischen Lebens staune, die zur Erschaffung meiner Gene führten und zu der Tatsache, daß ich mit einer kontemplativen und neugierigen Seele in diesem Garten stehe. Ich habe kürzlich gelesen, wie sich das Denken entwickelte. Welch faszinierende Antwort auf die Härten des Überlebenskampfes! Es ist so unwahrscheinlich, daß sich Materie zu so etwas wie menschlichen Wesen zusammenfügt. Wie erstaunlich, daß einige elementare Zutaten – dieselben, aus denen die Berge, Pflanzen und Flüsse bestehen – in anderer Zusammensetzung und Beanspruchung *uns* hervorbringen können. Neuerdings ertappe ich mich immer häufiger bei dem Gefühl, mit einem gewissen Abstand zum Leben die menschliche Saga vor mir ausgebreitet zu sehen. Es ist eine persönliche

Vision, die zwischen Jugend und Alter angesiedelt ist, eine Vision, die mir vermittelt, wie sehr und zum Teil auch warum Menschen im Streben verfangen sind und wie schwer es allein ist, dies zu erkennen, weil es uns als wesentlicher Teil unserer Natur vorkommt und weil es das auch ist. Aber ich finde es interessant, daß in der Vorstellung vieler Religionen das Leben in einem Garten beginnt und dort endet. Indem man ein irdisches Paradies erschafft, verbindet man beides und erzeugt ein Gefühl von Zeitlosigkeit, das von sinnlichem Vergnügen durchdrungen ist. Das Streben macht nicht notwendigerweise vor einem Garten Halt. Ganz im Gegenteil – Gärtner konkurrieren mit dem Wetter, dem Boden, den Nachbarn, den Käfern, den Nagetieren und dem gesunden Menschenverstand. Aber ein Garten kann ein Tunnel durch die Zeit sein, ein Sanktuarium im altmodischen Sinne des Wortes, eine heilige Stätte, an der man vor menschlichen Gesetzen geschützt ist. Ich denke dabei an die Gesetze, die wir uns selbst auferlegen, an die Gesetze der Gesellschaft, der Familie, und dann denke ich auch an das, was kaum erhellt und noch schwerer auszuloten ist: Instinkte, die so tief verwurzelt sind, daß sie sich wie Absolutheiten anfühlen. Für mich machen all diese Gesetze vor dem Gartentor halt, und ich kann eine kleine Ewigkeit mit einer Rose verbringen.

25

ICH HABE NICHTS DAGEGEN, daß die Japankäfer es auf meinen Rosen treiben, ich wünschte nur, sie würden sie nicht gleichzeitig auffressen. Es gibt wenige Dinge, die dem Herzen eines Rosenliebhabers einen tieferen Stich versetzen, als eine schöne Blüte vor sich zu haben, die von sechs kopulierenden Käfern verschlungen wird. Ich versuche, die Rosen zu pflücken, sobald sie aufgeblüht sind, um sie vor den Käfern zu retten, was aber nicht immer möglich ist. Heute finde ich auf einer noch geschlossenen rosafarbenen Rosenknospe einen Käfer, der sich schon halb hindurch getunnelt und dabei zottige Löcher hinterlassen hat. Ich kann genau sehen, wo die anderen Japankäfer waren: Sie durchlöchern die Blätter, verwandeln sie in eine feine Häkelarbeit und hinterlassen winzige schwarze Kotbällchen auf den Blütenblättern.

Ich kann es mir nicht leisten, auf den täglichen Rundgang zu verzichten. Aus irgendeinem Grund scheinen die Käfer Rosen in einem bestimmten Rosa und von einer bestimmten Form zu bevorzugen. Gelegentlich entdecke ich auch auf einer roten Rose einen Käfer, aber selten. Das muß nicht mit der Stärke des Dufts zusammenhängen – die am stärksten riechenden Rosen sind nicht notwendigerweise Käfers Lieblinge. Die Fallen für die Japankäfer haben zwar einen strengen Geruch, aber das heißt nicht, daß es der Duft allein ist, der die Käfer anzieht, beziehungsweise das, was wir Duft nennen. Auf jeden Fall stoße ich viel zu oft auf eine Traube Käfer, die eine Orgie auf einer rosafarbenen Blüte veranstalten und chaotische Muster aus den Blütenblättern herausschneiden. Ich weiß nicht, warum sie auch die Blätter fressen, aber sie tun es in einer charakteristischen Weise, bei der eine Art Spitzenmuster zurückbleibt. Warum fressen sie nicht das ganze Blatt auf? Warum lassen sie die Umrisse übrig? Um auf ihnen zu stehen? Oder sind sie zu zäh? Japankäfer lieben auch gelbe Blumen, und es lohnt sich, Nachtkerzen zwischen die Rosen zu pflanzen, um die Käfer von den Rosen wegzulocken. Wenn ein Käfer erstmal angefangen hat, eine Rosenblüte zu fressen, dann finden sich an diesem Schauplatz am nächsten Tag automatisch weitere Käfer ein. Manchmal lasse ich einige Rosen, die bereits angenagt sind, als Opfergabe stehen, weil ich hoffe, daß die anderen Käfer sich über sie hermachen und die neuen Rosenknospen in Ruhe lassen. Was zieht die anderen Käfer an? Sondert der fressende Käfer einen Geruch ab, der besagt: »Ich habe etwas Gutes gefunden.«? Oder gibt die Pflanze ein

Verletzungssignal ab, etwa weniger Wärme oder elektrische Energie? Die Käfer fühlen sich stärker zu den schwachen und beschädigten Pflanzen hingezogen, genau wie die Löwen in der Serengeti die schwachen und alten Tiere einer Herde attackieren.

Käfer ähneln sich – wie die Menschen und die meisten anderen Lebensformen – in ihren Grundzügen, aber die Individuen unterscheiden sich dennoch, und isolierte Populationen entwickeln ihre eigenen Dialekte, Gewohnheiten und Neigungen. Was in meinem Garten funktioniert, klappt vielleicht nicht in Ihrem, aber mein Ratschlag in bezug auf Wild oder Japankäfer lautet, alle ökologisch unbedenklichen Mittel auszuprobieren und dabei den Sinn für Humor nicht zu verlieren. Wenn es Ihnen möglich ist, dann konzentrieren Sie sich auf die Schönheit dieser Lebewesen. Wenn die Neugier brennt, sieht das Schicksal der Rosen nicht mehr ganz so düster aus.

Auf der Ostseite des Hauses führt die Käfer nichts in Versuchung, weder die Taglilien noch die Nachtviolen, Astilben oder Funkien. Viele Gärtner halten die Japankäfer für kleine Sensenmänner, für Symbole des Todes – des Gartens und des eigenen. Mich verstört die Schönheit der Japankäfer. Ich fege sie in eine Schale mit Seifenwasser, in der sie ersticken, aber sogar im Tod zeigen ihre Rückenschilde noch eine exquisite Regenbogenfärbung. Wie seltsam, so schön und gleichzeitig so tödlich zu sein, so schön zu sein und dabei soviel gemordete Schönheit zurückzulassen. Es sind über die Maßen hübsche Monster. Gestern waren nur wenige Japankäfer zu sehen, weil es windig war. Sie klettern und fliegen nicht gern bei Regen und Wind. Aber heute ist es windstill, trocken und sonnig, und man trifft sie in rauhen Mengen. Einige Jahre lang hängte ich Fallen mit Rosenduft und Pheromonen aus, aber dann fand ich heraus, daß sie nur noch mehr Käfer anzogen. Mindestens ein Autor von Gartenbüchern (er bleibt besser ungenannt) schlägt vor, daß Sie sich in den Garten Ihres Nachbarn schleichen und die Fallen dort aufhängen! Letztes Jahr trug ich Milky-Spore-Puder (Bacillus popillae) auf den Rasen auf, in dem die Larven der Käfer überwintern; dadurch wurde die Plage beträchtlich reduziert. Es hilft, wenn Sie den Rasen in einigen aufeinanderfolgenden Jahren mit einer Dosis dieses Puders besprühen. Nur wenige Käfer irritieren Gärtner so wie die Japankäfer, deren Vorfahren vor langer Zeit als blinde Passagiere in Amerika ankamen.

Im kleinen Rosengarten stehen die roten Zauberrosen in sensationeller Blüte: Büschel von rosaroten Blüten mit weißem Schlund. Chicago Peace hat zwei neue Blüten bekommen. Die rot-weiß gestreifte Scentimental blüht auch wieder. Die offene, am Rand gekräuselte Playboy ist von Blüten übersät. Pink Flat hat flache, kleine aprikotfarbene Blüten bekommen und Cardinal's Song zwei große, pralle rote Blüten. Keine Japankäfer in diesem Teil des Gartens!

Die Samenhülsen der Akelei sind wie kleine fünfstrahlige Sternenexplosionen aufgeplatzt. Die Lichtnelken (auch als Wunschkraut bekannt) sind so übersät mit drallen Samenkapseln, daß ich mich frage, ob ich genug Wünsche für alle übrig habe. Vergessen Sie die drei Wünsche aus den Märchen; heute habe ich 50 Wünsche frei, genug, um sie mit Freunden zu teilen.

Der hohe, lila-weiß gestreifte Phlox fängt an zu blühen. Die dekorativen Lilien und Taglilien sind voller Knospen, viele davon in Blüte, und eine ausgedehnte Siedlung farbenfroher Lilien am anderen Ende des Gartens sieht wie eine Piazza voller internationaler Flaggen aus. Jetzt ist es an der Zeit, auch die tellergroßen Hibisken zu stützen und zu sichern, denn sie wachsen so kopflastig, daß sie schwanken und abknicken, wenn sie sich öffnen.

Jeden Morgen beginne ich meine Gartenrunden mit einem roten Rollwägelchen, auf den ich eine kleine Pappschachtel mit zwei Plastikbehältern stelle – einen mit Seifenwasser für die Käfer, einen mit Wasser, um die Schnittblumen frisch zu halten. Als nächstes lege ich einige Metallstützen auf den Wagen, eine Rolle grünen Grobgarns, meine Scheren zum Ausputzen und Blumenschneiden, ein Paar Arbeitshandschuhe aus Baumwolle, Werkzeuge und meine Gartenzeitschrift (in einem Plastikbeutel, um sie vor Spritzern zu schützen). Eigentlich führe ich meinen kompletten Gartenschuppen mit mir, während ich von Beet zu Beet ziehe.

Im Hochsommer ist der Garten wie ein Erholungsort, in dem die jährlich wiederkehrenden Gäste für Farbe und Intrigen sorgen. Dahlien und Zinnien, Sonnenblumen, Ringelblumen und Petunien, Geranien und Gladiolen werden die leeren Stellen im Herbst füllen. Wenn ihre Blüte vorüber ist, kommt der Winter, eine Jahreszeit mit einer ganz eigenen Schönheit, in der der Garten sein Skelett zeigt, bis die Ureinwohner des Gartens im Frühling wieder zurückkehren.

Ich erwachte vom Geprassel des gleichmäßigen Regens – harte, kleine Tropfen, die gegen die Fenster trommelten – und wußte, der Garten würde dankbar sein. Der Himmel klärte sich aber bald auf, und jetzt brennt die Sonne heiß; sie wird die Temperatur im Laufe des Tages auf 32 Grad klettern lassen, bevor sie untergeht. Sogar wenn ich regungslos im Schatten liege, wird mir heiß, aber zwei Schweißbienen nippen so sanft an meinem Arm, daß ich nicht das Herz habe, sie zu vertreiben. Auf dem Dach sitzt eine hübsche rote Libelle, die einen Hechtsprung macht wie ein Taucher, dann ihre Doppelflügel wie ein Zweidecker ausbreitet und in die Höhe steigt. Aufgebauschte Wolken ziehen hoch am Himmel schnell dahin; dort oben muß ein heftiger Wind gehen. Die Fallen für die Nacktschnecken funktionieren, aber es macht keinen Spaß, sie mit dem Löffel herauszuschöpfen und in den Wald zu werfen. Es ist schon komisch, wie wir vor zermatschten, schleimigen Gegenständen zurückschrecken.

Jetzt ist die Zeit der Taglilien, und der Garten zeigt plötzlich Höhe und Architektur, als die leuchtenden Blumen wie Regattaflaggen im Wind wehen. Die Hecke mit den Taglilien am Waldrand blüht in dutzenderlei Formen, Gerüchen und Farben. Heute habe ich die Franz-Hals-Taglilie gepflanzt, jede einzelne ein hochgewachsenes Duett aus Gelb und Ocker. Die Farben der sechs Blütenblätter wechseln sich ab: gelb, orange mit einem dünnen gelben Mittelstreifen, dann wieder gelb. Viele Lilien verblüffen mit ihren Kontrasten: leuchtendes Scharlachrot mit goldenen Kelchen, gelbe Blütenblätter mit einem scharlachroten sechseckigen Stern. Pandora's Box, eine meiner Lieblingsblumen, ist eine kleine Lilie mit cremefarbenen Blüten und einem magentaroten Rohrschachmuster in ihrem Kelch. Es gibt Lilien mit limonengrünen Kelchen und schwarzrote Lilien, die wie geronnenes Blut aussehen. Ich habe auch einige hohe, altmodische, wilde orangefarbene Lilien von der Sorte gepflanzt, die man von den Straßenrändern kennt, und zwei spektakulär leuchtende rotgelbe Open Hearts. Jedes Jahr pflanze ich einige zusätzliche spätblühende September Golds. Sie *sind* golden, nicht gelb, mit großen steifen Kelchen. Alles blüht so früh dieses Jahr, ich bin sicher, September Gold wird im August blühen. Und was dann? Die Panik des Gärtners.

Der Lavendel ist dabei zu entsamen, seine Purpurblüten verwandeln sich in struppige purpurne Lappen, aber die blaugrünen Blätter haben immer noch ihren stechenden Geruch, der den Geist beflügelt. Daneben steht die gekräuselte Minze, sie ist inzwischen 90 Zentimeter hoch. Ich habe schon immer vorgehabt, einen begehbaren Kräuterpfad zu pflanzen.

Wenn die Nachtkerzen verwelkt sind, die Taglilien ihre vollen Farben entwickelt haben und der Phlox sich strahlend in der Sonne wiegt, beginnt eine traurige Zeit voller Furcht und Vorahnung, die meine Stimmung drückt. In den Gärtnereien bleiben einige wuchernde unverkäufliche Rosen zurück. Blumen werden im Ausverkauf angeboten, die noch vor kurzem die Renner waren. Spätblühende Taglilien weissagen das Schicksal des Gartens. Am besorgniserregendsten ist der Mais auf den Feldern. Seit Wochen beobachte ich, wie er hochschießt. Ich schwöre, daß man sehen kann, wie er wächst. Mais ist eine alte Pflanze. Die Menschen haben über Jahrtausende die Zeit mit Maisuhren gemessen.

»Nein, laß den Sommer nicht zu Ende gehen«, flehe ich Paul kindisch wie im Märchen an.

»Ach, hierzulande endet der Sommer nicht vor November«, erwidert er in der Hoffnung auf eine lange Schwimmsaison.

Ich erinnere mich an Emile Zolas Beschreibung des Sommers als perfekte Glasglocke, unter der der Garten fast animalisch ist, ein Wesen, mit dem man ein heimliches Paradies teilt. »Unter dieser Hitzeglocke lebte der große Garten wie ein glückliches Tier«, schrieb er, »losgelöst von der Welt, fern von allem, befreit von allem.«

26

SPÄTESTENS AB AUGUST wird es schwierig, die Blumen weiterhin in Blüte zu halten. Ich führe eine informelle Inventur und Begutachtung der Nation des Gartens durch. Zu guter Letzt haben sich die Horden Japankäfer zurückgezogen, der Rußtau ist durch die Säuberungsaktionen und Schwefelbäder beseitigt, die Rosen haben ihre letzte Pflanzennahrung für dieses Jahr erhalten und danken es mir mit neuen roten Blättern, die eine weitere Knospenblüte signalisieren. Das Rot dient als Sonnenschutz für die zarten neuen Blätter. Die protzigen Fetthennen haben gerade begonnen, sich rosa, weiß und rot zu färben. Weiße Funkien mit sternförmigen Blüten öffnen sich unter den Apfelbäumen neben der hohen, gelbrotköpfigen Herbstsonnenbraut. Blaue Gelenkblumen, rosafarbene Schlangenköpfe und hochragende rote Lobelien wiegen sich im Wind. Rote, gelbe und rosa Begonien leuchten immer noch wie Neon. Aber die Blüte der Taglilien ist vorbei, und ich hasse es, sie verwelken zu sehen. Ich habe zwanzig Spätblüher bestellt, an denen ich hoffentlich nächstes Jahr Freude haben werde. Man investiert ununterbrochen in den Garten – es ist wie bei einem Wachstumsfonds. Die Venidien vor dem Badezimmerfenster haben sich vervierfacht und sich zu einem zwei Meter hohen Schirm emporgeschwungen. Im November werde ich sie in das »gelbe« Beet umpflanzen: zu den Sonnenblumen, den Schwarzäugigen Susannen, der Wolfsmilch, den gelben Rosen, den winterharten gelben Fingerhüten und den gelben Chrysanthemen mit den markanten silbernen Borten an den graugrünen Blättern. Ich habe mich entschlossen, über das Beet vor dem Haus neu nachzudenken, das hauptsächlich aus purpurfarbenen und gelben Taglilien in feinen Farbabstufungen und riesigen purpurfarbenen Lauchblumen besteht. Lilien gedeihen im Halbschatten, also werde ich sie umsetzen und die sonnigen Beete den Wildblumen überlassen: der Zichorie, der Nachtviole, der Wilden Möhre, dem Leimkraut, der Kardendistel und der Seidenpflanze. Obwohl ich es mag, wenn die Samenkapseln der Wolfsmilch aufplatzen und die seidigen Fallschirme zum Vorschein kommen, muß ich ihr vermutlich zu Leibe rücken, da sich ihr unterirdisches Wurzelsystem weit und schnell ausbreitet und einen kleinen Garten ersticken kann.

Drei Tage hintereinander ist es 34 Grad heiß und trocken gewesen. Nach meiner Erfahrung neigen wir dazu, uns krank zu fühlen, wenn die Außentemperatur und die Körpertemperatur sich einander annähern; es ist, als ob unsere Grenzen schmölzen und es keine Möglichkeit gäbe, festzustellen, wo wir aufhören und der Tag anfängt. Die Rosen auf der Veranda verkümmern. Gründliches Wässern erweckt den Rest des Gartens wieder zum Leben. Die September-Gold-Taglilien sind voller satter orangegoldener Blüten. Die purpurfarbene Rose of Sharon ist mit roten, herzförmigen Blüten bedeckt. Meine geliebten Rosen blühen weiter, und die Abraham Darby setzen sogar wieder von neuem an. Die Pfefferminze ist ein Flickenteppich aus gekräuselten lavendelfarbigen Federbüschen. Ich pflücke einen Strauß und arrangiere ihn mit gelben, roten, rosa- und orangefarbenen Rosen.

Auf der Marmortischplatte steht eine Schale mit Rosen. Sonnenlicht scheint durch ihre Blüten wie durch getöntes Glas. Othello leuchtet in einem tiefen, satten Magentarot, das seine Farbe wie Hitze ausstrahlt. Die aprikotfarbenen Polkas sind so fein wie Seidenpapier. Weil das Licht durch die weit geöffneten Blüten der roten Rosen scheint, aber nicht durch die noch geschlossenen Knospen, scheinen die Rosen einen Heiligenschein um ihre Köpfe zu tragen. Die rotweiße Scentimental ist nicht einfach gestreift; einige weiße Blüten sehen aus, als seien sie rot besprenkelt. Diese Spritzmuster lenken den Blick nach außen und verleihen jeder Blume die Wirkung einer Explosion. Gekräuselte, rotweiße Explosionen. Dies ist der Sommer der orangefarbenen Rosen. Dutzendweise leuchten die orangefarbigen Blüten der Lasting Peace, Singin' in the Rain, Abbaye de Cluny, Polka und Tropicana. Hinzu kommen noch die rosa-aprikotfarbenen Rosen wie Sweet Juliet, Abraham Darby und Colette.

Neue Knospen an den Rosen versprechen eine weitere herrliche Blüte am Saisonende. Das wiederaufgetauchte zweite Zaunkönigpaar – wir nennen sie Jenny und Christopher – bewegt sich schnell hin und her, um ihre Nestlinge aus einem anscheinend endlosen Vorrat an Grillen und Raupen zu füttern. Entweder haben sie nur wenige Nestlinge oder junge Zaunkönige sind zurückhaltend, denn ich höre nur einige sanfte Piepser, wenn ich vorbeilaufe. Wohlgemerkt, ich darf mich dem Nest nie für längere Zeit nähern. Als ich heute morgen in die Nähe des Nestes kam, beschimpfte mich der männliche Zaunkönig so bitterlich, daß ich für einen Augenblick regelrecht beleidigt war. Sein lautes Gezetere ist ein Gefahrenschrei, die Warnung einer nahen Bedrohung, und ich betrachte mich – offen gesagt – nicht als Gefahr, sondern eher als liebevolle Gönnerin. »Okay, Okay!« erwiderte ich und ging rückwärts zu einem anderen Beet. Als ich sechs Meter entfernt war, zirpte das Männchen sein »Alles klar!« – eine laute Version seines üblichen sprudelnden Gesangs. Weil das Fensterglas bei den Zaunkönigen Sinnestäuschungen auslöst, können sie mich nicht im Erkerfenster sitzen sehen; dabei bin ich in Augenhöhe mit ihrem Vogelhaus nur wenige Meter entfernt.

Die Eltern betreiben jetzt einen regelrechten Pendelverkehr und besorgen jeden Tag Hunderte von Bissen. Wenn sich ihre Wege am Nistkasten überkreuzen, führen sie einen Pluster-und-Flatter-Tanz in den nahegelegenen Ästen auf, um sich Treue zu geloben. Jedes Mal, wenn sie mit einem kleinen grünen Leckerbissen ankommen, kreischen die Babys wie mit einer Stimme. Ich kann mir ihren nagenden Hunger richtig vorstellen.

Es ist gerade zwei Wochen her, da blieb die Mutter noch im Nest bei ihren Küken sitzen, und das Männchen brachte Futter. Ich weiß nicht, ob sie sich füttern ließ, um ihre Kraft zu schonen, während sie die Jungen behütete, oder ob sie dort war, um die Nahrung vorzukauen und dann an die Jungen zu verfüttern. Es ist immer leichter, wenn ein Elternteil seinen Nachkommen das Futter etwas vorkaut. Wir machen dasselbe, wenn wir das Essen kleinschneiden und kochen. Sehr wahrscheinlich ist genau das der Ursprung des Zungenkusses. In ferner Vergangenheit kauten die Mütter die Nahrung für ihre Säuglinge vor, so wie es Vögel und andere Tiere tun, und gaben die Nahrung mit Mund und Zunge in den Mund des Babys weiter. Und auch als Erwachsene bewahrten die so Genährten beim tiefen Kuß die Liebesassoziationen. In schicken Großstadtrestaurants kann man so etwas wie »aufgeschlossenes« Gemüse bekommen; wann immer ich das Wort lese, werde ich daran erinnert, daß wir nie über unsere Sehnsucht nach vorverdautem Essen und nach Küssen hinweggekommen sind.

Die Leute essen jedoch immer mehr Fisch oder Rindfleisch, das außen gegrillt und innen roh ist. »Zu roh?« fragte mich ein Kellner eines Tages, als ich ihm ein Thunfischsteak zum nochmaligen Braten zurückgab.

»Ich habe Tiere gesehen, die an schlimmeren Wunden gestorben sind«, murrte ich. Aber ich bemerkte einige andere

Gäste, die das Gericht lustvoll verschlangen. Es ist, glaube ich, kein Zufall, daß wir bei gekochten Mahlzeiten die Temperatur bevorzugen, die auch gerade getötete Beutetiere haben – zumindest außen –, aber ich versuche, meine Tischgenossen nicht mit solchen Gedanken zu belästigen. Das paßt zur Regel »Kümmere Dich um Deinen eigenen Garten«. Kürzlich sah ich einen Autoaufkleber mit dem Satz: »Ich esse nichts mit einem Gesicht.« Diese Bemerkung wäre, wenn ich mit freundlichen Fleischessern speise, ebenfalls recht grob.

Obwohl ich vorwiegend Vegetarierin bin, habe ich nie einen Gemüsegarten angelegt. Ich beneide diejenigen, die das tun, aber auf meinem Grundstück würde das bedeuten, die letzte in einer langen Reihe von Gemüseliebhabern – Waschbären, Eichhörnchen, Murmeltieren, Vögeln und Insekten – zu sein und bei nur geringem Erfolg permanent wachsam sein zu müssen. Ich esse auch nur biodynamisches Obst und Gemüse, und dessen Anbau verlangt viel Arbeit. Ich segne alle freundlichen Seelen, die dieser Sache ihr Leben widmen.

Gifte würden besser und schneller gegen Japankäfer wirken, aber für uns und die Umwelt ist es gesünder, sie in ein Gefäß mit Seifenwasser zu werfen. Auch bei Rußtau wären Gifte erfolgreicher, aber Schwefel ist gesünder. Gifte werden mit Rosenwürmern und Blattläusen besser fertig, aber Seifenwasser tut es auch. Es geht nichts über die gute alte Seife; sie verbannt die meisten Plagen aus dem Garten. Ich versprühe sogar eine ölige Seife mit dem Namen »Hinder«, um das Wild von den Pflanzen fernzuhalten. Im Frühling versprühe ich Hinder einmal die Woche (am besten nach einem starken Regen), und im Laufe des Sommers knabbert immer weniger Wild an den Pflanzen. Für sie ist mein Garten ein Ort, an dem das Futter seifig schmeckt. Wenn Sie bereit sind, sich selbst und das Ökosystem zu vergiften, um einen gezähmten Garten zu haben – was ist dann der Zweck des Gartens? Sicherlich nicht die Nahrung.

Ich war zwei Tage von zu Hause weg und komme spät nachts zurück. Am nächsten Morgen staune ich bei der Entdeckung, daß der Garten in meiner Abwesenheit weiter gewachsen ist. Ich habe ihn so in Erinnerung, wie er vor meiner Abreise war. Als ich mich in meinem Erkerfenster niederlasse, bemerke ich etwas Seltsames: Stille, Ruhe. Kein Zaunkönig singt an seinem Lieblingsplatz. Keine Zaunkönigin schießt raketengleich durch die Magnolienzweige. Die Nestlinge sind ausgeflogen! Das Vogelhaus sieht Gott sei Dank unbeschädigt aus. Anders als die Zaunkönige aus dem Gemeinschaftsvogelhaus hatte diese Familie beim Flüggewerden ihrer Jungen Erfolg. Ich vermisse ihre Gewohnheiten und ihren schönen Gesang, aber ich freue mich für die Küken, die ständig das Wegfliegen übten.

Eine weitere Überraschung: Ein Kolibriweibchen erscheint auf Augenhöhe, fliegt dann zu einem nahegelegenen Zaun, wo es eine Weile thront. Es ist ein Weibchen, da es keine rote Kehle besitzt, sondern dunkelbraun mit einem schillernden grünen Streifen am Rücken ist. Es steuert die orangefarbene Trompetenblume an und beginnt, Nektar zu nippen, dann fliegt es weiter zu einer alleinstehenden Klematisblüte.

Heute berichtet ein kleiner Artikel auf der ersten Seite der Lokalzeitung, daß das *Oxford English Dictionary* bald in einer neuen Ausgabe erscheinen wird – der ersten seit 70 Jahren. Sie wird 2000 neue Wörter umfassen, die seit den 70er Jahren Eingang in die Sprache gefunden haben, Ausdrücke wie »road rage« (wörtlich: »Straßenwut«; gemeint ist Aggressivität im Straßenverkehr) und »pot pie« (Topfpastete). »Snuck« (statt »sneaked«) wird als Vergangenheitsform für »sneak« (kriechen) akzeptiert (im Deutschen entspräche das der Vergangenheitsform »kriechte« statt »kroch«). Normalerweise ist uns nicht bewußt, wie Sprache sich unterderhand weiterentwickelt. Obwohl es mich fasziniert, finde ich es auch ein wenig beunruhigend, weil auch dieser Wandel ein Zeichen für die Vergänglichkeit ist, für das rasche Dahinschwinden meines Lebens. Unglücklicherweise enthält das *Oxford English Dictionary* nicht all jene wunderbaren Wörter aus anderen Sprachen, für die es im Englischen kein Äquivalent gibt, Wörter, die wir unbedingt bräuchten – wie zum Beispiel das feuerländische *mamihlapinatapei,* welches bedeutet, daß zwei Menschen »einander in die Augen blicken in der Hoffnung, der andere möge die Initiative zu etwas ergreifen, das beide tun möchten, bei dem sich aber keiner dazu entschließen kann, den Anfang zu machen.« Oh ja, das ist eine süße, nur zu vertraute Qual, die sich auch in einem Garten ereignen könnte. Oder das russische Wort *ostranenie*, das sich darauf bezieht, daß ein Künstler etwas Vertrautes fremd erscheinen läßt, so daß es neu wahrgenommen wird. Oder *aware*, das japanische Wort für den besonderen Schmerz, den man verspürt, während man flüchtige Schönheit genießt. Oder die indonesische Wendung *holopis kuntul baris*, mit der man zusätzliche Stärke herbeibeschwört, um schwere Gegenstände tragen zu können. Ein Gärtner erlebt *aware* und *ostranenie* während des gesamten Jahres, und wer wünschte sich keine Redewendung, mit der man magische Kräfte herbeizitiert?

Vor vier Jahren pflanzte ich eine einzelne Gelenkblume – hohe gotische Ähren mit purpurfarbenen Blüten –, die sich schnell vermehrte und die ich dann vergaß. Letztes Jahr verpflanzte ich einige Abkömmlinge an den schattigen Waldrand.

Heute bilden die Gelenkblumen jene Begrenzungsarchitektur, wie man sie von weitem in europäischen Stadtlandschaften sieht: gotische Kirchtürme. Sie sind nicht zu übersehen. Sie lieben feuchten Schatten, wo sie groß und gerade wachsen können und nicht in schlaksigen Windungen um Sonne betteln müssen.

»Sie ist dort glücklich«, sage ich eines Tages im Telegrammstil des Gärtners zu Chrys. Wir wissen beide, wie labil das richtige Gleichgewicht sein kann. Alle Lebewesen brauchen ideale Umgebungen für ihr Wachstum. Manchmal muß man sie ein wenig umherbewegen und ihre Bedürfnisse schärfer analysieren, bevor sie an dem Ort Wurzeln fassen, der ihren Bedürfnissen am meisten entspricht. Dann gedeihen sie. *Wachstum*. Nur ein Wort, es klingt wie ein einfacher Prozeß, aber es ist die Kombination von unendlich vielen Prozessen.

Dieses Jahr dachte ich zum ersten Mal weit voraus und brachte an vielen Pflanzen, von denen ich wußte, sie würden dick, hoch und schlaff aufschießen, in sich selbst zusammenfallen und an ihrem eigenen Gewicht zerbrechen, Pfingstrosenreifen, offene Einzäunungen, Stäbe und Streben an. Die Schlangenköpfe und die Gelenkblumen werden gut aufrechtgehalten, ebenso die tellergroßen Hibisken, die immer noch knospen und im September fünfzig riesige rote oder weiße Blumen hervorbringen werden. Dann wird es schwierig sein, sie zu stützen. So binde ich jetzt, wo es noch möglich ist, ihre Stiele sorgfältig fest. Einige Blumen gedeihen am besten, wenn man sie in ihrem Wachstum beschränkt. Ansonsten gehen sie an ihrem eigenen Gewicht zugrunde. Das gleiche Problem gibt es auch bei einigen Tieren, zum Beispiel bei gestrandeten Walen, die an ihrem eigenen Gewicht sterben können, wenn sie außer Wasser sind. Bei schweren Blüten auf schlanken Stielen besteht immer die Gefahr, daß ihr Nacken bricht. Heute befestige ich auch Reifen um die Unterteile der buschigen Gräser, weil sie letztes Jahr mit ihren langen schönen Federbüschen über der Auffahrt hingen. Die ersten 30 oder 40 Male kann es Spaß machen, durch Federbüsche zu fahren wie beim Spießrutenlaufen, aber irgendwann sind sie böse zugerichtet, und auch eine Schnur kann sie dann kaum noch zusammenhalten. Gelenktes Wachstum ist besser. Ein kleiner Reifen lenkt ihre Kraft und zwingt sie, aufrecht zu wachsen, und bei rauhem Wetter haben sie etwas Metall, um sich anzulehnen. Bald wird sich die neue Stadtlandschaft der Gelenkblumen weiter ausdehnen und nach und nach mit ihren Purpurhalmen in den Wald eindringen. Dann werden sie unabhängig sein.

27

Ein Frösteln in der Morgenluft kündigt den Herbst an. Letzte Nacht schmetterten die Zikaden so laut wie die schottische Infanterie und pfiffen ihren Aufenthaltsort und ihre Stimmung quer durch den Wald. Während der Fernsehnachrichten konnte man einen Reporter, der vor dem Weißen Haus in Washington stand, kaum verstehen, so laut waren die Zikadenschreie. Ich pflanze gerade 40 Lobelien, die sich ausbreiten sollen, wo immer Garten und Wald aufeinandertreffen. Die schönen Türme der Lobelien mit ihren orchideenartigen Blüten halten sich gut im Schatten. Sumpfboden und sogar Lehm so dick wie Steingut machen ihnen nichts aus. Aber ich pflanze die rosafarbenen und blauen Lobelien nicht zusammen. Sie bekämpfen einander, und die blauen gewinnen immer, da sie wilderen, zäheren Ursprungs sind. Im Lateinischen heißt die Pflanze *Lobelia siphilitica*, da ein Direktor im Department of Indian Affairs einige Exemplare als Mittel gegen die Syphilis nach Europa schickte. Leider waren sie wirkungslos. Viele Pflanzennamen enthalten die Sozialgeschichte ihrer Verwendung und die Geschichte der Menschen, die aus dem einen oder anderen Grund in einer speziellen Beziehung zu ihnen standen. Denken Sie an den Phlox, eine große mehrjährige Gartenpflanze in vielen Farben, die große Blütenbüschel entwickelt und bei Wild und Menschen gleichermaßen beliebt ist. Vita Sackville-West meinte, er röche nach Schweinestall. Da ich noch nie in einem Schweinestall war, kann ich das nicht bestätigen. Für mich riecht die Pflanze nach Klebstoff und ist im Sommer- oder Herbstgarten ein Wunderwerk in Magenta, Rot und Weiß. Der einjährige Phlox, *Phlox drummondii*, ist nach Thomas Drummond benannt, der ihn in Kuba entdeckte und einige Exemplare nach England schickte. Drummonds Geschichte ist bizarr, aber gar nicht untypisch für Pflanzenkundler. In dem Buch *100 Flowers and How They Got Their Names* (1997) von Diana Wells findet sich eine Zusammenfassung seiner Geschichte:

> »Drummond war Direktor des Botanischen Gartens in Belfast und ging 1831 als unabhängiger Pflanzensammler nach Amerika, wo er einen Großteil des Nordwestens eigenständig erkundete. Er schickte seinen Führer fort und verbrachte einen Winter völlig allein in einem Unterschlupf im Unterholz. Er überlebte, indem er altes Hirschfell kaute, denn aufgrund seiner Schneeblindheit konnte er kein Wild schießen. Die Grizzlybären schreckte er ab, indem er seine Schachtel mit den Musterexemplaren kräftig schüttelte, was ihm aber wenig nützte, als er zwischen eine Mutter und ihr Junges geriet und beinahe getötet wurde. Später überlebte er eine Choleraepidemie an Bord eines Schiffes, verhungerte beinahe, als er alleine auf Galveston Island überwinterte, konnte zwei Monate lang seine Hand nicht benutzen und litt unter so schweren Geschwüren, daß er sich nicht hinlegen konnte. Trotz alledem bewarb er sich um ein Landstück in Texas, da er die Absicht hatte, seine Familie nach Amerika zu bringen. In der Zwischenzeit ging er nach Kuba, wo er 1835 aus nicht dokumentierten Gründen starb. Eine der letzten Pflanzen, die er nach Hause schickte, war der *Phlox drummondii*, dem Sir Joseph Hooker of Kew Drummond zu Ehren ›als ständige Erinnerung an seinen unglückseligen Entdecker‹ dessen Namen gab.«

Auch wenn wir uns nicht an Drummond erinnern, erfreuen wir uns doch oft an seinem Vermächtnis, dem weidenartigen Phlox – die Pflanze ist in amerikanischen Gärten so verbreitet, daß Drummond schließlich in einem gewissen Sinn doch noch sein Land gefunden hat.

Gerade als die Japankäfer verschwinden, wimmelt es plötzlich überall von langweiligen Raupen. Raupen sind vielleicht die zäheste und gefährlichste Rosenplage, weil sie in die ungeöffneten Knospen Tunnel bohren und sie am Vorabend ihrer Blüte zerstören. In einem realen Sinne *vernichten sie sie im Keime.*

»Oh Rose, du bist krank«, schrieb William Blake. »Der heulende Wurm im Sturm hat gefunden dein geheimes Lager.« Die Raupen sind fast unmöglich auszumachen, da sie sich perfekt in demselben Grün wie die Blätter getarnt haben. Wenn Sie Glück haben, entdecken Sie vielleicht eine zusammengerollt auf einem auffallend glänzenden Blatt, aber in der Regel bevorzugen sie den Übergang zwischen Blatt und Stengel, wo sie schwer zu entdecken sind. Ich lese sie mit der Hand ab. Meine Überempfindlichkeit gegen das Anfassen der Rosenschädlinge habe ich vor langer Zeit abgelegt. Die Bekämpfung der Raupen kostet zusätzliche Zeit bei meinen täglichen Rosenpatrouillen, denn ich mache zwei Durchgänge, um die Eindringlinge zu finden: Im ersten Durchgang überprüfe ich generell offensichtlich befallene Blätter, im zweiten halte ich systematisch nach perforierten Blättern Ausschau, den verräterischen Freßspuren. Spätestens dann weiß ich, daß Raupen auf dem Rosenstrauch *waren*. Aber wo sind sie jetzt? Die beste Methode, sie zu erkennen, besteht darin, die Blattunterseite abzusuchen, wobei man von unten nach oben schaut, so daß die Sonne das Blatt durchleuchtet. Dann kann man die Silhouetten der Raupen sehen, die wie kleine Kobras zusammengerollt sind. Im *Mittsommernachtstraum* heißt die Königin Titania ihre Elfen, » Raupen in den Rosenknospen zu töten«. Ich könnte einige dieser Elfen gebrauchen. Heute fand ich 20 Raupen, und ich schaudere bei dem Gedanken daran, wie viele ich wohl übersehen habe.

Die hohen Gräser entlang der Auffahrt, die wie Hulatänzer wedeln, wachsen wuchtig und hoch. Einige tellergroße Hibisken haben angefangen zu blühen – ihre Blüten sehen aus wie blutrote Elefantenohren. Andere sind weiß und so groß wie alte Langspielplatten. Wenn sie abfallen, lassen sie etwas zurück, das wie eine steife, goldene Eierbecher-Krone aussieht, die dann ebenfalls austrocknet und abfällt. Sorgfältig stütze ich die schwerköpfigen Hibisken mit Ringen, Pflöcken und allerlei Verstrebungen. Es ist erstaunlich, wieviel Zeit man damit zubringt, die Dinge abzustützen, zu polstern, zu verwinkeln. Viele Pflanzen, die im Schatten gedeihen – rote Lobelien zum Beispiel – brauchen eine feste Stütze, und wenn sie wachsen, müssen die Stützen mit ihnen wachsen. All die Blumen, die ich im Frühling vergaß zurückzuschneiden, werden jetzt buschig und groß, haben aber schwache Stiele, die leicht brechen. Nächstes Jahr werde ich sehen, ob ich einige junge Pflanzen dazu bringen kann, durch die Petunienreifen zu wachsen, und andere werde ich früh im Jahr kurz schneiden, so daß sie niedriger und buschiger wachsen. Aber die meisten Verstrebungen dienen dazu, die Blüten so zu drehen, daß man sie besser sieht. Der Garten als Blumenarrangement? Manchmal ja.

Ein Helfer hat eine der abgefallen Hibiskusblüten aufgehoben, sie in ein Gefäß voller Wasser gelegt und einige abgezwackte Minzblätter hinzugefügt. Früher aß er kleine Scheibchen der Echinacea direkt aus dem Blütenkopf. »Heilen sie?« fragte er mich einmal bezüglich der sechs hohen Knochenheil-Pflanzen, die ich am Ende des Grundstücks halte, in einer Übergangszone zwischen Rasen und Wald. Bald werden die traubenförmigen Blumen des Knochenheils blühen und einen himmlischen Hintergrund für die purpurnen, gelben und blauen Blumen des Ehrenpreis, des Sonnenhuts und der Lobelien abgeben. Die Pflanze heißt zwar Knochenheil, sie wird aber nicht bei gebrochenen Knochen eingesetzt. Man setzte sie im 19. Jahrhundert recht wirkungsvoll gegen die Plage des Denguefiebers ein; als Fiebersenker war sie in der Behandlung von Malaria, Grippe und anderen Krankheiten hilfreich. Offensichtlich verursacht sie beim Patienten ausgiebiges Schwitzen, und das Ausschwitzen des Fiebers ist ein traditionelles Heilverfahren. Meine Pflanze ist eine Variante des Knochenheil mit dem Namen Runzliger Wasserdost, und sie hat glänzende kirschbraune Blätter. Da die Knochenheil-

Pflanze mit dem Purpur-Wasserdost verwandt ist, der angeblich dieselben medizinischen Qualitäten hat, pflanze ich sie zusammen. Sie scheinen gut aufzugehen, der Wechsel von der Pflanzschule zum Freilandgarten ist leichter, wenn die neuen Pflanzen von Verwandten umgeben sind. Der Purpur-Wasserdost (im Amerikanischen Joe-Pye-Kraut) wurde nach einem indianischen Medizinmann benannt, der ihn gegen Typhus einsetzte; sein guter Ruf in Neu-England gründete sich auf diese Heilmethode. Ich brachte auch sechs buschige, braunrote Klapperschlangenwurzeln mit zahlreichen Knospen nach Hause, die kurz vor dem Aufblühen sind. Als Kusine des Purpur-Wasserdost und der Knochenheil-Pflanze wird sich die Klapperschlangenwurzel schön neben sie an den Waldrand einfügen.

Die Saison der Süßkirschen ist leider vorbei, aber die Traubenzeit ist in vollem Gange, und die kleinen, braunroten Reliance-Trauben sind exquisit. Keine Kerne. Sie sind wunderbar, wenn man sie mit Dominikanerpflaumen, der ersten Ernte der Bartlett-Birnen und irgendeiner der Dutzend Apfelvarianten auf den Finger Lakes-Obstplantagen mischt. Meine Freundin Sheila schwimmt jetzt zur Mittagszeit gerade über den Cayuga-See, was sie und einige Freunde jedes Jahr tun. Obwohl der See zur Zeit die wärmste Temperatur des ganzen Jahres hat, beträgt sie ungefähr nur 21 Grad, was sich nach einer Stunde recht kalt anfühlt, auch wenn man sich ständig bewegt. Aber Seegewässer können an einem Tag beträchtlich wärmer sein als an einem anderen. Der größte Teil des 60 Meter tiefen Cayuga bleibt kalt, denn das kalte Wasser sinkt ab und vermischt sich nicht mit der drei Meter dicken warmen Schicht darüber. Ein Südwind kann die warme Wasserschicht nordwärts blasen, wodurch der Südteil des Sees kälter wird. Bei Nordwind tritt das Gegenteil ein; glücklicherweise weht heute ein beständiger Wind aus Nordost, so daß die Schwimmer auf eine warme Überquerung hoffen dürfen.

Ich werde mich nie daran gewöhnen, wie schnell Dinge

wachsen. Gestern putzte ich die Zinnien und Schmetterlingsbüsche aus, und heute morgen warten schon wieder vertrocknete Blüten auf meine Scheren. Wann geschah das? Über Nacht? Die Nadelkissenblüten der protzigen Fetthennen mit dem Namen Autumn Joy sind im Begriff, sich rosa zu färben. Wenn Broccoliröschen rosa wären, würden sie genau *so* aussehen. Die riesigen, imposanten Gräser wiegen sich im Wind, verbeugen sich tief über der Auffahrt und bäumen sich dann mit einem Schwung wieder auf. Im kleinen Rosengarten in der Nähe des Erkerfensters finde ich eine tiefrote Cardinal's Song, die ich schneiden kann, und zu meiner besonderen Freude eine Paris de Yves St. Laurent. Ich habe darauf gewartet, diese ungewöhnliche Rose wieder blühen zu sehen, weil ich die pralle rosafarbene Faust im Herzen der geöffneten Blüten liebe. Die meisten Rosen zeigen ihre Geschlechtsorgane, wenn sie sich in den letzten ausschweifende Stadien ihrer Blüte ganz öffnen, aber Paris de Yves St. Laurent hält ihre unteren Teile hinter einer rosafarbenen Palme verborgen. Es schwebt etwas Unerreichbares um ihre letzten Mysterien, etwas vom persischen Garten der Lust.

Als ich meine Gartenrunden mache, spüre ich das Gewicht einiger Haferkekse mit Rosinen in meiner Tasche. Ich mache unter einem Apfelbaum Rast, und knabbere einige, während ich meinen Schattengarten überprüfe. Dabei entdecke ich, daß sich das Wild auch hier aufgehalten und einige Funkien weggefressen hat. Die Nacktschnecken haben hier ebenfalls Rast gemacht, um Löcher in die Blätter der Funkien zu bohren. Ich möchte gerne wissen, warum diese Pflanze für das Wild und die Nacktschnecken so schmackhaft ist. Das Wild hat auch die meisten federartigen Blüten der Astilben abgefressen. Das war eine arbeitsreiche Nacht für sie. Die leuchtend roten Fleißigen Lieschen und das orangegelbe Mädchenauge ließen sie unberührt. Machen sie sich nichts aus ihnen? Oder waren sie zu träge, die paar Meter dorthin zurückzulegen?

Das Kolibriweibchen hat angefangen, die Vogeltränke zu

benutzen, vermutlich weil einige ihrer geliebten Nektarblüten für dieses Jahr verblüht sind. Ich habe sie wegen des grünen Streifens auf ihrem Rücken Greensleeves getauft. Ihr Verhalten unterscheidet sich von dem Rubys. Sie ist nervös, hüpft herum und benimmt sich ungebärdig. Möglicherweise verhält sie sich so, weil sie weiß, daß sie in seinem Revier ist. Auf jeden Fall haben sie sich anfangs abgewechselt. Ruby bevorzugte das rechte Nektarloch, das am weitesten von der Tür entfernt ist. Sie trank von dem ganz links. Sie speisen nie zusammen, nehmen den andern aber deutlich wahr. Vielleicht sehen sie einander sogar in Ultraviolett, so wie sie die Nektarmarkierungen in den Blüten wahrnehmen. Einmal, nur einmal, sah ich ein Kolibrijunges an der Vogeltränke. Plötzlich tauchte es – dunkler und kleiner als die beiden anderen und mit einem kurzen Schnabel versehen – in einem eleganten Bogen auf, nippte kurz an allen drei Löchern und flog in dieselbe Richtung fort, die auch das Weibchen genommen hatte. Ich nannte das Junge Gizmo. Kolibris legen nur zwei Eier im Jahr, deshalb ist dieses Küken vielleicht ihr einziges. Ob auch andere Kolibris meinen Garten besuchen? Ich züchte viele Blumen, die sie mögen. Beispielsweise bieten die Funkien unter den Apfelbäumen weiße, glockenförmige Blüten auf langen, biegsamen Stielen. Einige große Funkien riechen stark nach Lilie. Man muß mit der Nase ganz in die Blüte eintauchen, um ihr kräftiges Aroma zu genießen, aber das ist allemal die beste Art, an Blumen zu riechen. Die vier Schmetterlingsbüsche – lavendelfarben, weiß, gelb und dunkelviolett – könnten einen Vogel einige Zeit beschäftigen. Zwischen der Vogeltränke und den Blumen wandert viel Nektar hin und her. Aber die Männchen verhalten sich extrem territorial. Gestern stießen das Männchen und das Weibchen an der Vogeltränke aufeinander, und er jagte sie mit Gewalt fort.

Ein Sphinxnachtfalter, perfekt wie eine botanische Zeichnung, schwebt in meiner Nähe, während ich einen großen Schmetterlingsbusch ausputze, der lauter kleine rotäugige Purpurblüten hat. Sphinxnachtfalter bewegen sich ähnlich wie Kolibris und werden oft mit ihnen verwechselt, zumal sie dieselben Blumen begehren. Aber die Flügel des Sphinxnachtfalters bewegen sich langsamer als die eines Kolibris. Man kann die Bewegung der Flügel sehen, die ein wenig wie die Krempe des Hutes einer Brautjungfer aussehen oder wie ein Fleck steifen Karamels oder wie eine Photographie der Saturnringe. Es ist ein *Trompe-l'œil.* Die Erinnerung an eine Bewegung, wie sie von den Augen eingefangen wurde, wird von Augenblick zu Augenblick wie ein gekrümmter Glanz verzerrt. Der Sphinxnachtfalter scheint keine Angst zu haben, obwohl ich im Vergleich zu ihm riesenhaft bin, denn er taucht in ein Blümchen nach dem anderen ein, schlürft Nektar und geht seinen Geschäften nach wie ich den meinen.

28

WENN ICH NICHT IM GARTEN ARBEITE, liebe ich es, in meinem Erkerfenster zu sitzen, das von Grün umgeben ist, und den Fluß des Wetters und den Lauf der Menschheit zu beobachten. Es erinnert mich ans Faulenzen in der Hängematte auf dem Bug eines Segelschiffs, mit dem Himmel über und dem Wasser unter mir. Als ich mich an die Delphine erinnere, die auf der Bugwelle dieses Schoners ritten, überkommt mich ein Gefühl vertrauter Ruhelosigkeit. Es gibt noch so viel Wildnis zu erforschen, die Ozeane, den Weltraum und den quälenden Rand der Dinge, das Ende der Welt. Die Erde ist ein Garten im Raum, voll blühenden Lebens. Ob es auch andere planetarische Gärten gibt? Ich glaube schon. Unsere Science-Fiction-Geschichten erschrecken uns mit außerirdischen Monstern und schrecklichen Klimaverhältnissen, aber vor nicht allzu langer Zeit rankten sich ähnliche Mythen um die unerforschten Regionen der Erde. Die Menschen begaben sich trotzdem auf Pilgerreise in die Wildnis.

Ich lese gerade die sinnenfrohen Notizbücher von John Muir, dem wandernden Mystiker, der unsere Nationalparks gründete. Bislang war mir war nicht klar, daß Muir anfangs ein begabter Erfinder war – der sich weigerte, seine Patente anzumelden, weil er glaubte, Erfindungen gehörten allen – und beträchtlichem Ruhm und Vermögen den Rücken kehrte, um in der Wildnis das Leben eines Heiligen zu führen. Er war zum Teil Zenbruder, zum Teil Glaubenseiferer, aber in seinem Idealismus und Umweltbewußtsein durch und durch Amerikaner. Nicht nur die Idee der Nationalparks, sondern auch unsere Haltung der amerikanischen Landschaft und »Wildheit« gegenüber entstammen den mit Besessenheit geführten Tagebüchern von John Muir. Am Ende seines Lebens zählte Ralph Waldo Emerson Muir zu der Handvoll wirklich großer Männer, die er gekannt hatte. Ich wünschte, Muir wäre an diesem Nachmittag hier, denn ich habe über seine Leidenschaft für Blumen nachgedacht, die er als »Pflanzenmenschen, die ... am Wegesrand stehen und predigen«, beschreibt, und auch über seine heldenhaften Pilgerfahrten, die er nicht nur als Zeuge unternahm, sondern um die Seele der Wildnis zu werden.

Es entspricht einer alten menschlichen Neigung, von zu Hause wegzugehen und die Grenze zu den verlockenden Gebieten der Magie, des Mystizismus, der Inspiration und der heiligen Verwandlung zu überschreiten. Wenn wir nicht wissen, was wir emotional mit uns anfangen sollen, sind wir bereit, uns auf eine symbolische Reise in unbekanntes Territorium zu begeben, wo neue Empfindungen geweckt werden und wir uns wachsam und neugeboren fühlen. Wir wissen intuitiv, daß man zur Veränderung des Selbst alles Bekannte und Gewohnte hinter sich lassen und sich von seiner Heimatstätte und der geliebten Vertrautheit des alltäglichen Lebens losreißen muß, dessen Launen und Gebräuche man allmählich kennt wie einen alten Freund. Es ist eine der nützlicheren Ironien der Literatur, daß wir nicht immer reisen, um unseren Umständen zu entfliehen, sondern um uns zu finden. Warum müssen wir das an einem fremden Ort tun, an dem uns unsere Vergangenheit fremd geworden ist?

Als Moses sein Volk in die Wildnis führte, tat er dies nicht nur, um es vor Unterdrückung zu schützen. Zuchtmeister können sterben oder zurückgelassen werden, die Tyrannei aber reist mit leichtem Gepäck wie ein Virus. Es kann tatsächlich vier Jahrzehnte dauern, der psychischen Belastung durch Unterdrückung zu entrinnen. In allen möglichen religiösen Kulten sondern die Priester und Führer ihre Anhänger von der Gesellschaft ab, befreien sie von so vielen alten Gebräuchen wie möglich und führen sie durch die Wildnis. Die Wildnis kann echtes Neuland voller Gefahren sein, aber sie kann auch eine Landschaft des Zweifels sein. Wiedergeburt ist die übliche Metapher, die auf der ganzen Welt in sehr vielen Riten und Glaubensrichtungen auftaucht. Sie wird sogar von Leuten verwendet, die von sich behaupten, Atheisten zu sein. Es muß sich also um einen machtvollen Instinkt handeln. Auf einer grundlegenden Ebene verstehen wir das biologische Skript, dem wir folgen. Wir wissen, wie Erziehung den Charakter und das Herz formen. Wir wissen, daß es viel Kraft erfordert, ein widerstrebendes und seßhaftes Selbst zu verändern. Das Monument muß wieder flüssig gemacht, in seine Bestandteile zerlegt und in eine andere Form umgestaltet werden. Die Metapher, die wir dafür wählen, ist die der Wiedergeburt. Den Führer durch diesen Prozeß setzen wir mit einem Elternteil gleich, normalerweise dem Vater. Manchmal identifizieren wir die Erde selbst als Mutter. In einigen Geschichten, auch in Lebensberichten, wird die Pilgerreise als solche erkannt. In anderen ereignet sie sich auf eher pikareske Weise. Das Element der Erneuerung kann dunkel oder hell sein. Die eigene Neugestaltung hat eine mächtige Anziehungskraft und funktioniert bei Heiligen und Betrügern gleichermaßen gut.

Bis jetzt ging ich davon aus, daß man eine Reise antritt, um irgend etwas oder sich selbst zu finden. Manchmal reisen Menschen aber auch, um sich zu verlieren; sie wollen ihre Vergangenheit verlieren und all die Erwartungen, die mit ihr verknüpft sind; die erstickenden Gesetze der Gesellschaft; die Infantilisierung durch die organisierten Religionen, welche die Menschen allzu oft dazu ermuntern, sich nur mit dem »Sollen« zu beschäftigen, wie Albert Ellis einst sagte; den inneren Kompaß – Moral, Familie, was auch immer –, der immer wieder in den Norden einer absoluten Überzeugung wies; den Wirrwarr der Beziehungen; die Jagd nach Glück oder Erfolg in den Augen der anderen. Manchmal reist man, um die Möglichkeit des Verlusts zu verlieren. Ich beschäftige mich gedanklich mit Pilgerfahrten, weil ich in der Realität und in der Vorstellung schon so viele gemacht habe, und ich lese gerne die Tagebücher anderer Naturwissenschaftler, die ihre eigenen Pilgerfahrten machen. Ich bezweifle, ob ich mich jemals an diese Eigenart des Geistes gewöhne: Man sitzt ziemlich ruhig in seinem Garten hinterm Haus, liest, spürt die scharfe Kante der Buchseite und das fast schwerelose Papier beim Umblättern fast nicht, ist von den Bildern und Geräuschen des Ortes umgeben und stellt sich währenddessen lebhaft die eigene Person in einer fremden Landschaft auf einem anderen Kontinent vor. Ich werde nie wissen, wie wir ein Bewußtsein entwickelten, das so viele Dinge zur gleichen Zeit tun und sich sogar noch selbst an einem anderen Ort vorstellen kann. Aber ich bin dankbar dafür. Natürlich bedeutet dies auch, daß wir uns Zustände der Vollkommenheit vorstellen können, die wir nie erreichen werden, daß wir über Mißgeschicke grübeln, die nicht eintreten, oder einem besseren Leben nachjagen, das irgendwo hinter dem Horizont auf uns wartet.

John Muir teilt uns nur wenig über seine Motive mit. Er gibt uns lediglich einen Hinweis auf eine Kindheit, die von einem fanatischen Vater beherrscht wurde. Man ist versucht, ihn sich als umherstreifenden Mystiker vorzustellen, der stets von der Landschaft gebannt ist und sich immer zum

Horizont hingezogen fühlt. Er verfügte über eine Achtsamkeit, die bis an die Grenze einer ekstatischen Freiheit vom Selbst ging. In seinen Tagebüchern erfährt man nichts über sein Innenleben – damit meine ich die fortwährenden Gespräche, die man mit sich selbst über Familie, Freunde, Unsicherheiten, wichtige Entscheidungen und so weiter führt. Zweifellos führte auch er sie, aber sie finden sich selten in seinen Aufzeichnungen wieder, nur Ekstase, Transzendenz und Ehrfurcht. Die Tagebücher existieren weniger, um etwas zu kommunizieren, sie dienen ihm eher als Hilfe, um seine Freude auszudrücken, um sie noch schöner zu machen, indem er ihr Worte verleiht:

> »Nach Einbruch der Dunkelheit, wenn das Lager ruhig war, tastete ich meinen Weg zurück zum Altarfelsen und verbrachte dort die Nacht – über dem Wasser und unter den Blättern und Sternen –; alles war noch viel beeindrukkender als bei Tag, der Regenfall sah matt weiß aus, er sang das alte Liebeslied der Natur mit feierlichem Enthusiasmus, während die Sterne, die durch das Blätterdach lugten, in den weißen Wassergesang einzustimmen schienen. Wertvolle Nacht, wertvoller Tag, die für immer in mir verbleiben.«

Er klagt darüber, wie ungenügend die Sprache doch für so einen transzendenten Zustand sei, »für den es kein Wortsymbol auf Erden gibt.« Muir schreibt poetisch und erfindet sogar gelegentlich neue Wörter, zum Beispiel die »Nebelseen«. Darin unterscheidet er sich wenig von der Schimpansin, die in der amerikanischen Zeichensprache unterrichtet wurde und die beim ersten Anblick einer Ente »Wasservogel« sagte.

Wir hören jedenfalls nie von seinen körperlichen Gebrechen oder seinen sinnlichen Empfindungen – außer in dem Maß, in dem sie seine Naturbeobachtungen enthüllen. Die können schrullig und scharfsinnig sein, so etwa bei der Beschreibung »bestimmter Spinnen … die bei Gefahr, wenn sich beispielsweise ein Vogel auf einem Busch niederläßt, auf dem sie ihre Fäden gesponnen haben, sofort so schnell auf ihren elastischen Fäden auf und ab springen, daß man nur undeutliche Schleier sieht.» In dieser Entrücktheit von sich selbst wünschte er wie eine Glasscherbe zu werden, eine Scheibe, so seine Worte, durch welche die Natur sichtbar würde. Keine Linse, kein Fenster, sondern eine Scherbe, gezackt und willkürlich, mit zerklüfteten, gefährlichen Ecken, die dennoch die Schönheiten der Welt offenbart. Hier klingt er wie Emerson, der sich wünschte, ein Auge zu sein, das durch die Natur reist, beobachtet und aufschreibt. Anders als Emerson oder Thoreau hatte Muir jedoch keine Angst vor überschwenglichen Worten. Sein Sinn für das Rauschhafte erreichte wahnhafte Dimensionen. An einem Tag im Juni schreibt er im biblischen Plural, der die gesamte Menschheit umfaßt:

»Wir sind jetzt in den Bergen, und diese sind in uns, entfachen Enthusiasmus, bringen jeden Nerv zum Beben, füllen jede unserer Poren und Zellen. Unser Tabernakel aus Fleisch und Knochen scheint so transparent wie Glas zu sein für die Schönheit um uns herum ... entzückt von der Luft und den Bäumen, den Bächen und Felsen, den Wellen und der Sonne – ein Teil der gesamten Natur, weder alt noch jung, weder krank noch gesund, aber unsterblich ... Ich kann mir kaum einen körperlichen Zustand vorstellen, der von Nahrung und Atem abhängt ... Welch glorreiche Bekehrung, so vollständig und heilsam ... Diese Neuheit des Lebens kommt uns so vor, als wären wir immer so gewesen.«

In dieser Proustschen Wachsamkeit, seine Umgebung zu sehen und zu fühlen, frohlockte er über die schlichte Existenz der natürlichen Dinge. Hätte er Darwin gelesen, hätte er vielleicht dessen Begriff der »Panmixie« gemocht, den Darwin erfand, um auszudrücken, wie uns die Ganzheit von allem an die Ganzheit von allem anderen erinnert.

Bei mindestens einer Gelegenheit kletterte er bei Gewitter auf einen Baum, besessen von dem Wunsch, von Wind und Regen zerschmettert zu werden, klammerte sich an den aufrechten, schwankenden Stamm, während sein Puls hämmerte und er in Ekstase aufschrie. Turner, der britische Maler von heftigen Stürmen auf See, pflegte sich an den Mast eines Schiffes festbinden zu lassen und mitten in einen tobenden Sturm hineinzusegeln, um sich von dessen Wildheit und fluktuierenden Farben durchdringen zu lassen. Aber Muir hat mehr mit John Donne gemein, der in einem seiner schönsten Sonette schreibt: »Zerschlage mein Herz, dreifaltiger Gott … bis du mich verheerest.« Die vollkommene Auslieferung der eigenen Person bis zur Auslöschung des Seins, des Körpers und der Seele umfaßt den vitalen und erotischen Körper ebenso wie die empfindsame, transzendente Seele. Alles Geringere wäre heuchlerisch oder feige. Manchmal ist es schwer, das zu verstehen. Wir trennen das Heilige vom Profanen und setzen beide sogar in Widerspruch zueinander. In vielen Religionen – den sogenannten heidnischen wie den sogenannten traditionellen – kann intensive Sexualität etwas Heiliges sein. Das Christentum gehört jedoch nicht zu diesen Religionen, und wenn die Kirche von der »Passion« Christi spricht, meint sie etwas ausgesprochen Nichterotisches, nämlich das Leiden und nicht die Leidenschaft. Deshalb »heiraten« Nonnen Christus und legen Geistliche ein Keuschheitsgelübde ab. Donnes Beziehung zu Gott war innig, persönlich und tief. Und so war auch seine Beziehung zu Frauen. Erregte seine Beziehung zu Gott seine Gefühle weniger als seine Beziehung zu Frauen? In seinen Gedichten verschwimmen die beiden Beziehungen, und wenn er von Gott spricht, verwendet er eine kraftvolle sexuelle Bildersprache – allerdings ohne die Metaphern des Flirts, der Verspieltheit oder der Ungewißheit. Er bietet seine vollkommene Leidenschaft dar, die Gesamtsumme seiner stärksten Gefühle, und deshalb verbindet seine Beziehung zu Gott die seltene Harmonie von beiläufiger und formeller Liebe, Zartheit und

Wildheit. Sie läßt auf eine Liebe schließen, die alle Formen menschlicher Liebe umfaßt.

In seiner Leidenschaft für das Natürliche nahm Muir nicht wahr, daß die Zivilisation auch natürlich ist; sie ist lediglich eine interessante Entwicklungsstufe im Leben der Hominiden. Ist Kultur etwas, das man erschafft, wenn man die Natur verloren hat? Muir war ein Mann, der nach diesem Axiom lebte. Kultur und Natur dringen für ihn nicht ineinander ein. Außerdem müssen sie voneinander getrennt bleiben, weil die Menschen eine verunreinigende Spezies sind. In seiner Vision verschmutzen wir den Planeten und uns selbst. »Der Mensch scheint das einzige Tier zu sein, dessen Nahrung ihn beschmutzt«, schreibt Muir, »was viele Waschungen und Lätzchen und Servietten notwendig macht. Maulwürfe, die in der Erde leben und schleimige Würmer essen, sind genauso sauber wie Robben oder Fische, deren Leben ein einziges Waschen ist.« Nach seinem Dafürhalten sollte die Natur ursprünglich und wild bleiben. Wenn er mit mir in meinem Garten säße, würden wir ziemlich sicher über seine Ansichten streiten, vor allem über seine Betonung, daß wir *in* der Natur, aber nicht *von* ihr sind. Aber über die Poesie des alltäglichen Lebens, in dem die Natur eine reine, versengende Flamme ist, wären wir einer Meinung.

Obwohl Muir weder so poetisch noch so introspektiv noch so trefflich kultiviert war wie Donne, steht er in der bahnbrechenden Tradition von Johne Donne, Gerard Manley Hopkins und Walt Whitman. Bei Muir verbindet sich – ebenso wie bei den anderen eben genannten – Sinnlichkeit mit Ehrerbietung in natürlicher Weise. In der Tat würde sich Ehrerbietung ohne Sinnlichkeit falsch oder halbherzig anfühlen. Deshalb preist Muir nicht nur die Seen und Bäche und die Wasserspinnen, die über sie laufen. Er rühmt den Geruch und den Geschmack der Luft – beides Ausdruck von Lebensprozessen, die sexuellen inbegriffen. Wenn man mich nach meiner Religion fragt, antworte ich normalerweise, ich sei eine Erd-Ekstatikerin. Aber Muir war das in einem innigeren Sinne, als ich es jemals für mich erhoffe. Daß er an einen denkenden, aktiven Gott glaubte, war fast unerheblich. Er lebte in der Kirche der Kiefern und verehrte die Schöpfung auf der Ebene der Zweige und Maulwürfe. Er pries jeden einzelnen »Pflanzenheiligen, den alle lieben und bei jeder Begegnung reiner gestalten müssen.« Vielleicht hat er sogar von Zeit zu Zeit gebetet, aber seine Notizbücher selbst sind schon eine Art Gebet; auch wenn er es vielleicht nie gesagt hat, glaube ich, daß sie sein Bedürfnis nach Anbetung völlig befriedigt haben. Sie verzeichnen eine bestimmte Liturgie des Himmels und der Wolken, ein Glaubensbekenntnis der Naturgesetze und viele Augenblicke der Erleuchtung. Aber er protokolliert sie sehr intim und in exquisiten Details, mit einer Eindringlichkeit, die an Panik grenzt, in der Art, wie man die einzigartigen Formen und Schattierungen auf dem Körper eines geliebten Menschen registriert. In den folgenden Zeilen beschreibt er seine Reaktionen auf eine große Zeder, einen Baum, der als stark und aufrecht wie eine Säule beschrieben wird, mit gelbgrünem Laub und zimtfarbener Rinde:

> »Ich fühle mich zu diesem Baum auf seltsame Weise hingezogen. Das braune feinkörnige Holz und die kleinen schuppenartigen Blätter riechen köstlich, und die flachen überlappenden Federn bilden ein feines Nachtlager, weil sie den Regen gut abweisen. Es wäre herrlich, bei einem Sturm unter einem dieser noblen, gastfreundlichen, einladenden alten Bäume Schutz zu finden, wenn er seine breiten beschützenden Arme wie ein Zelt nach unten beugt, wenn der Duft des Feuers aufsteigt, das von seinen herabgefallenen trockenen Ästen geschürt wird, und ein kräftiger Wind hoch oben singt.«

Es gab eine Zeit vor der Geburt, als die Außenwelt mit der Innenwelt untrennbar verbunden war, als die Welt und das Selbst vereint waren. Eine Zeit des In-Eins-Seins, für immer verloren seit der Geburt. Erinnern wir uns noch vorbewußt an diese Zeit, wenn wir unser Selbst körperlich wahrnehmen und wenn wir unausweichlich frustriert nach dem suchen, was wir Frieden nennen? Eine Rückkehr zu diesem Zustand der Verschmelzung von Selbst und Welt kann es nur im Tod geben, wie es Dylan Thomas so bewegend in seinem Sonett »When All My Five and Country Senses See« beschreibt. Vielleicht ist das der Grund, warum wir diese beiden Zustände so verlockend finden. Der Tod verlockend? Organismen möchten fortbestehen und sich reproduzieren. Ist der Tod verlockend, weil er Erleichterung von den Belastungen und Härten des Bewußtseins verspricht? Oder ist er ein wollüstiges Zerren in jenes Reich des vollkommenen In-Eins-Seins, an das wir uns in unseren Zellen erinnern? Manchmal können wir uns für kurze Zeit jenen idyllischen Zustand der Ganzheit vorstellen.

Sich der Wildnis zu öffnen, ist ein Akt reiner Hoffnung; wie ein barbarisches Kind verschlingt man jede Erfahrung und Empfindung. Die Erkundung meiner Gartenwelt finde ich genauso bereichernd wie eine Expedition, obwohl ich einige tolle Reisen unternommen habe. Als extremer Naturmystiker verfügte Muir zweifelsohne über Einsichten in die Ökospiritualität, und er wäre ein willkommener Gast, um sie mit uns zu teilen. Es geht nichts über weitschweifende Gedanken in einem kleinen Garten. Ich glaube auch, er würde eine Wanderung auf dem Pfad entlang der Finger Lakes mögen, der sich durch die Wälder dieser Region schlängelt.

Wurde Muir auch von sexueller Lust erregt? Selbstverständlich. Er heiratete früh und ernährte eine Familie. Und es gab eine seltsame Affäre mit einer britischen Autorin heißer Liebesromane, in denen Mieder vom Körper gerissen werden. Offensichtlich verlor sich Muir gelegentlich in ihren Armen, und sie verfolgte ihn durch die Dickichte von Wyoming und der sozialen Konventionen. Sämtlichen Berichten zufolge war sie ihr eigenes Wettersystem. Und am Ende kehrte sie nach England zurück und er zu dem Auf und Ab des Landes und Bodens und den kräftigen, aber unpersönlichen Forderungen der Jahreszeiten.

29

Zeit ist nicht unsichtbarer als ein Elch, der am Fluß trinkt – sie schickt Wellen über das Wasser, meißelt Fußstapfen in den Schlamm, hinterläßt Ringe im Innern eines Baumes. Die Natur wartet an jeder Ecke mit Sonnenuhren und Kalendern auf. Während ich dies schreibe, ist es in Nordamerika zum Beispiel Spätsommer. Als ich heute mit dem Fahrrad durch die hügelige Landschaft fuhr, fiel mir die Wilde Karotte ins Auge, die zusammen mit blauer Zichorie, stacheligen Kardendisteln und purpurnem Blutweiderich den Wegrand übersäte. Die wilden Gartenwicken, die sich um alle verfügbaren Bäume, Büsche oder Rasenornamente wickelten, sind verdorrt, genau wie auch die grazilen rosafarbenen Nachtviolen und die gewöhnlichen Taglilien. Seit Wochen scheine ich täglich einen weiblichen Keilschwanzregenpfeifer zu stören, einen tiefnistenden Vogel mit Stelzenbeinen, der dafür bekannt ist, beim Weghüpfen einen Flügel hinter sich herzuziehen, als sei er verletzt, um die Aufmerksamkeit von der Brut abzulenken. Gestern und heute: keine Regenpfeifer. Die Küken sind ausgeflogen.

Schwärme von Glühwürmchen veranstalteten im Juni ein Lichterfest. Jetzt sind die mondlosen Nächte dunkel und sehr laut. Die Zikaden klingen wie tausend Schlangen, die im Gleichklang rasseln. Gelegentlich reißt ein Waschbär ein kleines Kaninchen, dessen hohe Schreie durch Mark und Bein gehen; doch ich weiß, daß auch Waschbären Babys haben, um die sie sich kümmern müssen. Die Zaunkönige, die mühsam ihr Nest bauten und ihre ständig piepsenden Küken fütterten, sind ausgeflogen. Die stattliche Magnolie vor meinem Erkerfenster hat dicke klebrige Knospen bekommen, die sich nächstes Jahr zu kognakglasförmigen Blüten öffnen werden.

Im Frühsommer rochen die braunen Furchen der gepflügten Felder nach frisch gewendetem Moos, Dung, Würmern und Zimt. Der hohe Mais zeigt an, daß die Jahreszeit sich ihrem Ende nähert. Irgendwie sind die Maisstengel am Ende des Sommers immer eine Überraschung für mich. Aber ich liebe die goldenen Quasten sehr, sie flattern im Wind wie eigenwillige Stirnlocken. Alle Maisstengel scheinen nach oben zu zeigen; sie erinnern mich an Leonardo da Vincis Portrait von Johannes dem Täufer, der einen Finger der erhobenen Hand zum Himmel streckt. Im September verwandeln sich die Felder in Armeen verdorrter Vogelscheuchen, und ich ärgere mich, wenn ich an ihnen vorbeiradle. Trotz der üppigen Sommerhitze ertappe ich mich dabei, wie ich die Knospen an den Sumpfhibisken zähle: 30 sind noch übrig. Es ist schwer, sich nicht festzuklammern, weiter auszuputzen in der Hoffnung, der Sommer werde sich bis in den Dezember schlängeln, auch wenn ich weiß, daß die Pflanzen erschöpft sind und ihre Wurzeln in kühlem Boden ausruhen müssen.

Wir reagieren auch auf die eher ätherischen Spuren der Zeit, etwa das Sonnenlicht, das um das Haus herumstreift und um drei Uhr nachmittags in das Erkerfenster im Westen klettert. Am besten läßt man dann das hauchdünne, halbdurchlässige Rouleau herunter, damit unser Heimatstern nicht die Kissen ausbleicht.

Wenn man über Bergpässe fährt, kann man geronnene Zeit in den Gesteinsschichten sehen, geologische Zeitalter, die wie viele orientalische Teppiche aufeinandergeschichtet sind. Der Kalender der Natur hängt natürlich vom Schauplatz ab. Eine Eiskruste auf einem See signalisiert im Osten Winter, aber nicht in den Klondikes. Im Osten der Vereinigten Staaten machen die Zugvögel im Herbst Kontrollflüge am Himmel, während die Eichhörnchen Nüsse vergraben und flaumige Bäuche bekommen, um sich auf den Winter vorzubereiten. In Kalifornien aber fallen die Monarchfalter in die Eukalyptushaine ein.

An einem nebligen, kalten Morgen schlendere ich durch

eine Schlucht zu den Taughannock-Wasserfällen. Die Fälle sind hoch und gewaltig, und als ich die Brücke zum Aussichtspunkt am Fuß des turmhohen Wasserfalls überquere, verwandelt sich die Luft in dicke Sprühnebel und Aerosole aus Schmutz und Schlick. Am Felsen darüber offenbart sich die Zeit in den Felsstreifen. Die Wasserfälle ergießen sich seit Ewigkeiten über einen Kessel aus Kalkstein, den harten Kern. Aber dort, wo ich stehe, besteht die Felsschlucht hauptsächlich aus Schiefer, einem weichen, graphitähnlichen Stein, der fortwährend krümelt, pulverisiert wird und zusammenbricht. Zwei gegensätzliche Felsarten säumen diese Schlucht, und wenn man an ihrem Grund steht, kann man so klar wie sonst selten in seinem Leben ein grundlegendes Prinzip der Zeit in der Natur sehen: Manches widersteht, und manches bricht weg. Der Schiefer beginnt mit Wasser und endet mit Wasser, ein Zyklus von Aufbau und Zerstörung. Auch die Wälder häuten sich fortwährend. Man sieht es an der abblätternden Rinde, den verrottenden Baumstämmen, dem zerbröckelnden Stein. In diesem Zusammenhang erinnere ich mich an eine Freundin, die vor kurzem starb, eine lebensfrohe junge Frau, deren Fußkrebs sie letztlich umbrachte. Dazu entschlossen, nach ihrem Herzen zu leben, blieb sie beschwingt und positiv; sie verlobte sich, plante ihre Zukunft und heiratete. *Verleugnung* ist nicht das richtige Wort für das, was sie zum Ende hin zu fühlen schien. Sie wußte, daß sie sterben würde, aber sie widerstand mit aller Energie, die sie aufbieten konnte, während ihr Körper verfiel.

Die Zeit rast dahin, und gleichzeitig sammelt sie sich in der Erinnerung an. Ich frage mich, ob beide Illusionen von denselben Neuronen übertragen werden. Ein Beispiel für einen Zeitpool: Die Zeitung *Dispatch* aus Columbus, Ohio, veröffentlichte ein pikantes Foto, das im Dayton Airforce Museum aufgenommen wurde und das den letzten überlebenden Piloten der berühmten Mission, während der die Brücke am Kwai bombardiert wurde, ehren sollte. Auf diesem Foto wirft sich ein alter Mann für die Journalisten in Positur und zeigt dabei ein Bild von sich selbst als Neunzehnjährigem, der keck vor einem Flugzeug steht, auf das er die Nase eines Seeungeheuers und einige Dutzend Bomben gemalt hat. Der junge Mann hat den Hut schief auf dem Kopf und das Hemd offen, er sieht sonnengebräunt, schlank und strotzend vor Leben aus. Seine Miene drückt aus, daß er unbesiegbar ist und immer neunzehn bleiben wird. Schließlich kann er Wirbelwinde aus Metall kontrollieren und Brücken und ganze Städte in die Luft jagen. Was ist *damit* verglichen die Zeit? Er weiß nicht, daß sein wirklicher Feind – den Richard Hillary, der Royal Air Force-Pilot und Historiker des Zweiten Weltkriegs, den letzten Feind nannte – in seinen eigenen Zellen lebt, unerreichbar ist und schließlich ihn besiegen wird. Hillary erinnert sich an seine Kriegsjahre als Nervenkitzel, als eine wahnsinnige Zeit der Verantwortungslosigkeit und Freiheit. Es ist leicht zu verstehen, warum für viele Männer der Ausnahmezustand des Krieges einen Höhepunkt darstellte, den ihr Leben nie wieder erreichen würde, eine Zeit, in der die Welt sorgenfrei und ungezähmt erschien, leidenschaftlich und entwaffnend, eine ununterbrochene Folge von Momenten aus Haß, Liebe und Erlösung.

Und ein Beispiel für die rasende Zeit: Als ich in die Junior High School in Allentown, Pennsylvania, ging, hing in jedem Klassenzimmer unter einer großen Wanduhr ein Schild, auf dem stand: »Time passes. Will you?« (»Die Zeit schreitet voran. Du auch?«) Wir Schüler verstanden, daß diese Frage uns motivieren sollte, obwohl sie zweideutig war (Der Text kann auch bedeuten: »Die Zeit vergeht. Du auch?«). Die meisten würden die Junior High School bestehen, aber was wir damals noch nicht wußten – als wir ein totes Murmeltier vor dem Wochenende in einem Spindfach versteckten oder Eisstiele zwischen die Klaviersaiten des Musiklehrers schoben oder im Chemielabor 100-prozentigen Alkohol brauten –, war, daß die Zeit schneller vergehen würde, als wir wünschten, schneller als unser Gehirn errechnen konnte, so schnell wie tödliche Raketen. Einige Studenten würden im Vietnamkrieg sterben, und andere würden Opfer eines mysteriösen

Virus oder Bakteriums werden. Aber alles, woran wir zu jener Zeit dachten, war, erwachsen zu werden – und zwar nicht allmählich, sondern in einem plötzlichen Durchbruch von Größe, Brüsten und Stimmbändern. Wir sehnten uns nach den feinen Zügen der Weltläufigkeit, die in den Nahaufnahmen der glamourösen Filmstars sichtbar wurden. Unsere Stadien des Erwachsenwerdens umfaßten Bar-Mizwas, Teenie-Parties, High-School-Bälle und andere Übergangsriten. All das gibt es natürlich immer noch, wenn Kids ein Hüpfseil gegen eine Perlenschnur eintauschen. Aber in der Zwischenzeit hinterläßt die Zeit eine Fossilienspur im Kalkgestein. Sternschnuppen und der Walzer der Sternbilder leiten uns durch die Jahreszeiten. In jedem Monat wird der kurvenreiche Mond dicker und wieder dünner. Längere Schatten warnen uns vor dem Ende des Tages ebenso zuverlässig wie Sonnenuhren. Wenn wir Glück haben, erscheint vielleicht zum ersten Mal seit 4000 Jahren ein langgeschweifter Komet. Wenn wir uns exquisite Naturfotografien anschauen, was ich oft in dieser Jahreszeit tue, bleibt die Zeit für einige wertvolle Augenblicke stehen und erlaubt uns, zwischen das Klick und das Klack zu treten, während die Kamera nach Luft schnappt.

Herbst

»Das wahre Geheimnis der Welt
ist das Sichtbare,
nicht das Unsichtbare.«

Oscar Wilde

30

DER MORGENREIF sitzt schwer auf dem Gras und verwandelt den Metallzaun in eine Schnur voller Sterne. War das ein Stieglitz, der auf einer 100 Jahre alten Eiche thront, oder das erste sich färbende Blatt? Und was war das? Ein Kardinal oder ein Zuckerahorn, der seinen Baldachin für den Winter schließt? Als erfahrene Spurenleser der Jahreszeiten stehen wir still und blinzeln heftig auf der Suche nach Anzeichen. Auf einer fernen Hügelkette strahlt ein gelber Fleck, umgeben von Grün, wie ein Zimmer, in dem das Licht angemacht wurde. Schließlich dämmert uns die Wahrheit: Der Herbst hat sich pünktlich in die Stadt eingeschmuggelt, samt seinem Gefolge aus frostigen Nächten, makabren Feiertagen und spektakulären, atemberaubend schönen Bäumen. Bald werden die Blätter sich krümmen und zu geballten Fäusten aufrollen, bevor sie schließlich abfallen. Die riesigen grünen Blattburgen des Sommers werden verschwinden wie eine Fata Morgana. Zuerst allerdings wird es wochenlang hypnotisierende Farben geben, so sinnenfroh, schrill und konfettiartig, daß die Leute meilenweit anreisen werden, nur um sie zu beschauen – eine ganze Jahreszeit voller juwelengeschmückter Blätter.

Warum bilden sich die Farben auf den Blättern? Das tun sie gar nicht, die Blätter *entblößen* die Farben. Bald nach der Sommersonnenwende am 21. Juni, wenn die Tage anfangen, kürzer zu werden, überprüft ein Baum seine Blätter. Den ganzen Sommer über nährt er sie, und sie verarbeiten das Sonnenlicht. Aber wenn die Tage kürzer werden, drosselt der Baum das Wachstum seiner Blätter allmählich, indem er Nährstoffe zum Stamm und den Wurzeln hinabzieht, um sie dort für den Winter aufzubewahren. Schwammige Zellen bilden sich an den zarten Blattstielen und vernarben dann. Mit der reduzierten Nahrung können die Blätter das grüne Pigment Chlorophyll nicht herstellen, also kommt die Photosynthese zum Stillstand. Tiere können fortziehen, einen Winterschlaf halten oder Futter horten. Ein Baum hat weniger Möglichkeiten. Er hält Winterschlaf, indem er seine Blätter abwirft; am Ende des Herbstes halten nur noch zarte Fäden die Blätter an ihren Stengeln fest. Sich färbende Blätter bleiben anfangs stellenweise grün und zeigen dann gelbe und rote Flecken, wenn das letzte Chlorophyll sich nach und nach abbaut. Dunkles Grün, das am längsten in den Adern zu bleiben scheint, umreißt und grenzt helle Farben scharf ab wie Einfassungen, die farbige Glasornamente umgeben. Den ganzen Sommer über wird das aufgebrauchte Chlorophyll ersetzt. Aber im Herbst lösen sich, weil keine neuen Pigmente mehr ankommen, die grünen Filter auf, und die Farben werden plötzlich sichtbar. Nachdem die Tarnfarbe verschwunden ist, scheinen das Rot und Orange von irgendwo her zu kommen, aber in Wirklichkeit sind sie schon immer präsent, ein lebendiges Geheimnis, das unter dem grünen Plasma des Sommers verborgen liegt. Die Buntnessel und andere Pflanzen mit ihren anfänglich buntgefleckten roten, gelben und sogar purpurroten Blättern tragen ebenfalls ein Kostüm: Im Innern sind sie grün und produzieren fleißig Chlorophyll wie ihre Nachbarn, aber ihre sprudelnden Farben maskieren das Grün.

Der europäische Ahorn erreicht nicht dieselben flammenden Rottöne wie seine amerikanischen Verwandten, die von den kalten Nächten und sonnigen Tage zehren. Das warme und feuchte europäische Wetter führt dazu, daß die Blätter braun oder sanft gelb werden. Dank des robusten Klimas findet sich das spektakulärste Herbstlaub im Nordosten der Vereinigten Staaten, in Ostchina und in Kanada. Das Pigment Anthocyanin, das den Äpfeln ihr Rot verleiht und auch Blätter rot oder rotviolett tönt, wird von Zuckern erzeugt, die im Blatt zurückbleiben, nachdem die Nahrungszufuhr geschwunden ist. Anders als die Carotinoide, die den Karotten, Kürbissen und dem Mais ihre Farbe geben, den Rosen ihren Wohlgeruch verleihen und die Blätter orange und gelb tönen, schwankt die Menge des Anthocyanins von Jahr zu Jahr je nach Temperatur und Sonnenintensität. Die leuchtendsten Farben treten in den Jahren auf, in denen das Herbstlicht grell ist und die Nächte kühl und trocken sind. Das ist auch der Grund, warum die Blätter an einem sonnigen Herbsttag scharf und klar erscheinen: Das Anthocyanin blitzt wie Stahl.

Ulmen, Ginkgos, Hickorys, Espen, Strauch-Roßkastanien, Pappeln und Trauerweiden nehmen alle ein leuchtendes Gelb an. Linden werden bronzefarben, Birken hellgolden. Die wasserliebenden Ahornbäume stellen ein Feuerwerk von Scharlachrottönen zur Schau. Sumachs werden rot, genau wie blühende Hartriegelgewächse, Tupelobäume und amerikanische Amberbäume. Auch einige Eichen werden gelb, die meisten aber färben sich rosabraun. Wiesen und Farmen verändern mit den Tipis aus Maisstengeln und den trockenen Heuballen in den Feldern ihre Färbung. Der eine Hügelhang mag noch grün sein und der andere bereits farbig, da ein südlicher Hang mehr Sonne und Hitze abbekommt als ein nördlicher.

Wie so viele Sinneseindrücke, die wir innig lieben, dienen Blattfarben keinem besonderen Zweck. Wir haben eine Reaktion auf Schönheit entwickelt – auf Herbstblätter, die mit den Flammen des Sonnenuntergangs glühen, auf das Funkeln der Frühlingsblumen oder auf das schaudernde Erröten. Blätter, Blumen und Tiere wechseln alle ihre Farben, um sich an ihre Umwelt anzupassen. Aber es gibt keinen Grund, warum sich die Blätter im Herbst so schön färben, genauso wenig wie es einen Grund dafür gibt, daß der Himmel und das Meer blau sind. Das sind nur planlose Wunder, die uns der Planet jedes Jahr auftischt. Wir finden die schimmernden Farben hinreißend, aber in einem gewissen Sinn legen sie uns rein. Obwohl die Pflanzen wie Lebewesen gefärbt sind, signalisieren die Farben Tod und Zerfall. Mit der Zeit werden die Blätter brüchig und wieder zu Staub. Sie sublimieren sich von einem schönen Stadium zum nächsten, so wie einige Religionen es von uns

Menschen annehmen. Während die Blätter ihr grünes Leben verlieren, aber in drängenden Farben blühen, mumifizieren sich die Wälder. Die Natur wird sinnlich, stumm und strahlend.

Wir haben im Englischen den Herbst schon immer »fall« (Fall) genannt, abgeleitet vom altenglischen *faellan* (herunterfallen), das auf das indoeuropäische *phol* (fallen) zurückgeht. Das Wort hat sich nicht wirklich gewandelt, seit die ersten von uns einen Namen für diese jahreszeitliche Metamorphose benötigten. Es gibt noch einen weiteren Fall, den im Garten Eden. Adam und Eva verbargen ihre Nacktheit mit einem Feigenblatt, erinnern Sie sich? Blätter haben schon immer unsere peinlichen Geheimnisse verborgen. Der Herbst (»fall«) ist die Zeit, in der die Blätter von den Bäumen fallen, so wie der Frühling (»spring«) die Zeit ist, in der die Blumen aufblühen (»spring up«), der Sommer die, in der wir sieden (»simmer«) und der Winter die Zeit, die uns vor Kälte wimmern läßt (»whine«).

Für Kinder sind die herumwirbelnden Blätter nur eines der seltsamen Phantasieprodukte der Natur – so wie Hagelkörner oder Schneeflocken. Sie lieben es, in die weichen, ungebärdigen Blättermatratzen einzutauchen, einen Tunnel durch Blätterhaufen zu bohren und Blätter in die Luft zu schleudern. Wenn man einen Weg entlang geht, der von Bäumen in den Farbspritzern des Herbstes überhangen ist, vergißt man Zeit und Tod und verliert sich in der köstlichen Überfülle der Farben.

Nur eine leichte Brise, und die Blätter werden zu Kindern der Luft. Sie gleiten und fallen, als würden sie in unsichtbaren Wiegen geschaukelt. Sie sind ganz Flügel, wie sie mit kleinen Windhosen oder Aufwinden von Garten zu Garten flattern und sich dabei hin und her drehen. Aber wie lösen sie sich von den Bäumen? Wenn ein Blatt altert, schwinden die Wachstumshormone und die Zellen am Fuß des Blattstiels, des Petiolus, teilen sich. Zwei oder drei Reihen kleiner Zellen, die rechtwinklig zu der Achse des Petiolus liegen, reagieren auf Wasser, trennen sich voneinander, lösen sich von den Petioli und bleiben nur an einigen Fasern des Holzgewebes hängen. Dann lösen sich selbst diese auf, und das Gleiten beginnt.

Wir sind an die Erde gebunden, und daher sehen wir gerne Dinge, die hochsteigen und fliegen: Seifenblasen, Luftballons, Vögel, Herbstblätter. Besonders mögen wir es, wie sie beim Fallen umherpurzeln, sich wiegen und hin- und herschwenken. Jeder kennt diese Bewegungen. Piloten machen manchmal ein Manöver, das »fallendes Blatt« genannt wird, wobei das Flugzeug schnell und absichtlich an Höhe verliert, indem es zuerst nach rechts und dann nach links gleitet.

Mit der Zeit verschwinden die Blätter. Aber zuerst bekommen sie Farbe und begeistern uns wochenlang. Sie knirschen und knistern unter den Füßen. Sie machen *Schschschttt!*, während die Kinder mit ihren kleinen Füßen durch die Haufen am Straßenrand schlurfen. Nach einem Regen hängen dunkle, schleimige Blättermatten fest an den Absätzen der Schuhe. Ein feuchter, stuckartiger Mörtel aus halbverwesten Blättern schützt die zarten Schößlinge bis zum Frühling mit einem Dach und bildet reichhaltigen Humus. Ein gelegentlicher Buckel oder Kamm auf den blättrigen Erdwällen signalisiert uns eine Spitzmaus oder eine Feldmaus, die unsichtbar einen Tunnel bohrt. Vor dem Haus liegt ein fossiler Stein mit dem Abdruck eines schon lange verwesten Blattes, dessen Umrisse uns daran erinnern, wie genau, kraftvoll und lebendig auf dieser Erde die Dinge sind, die vergehen.

31

DIE KOLIBRIELTERN, Ruby und Greensleeves, nahmen am 5. September auf eine Weise Abschied, als ob sie einen Zug erwischen müßten. Allerdings nicht zusammen – Kolibris sind Einzelgänger. Wochenlang haben sie sich mit Futter fett gefressen und sich auf den anstrengenden Flug über Stadt und Land vorbereitet, angetrieben von einer Ruhelosigkeit, die sie in ihrem Blut fühlen konnten, eine hormonelle Aufwallung, die ebenso zuverlässig wie mysteriös ist und sie bewegt, sich in die Lüfte zu schwingen und so lange zu fliegen, bis sie ihr winterliches Zuhause auf der Halbinsel von Yucatán erreichen. Sie werden es wiedererkennen, wenn sie es sehen. Zum Glück warten dort keine aztekischen Krieger. Der Kriegsgott der Azteken, Huitzilopochtli, was »der Strahlende mit einer Waffe wie ein Kaktusdorn« bedeutet, war ein Kolibri. Die männlichen Vögel, deren Federn wie eine mit Juwelen bestückte Rüstung glitzern, sind so wild und schnell, wie es die Krieger sein wollten. Die aztekischen Herrscher trugen feierliche Roben, die vollständig aus schillernden Kolibrifedern bestanden, die die Sonne bannten und sie in übernatürlichem Licht badeten. Ich will mir nicht vorstellen, wie viele Kolibris sie getötet haben mußten, um *eine* Robe anzufertigen.

Wenn ich mir Rubys kleine Flügel vorstelle, die tagelang ohne Pause schlagen – und dann noch einmal 500 Meilen über das offene Meer mit seinem kleinen pochenden Herzen –, dann frage ich mich, wie er das schaffen wird. Wo ist Ruby jetzt? Ob er auf dem Weg eine Ruhepause macht, vielleicht in Charleston? Wird er es schaffen, Gegenwinde zu vermeiden und sich auf milden Strömungen treiben zu lassen? Wird er nächstes Jahr zu seiner alten Tränke zurückkommen, oder wird er irgendwo im zentralamerikanischen

Regenwald sterben? Und was ist mit Greensleeves und ihrem Baby? Werden sie gemeinsam in die Sonne fliegen, oder werden sich ihre Wege trennen, weil Gizmo sein eigenes Leben beginnt? Wird Gizmo im nächsten Sommer in meinen Garten zurückkehren?

Obwohl ich weiterhin frischen Kolibrinektar einfülle, fühle ich eine Mischung aus Verlust und Erleichterung. Jeden Morgen und jeden Abend tauchten die Kolibris wie magische Beschwörungen auf. Ich werde sie vermissen. Aber wie bei den Zaunkönigen bin ich auch beruhigt, daß sie überlebten. Ich weiß nicht, was Kolibris fühlen oder wie sie sich erinnern. Ob sie sich an diesen speziellen Garten erinnern und zu ihm zurückkehren? Vermutlich. Erinnern sie sich an die Saftigkeit bestimmter Blumen, die verborgene Behaglichkeit einzelner Nester? Erinnert sich die Mutter daran, daß sie ein Junges hatte? Oder ist ihr Gedächtnis flüchtigerer Natur, vorwiegend auf Navigation ausgerichtet? Kolibris können zwölf Jahre alt werden, und ich stelle mir gerade Gizmo vor, wie er nächstes Frühjahr im vollen Gefieder eines ausgewachsenen Männchens zurückkehrt.

Sie hätten noch nicht abreisen müssen, denn es gibt noch viel Nektar, und die Tage sind heiß und dunstig. Die Löwenmäulchen blühen immer noch wie verstreute farbenfrohe Murmeln, die hellen orangefarbenen Trompetenblumen klettern weiterhin den Zaun empor, die Schwarzäugigen Susannen tanzen einen Blütenreigen in alle Richtungen, die roten Geranienbäume haben 30 neue Blüten, und die Rosen preschen durch ihre zweite Blüte. Othello hat jetzt acht Rohre, die 3,5 Meter hoch sind, und weitere sieben von 1,5 Metern – aus allen schießen Blüten hervor. Die meisten Rosen blühen am Ende des Sommers eher bescheiden, aber einige putzen sich wie für ein großes Festspiel heraus, das ebenso temperamentvoll ist wie ihre Frühlingsshow. Mister Lincoln produziert Blüten so groß wie Müslischalen, und Colette hat ihre Größe verdoppelt und gerade damit begonnen, den Zaun mit Dutzenden pinkfarbener Blüten zu verzieren.

Aber die Blätter des Federbuschstrauchs haben die Farbe von Rosé-Wein angenommen. Die hohen grün-purpurnen Wiesenrauten des Sommers haben Perlen zarter Samenkapseln und safrangelbe Blätter entwickelt. Die Spindelsträuche stehen in Flammen. Einige Magnolienblätter haben beim Welken die Tönung alten Pergaments angenommen. Auf der großen Platane vor dem Haus pausieren die Blätter im Stadium eines blassen Limonengrüns und werden jeden Tag nur einen Hauch gelber. Es gibt nur wenige Anblicke, die so schön sind wie Ziergräser, wie sie in vielen Formen und Farben zusammengeballt entlang einer fünfzehn Meter langen Rabatte stehen und die Flaggen schwenken wie eine paradierende Menge. »Achten Sie auf die Gräser«, schreibt A. S. Byatt in *Still Life* (1985), »die sich so genau voneinander unterscheiden. Sie sind kleine Sprachfiguren. *Glastridium* – Nissengras, von *gastridion*, eine kleine Schwellung. *Aira* – Rispengräser, von *airo*, zerstören (ein destruktives Gras). *Panicum* – Mannagras, von *panis*, Brot, weil die Grassamen gemahlen und gegessen werden können.« Sie bilden ein buntes Mosaik, in dem die Zahmen auf die Wilden treffen – eine lange Reihe von Federn, grünen Polstern, orange-braunen Spiralen, gelben Zebrastreifen, lohfarbenen umgekehrten Besen, goldenen Scheiden, blaugrünen Ähren, Wolken von Aprikot –; sie alle wiegen sich in der leisesten Brise, tänzeln, verbeugen sich, und das sechs Monate lang. Es liegt etwas Besänftigendes in den Gräsern, eine Erinnerung an die Prärie, die einen über den Rand des Grundstücks treibt. Zwischen den Gräsern ragen die Sonnenhüte und andere gelbe Sonnenblumen aus gelbbraunen Blättern empor. Armeen von hoch aufgeschossenen rosafarbenen Fetthennen stehen im Garten Wache. Einige Wochen lang war die Welt bevölkert mit den spiralförmigen blauen Lobelien, aber sie alle sind zu struppigen Stangen geschrumpft. Dies ist eine Zeit der Paradoxie, eine Zeit des Übermaßes *und* des Hungers, da Sommer und Herbst auf denselben Weinstöcken hokken. Wenn die Blätter langsam Abschied nehmen, werden die Vögel da noch lange bleiben?

Ich besitze zwar auch einen Jahreszeitenkalender, dem ich folgen könnte, aber ich muß gestehen, daß ich keine Meistergärtnerin bin, nicht einmal eine besonders kundige. Ich habe einige Gartenerfahrung, lese viel und bin mit der Versuch-und-Irrtum-Methode oft auf der Verliererseite gewesen. Ich bin froh, das weitergeben zu können, was ich gelernt habe, aber mir fehlt ein gewisser Stoizismus, den professionelle Gärtner kultivieren. Beispielsweise stehen, wie bereits erwähnt, die Rosen in ihrer zweiten Blüte. Heute brachte ich von meinen Gartenrunden einen Stiel mit fünf süß riechenden morgenrotfarbenen Abraham Darbys mit, ebenso eine riesige rote Cardinal's Song mit gekrausten gelben Quasten in der Mitte, eine kleine grell-orangefarbene Charisma auf einem ungewöhnlich langen Stiel, eine festverschlossene rosafarbene Paris de Yves St. Laurent, vier perfekt geformte mandarinfarbene Lasting Peace, eine rotweiß gestreifte Scentimental (deren sich lockernde Blütenblätter wie Damenunterwäsche aussehen, die von einer Kommode herunterrutscht), eine kanariengelbe Climbing Golden Showers und zwei talkig-pinkfarbene Summer's Kisses. Ich habe sie noch nicht arrangiert. Ich stellte sie in einen Krug auf dem Küchentisch und werde bald eine, zugegebenermaßen ausgiebige Zeit damit zubringen, die richtigen Vasen auszuwählen, um ihren Zauber zur Geltung zu bringen, die Vasen mit lauwarmem Wasser zu füllen, einige Tropfen Zitronensaft gegen Bakterien hinzuzufügen, alles sanft zu rühren wie einen Martini, alle Blätter, die ins Wasser hängen und verrotten könnten, abzuzwicken, bevor ich dann endlich die Rosenstiele schräg abschneide und sie in ihren kleinen Lagunen plaziere. Dann werde ich an ihnen riechen, an einer nach der anderen, zwischendurch werde ich Luft holen, während ich ihre subtilen Duftnuancen genieße. Manchmal werde ich nur dastehen und meine Augen an ihnen weiden, ohne müde zu werden, als ob sie meine Kinder wären, die vom Internat nach Hause gekommen sind. Ich entschuldige mich nicht dafür, eine Dichterin zu sein, die Rosen liebt. Aber es mangelt mir an Stoizismus, um das Richtige zu tun und damit aufzuhören, die Rosen auszuputzen. Ich täte besser daran, sie Früchte bilden und sich langsam auf den Winter vorbereiten zu lassen. Ich werde sie diese Saison nicht mehr düngen, aber ich kann dem Drang nicht widerstehen, schöne selbstgezüchtete Rosen ins Haus zu bringen. Blumen zu schneiden ist eine Form des Ausputzens, und indem ich das jetzt in der späten Jahreszeit mache, bringe ich die Pflanzen ganz durcheinander, weil sie denken, es sei immer noch Sommer, und sie müßten blühen. Eine Rose, die fleißig Blumen und Blätter bis in den Spätherbst produziert, wird einen bösen Schock erleiden, wenn der erste Frost zuschlägt. Was ich tun *sollte*, ist, die Rosen vielleicht mit einem stickstoffarmen 0-10-10 Dünger zu nähren, um das Wurzelwachstum anzuregen und die Energie der Pflanzen von den Blüten weg zu lenken. Ich sollte den Rosen gestatten, sanft in den Winterschlaf zu gleiten, indem sie Früchte und Samen bilden, bevor sie sich schlafen legen. Bald werden sie Nahrung in die Stengel und die Wurzeln befördern, um sie dort den Winter über zu lagern. Ich muß die Blätter verwelken und abfallen lassen. Wenn ich sie zu früh abmache, kann es passieren, daß die Pflanze nicht genug Vorratsnahrung für den bevorstehenden langen Winter anlegen kann. Wenn ich die Stämme zu sehr zurückschneide (damit ihnen Eis und Wind nichts anhaben können), denken die Rosen vielleicht, es handle sich um einen ernsthaften Rückschnitt im Frühjahr, und bringen das Wachstum für die neue Saison auf Hochtouren. Ich weiß, was ich tun sollte. Aber nicht diese Woche, wahrscheinlich auch nicht die nächste. Schließlich sind die Rosen immer noch so farbenfroh wie Luftballons auf einer Party. Jeden Morgen finde ich einige neue Überraschungen, die auf den Beeten liegen, die Zäune hochklettern, sich an einem Obelisken festhalten, an ihren Stämmen lehnen. Es ist, als ob man eine Akrobatentruppe begrüßt. Natürlich möchte ich, daß ihre Blüte nie vergeht. Vielleicht lasse ich sie noch ein bißchen länger Sonnenlicht tanken.

Einige Bienen umkreisen immer wieder die Tränke der Kolibris, landen und versuchen etwas Zuckerwasser zu erhaschen, das sie zwar riechen, aber nicht erreichen können. Plötzlich erscheint ein Kolibri. Es ist der kleine Gizmo, er ist draller geworden und offensichtlich schlecht gelaunt. Er macht Jagd auf die Bienen, wirbelt umher und vollführt Sturzflüge, als wolle er einen Krieg gegen England führen. Von den Arbeitspferden auf den Farmen pflegten wir zu sagen, sie könnten auf einem Zehncentstück wenden und dann fünf Cent rausgeben. Gizmo weicht aus, trudelt und steigt auf, alles in einer Bewegung; er schikaniert die Bienen und jagt sie davon, als ob sie gewöhnliches Viehzeug wären. Sein Rapier hat noch nicht die volle Größe, aber das macht nichts. Er ist rasend. Nach einigen Runden schwirren die Bienen davon, und er trinkt sich satt. Bedenken Sie, er *muß* die Bienen nicht wegjagen. Sie sind hinter dem Zucker her, nicht hinter ihm, und es gibt genug Futter für alle. Aber männliche Kolibris verhalten sich unglaublich territorial, und die Bienen kotzen ihn einfach an. Ich persönlich lasse die Bienen am Ende ihres Lebens gerne diese letzte Süßigkeit genießen, Gizmo dagegen kann noch viele Sommer genießen. Warum ist er immer noch hier, wo doch beide Eltern bereits weg sind? Da dies seine erste Winterwanderung ist, kennt er womöglich noch nicht den Sirenenruf für die Wanderschaft, oder er verweilt noch, um Kraft zu sammeln und seine Fettreserven zu füllen, bevor er sich auf die schlimmste Reise seines jungen Lebens macht.

32

Jeder niest. In meiner Nase kitzelt es auch schon, und ich fühle mich so, als würde ich an einem Knäuel Gummiringe schlucken. Ich hoffe, es sind bloß Traubenkrautpollen, aber aus Angst, eine Erkältung zu bekommen, habe ich die letzten beiden Nächte im Gartenzimmer geschlafen. Das ist wie in einer Art Glasglocke. Wenn sich meine Augenlider wie Vorhänge öffnen und die Dämmerung durch die Wälder sickert, ist es wunderbar, ebenerdig und vom Garten umgeben zu erwachen. An diesem Morgen brachte mir ein lauter Kardinal kurz vor Sonnenaufgang ein Ständchen dar. Er hockte, vor den Blicken verborgen, in einer Zitterpappel und war wunderbar musikalisch und beharrlich. Wie lange war er schon da oben?

Ich habe gerade heißen Tee aus Echinacea (rotem Sonnenhut) getrunken, einem traditionellen Stärkungsmittel für das Immunsystem. Wir haben uns so weit von unseren Nahrungs- und Medizinquellen wegentwickelt, daß es mir komisch vorkommt, Tee von etwas zu trinken, das dekorativ in meinem Vorgarten wächst. Ein Niesanfall. Pollen, nicht Viren, sind die Übeltäter. Der Herbst kann für Allergiker zum Pollenalptraum werden, für die Pflanzen hingegen ist er lebensnotwendig, denn sie müssen sich vor den winterlichen Stürmen, die die Stiele abbrechen können, und vor dem Starrkrampf der gefrorenen Erde emsig fortpflanzen.

Wenn Sie einmal ein Pollenkorn unter einem Mikroskop gesehen haben, verzeihen Sie ihm jedes Unheil, das es in Ihren Nasennebenhöhlen anrichtet. Es sind schöne, kleine, stachlige Satelliten, die zum Festklammern geboren sind – ihre Bestimmung besteht im Kratzen. Einige sind rund, einige oval, andere segelförmig. Wenn im Herbst die fedrigen Goldruten auf den Feldern blühen, macht man sie üblicherweise für die Allergien verantwortlich. Aber die leuchtenden Farben sind ihr Alibi – bunte Blumen locken Insekten an und werden von ihnen bestäubt. Die Goldruten warten auf Besuch. Zusammen mit den Astern stellen sie für die Bienen eine der letzten Nektarquellen im Herbst dar. Nein, es sind vielmehr die scheuen Pflanzen, auf die man ein Auge werfen sollte, das langweilige Traubenkraut zum Beispiel, das normalerweise zwischen den Goldruten wächst und kleine, leichte Pollen produziert, die großartig mit dem Wind segeln. Dank seiner Schrotschuß-Methode gibt das Traubenkraut 1,6 Milliarden Pollenkörner in der Stunde ab. Das hört sich gewaltig an, aber viele Körner gehen beim Transport verloren, und Pollen sind billig. Pflanzen, deren Pollen vom Wind übertragen werden, müssen weder mit Farben locken noch Nektar als Köder für Insekten erzeugen. Sie überfluten ganz einfach ihre Nachbarschaft mit Samen. Auch Menschen produzieren Millionen von Spermien, weshalb ein Jugendlicher eine ganze Nation bevölkern könnte. Viele haben das auch versucht.

Es gibt zwar einige tiefliegende Pflanzen, die die Windbestäubung bevorzugen, wirklich ideal aber ist sie für Bäume, deren Samen als raffinierte kleine Windrädchen oder Blütenkätzchen herumfliegen können. Den Samen zu verbreiten ist nur die halbe Arbeit; Pflanzen müssen auch Pollen einfangen, und das kann eine besondere Herausforderung sein. Aber einige Pflanzen haben sich Methoden ausgedacht, den Wind genauso raffiniert zu nutzen wie wir mit unseren Windmühlen, Flugsäcken und Tragflächen. Nehmen Sie beispielsweise die Kiefernzapfen. Aus welcher Richtung wird der pollenbeladene Wind wohl wehen? Das spielt für die Kiefern keine Rolle. Sie entwickelten ihre Zapfen als kleine Turbinen, die mit Schaufeln versehen sind, und Pollen aus jeder Richtung einfangen und auch in eine Windwolke verteilen können. Dort, wo herumwirbelnde und stillstehende Luft aufeinandertreffen, bilden sich Strömungen, die die Pollen zu ihrem Ziel bringen. Oder betrachten Sie die Jojobapflanze. Über jeder herabhängenden Blüte wachsen zwei Blätter genau im richtigen Winkel, um den Wind hinunter zu den weiblichen Eizellen zu leiten, die auf die Pollen warten. Da Pflanzen von einem Meer aus Luft umgeben sind, haben sie gelernt, den Wind auf ihre Weise auszubeuten. Deshalb sollte ich nicht überrascht sein, die Luft im Herbst voller Samen zu finden, die wir einatmen und ausschneuzen, ohne genau zu wissen, an welchem Wachstumsprozeß wir gerade teilgenommen haben.

Ich kann die Nachbarskinder wie Wasserhähne gluckern hören, als sie sich in die Blätterhaufen stürzen. Seltsam geformte Kürbisse dekorieren viele Türstufen. Bei Ludgate's, einem beliebten Laden für Naturprodukte, kaufe ich körbeweise duftende Reliance, kernlose rote Weintrauben, die für ihre knackige Schale und ihr süßes weiches Fleisch ausgezeichnet wurden. Der Himmel hat ein mediterranes Blau, und die Temperatur ist mild. Im Schatten ist es kalt, und in der Sonne schwitzt man.

Herbst bedeutet auch Garagenverkäufe überall in der Nachbarschaft, die den ganzen Tag über einen ständigen Strom von Schatzsuchern anlocken. Ich bin verblüfft, was die Leute alles wegkarren. Wie die Aasgeier in der Serengeti. Wenn sie einen Kadaver erspähen, gleichgültig wie alt, abgerissen und angenagt er sein mag, verspüren sie den Drang, ihn nach Hause zu schleppen.

Eines Tages, als im Haus gegenüber ein Hofverkauf stattfand, stellte ich einen rostigen Pflanzenbehälter und einen Turm verlotterter Hängetöpfe aus Plastik an das Tor zu meiner Einfahrt und legte einen kleinen Zettel dazu, auf dem »Kostenlos!« stand. Ich war die Auffahrt noch nicht hochgegangen, da war bereits alles weg. Irgend jemand lud das Zeug gerade leise auf einen Kombi, der mit Aufklebern übersät war, von denen ich nur drei beim Wegfahren des Autos lesen konnte:

WARNUNG: DIESEM FAHRER IST ALLES SCHEISSEGAL.
ALLES, WAS REIFEN ODER HODEN HAT,
MACHT PROBLEME.
IM BESÄNFTIGEN BIN ICH SO GUT,
DAß ICH MIR EIN ARSCHLOCH
ZUM REINKRIECHEN GEBAUT HABE.

Den letzten Spruch fand ich besonders gut, und ich bedauerte, daß ich die restlichen nicht lesen konnte, weil das Auto langsam hinter einer Kurve verschwand, voll beladen mit Leckerbissen, die für die einen Leute Abfall und für die anderen ein unverhoffter Glücksfall sind.

Ein Schmetterling auf einem Purpursonnenhut dreht sich langsam auf der Stelle und trinkt während seiner Pirouetten Nektar. Dabei öffnen und schließen sich seine Flügel mit langsamen, gleichmäßigen Schlägen. Jedesmal, wenn die Flügel sich öffnen, sehen sie wie die Öffnung von Amors Bogen aus. Geschlossen wirken sie von der Seite wie stilisierte Engelsflügel (ohne Kopf und Körper). Warum dieser Schmetterling die ganze Zeit mit seinen Flügeln schlagen muß, obwohl er doch sitzt, weiß ich nicht, es sei denn, ein für mich nicht fühlbares Lüftchen genügt, um ihn von seinen Nektarquellen herabzustürzen. Obwohl ich dieses Detail von meinem Standort aus nicht sehen kann, weiß ich, daß der Schmetterling eine lange spiralige Zunge hat, die sich beim Nippen wie eine Partytröte aufrollt. Und er hat winzige Greifhaken als Füße. Also sollte man denken, daß er auf einer Blume ruhig stehen könnte. Aber vielleicht genießt er die heiße Sonne an diesem eher kühlen Tag und benutzt seine Flügel als Sonnenkollektoren, um Wärme zu sammeln. (Damit ein Schmetterling seine Flugmuskeln gebrauchen kann, muß die Lufttemperatur mindestens 13 Grad betragen.) Nicht zuviel Hitze, gerade genug, um sich behaglich zu fühlen, genau die Menge an Wärme, die durch langsames Öffnen und Schließen gespeichert wird. Oft habe ich Tieren bei der zwar einfach wirkenden, aber schwierigen Aufgabe zugesehen, ihre Thermostate immer wieder neu zu justieren. Wir

Menschen machen das natürlich auch oft. Deshalb sind Twinsets so beliebt. Die Alligator-Variante des Sonnenbads besteht darin, mit dem Schwanz und einem Bein im Wasser zu hängen, während der Rest des Körpers am sonnigen Ufer liegt. Alligatoren bevorzugen Teiche, die mit etwas bedeckt sind, das wie grüner Schaum aussieht; in Wirklichkeit handelt es sich um eine warme Decke aus den kleinsten Blumen der Welt.

Es ist ein drückender, bewölkter Tag, der fühlbar schwül ist. Die Luft ist wie eine Wolke. Jeder sehnt den Regen herbei, um die verdursteten Gärten nicht gießen zu müssen. Einige Purpursonnenhüte lassen bereits ihre Köpfe hängen, und damit ist klar, worin meine Aufgabe für heute besteht. Das Lebewesen Garten schreit nach Futter.

33

Das Ausputzen von Astern lehrt Bescheidenheit. Prüfen und schneiden, prüfen und schneiden kann eine friedvolle Arbeit sein. Die neuen Knospen bilden sich so dicht an den Blumen, daß man nicht mehrere gleichzeitig ausputzen kann. Man braucht scharfe spitze Scheren und die Geduld der Penelope. Während ich entlang der Auffahrt eine lange Reihe mit Astern auslichte, registriere ich etwas aus den Augenwinkeln. Ich drehe mich um und sehe einen großen, ausgewachsenen Waschbären auf meiner Schubkarre in der Einfahrt sitzen und einen Sack mit Pflanzennahrung auf dem Boden beäugen. Als ich auf das Tier zugehe, wankt es zuerst ein wenig und dann sehr stark. Ich bleibe stehen, als mir klar wird, wie krank der Waschbär sein muß. Er dreht sich um und torkelt wie betrunken am Haus entlang zum Fuß der großen Eiche, in der er wohnt, aber er ist zu schwach zum Klettern. Erschöpft von dieser kleinen Mühsal, legt er sich einige Augenblicke hin und schleppt sich dann langsam in den Wald. Ich rufe meine Nachbarn an, um sie und ihre Kinder zu alarmieren, dann die Tierschutzorganisation SPCA, die Fallen aufstellen wird, um die ganze Waschbärenfamilie zu fangen und auf Tollwut zu untersuchen. Ich bin sehr besorgt wegen der Kinder in der Nachbarschaft, denn auch Hunde und Katzen können Tollwut bekommen und auf ihre Besitzer übertragen. Tollwut ist eine schreckliche Krankheit, der Edgar Allan Poe 1849 auf geheimnisvolle Weise zum Opfer fiel, nachdem er drei Tage im Delirium gelegen hatte (was der normale Verlauf der Krankheit ist). Nachdem er eine Zeitlang durch Baltimore getaumelt war, kollabierte er schließlich auf der Straße und wurde umgehend ins Krankenhaus gebracht, wo sich sein Zustand zuerst verbesserte, dann jedoch verschlechterte. Er starb an einem Biß, den er wahrscheinlich ein Jahr zuvor von einer seiner Katzen erhalten hatte, die sich die Krankheit von einem tollwütigen Waschbär zugezogen hatte.

Obwohl es immer noch brutal heiß ist in Ithaca, werden für Ende der Woche Temperaturen um die zehn Grad vorausgesagt. Der Ahorn hat ein atemberaubendes Rot. Ich bin dafür gerüstet, in frostigen Nächten mit meiner Karawanserei an Zeltstangen und rosafarbenen Planen nach draußen zu stürmen, wild entschlossen, die Wachstumsperiode zu verlängern; aber ich weiß, daß es nur noch eine Sache von Wochen ist. Es ist hart. Ich hasse es, den Betrieb im Garten einzustellen, aber die Blumen müssen ruhen, wie alles, was wächst.

Die schokoladenblättrigen Klapperschlangenwurzeln, die ich dieses Jahr einpflanzte, tragen Büschel winziger, weißer Blüten, und der Kontrast zwischen den rötlichbraunen Stielen und Blättern und den schneeweißen Blüten ist sensationell. Aus einem der Beete ragt der Purpur-Wasserdost mit seinen malvenfarbigen Blüten empor. Scharlachrote Buntnesseln sind zu dicken, leuchtenden Büschen herangewachsen. Elefantenohrige Kaladien zeigen blutrote Adern auf mintgrünen Blättern. Die pfefferminzgestreiften Fleißigen Lieschen sind inzwischen 90 Zentimeter hoch geworden. Die purpurnen Federn der Astilben sind gerade verblüht: Der Garten legt seine Federhalter beiseite. Weiße Gänseblümchen-Astern (die Straßenrandvariante) ragen drohend über kompakten, tiefvioletten Astern. Gelbe Miniaturgräser bilden kleine Hügel, rosafarbene Anemonen wiegen sich im Wind, und Gruppen von Sonnenhüten fügen ein schockierendes Gelb hinzu. Ein großer brauner Topf, versteckt im Laubwerk, enthält eine riesige gelbe Chrysantheme, die stark in Blüte steht. Zwei Yuccas winken mit gelb und grün gestreiften Blättern, die wie Ringelnattern aussehen. Protzige Fetthennen bekommen rosafarbene Knöpfe. Und ein Dutzend Astern aller Farben und Größen umgibt einen lavendelfarbenen Garteneibisch in der Mitte des Beets.

Während ich ruhig dasitze und das Panorama genieße, beginne ich zu lächeln. Ich mag es nicht, daß der Sommer zu Ende geht, aber diese Herbstschau ist es wert, daß man auf sie wartet und Zeit für sie aufbringt. Sie hat ihre eigenen Themen und einmalig schöne Pflanzen. Die Astern sind eine Offenbarung – sie haben so viele Formen und Größen. Einige sind an den hängenden langen Stielen kaum sichtbar, andere sehen wie verwegene rosa Gänseblümchen aus, wieder andere krönen steife Tentakeln, und dann sind da noch die niedrigwachsenden kompakten Sträuße leuchtender Fuchsien. Ich brauche zweifelsohne noch mehr Astern. Die beliebte Herbstblume Aster ist nach Astraea, der Göttin der Unschuld, benannt, die nach der griechischen Mythologie soviel Sünde unter den Sterblichen antraf, daß sie sich in das Sternzeichen der Jungfrau verwandelte. Auch Zeus hatte von den menschlichen Sünden die Nase voll, und in einem Anfall von Rachegelüsten sandte er große Fluten über die Erde, die alle Menschen außer dem ihm ergebenen Paar Deukalion und Pyrrha töteten. Die beiden gingen aber während der Katastrophe und ihren Nachwehen verloren. Aus Mitleid mit ihnen vergoß Astraea einige Sternenstaubtränen, die auf die Erde fielen und zu Astern wurden; dann benutzte sie einen Schweif aus Sternenlicht, um Deukalion und Pyrrha in Sicherheit zu geleiten.

Trotz dieses traurigen Mythos finde ich, daß Astern im Spätsommer eine Explosion aus Blüten sind, Pflanzen mit Dutzenden von Gesichtern, eine lebendiger als die nächste. Wir haben noch gut einen Monat, bevor schwererer Frost einsetzt, und auch dann wird der Boden noch eine ganze Weile nicht gefrieren, nicht vor dem Dezember. Außerdem friert der Boden von oben nach unten, deshalb kann das Einpflanzen noch ein wenig weitergehen. Angeblich sind Astern ein Heilmittel gegen die Bisse tollwütiger Hunde, aber man muß aus den Blumen und »altem Schweinefett« einen Wickel machen, und ich kenne eigentlich niemanden mit alten Schweinen – oder tollwütigen Hunden. Die meisten meiner lavendelfarbenen Astern sind wieder aufgeblüht, und ich habe einige neue dazugepflanzt. Während ich das Gesicht einer Blume zwischen zwei Fingern halte, erinnere ich mich an ein Gedicht von Gottfried Benn, einem deutschen Arzt, der während des Ersten Weltkriegs in einem Leichenschauhaus arbeitete. Alle seine *Morgue*-Gedichte sind faszinierend, aber mir kommt »Kleine Aster« (1912) in den Sinn.

»KLEINE ASTER
Ein ersoffener Bierfahrer wurde auf den Tisch gestemmt.
Irgendeiner hatte ihm eine dunkelhellila Aster
zwischen die Zähne geklemmt.
Als ich von der Brust aus
unter der Haut
mit einem langen Messer
Zunge und Gaumen herausschnitt,
muß ich sie angestoßen haben, denn sie glitt
in das nebenliegende Gehirn.
Ich packte sie ihm in die Brusthöhle
zwischen die Holzwolle,
als man zunähte.
Trinke dich satt in deiner Vase!
Ruhe sanft,
kleine Aster!«

In diesem seltsamen kleinen Gedicht konkurrieren zwei Leidenschaften miteinander: die kaltblütige Nüchternheit des Chirurgen, der geschickt und routiniert Autopsien durchführt, und die romantische Seite des Arztes, der die Blume mit derselben Genauigkeit und Zuversicht in das Herz der Leiche einnäht, mit der er vorher die Zunge und den Gaumen entfernte. Auch in seinen anderen Gedichten schnitt Benn dieses Thema an, und daher glaube ich, daß er herausstellen wollte, wie wir modernen Menschen (die sich der Wissenschaft widmen) uns mit der Aster (einem Symbol der Zuwendung und Hingabe) reiben wie zwei Fäuste. Da ist kaum eine Pause zwischen dem Hineingleiten der Aster in das Gehirn und dem Verpacken der Blume in der Brusthöhle. Mit einer harten Geste wandert die Aster vom Mund zum Gehirn und zum Herzen, versieht den Bierfahrer mit einem weiteren Glied und schenkt seinem Herz die violette Farbe des Blutes. Ein Mythos, der all die alten Balladen beschwört, in denen Blumen aus den Herzen der Liebenden wachsen, sucht seinen toten Körper heim. Und auch die Aster findet eine Art Erlösung in ihrer neuen Vase. Das Leben kann sich in seiner ganzen Schönheit eine Weile selbst erhalten, sogar im Tod und als Holzwolle aus geschredderten Bäumen. Und was ist mit Dr. Benn, der die Blume heimlich in die Brust des Toten packte? Er glaubte, daß Krankenhäuser auf die falschen Krankheiten ausgerichtet seien, daß das wirkliche Leiden des Menschen darin bestehe, von den Heilprozessen der Jahreszeiten ausgeschlossen zu sein. In »Kleine Aster« offenbart Benn Gefühle auf eine Weise, als ob etwas Kriminelles an ihnen wäre; die sternenförmige Aster ist ihr Symbol. Ich habe – praktisch oder poetisch – nicht viel zur Entschuldigung der Tatsache vorzubringen, daß ich Astern kaufe, aber ich sehne mich in dieser Jahreszeit nach ihnen, wegen ihrer Überschwenglichkeit, Frostbeständigkeit und ihren fruchtigen Farben, und weil sie in den schwindenden Sommertagen den Garten mit Leben füllen.

Auf meiner Fahrt zu einer hiesigen Gärtnerei überlege ich gedankenverloren, wie viele große, langstielige Astern ich im

Heck meines Toyota verstauen kann. Da gehen sicherlich einige hinein, mehr als in jeden anderen Wagen, den ich bisher hatte. Ich bedauere, daß wir in der Schule keine Gartenmathematik und Gartengeometrie lernten. »Wenn der Kofferraum deines Autos 1,2 Meter breit ist, der Abstand von der Stoßstange zur Rückseite der Vordersitze 90 Zentimeter beträgt und der Kofferraum durchschnittlich 90 Zentimeter hoch ist, wie viele Töpfe mit Astern gehen hinein, wobei die Töpfe 20 Zentimeter Durchmesser haben und die Astern 1,2 Meter hoch und 60 Zentimeter breit sind, wenn du sie (1.) nebeneinander, (2.) kreuzweise aufeinander oder (3.) paar weise verkehrt herum legst?«

Plötzlich hege ich liebevolle Gefühle für Käfer. Nicht für Blattläuse, Japankäfer, Nacktschnecken, Milben oder langweilige Raupen. Ich erinnere mich an mein erstes Auto, einen alten, abgenutzten VW-Käfer aus zweiter Hand. Als ich ihn für 100 Dollar von einem Studenten kaufte, war seine mintgrüne Lackierung bereits einer krankhaft weißen Blässe gewichen. Es war die Art von Grün, die altes Kupfer auf der Haut zurückläßt. Mit 19 Jahren fuhr ich bereits fünf Jahre Auto, allerdings ohne Ehrgeiz, und ich hatte noch nie einen Schalthebel betätigt. Da ich so große Angst vor dem Schalten hatte, fuhr ich einen Monat lang nur im zweiten Gang. Jedes Mal, wenn ich versuchte, in den dritten Gang hochzuschalten – was bedeutete, mit dem Schalthebel kraftvoll und schnell ein großes H zu beschreiben –, hörte ich Verdauungsgeräusche, die Autos meiner Vorstellung nach nicht machen sollten, und verlor umgehend die Nerven. Natürlich heulte der Motor, wenn ich im zweiten Gang mehr als 60 Stundenkilometer fuhr, aber da die Geräusche des rostigen Auspuffs noch zu dem allgemeinen Krach hinzukamen und außerdem sämtliche Triebfedern kaputt waren, klang der Wagen sowieso, als führe ich eine ächzende Einmannkapelle.

Das Innere des Autos war zerfetzt, als hätte jemand versucht, sich aus dem Inneren herauszukratzen. Vielleicht war der Wagen empfindsam und wurde von den Neurosen der

Eigentümerin zur Hysterie getrieben? Ich wußte es nicht. Aber ich liebte die Freiheit, die er mir gab, wenn er mich aufs Land fuhr, wo ich zwischen Wildblumen und Getreide- und Maisfeldern spazierengehen konnte. Ich kann mich noch an die Mischung der Gerüche aus Geißblatt, Wildzwiebeln und frisch gemähtem Gras erinnern, als ich langsam die schmutzigen Straßen entlangfuhr, während ich die Farmgärten und die Bäume bewunderte, die alt genug waren, um dem größten Teil der Häuser Schatten zu spenden. Ich wünschte, ich hätte Schnappschüsse von jedem Feld gemacht – von den klumpigen Reihen nassen, reifen Weizens, dessen Köpfe im seltsamen Glanz des Lichtes auf den eigenen Armen ruhten; von den umsponnen Pachysandren, die so üppig waren, daß ich fast erwartete, sie strotzten von lianenartigen Reben, von Vanillekapseln und Papageien, die in der Gluthitze von der Muttergottes schwatzten; von den Wiesen voller wilder Möhren, die wie Tausende von Zierdeckchen wehten; von den endlosen Reihen Mais und insbesondere von den ab und zu auftauchenden alten schiefen Weiden, deren riesige, herabhängende Glieder mich immer an Paviane erinnerten.

Mit der Zeit empfand ich die durchdringenden Geräusche des Autos als so beruhigend wie eine Tasse Tee. Aus Liebe hätte ich es vielleicht weggegeben, glaube ich, aber nicht für Geld. Dabei war der Käfer bei hohen Geschwindigkeiten nicht einmal sicher. Einmal, als ich etwas zu schnell in die Kurve bog, rutschte das Heck herum, das Auto drehte sich, prallte von einer Felswand ab und kam in der Mitte der Hauptstraße zum Stehen. Ich brauchte eine Weile, bis ich merkte, daß ich noch am Leben war. Dann fielen alle Kotflügel und Türen mit einem lauten Klappern ab. Auch wenn dieser Zwischenfall alarmierend war, er hatte mich nicht davon überzeugen können, meinen geliebten VW aufzugeben. Die Fenster konnten überklebt, die Kotflügel und Türen mit einer Schnur festgebunden werden. Nein, erst als sich ein Freund das Auto lieh und es ohne Öl fuhr, so daß sich der Motor festfraß, trennte ich mich widerwillig von ihm. Und so nahm er den Weg allen Metalls – zum großen Schrottplatz der Erinnerungen am Himmel.

Vor einigen Jahren glaubte ich noch, ein Auto mit einem Heckraum würde für Pflanzen und Skier und Menschen ausreichen, und das tat es auch. Aber jetzt ertappe ich mich dabei, daß ich die Kriterien fürs Gärtnern schamlos in den Vordergrund stelle. Vergessen Sie Komfort! Vergessen Sie Stil! Vergessen Sie Sparsamkeit! Wird das Auto den gärtnerischen Bedürfnissen gerecht? *Das* ist die Frage, die das Leben des Gärtners allmählich einengt. Im Strudel der Leidenschaft fängt die Landschaft an sich zu drehen, und Objekte, auf die man sich als feste Gegebenheiten verließ, reißen sich los und wirbeln ins Zentrum der Sucht. Gärtnerei als Sucht? Ich glaube, das Leben ist Sucht, die Gärtnerei ist nur eine der besseren Drogen. »Nach und nach, trotz anderweitiger Sorgen«, gesteht Henry James, »beginnt sich langsam, aber sicher das Gift der Gartenmanie in meinen schon lange Zeit träge fließenden Venen zu regen«. Mea culpa. Ich liebe ein graues T-Shirt, das ich in einem Anglerladen in Skaneateles erstand. Es zeigt einen Angler, der bunte Fliegen festmacht. Über ihm steht geschrieben: »So viele Köder … so wenig Zeit.«

Heute werde auch ich mein Auto mit Chrysanthemen vollstopfen, die den Ruf haben, »winterfest« zu sein, was bedeutet, daß sie »überwintert« – also mindestens einen Winter draußen überlebt haben. Das Chrysanthemen-Glücksspiel findet jeden Herbst statt, wenn vertrauensselige Menschen strahlende, gepolsterte Chrysanthemen kaufen in dem Glauben, sie würden nicht erfrieren und nächstes Jahr wiederkommen (falls sie die Nacktschnecken überleben). Verkäufer, die es mit der Wahrheit nicht so genau nehmen, erzählen ihnen vielleicht, die Chrysanthemen seien winterfest, auch wenn sie taufrisch und aus einem Treibhaus sind.

Es ist schon schwer genug, die sinkenden Temperaturen auszuhalten, selbst wenn man Schutz findet. Pflanzen haben geniale Methoden entwickelt, um den Winter zu überleben. Es gibt viele prächtig funktionierende Strategien. Hier sind nur einige: Manche Pflanzen verstecken sich unter der Erde – als Wurzeln, Zwiebeln und Knollen voller Nährstoffe –, bis sie sich wieder sicher genug fühlen, um Blätter zu entwickeln; viele Pflanzen sondern Alkohol und Zucker als eine Art Frostschutzmittel ab, um die Temperatur zu senken, bei der die Zellwände platzen; Flechten dehydrieren im Winter; einige Pflanzen wachsen sehr niedrig am Boden, um die Auskühlung durch den Wind zu vermeiden; andere erzeugen ihr eigenes Mikroklima im Boden; zur Isolierung wachsen einigen blühenden Pflanzen (wie dem Berglorbeer) entlang ihrer Stiele und Früchte Haare; arktische Blumen benutzen oft große Blätter als Sonnenfallen; andere bohren lediglich ihre Wurzeln etwas tiefer; Pflanzen, die in extremer Kälte leben (wie die Rotalge, die auf Eis wachsen kann), benutzen manchmal eine Farbe wie Rot, um Licht in Wärme zu verwandeln. Die Pflanzen in meinem Garten haben mehr Glück – ich bedecke sie für eine kurze Zeit mit rosafarbenen Tüchern, verpacke sie dann in Segeltuchparkas, Kiefernnadeln und trockenen Blättern. Diese Symbiose ist mir so lieb und teuer wie die zwischen Hunden und Menschen. Ich nähre sie, und sie nähren mich.

34

Rosen sind so wilde Geschöpfe, daß ich sie in Käfigen halte und fest mit Herbstblättern verpacke. Das hat eine schöne, aber auch praktische Wirkung. Im Käfig kommen ihre Blätter nicht durcheinander, und sie sehen ordentlich, gebändigt und praller aus als sonst – wie Wachposten. Aber ich sperre auch andere Dinge in Käfige.

Jeden Herbst, nachdem ich neue Tulpenzwiebeln gesetzt habe, bedecke ich sie mit Hühnerdraht und verteile Mulch darauf. Eine andere gute Methode, die Zwiebeln vor den Eichhörnchen zu schützen, besteht darin, Kuchenteller aus Aluminium zu zerschneiden, die Stücke an einer Ecke umzubiegen und sie als Sonnenstroboskope zu pflanzen. Das schreckt die Eichhörnchen ab. Aber leider mag ich diese Migräneverursacher auch nicht, also lasse ich Käfige in den Boden ein. Heute morgen beobachtete ich ein irritiertes rotes Eichhörnchen, das wütend versuchte, eine Tulpenzwiebel durch den Hühnerdraht zu ziehen, aber bei jedem Versuch schachmatt gesetzt wurde. Als ich hinausging, lief es davon. Ich bedeckte die Zwiebel wieder mit Erde und Mulch, aber sobald ich wieder im Haus war, kam das Eichhörnchen zurück und fing wieder an zu graben. Das ging eine Weile so weiter.

Gegen Mittag tauchte es wieder auf, setzte sich hin, überlegte eine ganze Weile, dann grub es im Mulch, langte durch den Hühnerdraht und fing an, die Zwiebel wie einen Fußball zu drehen. *Du bist ein entschlossenes kleines Ding, nicht wahr?*, dachte ich und fühlte mich wegen der Tulpenzwiebeln, die schließlich *ich* in der Schatztruhe aus Hühnerdraht vergraben hatte, recht zufrieden. In einem Cartoon wäre Rauch aus dem Kopf des Eichhörnchens gestiegen.

Schließlich richtete es seine Aufmerksamkeit auf einen gelben Flaschenkürbis, den ich draußen gelassen hatte, um das Eichhörnchen damit abzulenken. Es dauerte nicht lange, bis es sich in den Kürbis hineinnagte, etwas von seinem Fleisch verzehrte und sich anschließend daran machte, die schmackhaften Kerne zu entfernen und zu schälen. Jetzt ließ es zumindest meine Tulpen in Ruhe, aber ich wußte, es würde nicht so leicht aufgeben. Etwas Unerreichbares in einem Käfig – das ist unwiderstehlich. Das Eichhörnchen konnte die Zwiebel sehen, fühlen, sogar zerlegen, aber sie nicht greifen, nicht genießen, nicht von ihrem Reichtum profitieren. Andererseits zeigte es eine bemerkenswerte Konzentration und Entschlossenheit, zwei Eigenschaften, die auch die frühesten Menschen gehabt haben müssen und die sie über Jahrtausende – in jenem Zwischenstadium, bevor der *Homo sapiens* mit seiner Kreativität und seinem Geschwätz auftauchte – zu erfolgreichen Jägern und Sammlern machten. Aus unserer Perspektive gehört das rote Eichhörnchen zur »wilden Natur«, die Menschen dagegen, einschließlich aller ihrer früheren, teilweise primitiven Varianten, gehören ihr nicht an. Vorläufig jedenfalls.

Wird es das Reich der Natur in der Zukunft noch geben? Oder werden wir die meisten Tiere ausgerottet, die Regenwälder verbrannt haben und mit Tod und Zerstörung im Gefolge in jede Nische eingedrungen sein? Einige Ökologen warnen davor, daß die Pflanzen und Tiere schneller verschwinden, als wir es verhindern können, häufig sogar bevor wir die Gelegenheit hatten, ihnen Namen zu geben. »Ich werde die Brücke verbrennen, wenn ich drüber bin«, scheint unser Motto zu sein. Natürlich lehren uns die Fossilien, daß Ausrottungen zur Evolution gehören. Die meisten Lebensformen, die einst auf diesem Planeten lebten, sind ausgelöscht, dazu gehören auch einige unserer engen Verwandten. Das gegenwärtige Tempo des Aussterbens ist es, das so besorgniserregend ist, und unsere Rolle als Verursacher dieses Aussterbens. Wir sind viel besser darin, die Natur zu verändern als sie zu verstehen. Andere Tiere können mit uns nicht Schritt halten. Und um sicher zu gehen, daß sie dies nicht tun, verbannen wir sie aus unserem täglichen Leben. Zugegeben: Wir halten uns Haustiere, aber wir behandeln sie wie Ausnahmekinder, von denen man nicht erwartet, daß sie erwachsen werden.

Die Tiere leben für die meisten von uns weit weg, in einem Nationalpark, Zoo, Wald oder im Meer, wo wir sie von Zeit zu Zeit aufsuchen. Falls wir weiterhin die Natur an den Rand unserer Städte und unseres Denkens verbannen, wird sich unsere Vorstellung vom Wilden dramatisch verändern. Während der vergangenen 1000 Jahre ist dies schon viele Male geschehen. Nehmen Sie nur das Vokabular unserer frühesten Vorfahren, das noch im Indoeuropäischen erkennbar ist; dort finden wir das Wort *kailo*, das wir als »heilig« kennen, ein Wort, mit dem man das intakte Beziehungsverhältnis zwischen allen Lebewesen meinte. Nicht nur die Götter in ihren Himmeln standen im Einklang mit der Welt, sondern auch die Menschen, Pflanzen und Tiere waren in einem nahtlosen Gewebe der Natur miteinander verwoben. Wenn man auch nur einen Zipfel dieses Gewebes berührt, erbeben die entferntesten Teile.

Nach der Bibel wurde die Erde den Menschen als üppiges Besitztum gegeben, das sie als Zeitvertreib oder als wohlgefüllte Speisekammer betrachten können, als etwas, das sie unterwerfen, plündern oder reformieren dürfen – ganz nach ihrem Bedürfnis. Gelegentlich haben sich zivilisierte Leute die Wildnis als ein alptraumhaftes Reich des Chaos und des Schreckens ausgemalt, in dem wilde Tiere mit Giftzähnen hocken, die bereit sind, einem an die Gurgel zu gehen. Die meisten Leute stellen sich die Wildnis immer noch als das extrem Andere vor, als ein nichtmenschliches Reich, in das man am besten bewaffnet reist. Aber diese Vorstellung ist viel gefährlicher als jeder Puma. Sie reicht bis in den Kern unserer gesamten Umgangsformen und Träume und richtet unsere Empfindung für jede Form von Identität mit der Natur zugrunde.

Was wird aus dem Wilden, das in uns lebt, aus unserer privaten Wildnis? Wir sind in unseren Gewohnheiten und Ängsten und in unserem Familienleben wundervoll animalisch. Wir unterscheiden uns zwar von den anderen Tieren, so wie ein Stachelrochen sich von einem Gnu unterscheidet, und dieser Unterschied ist tiefgreifend, weil unsere Sinne und unser geistiges Vorstellungsvermögen mit den verschiedensten Bedrohungen und Verlockungen fertigwerden. Aber unsere Instinkte? Unsere Motive? Unsere Grundbedürfnisse? Rein animalisch. Beobachten Sie einen Vogel oder ein Eichhörnchen lange genug, und Sie werden die uns nur allzu bekannten Kämpfe um Status, Ressourcen und Zuneigung sehen. Daß wir vorgeben, die herrschende Elite zu sein, ist nicht gut für die Erde, genau so wenig wie für unser eigenes Verständnis von Herkunft, Zugehörigkeit, Ganzheit und Spiritualität. Die

Natur ist da, wo wir zum Auftanken hingehen, um mit den elementaren Kräften und Räuschen des Lebens wieder Kontakt aufzunehmen. Irgendwie spürt man, daß Socken, Autos oder Kollegen dabei nicht inbegriffen sind. Die Natur umfaßt definitionsgemäß alle Lebewesen und alle ihre seelischen und körperlichen Dramen. Technisch betrachtet, beinhaltet Natur also auch Fernsehshows, Wimperntusche und Baseballspiele, so wie sie Krallen und Revierstreitigkeiten umfaßt. Das Rendezvous im Restaurant ist nur eine andere Form des werbenden Fütterns, auch wenn man dabei Strumpfhosen oder Manschettenknöpfe trägt in einem Lokal aus Stahl und Glas. Manchmal halten die Menschen die Technologie für unnatürlich und befürchten, daß wir unsere Humanität in einer Zukunft voller Maschinen verlieren könnten, aber auch diese Haltung impliziert eine feindliche Einstellung zur Natur. Die Natur ist keine fremde Macht; sie umgibt uns auch nicht. Wir *sind* Natur, und unsere Städte und Erfindungen sind genau wie Termitenhügel Teil dieser Komplexität.

Da wir instinktiv ungeduldig sind, haben wir die Technologie benutzt, um der Evolution auszuweichen: Statt auf die Weiterentwicklung unserer Augen zu warten, haben wir unsere Sehkraft mit Teleskopen, Mikroskopen und Magnetresonanztomographie verstärkt. Die Technologie, die wir zur Erweiterung unserer Sinne erfinden, mag sich anders und künstlich anfühlen, aber sie ist genauso ein Produkt unserer animalischen Natur wie die Höhle eines Wombats. Wir denken nur nicht gerne in dieser Weise über die Natur nach, weil diese Denkweise uns Menschen zu trivialisieren scheint. Das ist ein fundamentales Problem, das wir mit der Natur haben. Wir denken, sie stünde unter uns, oder genauer gesagt, hinter uns. Wir glauben, wir seien das Endziel der Evolution, und das Animalische sei schmutzig, minderwertig und unmoralisch. Wir sind davon überzeugt, daß wir unsere tierische Natur irgendwie abwerfen können und fühlen uns nur wertvoll, wenn wir etwas oder jemanden beherrschen können. Und bedauerlicherweise überprüfen wir diesen

Status gerne, indem wir regelmäßig unsere Macht unter Beweis stellen. Deshalb dämmen wir Flüsse und ebnen Wälder ein, deshalb jagen wir Tiere, bis sie ausgerottet sind, deshalb versetzen wir Berge.

Die klassische Macho-Drohung »Diese Stadt ist nicht groß genug für uns beide!« ist lediglich die menschliche Ausdrucksform einer einfachen biologischen Wahrheit, die alle Pflanzen und Tiere teilen: Zwei Arten können nicht dauerhaft denselben Lebensraum einnehmen (dies ist auch als »Konkurrenzausschlußprinzip« bekannt). Aber einer der Revolverhelden könnte einen Ort finden, der für den anderen nicht bedrohlich ist. Jeder Lebensraum birgt viele Nischen, die Pflanzen und Tiere eifrig besiedeln. Nehmen Sie zum Beispiel Fachkollegen an einer Universitätsfakultät. Zwei Professoren, die auf demselben Gebiet arbeiten, könnten in der Tat der Ansicht sein, daß die Abteilung für ihre beiden gleich starken Egos nicht groß genug sei, und dann müßte einer von ihnen einen anderen Job annehmen. Wahrscheinlicher ist, daß sie Nischen entwickeln und ihre unterschiedlichen Fachaspekte herausstellen. So könnte einer im Schatten des anderen leben. Beide können ihre Position halten, wenn sie nicht genau dieselbe Nische besetzen. Wenn es von einer Art nur eine Pflanze oder eine Person in einem Lebensraum gibt, wird sie eine größere Rolle spielen, als wenn sie von vielen ihrer Art umgeben ist. Reichhaltiger Boden wird normalerweise von einer dominanten Spezies übernommen, wohingegen es auf ärmeren Böden mehr Vielfalt gibt. Das trifft auch auf Universitätsfakultäten zu. Die Ähnlichkeiten sind deshalb so groß, weil sie Ökosysteme betreffen, die Koexistenz von Lebensformen. Dieselben Kräfte, die bei den Pflanzen wirken, herrschen manchmal auch im menschlichen Verhalten vor und teilweise aus denselben Gründen. Wir sind von diesen Kräften so gefangengenommen, daß wir uns ihrer Merkmale nicht bewußt sind oder uns manchmal wie Wassermolche oder Rhododendren verhalten. Das ist nicht verkehrt. Zufällig mag ich Wassermolche und Rhododendren.

Aber es sollte uns dennoch möglich sein, ein bißchen mehr über uns selbst und die ausgefeilten Methoden, mit denen wir unsere elementaren Bestrebungen verschleiern, zu lachen.

Wie wir uns in die natürliche Welt einfügen, welche Art Wesen wir sein wollen und welche Rolle wir bei der Gestaltung der Zukunft des Planeten spielen wollen – all das sind Fragen, mit denen wir uns eines Tages auseinandersetzen werden müssen. Wir werden über sie nachzudenken haben, da die Ressourcen der Erde schnell schwinden, während zur gleichen Zeit unsere Macht über andere Lebensformen gefährlich zunimmt. Das bedeutet nicht, daß wir eine *Laissez-faire*-Haltung bezüglich unseres Bedürfnisses nach Gewalt einnehmen sollten. Faszinierende Forschungen in der Evolutionspsychologie helfen uns, ein wenig besser zu verstehen, wie unsere animalische Natur unser Alltagsverhalten durchdringt. Vielleicht werden die Menschen den direkten Zusammenhang zwischen ihren Handlungen und der Umwelt verstehen lernen. Es hat zum Beispiel wenig Zweck, gegen Fuchsfallen zu protestieren, wenn man gleichzeitig sein Haus in einem Gebiet baut, in dem Füchse leben, und damit ihren natürlichen Lebensraum zerstört. In den 60ern hätte es die Menschen schockiert, aber heutzutage arbeiten Umweltschützer und Unternehmen zusammen an gemeinsamen Zielen. So schützt der Chemiekonzern Merck große Teile des Regenwaldes, in denen die »Jagd nach Chemikalien« neue Medikamente zutage fördern soll. Wenn Unternehmen und Umweltschützer kooperieren, werden beide Erfolg haben.

Vielleicht wird man die Städte neu gestalten, um mehr lebende Elemente und mehr Gefühl für die Jahreszeiten einzubinden. In Großstädten beispielsweise könnte man Sternbilder auf dem Boden abbilden; denn am Himmel sind sie selten sichtbar. Vielleicht würden Spiele in der Natur nicht mehr als unproduktiv angesehen, Gärten als medizinische Ausgaben steuerlich absetzbar und Gesundheitsprogramme unser Bedürfnis nach »grüner Zeit« berücksichtigen. Ich hoffe, viele Menschen werden die Gelegenheit haben, den Planeten vom All aus zu sehen und mit einem tieferen Gefühl für Heimat zurückkommen. Möglicherweise werden uns die Schulen dabei helfen, über unsere bescheidene Herkunft aus dem winzigen Stoff des Urknalls zu staunen und auch darüber, zu welch faszinierenden Lebensformen wir uns trotzdem entwickelt haben.

Die Akzeptanz unserer eigenen Wildnis und unserer Freude an ihr werden wichtige Schritte sein, um zu erfahren, wie wir am besten das fördern, was wir an der menschlichen Natur lieben, und das zügeln, was uns beschämt. Wenn wir es erreichen, ein verfeinertes Gespür für unsere fundamental animalische Natur zu entwickeln, dann wird sich unsere Welt, die wir mit anderen Lebewesen teilen, behaglicher anfühlen, und wir werden sie wie eine zweite Haut zu schützen wünschen.

35

DIE NATUR ERZÄHLT viele Geschichten. Was könnte bezaubernder sein als die gespenstische, wenngleich erleuchtende Geschichte der *femmes fatales* unter den Glühwürmchen? Oder ergreifender als die der Kolibris, die im Schlaf sterben, weil sie ein flattriges Leben führen, das ihre schnellen Herzen nicht bewältigen können? Die Sage von den frühen menschenartigen Wesen, die Leidenschaften und Mut aufbrachten, um in einer mörderischen Welt zu triumphieren, verbleibt uns als ein Epos über erstaunliche Genialität, Qual und Komik, das Tausende von Jahren umspannt und Millionen von schrulligen Charakteren enthält, von denen einige besser bekannt sind als andere, aber jede eine einmalige Lebensgeschichte improvisiert.

Ich sitze oft in meinem Garten, lese Bücher, die in anderen Gärten spielen, oder Geschichten, die sich in dem grandioseren Garten der Natur entfalten, während ich Vögel zwitschern und Insekten singen höre. Der Wind raschelt in den Hickoryblättern, während ich die Seiten umblättere. Es ist, als ob ich beim Lesen eine Tonspur hätte. Aber mich beunruhigt etwas: In unseren Romanen, Mythen und Legenden tritt die Natur tendenziell als monströses Wesen auf, als Widersacher, der Vergeltung für moralische Vergehen übt, oder als alptraumhafte Welt des Chaos und des Grauens, in der Bestien mit Giftzähnen hocken, bereit, uns an die Kehle zu gehen. In *Ethan Frome*, *Lord Jim* oder *Moby Dick* zum Beispiel gebietet die Stimme der Wildnis wie der Gott des Alten Testaments. Symbolische Dschungel oder Unwetter jagen silberhelle Seelen und verbreiten Wahnsinn. Gewaltige männliche Tiere kämpfen gegeneinander als edle, aber furchterregende Inkarnationen des Wilden. Sogar mittelalterliche Ritter treten feuerspeienden Echsen gegenüber.

Was fürchten wir genau? Abgesehen von der Möglichkeit, eines kümmerlichen Todes zu sterben, meine ich. Vermutlich fürchten wir, genauso fragmentiert und vielgestaltig zu werden wie die Welt um uns herum. Platon und andere haben wie besessen über das Eine und die Vielen geschrieben, ein Verhältnis, das uns instinktiv anzusprechen scheint. Das Individuum inmitten der Herde. Die vielen verborgenen Ichs, die in einer einzigen scheinbar kohärenten Persönlichkeit enthalten sind. Der einsame Ausgestoßene vor dem Hintergrund einer Gesellschaft, in die er nicht paßt. In einigen Erzählungen wie Dostojewskis *Aufzeichnungen aus dem Untergrund* ist der Antiheld ein Mensch am falschen Platz. Aber in der Naturdichtung ist der Ausgestoßene oft ein wandelndes Stück Wildnis jenseits der Domestizierung – jemand, der sich dagegen sträubt, von den Gesetzen der Gesellschaft behindert oder auf Stammesregeln beschränkt zu werden, die die wildesten und damit natürlichsten Anteile seiner animalischen Natur unterdrücken. Er akzeptiert seine natürliche Rolle unter seinen animalischen Nachbarn. Deshalb hat er mit einem Bären oder einem Baum mehr gemeinsam als mit anderen Menschen, deren Instinkte oder Motive er vielleicht teilt, deren Absichten sich ihm aber entziehen oder die ihn abstoßen. Gewalt wird als akzeptabel, ja sogar schön angesehen, wenn sie ein Teil des alltäglichen Dramas der Natur ist. Selten finden wir eine vollkommene Integration in die Gesellschaft auf der einen und in die Umwelt auf der anderen Seite. Eine Person muß normalerweise zwischen diesen beiden Welten wählen, und das bedeutet, daß sie sich zwischen zwei gleich bedeutsamen Teilen ihres Erbes entscheiden muß. Keine Wahl kann zwangsläufig vollständig befriedigen.

Leider vergeht die Zeit in der Natur und ebenso im Leben aller Organismen vom Blumenkohl bis zum amerikanischen Präsidenten nur in eine Richtung. Sie hat einen Anfang, einen Mittelteil und ein Ende – und zwar in genau dieser Reihenfolge. Indem wir Geschichten erfinden, gebieten wir dieser schicksalhaften Kurve Einhalt und ergreifen die Sekundenzeiger aller Uhren des Universums; für einige goldene Augenblikke wird die Natur zu einem Reich, das wir verändern können. Eine der Eigenschaften, die ich an uns Menschen ebenso liebenswert wie seltsam finde, ist unsere Vorliebe, die Welt so umzugestalten, daß wir nicht nur mit weniger Mühe und Unsicherheit überleben, sondern auch unsere innersten Gefühle widerspiegeln können. Im kosmischen Plan der Dinge ist das eine für Materie bemerkenswerte Tat. Bemerkenswert für aufrechte Affen, aber noch bemerkenswerter für Organismen, deren Atome im frühen Chaos der Sonne geschmiedet wurden.

36

Samenhülsen dekorieren den Garten zu jeder Jahreszeit. Zu Beginn enthalten sie einen Orient an Reichtümern. Riesige Hülsen haben sich auf dem Wilden Indigo gebildet, und ich liebe es, sie anzustoßen. Sie sehen wie grüne Erbsenhülsen aus und geben beim Schütteln ein wundervolles, dumpfes Rasseln von sich. Weil die Hülsen am oberen Ende der langen Stiele sitzen und mehr als die Blätter wiegen, bewegen sie sich heftig, wenn man ihnen einen derben Schlag versetzt. Sie pendeln vor und zurück, schneller als die blättrigen Arme der Pflanze, und greifen sogar den Rhythmus des Gegengewichts auf. Wenn sie später im Jahr eine dunkle Auberginenfarbe annehmen, zieht ihr Gewicht sie bis zur Höhe meiner Knöchel hinunter, und es ist ein lärmendes Vergnügen, zwischen ihnen hindurchzugehen. Letztes Jahr pflückte ich jeden einzelnen schönen Indigostiel für meine Blumengestecke, deshalb bekam ich die Hülsen nie zu sehen. Aber die prallen purpurfarbenen und grünen Kapseln sind ebenso schön wie Blüten.

Die Mohnblume bildet einen perfekten runden Pfefferstreuer mit kleinen Kammern, die immer nur einen Samen abgeben – als wären sie Pillenspender mit der jeweiligen Tagesration. Die Akelei hat ihre Samen in trockenen braunen Beuteln, die oben offen sind, und normalerweise gebe ich ihnen beim Vorbeigehen einen Schubs, wodurch sich die Samen kreuz und quer verteilen. Ich mag es, die Kapseln zu schütteln und Hunderte von Samenkörnern auf dem Boden neben jeder Pflanze zu verstreuen. Ich schüttele sie nicht, weil es effizient ist, sondern weil mich das Klappergeräusch der Samen freut, wenn sie in den Kapseln herumhüpfen und herausfliegen. Andere Gärtner ernten die Samen sorgfältig und pflanzen sie sehr methodisch an idealen Stellen ein. Nach meinem Dafürhalten wachsen die Nachkommen dort gut, wo es auch ihre Eltern taten. Die Samenkapseln der Lichtnelke, die rund und dunkel sind, reagieren auf sinnlose Klapse in der gleichen Weise wie die Akelei.

Der Schlag auf die Samenhülsen kann viele Formen annehmen: den verstohlenen meine-Güte-das-war-nicht-ich-Schlag im Vorbeigehen, den K.-o.-Schlag mitten ins Eingemachte, der die Kapsel zum Taumeln bringt, ohne den Stamm zu brechen, das Schnipsen mit einem Finger, so daß die Samen in einer Fontäne herausschießen, den Teekannen-Klaps, der eher ein Schwenken als ein Klaps ist oder, was ich persönlich am liebsten mag, die Schleuder, bei der man den Stiel so weit wie möglich nach hinten biegt, ohne ihn zu brechen, und ihn dann hochschnellen läßt, wodurch die Samen in einem hohen Bogen davongeschleudert werden. Vermutlich sehen das einige als unnötigen Pflanzenmißbrauch an, aber ich halte es für gesunde gärtnerische Sexspiele. Die Pflanzen müssen sich fortpflanzen, und ich bin zumindest genauso rücksichtsvoll wie die Eingeweide eines Rehs.

In Herbst und Winter, wenn die Zeit des Kapsel-Schlagens vorbei ist, sehen die ausgetrockneten Blüten und klappernden Samenhülsen einiger Pflanzen so hübsch aus, daß ich sie stehen lasse, damit der Garten während der Wintermonate mehr Textur und Gestalt gewinnt. Die Distel bildet stachelige beigefarbige Hülsen, die schwierig zu handhaben sind, aber so jenseitig wie Meereskreaturen aussehen. Die Samenköpfe des Sonnenhutes sind schwarz und kegelförmig wie nackte Erdbeeren, die der Gänseblümchen erinnern mich immer an Varietékünstler, die Teller auf der Spitze langer Stangen drehen. Die Hülsen der Queen Anne's Lace sehen geöffnet wie Schneeflocken aus und geschlossen wie Vogelnester. Die Lichtnelken entwickeln am oberen Ende ihrer langen Stengel kleine braune Beutel mit Zähnen. Die Königskerze bildet hohe, samtweiche Kronleuchter, die man früher in Pflanzenfett tauchte und als Fackeln trug. Wenn die tassenförmigen Blüten verwelken, werden sie mit Samen angefüllt, aber man kann auch Pflanzenfett hineingeben, und dann brennen sie wie kleine Lampen. Die harten Kapseln der Wolfsmilch sind mit seidigen Fallschirmen vollgestopft, aber selbst leer sehen sie wie schöne, silbergraue Mollusken aus. Astern formen flaumige Hülsen, die manchmal zart violett getönt sind. Die Nachtviolen wirken wie Strichmännchen.

Die breitblättrigen Rohrkolben, die im flachen Sumpf am Rande meines Landstücks wachsen, sind nützliche Ingenieure. Mit der Zeit trocknen sie den Sumpf ein wenig aus, weil sie aus ihren verrottenden Substanzen Erde erschaffen. Aber ich liebe ihre hohen, samtweichen, braunen Stöcke, die manche Leute »Zigarren« nennen. In jedem von ihnen stecken über 100 000 Samen in weichem Füllmaterial, das sie durch Wind und Wetter trägt. Im Herbst sehen sie wie alte Lumpen an Stengeln aus, wie sich häutende See-Elefanten oder mottenzerfressene Sofas, die man am Straßenrand vergessen hat. Mit Sicherheit haben irgendwelche Schlingel das Füllmaterial herausgeholt. Die üblichen Verdächtigen sind im Winter die Mäuse und im Frühjahr die Vögel, da der Flaum eine warme Nestauskleidung hergibt. Auch die Menschen nutzten das Futtermaterial der Rohrkolben zur Isolierung, indem sie es an kalten Tagen in ihre Kleidung stopften.

In Wahrheit sind alle diese Hülsen Kadaver, mumifizierte Überbleibsel, verrottende Reste der Blüte der Jugend. Aber ich versuche, nicht in dieser morbiden Weise an sie zu denken. Mit höflichen Euphemismen wie »Interesse« oder »Vielfalt« verschleiert man üblicherweise ihre Beschaffenheit, wie zum Beispiel mit der Formulierung: »Im Wintergarten erregen die Samenkapseln Interesse«. Wir sind so losgelöst von der Passion und dem Zweck einer Pflanze, daß wir ihre ausgetrockneten Formen schön finden können. Auch ich bin schuldig. Ich liebe Wachstum, aber ich liebe auch Form, und nur wenige Dinge wachsen zur architektonischen Schönheit einer Pflanze heran, die auf den Wechsel und die Gefahren der Jahreszeiten reagiert.

37

Die Vögel werden allmählich unruhig, sie schlafen weniger, fressen mehr und registrieren die Veränderung ihrer Hormone, während sie lange Bänder und Keile bilden, um in einen fernen Sommer fortzuziehen. Ich bin immer wieder erstaunt über ihr Gespür für Kalender und Wetter. Auf irgendeine Weise verfolgen sie die Jahres- und die Tageszeiten und verstehen es auch, auf besseres Wetter zu warten, bevor sie sich aufmachen. Ihr Kompaß ist die Sonne, die sie sogar an wolkenverhangenen Tagen lokalisieren können, indem sie ihr ultraviolettes und polarisiertes Licht ausmachen. Obwohl die Kolibris bereits fort sind, fülle ich den Spender mit Zuckerwasser nach, falls Zugvögel einen Schluck nehmen wollen.

Weit oben am Himmel fliegt ein rotgeschwänzter Falke, als segele eine bunte Glasscherbe am Himmel. Er ist ein Fernglas mit Flügeln, sein Sehvermögen ist achtmal schärfer als das unsere. Das Falkenauge verfügt über ein zusätzliches Muskelpaar zur Veränderung des Fokus, die Photorezeptoren sind dicht gebündelt und liegen tief, um die ungeheure Vergrößerung zu ermöglichen. Das Auge ist so groß, daß es sich noch nicht einmal in der Augenhöhle bewegen kann – der Falke muß seinen ganzen Kopf drehen, um ein bewegliches Objekt zu verfolgen.

Wie jeder, der Alfred Hitchcocks *Die Vögel* kennt, finde auch ich die Vogelschwärme bedrohlich, wenn sie die Telephondrähte und die Dächer bevölkern. Eines wird in dieser Jahreszeit offensichtlich: Hitchcock brauchte die Aufnahmen nicht zu manipulieren, denn sie geben genau das wieder, was Vögel tun, wenn sie sich auf ihre Wanderung begeben. Er hätte die Szenen an jedem gewöhnlichen Herbsttag in Neuengland oder im Norden Kaliforniens filmen können, wenn Hunderte von Spatzen, Staren oder Finken auf einem Telefondraht hocken, sich an Pfosten festhalten und auf nahegelegenen Dachfirsten auf den magischen Moment warten, in dem alle zusammen in einer riesigen schwarzen Wolke abheben, um in der Luft herumzumanövrieren. Es ist wunderbar, Vögel zu beobachten, wie sie sich zusammenscharen, dann beim seitlichen Kurvenflug außer Sicht geraten, nur um mit der nächsten Sturzflugwendung wieder zu erscheinen. Formationsflug ist nicht einfach, und im Herbst üben die Vögel, Schwärme zu bilden und in Gruppen zu fliegen, bevor sie tatsächlich in den Süden aufbrechen und wie große Rußschwaden über den Dächern vorbeiziehen.

Wenn die Nahrung allmählich knapp wird, müssen die Vögel weiterziehen. Auch Wale, Fische, Heuschrecken, Gnus und viele andere Tiere müssen jedes Jahr auf Wanderschaft gehen. Die meisten Menschen zogen früher mit derselben Dringlichkeit fort, und in einigen Teilen der Welt machen Nomaden dies immer noch. Aber wenn die Vögel mit ihren Flügelschlägen Woge für Woge den Himmel bedecken, kann man regelrecht sehen, wie die Kalenderseiten umgeblättert werden. Wie die frühen Seefahrer steuern auch die Vögel mittels der Sterne und bestimmter Orientierungspunkte und mit Hilfe eines magnetischen Kompasses. Brieftauben besitzen Depots von Magnetit in ihren Gehirnen, die auf die sich verändernden Magnetfelder der Erde reagieren. Wenn sie über der Erde schweben, werden Tauben zu Kompassen und ihre Schnäbel zu Zeigern. Einige Vögel verwenden den Geruchssinn und folgen den Düften von Sümpfen, Meeren und Wiesen, die sie kennen. Andere hören Geräusche, die jenseits unseres Hörvermögens liegen – vielleicht Wellen, die gegen Küstenfelsen krachen oder die vorherrschenden Winde, die durch einen hohen Bergpaß blasen –, wieder andere benutzen Luftdruck und Erdanziehungskräfte zur Navigation.

»Vögel ziehen fort«, wird uns gesagt, als ob das eine einfache Handlung wäre, wie beispielsweise einen Zug zu kriegen. Wir nehmen an, die Vögel wüßten durch den Zuspruch eines göttlichen Instinkts, wie, wann und wo sie fliegen müssen: »Fliege nach Osten, fang jetzt an, ich werde dir sagen, wann du anhalten sollst«. Aber in Wahrheit sind Vögel geschickte Navigatoren mit einem sehr detaillierten Sinn für Landkarten. Sie kombinieren Techniken und können sich auf diese Weise geschickt orientieren, und sie sind dabei nicht auf nur eine Strategie beschränkt. Die Natur versteht viel von Sicherungskopien. Nehmen Sie die dekorative Lilie, die im Herbst glänzende schwarze, schneckenähnliche Knöspchen, die Bulbillen, entlang der Stengel bildet. Die einfachste Vermehrungsweise der Lilien ist das Schuppen, wobei sich die Bulbillen einfach seitwärts ablösen und ihre eigenen Pflanzen heranbilden. Wenn das mißlingt, können die weniger verläßlichen Bulbillen auf den Boden fallen und sprießen; falls auch das schief geht, gibt es immer noch die Samen, die allerdings lange brauchen, um eine ausgewachsene Lilie zu erzeugen. Aber auf die eine oder andere Weise *wird* die Lilie sich vermehren. Auch die Vögel sind gut gegen Widrigkeiten gerüstet. Am Tage können sie die Sonne lesen, ob sie nun sichtbar ist oder nicht, in der Nacht den Mond und die Sterne; und sie können Geräusche, Gerüche, Gravitation, Luftdruck und Orientierungspunkte verwenden. Wenn alles andere versagt, können die Älteren die Jüngeren in einzelnen Schwärmen anführen, so daß sie auf die eine oder andere Weise fast unmöglich erscheinende Reisen überleben. Sie wissen, wie sie auf das beste Wetter warten, wie sie sich von einer Kaltfront tragen lassen, wo der Wind sie vorantreibt und wie sie zu den Passatwinden übergehen, so wie Menschen die U-Bahn-Linien wechseln. Sie haben keine wirkliche Wahl. Sie folgen – so wie unsere Vorfahren – der Herde. *Ihre* Herden sind nun einmal zufällig Insekten und andere kleine Beutetiere, die im Winter verschwinden. Enten und Gänse würden verhungern, wenn sie hierblieben, solange die Tümpel und Teiche zugefroren sind. In den Tropen ist Nahrung im Überfluß vorhanden, aber dorthin zu kommen, verlangt eine heldenhafte Reise. Im September erfassen die Radarschirme bis zu zwölf Millionen Drosseln, Pirole, Prachtmeisen, Vireos, Grasmücken und eine

Menge anderer Singvögel. Im Oktober setzt sich der große Exodus mit den Finken, Spatzen und verschiedenen Amselsorten fort. Dann schließen sich die Habichte und andere Raubvögel der Pilgerreise an. 75 Prozent aller Vögel in meinem Garten (und im gesamten Nordosten der USA) werden verschwinden. Eine kleine Grasmücke kann in nur 80 Stunden von Nord- nach Südamerika fliegen. Die arktische Seeschwalbe hält den Weltrekord im Langflug, sie fliegt jedes Jahr die ganze Strecke vom nördlichen Polarkreis zur Antarktis und zurück, eine Rundreise von etwa 35 000 Kilometern. Ich habe Seeschwalben bei ihrer Ankunft in der Antarktis gesehen. Sie sahen nicht erschöpft aus, wie man hätte erwarten können, sondern tummelten sich überglücklich im kalten, reichhaltigen Wasser. Der schönste Trick für mich ist aber der, von dem ich befürchte, daß er ein Mythos ist – Kolibris, die als Anhalter im Gefieder von Gänsen und Schwänen mitreisen. Ob die Schwäne wohl etwas dagegen hätten? Wie würde sich ein vagabundierender Kolibri für sie anfühlen? Für den Kolibri wäre es sicherlich gemütlich. Aber vielleicht ist das eine allzu menschliche Neigung, wenn ich mir vorstelle, auf einem Bett aus Schwanenfedern zu reisen.

Zwei Seemöwen schweben heiser krächzend über mir, und ich lache, denn sie wirken so unwirklich im Norden des Staates New York, fernab des Meeres, an einem See ohne Küste. Aber Seemöwen nisten durchaus im Binnenland an großen Seen. Als Aasfresser passen sie sich schnell dem Stadtleben an, sie picken im Abfall herum und lernen, Glasfenster und helle Lichter zu meiden. Sie werden nicht vom See angelockt, sondern von dem, was der See anlockt – Zugvögel, von denen viele durch die Lichter der Gebäude und die reflektierenden Fenster verwirrt werden. Ungefähr 100 Millionen Vögel sterben jährlich durch den Zusammenprall mit Gebäuden. In Toronto sind die Seemöwen aktiv an diesem Gemetzel beteiligt, indem sie Wandervögel direkt gegen die Gebäude treiben, so daß sie zerschmettert zu Boden fallen. Dann werden sie von den Seemöwen gefressen. Die meiste Beute erzielen die Seemöwen während der Züge im Frühling und Herbst, wenn viele Vögel nachts tief fliegen. Wie einfallsreich von den Seemöwen, Gebäude als Jagdwaffe zu nutzen! Es ist spannend zu sehen, daß einige Dinge, die wir als typisch menschlich ansehen – Warmblüter zu sein, Werkzeuge zu benutzen, eine Sprache zu haben etc. –, in Wirklichkeit gar nicht so einmalig sind. Wie ich schon früher sagte, werden einige unserer Verhaltensweisen von Pflanzen, aber noch viel mehr von Tieren geteilt, ob ihre Gehirne nun groß oder klein oder gar nicht vorhanden sind.

38

HEUTE IST EIN SCHWERER TAG FÜR GÄRTNER – die erste ernsthafte Bedrohung durch mörderischen Nachtfrost. Windstärken von 30 bis zu stürmischen 60 Stundenkilometern machen Fahrradtouren unmöglich – trotz der strahlenden Sonne und Temperaturen um die 10 Grad. Der Wind bedeutet auch, daß ich die Tücher nicht über den ungeschützten Beeten stabilisieren kann. Die starken Böen würden sie abheben lassen, und der Garten sähe aus wie ein Schiff unter vollen Segeln, das durch die Nachbarschaft schießt.

Ich sitze in der Sonne und genieße die bunte Schönheit des Gartens. All die prächtigen Zinnien, prallvoll mit neuen Knospen, die scharlachroten Geranien und das Meer konfettifarbiger Mädchenaugen und Fleißiger Lieschen. Und natürlich die Rosen, meine schönen Rosen. Fünf schwere blutrote Blüten der Don Juan hängen von Blattgirlanden zwischen zwei Spalieren herunter. Hohe Zeit, sie noch einen letzten Tag zu würdigen, bevor sie verschwinden. All That Jazz hat zwei große orangerote Blüten oben auf ihrem höchsten Dorn.

Weißer Phlox blüht noch immer zwischen den roten Chrysanthemen und Purpurastern. Die Buntnesselberge werden, wenn sie überhaupt etwas tun, einfach höher. Es wird mir das Herz brechen, wenn sie verwelken. Wenn sich die heftigen Stürme fortsetzen, könnten sie diesen Tag retten. An klaren Tagen läßt sich kalte Luft auf dem Boden nieder, aber die Winde könnten die warme Luft aus höheren Schichten in das neblige Land darunter mischen. Aus diesem Grund stellen Pflanzer in Florida in frostigen Nächten Ventilatoren und Propeller auf: Sie sollen die Luft aufwirbeln und etwas Wärme nach unten bringen.

Am Nachmittag pflanze ich noch mehr Zwiebeln – alles von Krokussen bis Riesenlauch und Kaiserkronen. Die großen Zwiebeln der Kaiserkronen riechen streng nach Stinktier, eine gute Waffe gegen Maulwürfe. Es gibt einen reizvollen Rhythmus, sie einzupflanzen: Steche mit einem Spaten von 15 Zentimetern Länge in den Boden, drücke ihn nach vorne, um ein Loch aufzustemmen, schütte eine Handvoll Dünger hinein, setze die Zwiebel sicher in das Loch, ziehe die Schaufel heraus, glätte den Boden. Kleinere Zwiebeln lassen sich mit kleineren Werkzeugen setzen, manchmal in ein breites gemeinsames Loch.

Dann nimmt der Sturm ab, und stundenlang decke ich die Pflanzen mit Tüchern, Kissen, Mülltüten und umgekehrten Blumentöpfen ab. Ich staple Laken oder binde sie an Pfosten und sichere sie dann mit Steinen. Ich schütze die Einjährigen und auch alle Rosen mit Knospen. Jetzt sieht der Garten wie für Halloween kostümiert aus – lauter rosafarbene, schwarze und weiße Leichenfledderer, die im Winde flattern. Ich sollte Gesichter darauf malen. Mein Plan ist, alles drei Tage lang bedeckt zu lassen und am Montag, wenn uns eine Woche mit warmem Wetter erwartet, alles wieder aufzudecken.

Als sich der Himmel zu einem sonnigen Blau aufklärt und die Wettervorhersagen immer besser klingen, denke ich noch einmal über das Zu- und Abdecken des Gartens nach. Mittags entferne ich die meisten Umhüllungen, damit die mumifizierten Blumen leichter atmen und etwas Sonne tanken können. Die Wettervorhersagen kündigen Wolken für den späten Abend und nächtliche Tiefsttemperaturen von etwa vier Grad an. Als ich die Laken von den Rosen nehme, finde ich einige gebrochene Zweige und Knospen. Sorgfältig binde ich die abgeknickten Stengel fest und umwickle herabhängende Rosenknospen mit grüner Jute. Im Laufe des Tages wird der Himmel glasblau; es ist, als lebte man auf dem Grund eines Briefbeschwerers. Bei einer Fahrradtour am Nachmittag komme ich an einer großen Schar Stieglitze vorbei, die ihr nächstes Festessen aus Distelsamen auskundschaften. Bei Eintritt der Nacht steht ein voller Herbstmond tief am Himmel, aufgebläht, zum Greifen nahe. Wenn ich meinen Blick etwas verschwimmen und meinen Geist umherschweifen lasse, kann ich ihn dreidimensional sehen. Gegen 22.00 Uhr fällt allmählich die Temperatur, und alle Wettervorhersagen ändern sich. Die Wolken sind weit vor der Stadt zum Stillstand gekommen, und die Nacht wird gefährlich kalt werden. Meine Vermutung, als ich die Abdeckungen entfernte, war falsch. Mit einer Taschenlampe ausgerüstet, verbringe ich eine Stunde in Dunkelheit und Kälte, um viele der Pflanzen aufs neue zu bedecken. Dieses Mal hänge ich nur einen offenen Plastiksack über einzelne Rosenknospen, die ich für gefährdet halte. Chrys und Bill glauben, daß es der Frost selbst ist, der die Knospen umbringt, wenn er sich auf ihnen niederläßt. Deshalb könnte ein Abdekken der Spitzen helfen. Persis hingegen meint, daß es die Temperatur ist. Wer hat recht? Morgen, wenn ich die Pflanzen inspiziere, von denen die meisten nur locker drapiert sind, werde ich es wissen. Die Fleißigen Lieschen, die Buntnesseln und die Hibisken habe ich vollständig mit Laken abgedeckt, da es sich um tropische Pflanzen handelt, und ich werde sie einige Nächte so belassen. Vielleicht hebe ich morgen ihren Baumwollpanzer etwas an, damit sie atmen können. Was ich wirklich brauche, sind Gartenglocken, die groß genug sind, um einige Rosenbüsche oder ein kleines Beet zu umhüllen, Gartenglokken aus Fallschirmseidenstoff und Sprungfedern, die sich wie

Zelte automatisch öffnen. Herkömmliche Gartenglocken sind glockenförmige Glasgefäße, die zum ersten Mal von französischen Bauern im 19. Jahrhundert eingesetzt wurden, um einzelne Gemüse und Sämlinge vor Frost zu schützen. Heutzutage können Gartenglocken aus Plastik oder Glas sein, aus wiederverwerteten Flaschen, Milchkrügen, durchsichtigen Regenschirmen, »Laternen« aus Aluminium und Leinwand und zusammengefügten Plastiksäulen, die man mit Wasser füllt (wenn es gefriert, gibt das Wasser Hitze ab, die dann die Pflanze wärmt). Aber alle Glocken sind klein. Im Nordosten der USA haben wir mindestens einen Altweibersommer, oft zwei. Technisch betrachtet ist der Altweibersommer warmes Wetter nach dem ersten schweren Frost. Für nur eine Nacht könnte eine automatische Gartenglocke ein Lieblingsblumenbeet schützen. Der Garten sieht am Morgen nach einem schweren Frost normalerweise aus, als hätte sich eine Viehherde in ihm zu schaffen gemacht. Diesem ersten Frost folgen zwei Wochen mit eher warmen Tagen und klarem Himmel, in denen jeder Gärtner, den ich kenne, von einem Gefühl der Nutzlosigkeit und der kosmischen Ungerechtigkeit gefoltert wird. Eleanor Perényi drückt es in ihrem Buch *Green Thoughts* (1981) weise aus: »Ein strenger Frost verheert den Garten *und* das Herz.«

39

Ein strahlend blauer Himmel läßt die goldenen Hickoryblätter und den roten Spindelstrauch leuchten. Die Ahornbäume röten sich von ockergelb bis scharlachrot. Einige Rosen haben überlebt, aber ihre Kräfte erlahmen. Andere weisen immer noch Knospen auf, aber es ist eine lange Mühsal, bis sie sich langsam öffnen. Ein goldschwarzer Monarchfalter über mir setzt zu einem Sturzflug an und verschwindet dann vor dem Hintergrund gelber Blätter. Einige tapfere gelbe Taglilien blühen, und die Sonnenhüte entfalten noch immer ihre rosafarbenen Feuerräder. Die prachtvollen Fetthennen und die Astern stehen in voller Blüte. Rosafarbene Anemonen – wir nennen sie auch Windröschen – recken ihre Gesichter gen Himmel.

Nun, da wegen der abnehmenden Sonne so wenige Rosen blühen, pflücke ich konfettifarbene Zinnien, die sich als Strauß lange halten. Die Klapperschlangenwurzeln, die über und über von weißen Blütentrauben bedeckt sind, riechen zu streng fürs Haus, sehen aber in ihrem Art-Deco-Profil sehr elegant aus, und die Schwarzäugigen Susannen fangen an, sich zu jenem wellenförmigen Gestöber anzuhäufen, das Gertrude Jekylls Wohlgefallen gefunden hätte. Riesige Kaladien und Buntnesseln sind bereits dabei, ihren eigenen Baldachin 90 Zentimeter über dem wuchernden Unterholz zu bauen. Und die langbeinigen, kargen Fleißigen Lieschen warten mit verknitterten bunten Werbebändern auf.

Persis rief mich um 9.00 Uhr morgens von ihrem Handy aus an, und ich traf sie auf ihrem Weg durch den Wald. Wir standen da und beobachteten den Dampf, der vom Weiher zu den Ästen aufstieg und schließlich eine Wolke bildete.

»Es sieht wie ein Moor aus«, sagte ich. »Ruft das nicht die Bilder von schwülen, trägen Tagen im alten Süden wach, vielleicht auf einem sumpfigen Flußarm in Louisiana?«

»Ich frage mich, warum wir Dampf mit Langsamkeit verbinden?« fragte Persis nachdenklich.

»Vielleicht stellen wir uns drückend heiße, schwüle Tage vor, an denen wir uns kaum bewegen können.«

Wir beobachteten einige Minuten lang die Dunstwolke in den Bäumen, und dann folgte Persis dem Pfad in Richtung Campus, der etwa anderthalb Kilometer entfernt liegt. Ich ging zurück, um meinen Kleiderschrank auszuräumen, die Sommershorts wegzupacken und meine dicken Socken herauszuholen. Auf dem Weg ins Haus warf ich einen Blick auf das Thermometer im kleinen Rosengarten: 4 Grad. Kein Problem.

Da ich versprochen habe, an einer Literaturgruppe teilzunehmen, bei der einige Freunde mitmachen, verbringe ich den Morgen damit, die ersten acht unglaublich blutrünstigen Kapitel der *Ilias* zu lesen, die eigentlich eine Abenteuergeschichte für Jungen ist. Aber man kann sie aus sportlichen Erwägungen auch so lesen, als handele es sich um einen Kampf zwischen den sich bekriegenden Lagern des menschlichen Geistes, dessen Repertoire aus niederen Instinkten, Selbstsucht und roher Gewalt besteht. Die Armeen dieses Geistes führen ständig Krieg wegen Kleinigkeiten; sie sind nicht zivilisiert, sondern brutal. Alle Widersacher sind miteinander verwandt. Gelegentlich sind sie zu einem Waffenstillstand bereit, hauptsächlich wegen ihrer Verluste und aus Erschöpfung. Nach diesem blutigen Morgen kehre ich heim in das friedliche Heiligtum meines Gartens.

Heute bringe ich die letzten Rosen der Saison ins Haus. Die meisten Knospen sind kaum geöffnet und werden drinnen vermutlich nicht aufgehen, aber ich bringe sie trotzdem hinein. Bei drei Pflanzen keile ich Q-Tips unter die äußeren Blütenblätter, in der Hoffnung, sie damit aufzustemmen.

Die Temperatur soll heute nacht fallen, und ich habe schließlich beschlossen, den Garten dem Weg aller Blütenblätter folgen zu lassen. Die Rosen haben in Zeitlupe geknospt und geblüht und werden allmählich in den Scheintod übergehen. Nicht genug Sonnenlicht. Die Zinnien blühen immer noch, wenn auch spärlich. Die Teppiche der Fleißigen Lieschen und Buntnesseln werden langstielig und karg. Die farbenprächtigen, sonnenverwöhnten Blätter sind auf den Boden gefallen und haben den Hof in ein Blattmosaik verwandelt, das viele Beete tarnt. Das Wild bekommt dickeres Fell, ebenso die Eichhörnchen, die von Sonnenaufgang bis Sonnenuntergang emsig Nüsse vergraben.

In einer grünen Glasvase mit eingravierten Wildblumen verströmt der letzte Strauß Gartenrosen Duft und sinnliche

Farben. Wenn diese Blumen verwelken, dann ist die Rosensaison zu Ende. Und was für eine prächtige Saison das war! Über 1500 Rosen nach meiner Rechnung. Nächstes Jahr werde ich die Rosenbeete vergrößern. Es wird spannend sein herauszufinden, welche Rosen den Winter überlebt haben. Ich habe dieses Jahr viele orangefarbige Rosen gepflanzt – wie wird es *ihnen* ergehen?

Eigentlich scheint es unmöglich zu sein, noch so spät im Jahr Rosen im Haus zu haben, aber gerade betrachte ich eine zweite Vase, eine grüne, flötenförmige mit zwei Dutzend roten und rosafarbenen Rosenknospen, von denen sich einige gerade öffnen. Zu Saisonbeginn würde ich nicht im Traum daran gedacht haben, Knospen in Vasen zu stellen, aber im Herbst überkommt mich eine Weltuntergangsstimmung. Einige Knospen sind noch fest verschlossen, eingehüllt von langen, eleganten Kelchblättern. Jetzt ist die Zeit der Kelchblätter gekommen. Wie sie sich gertenschlank und kronenförmig vom festen Knospenkörper wegstrecken, sehen sie wie Arme aus, die sich zu Andacht oder Feier erheben. Einige stehen in einem seltsamen Winkel ab. Jeden Tag blühen neue Knospen zu perfekten kleinen roten oder rosafarbenen Rosen auf. Mittlerweile ist der Knospenstrauß eine Explosion in Zeitlupe.

Weil ich die Jerusalem-Artischocke (im Deutschen auch Topinambur genannt) verpflanzen muß, probiere ich eine der eßbaren Knollen, die wie Kartoffeln aussehen und wie knackige Seife schmecken. Einige Leute verwenden sie in Salaten, aber ich mache mir nichts aus dem Geschmack. Wir nennen die Pflanze Jerusalem-Artischocke, obwohl »Jerusalem« auf einem Hörfehler beruht, da es von dem italienischen Wort für Sonnenblume, *girasole*, abgeleitet ist, das wörtlich »dreht sich zur Sonne« bedeutet. Die bekanntere gewöhnliche Artischokke ist in Wirklichkeit eine Distel, deren Blüte sich noch nicht geöffnet hat.

Als ich am späten Nachmittag einen Blick in den Garten werfe, entdecke ich zu meinem Erstaunen zwei Rosen, die genau richtig zum Pflücken sind. Wie konnten sie meiner Aufmerksamkeit entgehen? Beide Blüten wachsen auf einem Busch der Carefree Wonder, einer besonders robusten Rose. Witzig, welche Freude ich an ihren rosafarbenen Nuancen habe. Den ganzen Sommer über habe ich sie ignoriert und hauptsächlich als rosafarbenen Hintergrund betrachtet oder als Rosen, die eine Vase mit spektakuläreren Rosen auffüllen. Da sie so normal aussehen, lenkten die Carefree Wonder nie meinen Blick auf sich. Jetzt aber genieße ich diese zwei leuchtenden, zarten Exemplare. Ich liebe es, wie die Außenseite jedes Blütenblatts talkweiß strahlt und wie der ganze Blütenkelch sich wie ein locker fallender Petticoat entfaltet.

40

JETZT, DA DIE ÄPFEL ANGEFANGEN HABEN ZU GÄREN, sind sie so reif wie eine Ginfabrik. Eigentlich dachte ich, ich lasse die Äpfel für die Eichhörnchen und das Wild liegen – als eine Art Gutschein. Aber ein Schnapsladen sollte mein Garten nicht sein. Doch jeden Tag beobachte ich, wie sich die Vögel betrinken, wie verrückt zwitschern und bis zum Sonnenuntergang im Gras herumwanken, bevor sie volltrunken abheben. Die Eichhörnchen sind oft so betrunken, daß sie auf die Straße rennen.

Nachdem mich der vorübergehende Einbruch des Vorwinters erschüttert hat, bin ich entschlossen, die Vorstellung eines in vier Teile zerlegten Jahres aufzugeben, in dem die Monate wie die Kettenglieder eines Panzers vorbeiziehen, jede säuberlich von der anderen geschieden und unzerstörbar. Der holprige Übergang vom Herbst zum Winter (der ungefähr mit dem November zusammenfällt) ist zum Beispiel eine komplette Jahreszeit für sich. Die Stürme heulen, drehen ab und beruhigen sich. Die Luft ist erfüllt vom charakteristischen hohlen Laut der Samenkapseln, die wie kleine Rasseln an die Bäume schlagen. Verrottende Blätter bedecken den Boden mit einem duftenden Eintopf. Und die ständigen meteorologischen Überraschungen erfüllen die Psyche mit Heiterkeit. Diese sinnliche Erfahrung ist einmalig und nur dieser zwitterhaften Jahreszeit eigen, für die wir keinen Namen haben. Sprachlich existiert dieser Streit zwischen Herbst und Winter nicht (Warum nennen wir die Zeit nicht einfach »Herbster«?), und deshalb gibt es ihn für die meisten Leute tatsächlich nicht. Ich ziehe es vor, mir die Natur als einen freien Organismus vorzustellen, nicht als eine Flucht von Türen, die zuschlagen. In einem viergeteilten Jahr gibt es drei Monate Regen und Knospen, drei Monate Blühen und Hitze, drei Monate Blattverwesung und drei Monate Schnee.

Es ist November, der erste Monat des »Herbstes«, diese merkwürdige Zeit, wenn die Luft kühl, aber ohne die Kälte des Frostes ist und der Wind in widerspruchsvollen Ausbrüchen zieht und heult und einen eisigen Schauer in jeden Knochen rammt. An einem typischen Novembertag kann man beobachten, wie der Efeu an der Backsteinmauer plötzlich von einem Beben ergriffen wird wie ein scheuendes Pferd.

Die Vögel suchen immer noch Beeren in den Wäldern. Das Gras wächst noch hoch genug, um den Rasenmäher abzuwürgen. Und obwohl ich die Häuser klar durch die kahlen Äste der Bäume sehe, bilden niedrige Dornensträucher und Gestrüpp noch immer eine Strohwand. Bald werde ich aus Angst vor Spannern nachts die Vorhänge zuziehen müssen, damit sie uns nicht durch die Fenster beim Schwimmen zusehen, uns Stubenhockern, die wir schamlos, verliebt oder zankend unsere Bäuche heraushängen lassen und in den Zähnen herumstochern.

Heute morgen haben wir den Wald nach totem Holz durchforstet, denn wenn der Winter erst einmal weiß ist und wir uns nach unserem privaten Inferno im Kamin sehnen, dann können wir zum Spaß durch die Wälder schlendern und werden nicht von der Gier nach einem Feuer getrieben. Am Rand des Hofs liegen die Holzscheite aufeinandergestapelt: Brennmaterial für Monate. Die verwitterten Stümpfe sehen hell wie Balsaholz aus. Manchmal wuchte ich sie gerne hoch, bis ich mir fast die Schulter ausrenke, lasse sie fallen und beobachte dann, wie die meterdicken Brocken herabstürzen und herumwirbeln.

Ich habe immer noch keine Idee, was in diesem Wäldchen geschah. Ich rede von jener Steinplatte – eisig, grau und nach Opferungen aussehend –, die wir neben einem grünen Plastikboot vorfanden, das mit Dutzenden von Gewehrkolben beladen war. Nur mit Kolben. Einige Meter entfernt gab es einen Erdwall, der mit Moos bewachsen war. Niemand wagt Vermutungen anzustellen, was darunter liegen mag. Der frühere Besitzer des Hauses war ein eifriger Bogenschütze, und in der Garage fanden wir einen Tisch, dessen Beine – zu unserem Entsetzen – aus verdübelten Gebeinen von Rotwild bestanden. Ich glaube, er durchforstete den Wald nach Wild, Waschbären, wilden Truthähnen und Fasanen, bereitete das Wildbret im Wald zu, brachte Opfer über der Steintafel dar, zerhackte die Kadaver mit einem Beil in bratengroße Stücke und vergrub schließlich die Eingeweide einige Meter entfernt. Ich erschauere bei dem Gedanken an einen Hügel aus Innereien. Paul riet mir, einfach Blumen in diesem befruchtenden Gestank zu pflanzen, aber ich kann das nicht. Ich würde immer an die Organe und Innereien denken. Hat er vielleicht einen Gewehrkolben für jede Tötung geopfert? Besser als einen Finger. In den Höhlen von Lascaux gibt es Zeichnungen, die von Künstlern mit verstümmelten Fingern unterzeichnet sind. Wie unbedeutend war doch ein Fingergelenk im Vergleich zu einer Speisekammer voller Rehböcke oder Mammuts.

Drinnen mache ich ein kräftiges Feuer im Kamin, esse Feigen und Mandarinen, und grüble über einem neuen Gedicht. Was für ein Mischmasch-Bewußtsein, welch Genuß zusammengewürfelter Delikatessen! Als das Feuer zu Asche wird, sieht es wie ein Wespennest aus. Draußen verschmilzt ein leichter Schneefall wie Regen mit dem Garten.

Nach dem Mittagessen hole ich einige übriggebliebene Rosenknospen (ich bezweifle, daß sie aufgehen werden), eine blasse Geranie (die immer noch blüht!) und einen rosafarbenen Sonnenhut ins Haus und stelle ein kleines Arrangement für die Küche zusammen. Dann denke ich eine Weile über all die »Arrangements« nach, die wir täglich machen. Gestern zum Beispiel sah ich während einer Fahrradtour einen Falken, der auf einem Baum hockte, einen großen blauen Reiher, der im Bachbett stand und seine Federn zur Wärmeaufnahme aufgeplustert hatte, und in der Ferne einen Mann mit einem Hundeschlitten auf Rädern, der sein Team für die Wintertrecks vorbereitete.

Susan Greene von Wildrun, einer Tierschutzorganisation, trifft um 14.00 Uhr in ihrem marineblauen Lieferwagen ein. Sie ist eine schlanke, lebhafte Frau mit einem langen, angegrauten Pferdeschwanz. Sie macht einen Rundgang im Haus, und wir plaudern eine Weile über die Gewohnheiten von roten Eichhörnchen. Dann lehnt sie eine große Leiter gegen das Dach und klettert hoch. In der Bibliothek befindet sich an beiden Seiten der Kuppel ein langes Wärmeabzugsrohr, und Susan sieht sofort, an welcher Stelle ein rotes Eichhörnchen durch die Hauswände hereingekommen ist. Sie nagelt Drahtnetze über drei der Öffnungen und eine Einwegtür über die vierte. Nächste Woche wird sie zurückkommen, um auch diese Tür mit Draht zuzubinden. Zur Zeit hält sich hier kein Eichhörnchen auf, aber sie haben mehrere Schlupfwinkel, und das Haus scheint das Winterquartier des roten Eichhörnchens zu sein.

»Das sollte die wilden Tiere draußen halten«, erklärt Susan. Bald ist ihre Arbeit erledigt, und sie zieht weiter zum nächsten Haus, das von liebenswerten, aber unwillkommenen Verwandten überschwemmt wird.

41

DIE NACHT BRICHT HEREIN, und die Fledermäuse machen ihre Sturzflüge, um mitten in der Luft Insekten zu fangen. Ich staune über ihre eleganten Kunstflüge. Dank eines langen Vorderarms, einer gleitenden Membrane über knochigen Fingern, eines starken Arms und kräftiger Brustmuskeln können sie mit den Flügeln schlagen wie Vögel. Aber wenn man sie aus der Nähe sieht, ähneln sie Vögeln überhaupt nicht; sie sind pelzig und von einer merkwürdigen Architektur voller Bögen und Streben. Da ihr Skelett durch die Flügel erkennbar ist, wirken sie wie stark gerippte Regenschirme oder wie die mechanischen Zeichnungen aus den Notizbüchern Leonardo da Vincis.

Fledermäuse haben mich immer fasziniert, und ich bin dankbar, daß sie jede Nacht ganze Insektenhorden verschlingen. Aber ich empfinde keine so leidenschaftlichen Gefühle für sie wie Karl Koopman. Er war der Biologe mit den besten Fledermauskenntnissen aller Zeiten. Ich bin sicher: Wenn er meinen Garten heute abend besuchte, könnte er viele Geschichten über die kleinen braunen Fledermäuse erzählen, die hungrig im Garten herumflattern. Und ich würde ihm all die Fragen stellen, die mich schon eine ganze Weile beschäftigen: Stimmt es, daß die männlichen Dayak-Flughunde aus Malaysia Milchdrüsen haben und ihre Jungen säugen können? Könnten menschliche Männer in Notzeiten dasselbe bewerkstelligen? Stimmt es, daß weibliche Fledermäuse – wie auch die Elefanten, die Großen Tümmler und die Menschen – anderen Weibchen bei der Geburt helfen und als Hebammen wirken können? Fledermäuse gebären im Geheimen und verstecken sich gern. Koopman hätte die Antworten gewußt.

Wie Aristoteles wußte Koopmann alles. Als er starb, starb auch ein großer Wissensschatz der Biologie. Er war mit einem photographischen und enzyklopädischen Gedächtnis ausgestattet, das über die Fähigkeiten eines Computers hinausging und stellte somit für Kollegen eine dynamische Ressource dar, von der sie abhängig waren. Wie geheim war sein Wissen? Mein Freund Merlin Tuttle, der Direktor der Bat Conservation International, erinnert sich an eine Begebenheit, als Koopmann ihn auf einen – anderen Fledermausexperten unbekannten – Aufsatz aufmerksam machte, der in Spanisch in einer südamerikanischen Zeitschrift erschienen war, die bereits nach der ersten Ausgabe eingestellt worden war.

Koopmann, ein Enthusiast und Gelehrter höchsten Ranges, beendete sein Laufbahn als emeritierter Museumsdirektor am Amerikanischen Museum für Naturgeschichte, aber dieser langweilige Titel sagt wenig über diesen außergewöhnlichen Mann aus. Er entdeckte unter anderem, wie die karibischen, südamerikanischen und afrikanischen Fledermäuse zu ihren endgültigen Revieren kamen, wie sie sich entwickelten und wie sich ihre Verbreitung erklärt. Vor Koopmann hatten nur wenige Wissenschaftler die Fledermäuse in der Karibik studiert. Er argumentierte, daß bestimmte fledermausreiche Inseln einst Teil des Festlandes waren, auf dem verwandte Fledermäuse leben. Als die Gletscher an den Polen schmolzen, stiegen die Meeresspiegel an und erzeugten voneinander geschiedene Inselwelten. Er führte Studien über Fledermäuse in der ganzen Welt durch, aber dennoch kratzte er nur an der Oberfläche dessen, was man wissen kann. Es gibt sehr viele Fledermäuse in den unerforschten Baldachinen der Regenwälder. Vor einigen Jahren förderte eine Fledermausjagd 25 verschiedene Arten zutage; 16 davon leben ausschließlich in den Baumkronen. Einige von ihnen sind selten und die meisten rätselhaft.

Obwohl Koopmann weit reiste, um Fledermäuse zu studieren, basierte sein legendäres Wissen hauptsächlich auf Forschungsarbeiten und weniger darauf, daß er viele Tiere in der Wildnis gesehen hätte. Man schickte ihm einen exotischen Knochen, und er konnte ihn schnell einer Unterart zuordnen.

Wenn man ihm dagegen eine lebende Fledermaus zeigte, war er manchmal unsicher. Die Feldforschung stellte ihn vor besondere körperliche Herausforderungen und führte zu Abenteuern, über die selten berichtet wird. Hier ist die Schilderung einer Reise von Merlin Tuttle:

> »Ich traf Karl 1962 zum ersten Mal, als wir auf der Uruguay-Expedition des Amerikanischen Museums für Naturgeschichte drei Monate lang ein Zelt teilten. Karl war eine kleine Person und vorwiegend an das Stadtleben gewöhnt, daher war er verständlicherweise besorgt, aber er hatte angenommen, er könne sich schnell anpassen … Karl war ein Mann von großer Freigebigkeit und warmer Wesensart, es sei denn, jemand ließ durchblicken, er könnte wegen seiner körperlichen Behinderungen etwas nicht tun. Dann war er furchterregend.
> An seinem ersten Morgen im Camp bestand er darauf, mich auf einer Suche nach seltenen Nagetieren in ein Dikkicht aus Schneidried und Dornensträuchern zu begleiten. Als wir zurückkehrten, waren seine Arme und sein Gesicht arg zerkratzt und zerschnitten, und seine Augen waren von mindestens zwanzig Wespenstichen so zerstochen, daß sie fast zugeschwollen waren. In dem Versuch, ihn zu trösten, nahm ich ihn zum Schwimmen mit, aber gerade als er ins Wasser steigen wollte, packte ihn das Entsetzen, weil ein Piranha mich in die Seite biß. Bei allen Widrigkeiten verlor Karl jedoch nie seinen Sinn für Humor.«

Aus Respekt vor Koopmanns legendären intellektuellen Leistungen erwähnen die Nachrufe nie die seltsame Figur, die er abgab. Deshalb beruht ein Großteil der Berichte über sein Privatleben auf Gerüchten, was auch für einige der exotischen Fledermäuse gilt, die er studierte. Ein gemeinsamer Freund erzählte mir, daß Koopman ein Mensch von unklarem Geschlecht war und mit einem Syndrom geboren wurde, das dazu führte, daß er ungewöhnlich klein blieb, eine hohe feminine Stimme, eine zarte Haut, zierliche Hände und einen watschelnden Gang hatte. Als Kind – er wuchs in Honolulu, Los Angeles und New York auf – muß er gnadenlos verhöhnt worden sein. Die meisten Menschen hätte das aus dem Gleis geworfen. Aber seine körperliche Behinderung, die ihm herkömmlichere Wege der Herausforderung und Erfüllung vorenthielt, erlaubte ihm auch, sich auf ein Gebiet zu konzentrieren, auf dem er sich auszeichnen konnte. Genauso wie es unser Privileg und unsere Panik ist, sterblich zu sein, so war es für ihn gleichermaßen ein Fluch und ein Segen, behindert zu sein. Die Phantasien darüber, was ihn zu solch einer Faszination für die oft verleumdeten Kreaturen der Nacht bewegt haben mag, könnten einen ganzen Abend füllen. Ich bin mir nicht sicher, ob ich ihn danach fragen würde, und falls ja, wie.

Heutzutage, da es so populär ist, nach den Ursachen des eigenen Elends zu suchen, und die Grenze zwischen Ursache und Schuldvorwurf sehr schmal ist, finde ich es aufschlußreich, Lebensläufe zu studieren, die schlimm begannen, vielleicht mit Spott und Scham – Leben, die gut und gern hätten scheitern können, und zu fragen: Warum scheiterten sie nicht? Oft genug verliefen solche Leben erfolgreich. Sicherlich kompliziert und frustrierend und unvollkommen, aber manchmal erfüllt mit Genialität, Eroberungen und Wundern mit hoher Oktanzahl. »Resiliance« lautet der Begriff, den Psychologen für dieses Persönlichkeitsmerkmal oft benutzen; das umgangssprachliche Wort »Elastizität« kommt dem sehr nahe.

Karl Koopmann war genau so ein Mann von atemberaubenden Extremen, ein Biologe, der über jedes Maß hinaus brillant war, unglaublich diszipliniert und eigensinnig, aber auch exzentrisch, emotional, launisch; jemand, der genauso leicht weinte, wie er wortreich fluchte. Irgendwie war er gelassen und gleichzeitig melodramatisch. Mit seiner Hingabe, Gutherzigkeit und harten Arbeit verdiente er sich eine große Menge an Lob und Zuneigung. Als exzellenter Historiker mit einem besonderen Interesse an den Kämpfen des Amerikanischen Unabhängigkeitskrieges konnte er in einem Augenblick ernst sein und im nächsten verspielt und schelmisch. Obwohl er extrem beschäftigt war, hatte er – vom unerfahrensten Hochschulabsolventen bis zum dienstältesten Professor – stets Zeit für Menschen. Nur wenige konnten es mit seiner geistigen Großzügigkeit aufnehmen. Aber er hat nie geheiratet, und obwohl er viele ergebene Freunde und Bewunderer hatte, so gab es doch meines Wissens nie eine romantische Beziehung.

Hinten im Garten stehen zwei Apfelbäume voller Früchte. Sie haben knorrige und gewundene Äste, aber jedes Jahr entwickeln sie Türme weißer Blütenblätter und tragen später herrlich duftende Äpfel. Mit den Jahren haben sie sich zu Bäumen von hohem Wuchs entwickelt. Heute morgen zum Beispiel füllten sie die hungrigen Mägen dreier Rehe und die hungrige Seele mindestens eines Menschen. Das ist eine Erscheinung, die Karl Koopmann sicherlich verstanden hätte. Vielleicht hätte er auch die folgenden Zeilen aus »Maud« von Alfred Lord Tennyson genossen. Sie sollen keine Begräbnisrede sein, sondern eine sinnliche Einladung. Als ich allerdings von Koopmans Tod erfuhr, erhielten sie eine besondere Traurigkeit.

»Komm hinab zum Garten, Maud,
Die Fledermaus, die schwarze Nacht,
flog schon herein,
komm hinab zum Garten, Maud,
Ich warte hier, am Tor, allein.
Das Geißblattgewürz ist fortgeschwebt,
Und der Rosenmoschus verweht.«

Winter

Der Winter taucht alles in helles, in blendendes Licht,
Das Schneeland, es gleicht einem Fasse,
verschlossen und dicht.
Die Furcht vor der Kälte verfolgt mich
bei Tag und bei Nacht,
Die eisige Stille hat alles zum Schweigen gebracht.
Die Schneemassen fallen vom Himmel seit uralten Zeiten.
Und wenn in den Tälern unheimliche Schatten sich breiten,
Wenn Strahlen des Mondes
verstreuen ihr geisterhaft' Licht,
Dann möchte' ich für immer entfliehen,
doch kann ich es nicht!

Robert Service, »Der Zauber des hohen Nordens«

42

JETZT, DA DIE SPINNE DES WINTERS ihr weißes Netz in den Bäumen webt, fahre ich gerne durch die Landschaft und lasse die Weiden und Felder an mir vorüberziehen. Hier und dort stapfen Pferde traurig umher, während die Hufeisen ihr kaltes Echo die Beine hinaufsenden und der Schnee unter den Hufen knirscht. Welch dickes Fell die Ponys auf der Weide bekommen haben! Sie lieben es, sich in der schwachen Wintersonne zu aalen; es ist die einzige Jahreszeit, in der sie nicht von den Fliegen gequält werden. Paul haßt den Winter (»Tod, Tod, Tod ...«), er kann den Herbst nicht ausstehen und schwitzt im Sommer zu sehr. »Der Frühling ist nett«, gibt er zu, »aber eine Idee zu kurz.« Wenn die Temperatur unter minus 30 Grad sinkt oder ein Schneesturm tobt, sagt er: »Jetzt hast du den gottverdammten Winter, den du unbedingt haben wolltest. Wie findest du ihn *jetzt?*« Die Wahrheit ist: Er haßt ganz einfach Wetter. Ich dagegen liebe es und würde auch noch ein Dutzend weiterer Jahreszeiten willkommen heißen. Der Winter bedeutet für mich keine Not, sondern nur einen weiteren Tummelplatz (ich kann Skilanglauf machen) und eine weitere Linse, durch die ich die Natur sehen kann. Es wird Rekordschneefälle geben – das tut es jedes Jahr –, aber nicht so strenge wie in Colorado, wo während eines 30stündigen Schneesturms über zwei Meter Schnee fallen können. Im Yellowstone Nationalpark gibt es manchmal acht Meter Schnee im Jahr. Und dann gibt es natürlich Gegenden, in denen der Schnee wirklich gefährlich wird – Nordkanada, Alaska, Grönland, Sibirien und die Polargebiete; Gegenden, in denen die Temperaturen bis unter minus 50 Grad sinken.

Extreme Kälte kann ein Phänomen bewirken, das ich schon immer einmal sehen wollte, den »Wohnstättennebel« – eine ganze Stadt, die in eine Wolke gehüllt ist, die aus der gefrorenen ausgeatmeten Luft der Menschen besteht.

Bei uns bringt der Winter Schnee, Wind und Kälte, aber auch jeden Tag weniger Sonnenlicht, das nur noch in einem flachen Winkel auf die Erde trifft. Die Sonne fühlt sich einfach nicht mehr so warm an. Was für eine seltsame Empfindung! Immer noch ist er da, der riesige, flüssige Gigant über uns, und doch ist seine Berührung weniger hitzig.

Nach einem heftigen Schneeschauer wird das Haus zur Muschel. Wenigstens die Schnecken können ihr Haus mit sich tragen, und in einem gewissen Sinn tun wir das mit unseren Autos auch. Aber zuerst müssen wir Fluchtrouten für sie graben. Während ich ganze Lagen von Schnee aus der Auffahrt stemme, klappern meine Zähne, und meine Muskeln krümmen sich in einer eisigen Umklammerung. Der Wind scheuert mein Gesicht wie eine Drahtbürste. Unsere Spezies hat sich in einer Eiszeit durchgesetzt, in der es eines schlauen Tieres bedurfte. Ich fühle mich heute nicht besonders schlau, nur kalt, aber ich bin unendlich dankbar für den Schnee. Ohne den Schnee gäbe es keine Schneeschmelze, von der unsere großen Flüsse abhängig sind und der wir außerdem ein Drittel der Weltwassermenge verdanken.

Die Eichhörnchen haben den Garten in ein Schneelabyrinth verwandelt. Was als ein System von Tunneln begann, die den Schnee durchkreuzten, hat sich in ein Gewirr von Gängen verwandelt, als die Tunneldächer einbrachen. Wie die mythischen Labyrinthe kann auch dieses mit Monstern aufwarten – rivalisierenden Eichhörnchen, die in Geheimgängen lauern. Gelegentlich sehe ich Eichhörnchenköpfe aus dem Schnee herausschießen, wenn zwei sich begegnen und miteinander raufen, bis eines den Rückzug antritt und zum Fuße eines Baumes rast, den es mit hoher Geschwindigkeit erklettert.

Am Veranda-Eingang des Labyrinths sitzt ein molliges Eichhörnchen mit einem silbrigen Mal auf seiner linken Seite, das ich Collops genannt habe. Es macht dort Pause und wäscht sein Gesicht mit den herunterfallenden Schneeflokken. Ich habe schon viele Male beobachtet, wie Eichhörnchen dieser einfachen Tätigkeit – das Gesicht mit Schneeflocken zu waschen – nachgehen, doch ich muß immer noch lächeln. Genauso geht es mir bei einem Waschbär, der seine Pfoten in einer Pfütze wäscht. Es ist etwas Intimes, Vertrautes an diesen Gebärden.

Die Waschbären schlafen jetzt sicher in ihren Höhlen. Ob sie wohl träumen? Die Eichhörnchen werden im Winter langsamer, aber immer noch streunen sie auf der Suche nach Nahrung umher. Wenn der Schnee ihre Körperhöhe überragt – was in den New Yorker Wintern oft der Fall ist –, dann graben sie direkte Tunnels von Baum zu Baum. Ich habe bemerkt, daß Eichhörnchen sich orientieren, indem sie einen Gegenstand erst aus einer Perspektive betrachten und dann aus einer anderen. Es wirkt, als ob sie eine dreidimensionale Landkarte entwürfen. Dies wird besonders augenfällig, wenn sie versuchen, in ein Vogelfutterhäuschen einzubrechen. Wenn sie entdeckt haben, daß ein direkter Aufprall nicht funktioniert und daß auch ein akrobatisches Zupacken bei gleichzeitigem Heraussaugen der Samen nichts nützt, dann setzen sie sich hin und bedenken das Problem für eine Weile. Ich habe ein Eichhörnchen beobachtet, das die Lage fast eine Stunde lang taxierte, indem es das Futterhäuschen sorgfältig von einem Zweig nach dem anderen aus beäugte, vom Boden, vom Dach, dann verschiedene Angriffsmethoden vom Baum heraus auskundschaftete, verheißungsvolle Winkel, von denen aus es sich vielleicht auf das Häuschen stürzen könnte, um dadurch den Samen auf dem Boden zu verstreuen. Ich bin immer wieder beeindruckt vom Raumgefühl und der instinktiven Geometrie der Eichhörnchen. Sie sind die winzigen Landvermesser des Gartens. Auf dem Metalldach des Futterhäuschens hockend, bedachte das Eichhörnchen ruhig das Problem des Tresorknackens, indem es jede Ecke, jede Naht inspizierte. Es verstand offensichtlich, daß in dem Moment, in dem es sein

Gewicht auf die Vogelstange verlagerte, eine Metalltür über den Samen zuschnappte. Aber ich mag mich auch irren: Vielleicht verstand das Eichhörnchen das Prinzip und konnte nur nichts dagegen unternehmen. Ich bin mir über das Ausmaß des abstrakten Denkvermögens eines Eichhörnchens nicht im klaren, aber wie man erst jüngst entdeckt hat, sind Tiere in einem erstaunlichen Umfang zu dem in der Lage, was wir als »denken« bezeichnen. Nehmen Sie nur die Papageien: Sie können Gegenstände zählen, an Farbe und Form erkennen und mitteilen, ob etwas offen oder geschlossen ist. Der nationale Zoo in Washington D. C. verfügt über eine faszinierende Denkfabrik, die die Intelligenz von Tieren, ihren Gebrauch von Werkzeugen, ihr Sprachvermögen und ihre sozialen Interaktionen erforscht. Unsere Gene unterscheiden sich von denen eines Schimpansen nur um 1 Prozent. Bedenken Sie, welche Eigenschaften dieser Unterschied von 1 Prozent begründet! Und nun denken Sie einmal über die 99 Prozent nach, die wir mit ihm teilen.

Dieses hübsche Eichhörnchen ist eins meiner Lieblingsweibchen, das ich vor Jahren etikettierte. Es sieht gesund aus, und ich freue mich, daß es überlebt hat, zumal die durchschnittliche Lebensspanne eines Eichhörnchens in der freien Natur nur ein Jahr beträgt. Ich beobachte das Eichhörnchen, während Schneeflocken groß wie Bienen herabsinken, und erinnere mich an den abenteuerlichen Tag, als ich es markierte. Ich habe mit Biologen aus dem Nationalzoo, dem Los Angeles Museum und dem Monk Seal Project verschiedene Tiere, deren Bestand gefährdet ist, mit Marken versehen – das Goldgelbe Löwenäffchen, den Monarchfalter und die hawaiianische Mönchsrobbe, aber niemals hatte ich ein Tier aus der Nachbarschaft in meiner Garage. Um Tiere zur Wiedererkennung zu markieren, verwenden Biologen meistens Färbemittel aus der Haarkosmetik und bleichen Zahlen ins Fell. Wir färbten die Schwänze der Goldgelben Löwenäffchen mit Tinte, stanzten Etikette in die Flossen der Robben und falteten Aufkleber aus Briefmarken um die Flügel der Monarchfalter. Ich beschloß, eine Spezialistin für Eichhörnchen, die Hunderte von ihnen in den USA und in Lateinamerika markiert hatte, um Hilfe und Rat zu fragen.

Am Tag der Markierung wachte ich um 5.45 Uhr morgens unruhig auf, duschte schnell, aß etwas und flocht mein Haar, wobei ich den untersten Teil mit einem wasserdichten Band zusammenknotete. Dieses Band erinnerte mich daran, daß Kolibris manchmal meine roten Haarbänder angriffen, weil sie sie für Blumen hielten und auf Nektar hofften. Ich mochte es, wie sie nahe an meinen Ohren herumschwebten und surrten. Man muß seine Heimat nicht verlassen, um auf Forschungsreise zu gehen, denn wir sind von Wunderbarem umgeben. Es war ein warmer Morgen. Die Sonne schien durch die Zweige der Hickories, in denen die Spielzeuge für die Eichhörnchen in einer weichen goldenen Aura hingen.

Um 6.45 Uhr stellte ich die Fallen auf und füllte sie an ihren Enden mit Walnüssen; jede Falle beschwerte ich mit einem großen schweren Stein. Dann zog ich mich ins Haus zurück, um zu beobachten. Innerhalb weniger Minuten war das morgendliche Aufgebot an Eichhörnchen bereits da – hungrig und neugierig. Einige beschäftigten sich mit ein paar Erd- und Haselnüssen, die um die Fenster verstreut waren, die anderen aber kümmerten sich, wie ich das erhofft hatte, um die hinter Gitter liegenden Walnüsse. Zuerst griffen sie durch die Maschen, dann versuchten sie den Käfig hochzustemmen. Danach gingen sie systematisch um den Käfig herum und betraten ihn schließlich – ganz vorsichtig. Wenn ein Tier auf die Metallplatte trat, die vor den Walnüssen angebracht war und als Auslöser diente, dann schnappte die Tür zu. Bald saßen sechs graue Eichhörnchen sicher in der Falle. Ich schaute auf die Uhr. Es war 7.00 Uhr.

Und es klingelte. Der Rest der Eichhörnchen-Cowboys war eingetroffen. Zuerst kam Larry – der Tierarzt der Universität, der eine große Bandbreite an Tieren beaufsichtigte, Wild- und Haustiere von Kamelen bis zu Maulwürfen. Er war ein großer, schlanker Mann mit kräftigen, festen Händen, salzbraunen Haaren und zwei Ohrringen im linken Ohr. Deedra, die Leiterin der Aufzuchtstation, schlenderte mit langem, offenem blonden Haar herein. Ihr häuslicher Tierpark wies unter anderem ein Faultier und einen Wickelbären auf. Zuletzt kamen Jaclyn, *die* Autorität in Sachen Eichhörnchen, die aus New Jersey heraufgefahren war, um mir zur Hand zur gehen, und ihr Mann Greg, ein Unternehmer und Sportfischer. Jackie hatte langes, dunkles Haar und trug Bluejeans und ein schwarzes T-Shirt, das auf der Vorderseite ein großes schwarzes Eichhörnchen zeigte. Grundstücksbesitzer sind mit Eichhörnchen recht vertraut, aber in der Regel weiß man nur wenig über sie, und so waren alle sehr neugierig.

»Die Eichhörnchen sind schon bereit!« sagte ich, während ich alle hereinbat. »Erdnußbutter habe ich nicht gebraucht, die Walnüsse waren unwiderstehlich.« Mittlerweile hatten die Cowboys ein Dutzend Eichhörnchen gefunden, die in Hab-Erbarmen-Fallen Walnüsse mampften.

»Mensch, das ist ja eine ganze Sippschaft«, staunte Larry, als wir zur Garage gingen, um unsere Ausrüstung zusammenzustellen.

»Ich war bei Expeditionen in Panama dabei«, erzählte Jackie, »da haben wir kein einziges Eichhörnchen gefangen, obwohl wir sie furchtbar gern markiert hätten. Deine Eichhörnchen sind tapfere Kerle.«

»Tapfer und neugierig«, ergänzte ich, »und gut genährt.«

Larry rollte zwei grüne Sauerstofftanks herein und eine Krake aus Schläuchen und Gläsern für die Anästhesie. Deedra stellte eine weiße Waage und einen Netzbeutel mit Reißverschluß dazu. Greg legte eine Spitzzange, einen Drahtschneider und ein Maßband auf der langen Holzbank bereit, die auf Brusthöhe um die Garage herumläuft. Jackie sichtete Farbkügelchen und die Länge rostfreier Stahlketten und zählte Ohrmarken. Ich selbst holte weiße Tücher und dickwandige, durchsichtige Plastikbeutel. Als die Ausrüstung vollständig war, rannte ich hinaus zu den Eichhörnchen, die in den Fallen ungeduldig warteten, bedeckte jede Falle mit einem weißen

Tuch und trug sie dann in die Garage. Durch die offene Tür konnte ich sehen, wie andere Eichhörnchen die übriggebliebenen Fallen erforschten. Mir war klar, daß wir uns auf eine bestimmte Anzahl Eichhörnchen einigen sollten, die wir untersuchen wollten. Eines der gefangenen Eichhörnchen war rot, also ließen wir es frei, denn dies war eine Studie über Grauhörnchen. Greg trug die Falle hinaus, öffnete ihre Tür, und das Rothörnchen zischte davon.

Wir plazierten das erste Eichhörnchen mitsamt Käfig und allem in einem Plastikbeutel; Larry raffte den Beutel an einem Ende zusammen, führte einen Schlauch ein und begann, eine Mischung aus 96 Prozent Sauerstoff und 4 Prozent Betäubungsmittel hineinzupumpen. Der Beutel war groß und das Eichhörnchen auch, und mit all dem Adrenalin, das durch seinen Körper schoß, dauerte es ungefähr fünf Minuten, bis das Betäubungsmittel wirkte. Schließlich sahen wir, wie das Eichhörnchen schwankte und in sich zusammensackte. Larry faßte mit einer Hand in den Käfig und zog es heraus, indem er es am Genick packte. Dann balancierte er das Eichhörnchen auf seinen Knien und hielt es sanft an seinem Bauch geborgen, während ich mich bereit machte, es in einen der Netzbeutel gleiten zu lassen.

Urplötzlich erwachte das Eichhörnchen, sprang aus Larrys Händen die Wand empor, dann auf den Boden, am Griff einer Schneeschaufel empor, über ein Bücherregal, um eine Müllkanne aus Gummi herum und über den Türsturz; dann prallte es von einer Wand ab, tauchte unter eine Lage Tücher und rannte zwischen den Beinen und hektisch greifenden Händen von uns allen herum. Im Vergleich zum Eichhörnchen bewegten wir uns in Zeitlupe, wie unter Wasser. Ich versuchte es mit einem Schmetterlingsnetz zu fangen, Greg wollte es mit seinen Händen packen, Larry wiegte sich auf der Stelle – wie ein Fußballtorhüter –, bereit zu einem Sprung, in welche Richtung auch immer, aber schließlich war es Deedra, die ein zusammengeknülltes Leintuch über das Eichhörnchen warf, mit einem Lederhandschuh bewehrt daruntergriff und das Tier beim Nacken packte. Ich hielt es an seiner Brust und Hinterseite fest und konnte fühlen, wie sein schneller Herzschlag gegen meine nackten Hände pochte. Sein Fell fühlte sich heiß und weich an. Larry preßte eine dreieckige Sauerstoffmaske auf die Nase des Eichhörnchens und stellte das Gas an, so daß es endlich einschlief. Während das Eichhörnchen döste, drehten wir es herum und entdeckten sechs große, dunkle, erigierte Nippel, die frei aus dem Fell hervorstachen. Sie waren angeordnet wie Punkte auf einem Dominostein. Unterhalb dieser Nippel war – groß und hervorragend – eine Klitoris, die man leicht mit einem Penis hätte verwechseln können. Haben weibliche Eichhörnchen Orgasmen? Wozu sonst benötigten sie eine solch große Klitoris? Und warum ist sie so ungeschützt?

»Eine Dame«, sagte ich erfreut. »Und sie hat Kleine zu Hause.« Es war ein säugendes Weibchen und – nach der Größe und dunklen Färbung der Nippel zu schließen – eine ältere, erfahrene Mutter. Das waren große Neuigkeiten. Die Jungen bleiben längstens sechs Wochen im Nest, bald würden sie mit ihrer Mutter den Garten erkunden. Sorgfältig legten wir das Eichhörnchen auf die Bank – diesen kleinen Abgesandten einer anderen Spezies.

»Erinnert euch das nicht an diese Filme mit den Entführungen durch Aliens?« bemerkte ich. »Exotische Kreaturen greifen sich einen Menschen, legen ihn auf einen Operationstisch, fummeln an seinen Genitalien herum, wiegen und vermessen ihn, und dann markieren sie ihn irgendwie für spätere Untersuchungen?« Besuch aus einer anderen Welt durch eine höher entwickelte Spezies – das ist es, was Biologen ununterbrochen tun.

Die Vorderfüße des Weibchens hatten vier Zehen mit scharfen Klauen sowie elastische rosa Polster, die viel weicher, matter und dicker waren, als ich vermutet hatte. Sein weißes Bauchfell war seidig und rein, und obwohl sie einige Zecken oder Flöhe haben mußte, flog doch nichts auf oder krabbelte herum. Eine gesunde Eichhörnchen-Mutter. Das Bauchfell war weiß wegen eines Phänomens, das man Gegentönung nennt – eine Art Camouflage. Jedes Tier, das das Eichhörnchen von unten erblickte, sähe nur Weiß und würde dies für Himmel und Wolken halten. Ein Tier wiederum, das von oben auf das Eichhörnchen herabblickte, sähe ein weiß getupftes Graubraun und könnte das als Waldboden mißverstehen. Beim Eichhörnchen wie beim Menschen erschlafft der Mund im Schlaf, und so konnten wir seine beiden riesigen Vorderzähne sehen, die Eichhörnchen wie einen Dosenöffner benutzen, um Schalen zu durchbohren. Seine schwarzen Augen quollen weit aus dem Kopf heraus; das ist der Grund, warum Eichhörnchen eine Art Rundumblick haben – über die Schultern zurück und über den Kopf nach oben und unten hinaus. Wenn man in Bäumen lebt, kann die Gefahr von überall her kommen. Wir Menschen haben unsere Augen auf der Vorderseite des Kopfes: Wir sind Räuber, keine Beute.

Ich befestigte eine Ohrmarke in einem speziellen zangenähnlichen Gerät und knipste sie schnell ins linke Ohr. Wir entschieden, Weibchen links und Männchen rechts zu markieren. Anschließend legte Jackie ein Halsband aus rosa Perlen um den Nacken, schlüpfte mit einem Finger darunter, um zu überprüfen, ob das Weibchen noch genug Bewegungsfreiheit hatte, um zu schlucken, sich zu putzen und ihre hochartistischen Trapezkünste auszuführen, ohne sich dabei in einem Zweig zu verfangen. Es fühlte sich zu locker an, deshalb knipsten wir vier Glieder ab und sicherten das Halsband anschließend. Als nächstes steckten wir das Weibchen in den Netzbeutel, zogen den Reißverschluß zu und legten es auf die Waage – es wog ungefähr 700 Gramm.

»Mann! Das ist ein großes Eichhörnchen«, bemerkte Deedra und riß die Augen auf. Während sie den Käfig aufhielt, öffnete ich schnell den Beutel und ließ das Eichhörnchen in den Käfig gleiten, in dem auch noch ein paar Walnüsse waren. Dann setzten wir den Käfig in einer ruhigen Ecke der Garage ab – das war sozusagen im Aufwachraum – und bedeckten ihn mit einem Laken, damit das Eichhörnchen ohne allzu viele

Störungen wieder zu sich käme. Ein lautes Nußknacker-Geräusch durchbrach die Stille. Irgendwo in einem Käfig unter einem der Tücher machte ein Eichhörnchen das beste aus seiner Lage und fraß. Bald machte es ihm ein anderes nach.

»Na, ich denke, sie sind nicht gar zu aufgebracht«, lachte Deedra. »Erstaunlich: Denen geht es offensichtlich gut genug, um zu essen.«

»Das nächste Eichhörnchen, bitte«, lud Larry uns ein. Deedra gab ihm einen Käfig, in dem ein noch größeres Eichhörnchen saß. Die ganze Prozedur begann von vorne, aber dieses Mal waren wir Eichhörnchen-Cowboys geschickter und hielten das Weibchen fest, um es zu sedieren, mit Ohrmarke und Halsband zu versehen und es zu wiegen – all das in fünf Minuten und 20 Sekunden. Kann gut sein, daß das ein Weltrekord war. Anhand ihrer Merkmale an Ohr und Gesicht stellte ich fest, daß es sich bei diesem Weibchen um die mutige Dicke handelte, die ich Collops getauft hatte. Beim Wiegen ging der Zeiger weit über das Ende der Skala hinaus. Auch dieses Weibchen säugte und hatte Junge zu Hause. Noch eine gesunde, stramme Mutter.

»Vielleicht beherbergst du eine Rasse von Super-Eichhörnchen«, bemerkte Greg mit einem fiesen Unterton in seiner Stimme.

Die Grauhörnchen wurden während der einjährigen Studie wohlgenährt; dann entwöhnten sie sich langsam und gingen wieder ihrer eigenen Wege. *National Geographic* hatte einen Photographen geschickt, der die Entwicklung der Jungen in einem Baumnest verfolgen sollte; er sollte auch einige der gewagteren Luftsprünge der Eichhörnchen aufzeichnen.

Fünf Jahre sind seitdem vergangen. Drei der markierten Eichhörnchen leben immer noch; wenn ich im Garten arbeite, sehe ich sie von den wilden Erdbeeren naschen oder aus dem Trog trinken, den ich für die wilden Tiere aufgestellt habe.

Als sie ihre Waschungen beendet hat, macht Collops auf dem Absatz kehrt und huscht auf einem der Wege davon. Wenn sie mich gesehen hätte, hätte sie vielleicht um ein Almosen gebeten, wie sie es manchmal macht, wobei sie geduldig wartet, während ich ihr eine Scheibe Vollkornweizenbrot hole. Sie frißt immer die Kruste zuerst, wobei sie die Scheibe in ihren Pfoten dreht. (Die Känguruhs im Zoo von St. Louis halten und essen ihre Scheibe Wonderbread, die sie jeden Nachmittag um 16.00 Uhr bekommen, auf genau dieselbe Weise – die Kruste zuerst.) Ich weiß nicht, wo Collops hinläuft, aber ich hoffe, es gibt ein warmes Nest und eine Familie am Ende ihres Weges, und ich wünschte, ich könnte sie beruhigen: Bald wird es wieder Frühling sein, das Schneelabyrinth wird schmelzen, die Blumen mit ihren duftenden Leckerbissen werden wachsen, und die lebendige Speisekammer der Natur wird wieder für sie da sein.

43

EINES NACHMITTAGS fahre ich zu einem Haus auf einer Bergspitze, zu dem sieben Hektar Wildnis einschließlich eines Weihers gehören. Es ist etwas Besonderes an einem Weiher hoch oben auf einem Berg. Er spiegelt die entschlossene Verwurzelung der hohen Gräser wider, die Unverwüstlichkeit der Wildblumen, aber auch die Himmelskuppel mit ihrer unerschöpflichen Wolkenparade. Nachts scheint der Weiher den umgestürzten Weltraum zu umfassen, die größere Dunkelheit im Schilf, durch welches das Mondlicht hindurchhuscht, und die Sterne in einer Sternenwildnis. In der Mitte des Grundstücks steht ein großes, modernes Haus mit hohen Decken, weiten Hallen und luftigen Räumen. Alles an diesem Gebäude verkörpert Unbegrenztheit. Riesige Fenster zeigen den Garten, den

Weiher, den Ausblick auf die Stadt und den unendlichen Himmel.

Dies war das erste Wohnhospiz im Staat New York, eine Zuflucht, in der Sterbende ihre letzten Tage in Würde und Anstand verbringen können, in der sie von Familie und Freunden besucht, von Ärzten, Schwestern und Sozialarbeitern umsorgt und von einem Team umhegt werden. Die Bewohner müssen für ihren Aufenthalt bezahlen, aber niemand wird abgewiesen. Unsere Gemeinde hält die Türen von Hospicare offen, obwohl der Anwohnerflügel für kurze Zeit geschlossen werden mußte und die Kapitalbeschaffung eine ununterbrochene Herausforderung ist.

Die Anlage des Gebäudes schreit geradezu nach Gärten, einer beruhigenden Landschaft mit einem Kapellengarten, einem Schmetterlingsgarten, einem Vogelhabitat, einem spiralförmigen Aussichtsweg, einem kleinen Weiher mit einem Wasserfall und schönen Aussichtspunkten, vielen ineinander übergehenden Lichtungen und Blumeninseln. Aber es ist einfach nicht genug Geld da, um diese Vorhaben durchzuführen. Kreative Lösungen sind notwendig. Um wenigstens einen kleinen Teil des benötigten Geldes aufzubringen, schlug ich einen stadtweiten Wettbewerb um das schönste Vogelhaus vor, verbunden mit einer Auktion.

Vogelhäuser erregen mich in einer besonderen Weise. Sie sind geistig und metaphorisch stimmig, denn Vögel sind die heiteren Symbole des Heimbaus und der Hege; sie sind melodisch, farbenfroh und ungebunden. Vielleicht wird deshalb in einer mittelalterlichen Arbeit des Venerabilis Beda das Leben als schöner Vogel dargestellt, der kurz durch eine Bankethalle fliegt. Ein junger Mann, der kürzlich seine letzten Tage im Hospiz verbrachte, führte ein Tagebuch, in dem er täglich seine Freude festhielt, die er beim Betrachten der Vögel von seinem Fenster aus empfand – und es gibt dort viele Vögel zu beobachten. Enten und Reiher kommen vorbei, Schwalben, Rotkehlchen, Eichelhäher, Kardinale, Krähen, Kolibris; auch Libellen, Nachtfalter, Schmetterlinge, Fledermäuse und viele, viele andere geflügelte Lebewesen.

Wenn die Gärten erst einmal fertig sind, werden sich die Bewohner zu Fuß oder im Rollstuhl auf den Wegen, die von Blumen und Wildpflanzen flankiert sind, bewegen können und unter den Bäumen hindurch zu einem Aussichtspunkt nahe des Sees gelangen. Freunde und Familienangehörige können dort ebenso umherschlendern, man wird ein Picknick veranstalten oder auch die Lieblingstiere mitbringen können – und für die Hospizmitarbeiter wird all das eine nur zu willkommene Erleichterung darstellen. Es wird einen Meditationsweg geben und viele Plätze am Rand des Weges, um zu rasten, sich an der Natur zu erfreuen und nachzudenken. Kinder, die zu Besuch sind, können spielen: Im Winter können sie Schneemänner bauen, im Sommer Fröschen und Käfern nachstellen, im Herbst in Blätterhaufen springen. Es wird einen Schmetterlingsgarten geben. Er wird den Bewohnern die tröstende Umarmung der Natur bieten, ob sie nun in der Lage sind, ihre Räume zu verlassen oder nicht. Sie werden die täglich wechselnden Farben auf Wiese, Teich und Himmel beobachten können. In einer Lichtung wird es eine Kapelle geben. Ich stelle mir vor, daß die Gärten oft zur Meditation benutzt werden.

Wenn ich im Sonnenschein spazierengehe, was ich jeden Tag tue, ertappe ich mich manchmal dabei, daß ich Möglichkeiten des Vogelhaus-Wettbewerbes durchspiele. Einige Vogelhäuser könnten in Hospicare bleiben und Teil eines kleinen dauerhaften Vogelhaus-Waldes werden. Das ornithologische Institut ist der festen Überzeugung, daß die Vogelhäuser nützlich und einfach sein sollten; falls Farbe unbedingt notwendig sein sollte, dann sollte es sich nur um möglichst helle Wasserfarben für die Außenseiten handeln. Könnte es sein, daß solche Beschränkungen die Phantasie lähmen und dem Wettbewerb einiges von seinem Spaß rauben? Wie können wir diese scheinbare Hürde überspringen? Vielleicht könnte man verschiedene Kategorien einrichten, einige eher dekorativ, andere nützlich, aber alle mit attraktiven Titeln: Einfache Geschenke, Party-Stil, Farbige Viertel, Phantasieflüge oder ähnliches.

Aber muß denn Einfachheit wirklich dermaßen einschränken? Vielleicht sollte ich mir Einfachheit als etwas Kunstvolleres, Durchdachteres vorstellen? Ein einfaches Vogelhaus könnte zum Beispiel ein Giebelkasten mit schrägem Dach sein. Oder ein ausgehöhlter Klotz mit nahezu flachem Rindendach. Man müßte das Dach leicht neigen, um das Regenwasser abfließen zu lassen. Wenn die Rinde rauh genug wäre, hätten die Vögel einen guten Halt für ihre Zehen und bräuchten keine Sitzstange. Einfache Häuser mit einem Loch auf der Vorderseite könnten Waldvögel wie den Kleiber anziehen, und wenn das Loch klein genug wäre, würden umherstrolchende Spatzen abgewiesen. Einfache Häuser mit einer weiten rechteckigen Briefkastenöffnung auf der Vorderseite wären für Rotkehlchen und Zaunkönige attraktiv, weil diese Vögel es mögen, beim Nisten das Gelände im Auge zu behalten. Aber warum so bescheiden? Einfache Häuser können auch zweistöckig wie ein Chalet sein – mit einer Art Futtertisch auf der Unterseite, sozusagen als Vorhalle. Nein, das ist keine gute Idee. Dieser Futtertisch könnte auch andere Vögel anziehen, die die Nestlinge erschrecken würden. Na ja, Purpurschwalben wären vielleicht glücklich mit einer Eigentumswohnung aus der Vorkriegszeit …

Wir alle sind von dieser Idee besessen, und so gewinnt auch für mich der Vogelhauswettbewerb, je länger ich über ihn nachdenke, die Dringlichkeit einer Mission, und gleichzeitig macht er Spaß wie ein Spiel. Wir werden geradezu ekstatisch. Alle brüten neue Ideen aus. An einem Tag bewegen wir das örtliche ornithologische Institut dazu, ein Vogelverzeichnis des Ortes zu erstellen und Baubeschreibungen für die Vogelhäuschen zu liefern; am nächsten Tag werden die Verleger überredet, Vogelbücher als Preise zu stiften. Natürlich müßten die in Geschenkpapier mit Vogelmustern eingeschlagen und in Tragetüten mit Vogeldesign verstaut werden. Dann entwirft ein Maler Vogelhaus-Siegerurkunden. Außerdem muß natürlich auch die Vogelhaus-Hymne ausgewählt werden – *Bye Bye Bird* von den Moody Blues? *Blackbird* von den Beatles? Irgend etwas von den Byrds oder von Strauss? Das Fax eines Komiteemitgliedes gibt als Absender »Vogelhaus-Zentrale« an. Auf jeden Fall brauchen wir den erfolgreichsten Immobilienmakler der Stadt, um die Vogelhäuser zu beurteilen. Noch bevor die Kampagne abgeschlossen ist, nimmt jeder in der Gemeinde teil. Ein Maler wird engagiert, der sich kreative Vogelhaus-Preisschärpen und -urkunden einfallen lassen soll. Die Landschaftsdesignerin Paula entwickelt Vorstellungen von einem Spiralgarten, der wie ein Perlboot *(Nautilus pompilius)* gekrümmt ist. Ich hoffe, daß wir einigen unserer Nachbarn Gelegenheiten zum kreativen Spielen bieten, wenn sie sich ihre Vogelhäuser ausdenken und bauen, aber ich denke auch daran, wie kostbar der Garten für die Bewohner des Hospizes sein mag. Krankheit hat die Eigenart, den eigenen Blickwinkel zu verengen. Wenn jemandem nur noch wenig Zeit bleibt, dann mag der Kontakt zur Natur in einer intensiven geistigen und visionären Weise ganz besondere Freuden beinhalten.

Welch wunderbar kreatives Unheil Menschen anrichten können! Schließlich haben wir 59 Vogelhäuser zu verkaufen. Die meisten sind erfinderisch gestaltet, farbig bemalt und für Vögel aller Größen und Arten zu verwenden. Manche sind besonders kunstvoll ausgestattet (bis hin zu elektrischem Licht) und eher dazu gedacht, im Haus benutzt zu werden. Einige sind erstaunliche Großtaten in Sachen Holzarbeit, liebevoll hergestellt von professionellen Architekten, Bauunternehmern und Künstlern. Kinder haben Vogelhäuser aus Glitzerstaub und farbigen Federn gebaut. Der jüngste Teilnehmer, ein Vierjähriger, hat ein befiedertes Vogelhaus hergestellt, das größer ist als er selbst. Mein besonderer Liebling (»Das älteste Vogelhaus der Welt«) besitzt Wände, die mit devonischen Fossilien beklebt sind, die am Strand gesammelt wurden. Zwei Häuser für Purpurschwalben sind große, architektonische viktorianische Gebäude, deren Seitenwände sich öffnen lassen – damit man die Häuser säubern oder mit ihnen als Puppenhaus spielen kann. Die Richter haben ein schweres Amt, aber auch viel Spaß bei der Auswahl der Sieger, denn es gibt so viele phantasiereiche, sorgfältig gebaute, schöne und (oft) übermütige Kandidaten.

Sieger aller Kategorien
1. Preis: $ 500 an Dan Krall für Nr. 5, eine architektonische 1 x 1 Meter große viktorianische Eigentumswohnung mit Kupferdach

2. Preis: $ 250 an Stephen Merwin für Nr. 19, eine zwei Meter hohe, spitze Baumrakete mit Nest

3. Preis: $ 100 an Rachel Dickinson für Nr. 26, ein Chalet aus Kiefernzapfen-Schindeln mit Geheimgatter

Sieger in einzelnen Kategorien
Einfache Geschenke, Party-Stil: $50 an Louise Adie für Nr. 31, ein Bungalow aus Abfallholz und Kleiderhaken

Phantasieflüge: $ 50 an Graham O. für Nr.30, ein Kürbis-Marienkäfer mit gewirkten Rattanflügeln und langen, spindeldürren Beinen

Farbige Viertel: Dinner für 2 Personen im Wert von $50 im *Tre Stelle Restaurant* an Janet Locke für Nr. 35, ein verwegen bemaltes Haus im Stil von Gaudì

Sieger bei den Kindern
$ 50 an Cathy, Alize, Jamie und Chloe vom Nachmittags-Natur-Programm des IAAC für Nr. 23, ein Turm aus farbenfrohen Federn mit einem Griff aus Pfeifenreinigern

Ehrenvolle Erwähnung
Naturbücher an ein gutes Dutzend anderer, deren Beiträge so bemerkenswert sind, daß sie lobend anerkannt werden sollten

Am Auktionstag türmen sich Sturmwolken auf, während wir die Vogelhäuser im Keller von Hospicare auf sechs langen Tischen ausstellen, die wir mit Blumenarrangements (in Schwanen-, Kranich- und Nestvasen) und mit Kiefernzapfen, Äpfeln, Eicheln, Immergrün und Spielzeugvögeln dekoriert haben. Der Raum füllt sich schnell, eine Bluegrass-Band aus dem Ort spielt Songs, deren Titel Vogelnamen enthalten, die Gäste knabbern Plätzchen in Vogelform und trinken Erdbeerpunsch. Die Mitglieder des Vogelhauskomitees kann man an kupfernen Vogelhaus-Anstecknadeln erkennen. Was als geselliges Beisammensein beginnt, wird bald ausgelassen, gutgelaunt und ein wenig wild. Natürlich ist dies das Publikum einer Kleinstadt, das zusammengekommen ist, um einen guten Zweck zu unterstützen, aber die Vogelhäuser sind auch Sammlerstücke, und einige sind sehr witzig. Jedes einzelne Vogelhaus wird verkauft, einschließlich aller der von den Kindern hergestellten gefiederten Geheimnisse. Eine Frau hat gleich zwei Häuser gekauft: das schwerste und das zerbrechlichste; beide müssen geliefert werden. Die höchsten Gebote konzentrieren sich auf bestimmte Häuser, darunter das Fossilienhaus, einen Bungalow mit Schwalbenschwanz-Verbindungsstücken und einer großen Liebe fürs Detail und zwei Häuser, die rundherum kalligraphisch mit Meditationen verziert sind.

Am Ende gehen die Menschen lachend und schwatzend mit ihren neuen Vogelhäusern unter dem Arm nach Hause. Wir haben Tausende von Dollar für die Gärten von Hospicare eingenommen und außerdem einige Menschen in das Hospiz und seine Arbeit eingeführt, so daß am Ende dieses Tages das Vogelhaus-Komitee nur noch aus Adrenalin und Lächeln besteht. »Wir sehen uns nächstes Jahr«, ruft eine Käuferin, als sie geht, schwer beladen mit Vogelhäusern. Ein tolles Ergebnis. Es hat viel Arbeit gekostet, viel Planung und Ärger. Aber auf der anderen Seite brachte es auch Kameradschaft und Spaß. Und es half, Gärten zu finanzieren, von denen wir hoffen, daß sie Schmerzen lindern.

44

»Es ist gefährlich kalt«, meldete der Wetterbericht. »Verlassen Sie das Haus nicht!« Dieses Mal war die Notfall-Sirene im Radio kein Test. »Dies ist keine Übung!« warnte das Radio und wiederholte die Warnung dann sicherheitshalber einige Male, denn bislang hatte es immer nur blinden Alarm gegeben – seit den Zeiten, in denen die meisten Zuhörer noch in der Grundschule gewesen waren.

Mittlerweile haben sich die wahren Winterschläfer – wie Waldmurmeltiere und Bären – in einen langen, tiefen Schlaf begeben. Die gestreiften Eichhörnchen andererseits sind Teilzeit-Winterschläfer; sie wachen von Zeit zu Zeit auf und suchen ihre Vorratskammern zwecks einer Zwischenmahlzeit auf. Die großen Schwärme der Zugvögel haben ihre Winterquartiere erreicht. Die Schmetterlinge auch. Ihre Wanderung erscheint noch wundersamer als die der Vögel. An einem brutal kalten Dezembertag flog ich vor einigen Jahren nach Südkalifornien. Dort gab es in den Auslagen der Geschäfte bunte Weihnachtslichter neben Badeanzügen, und ich sah Kinder, die sich an verschwitzte Nikoläuse in den Spielzeug- und Glitzerschmuckabteilungen heranpirschten. Ich war gekommen, um Tausende von Monarchfaltern in fast 50 Überwinterungsplätzen entlang der Küste zu markieren. 100 Millionen Monarchfalter wandern jedes Jahr, und einige fliegen bis zu 6000 Kilometer weit in bis zu 3000 Meter Höhe, nur um einen warmen Platz zu finden, an dem sie en masse überwintern können. Viele Schmetterlinge leben nur einen Tag lang, aber überwinternde Monarchfalter können neun Monate leben (ein spezielles Hormon reduziert ihre Aktivität). Unglücklicherweise werden viele ihrer Rückzugsgebiete durch Golfkurse, Wohnanlagen, Viehweiden, Farmen und andere Begleiterscheinungen des Fortschritts vernichtet.

Ein Kollege und ich fuhren an der Küste entlang nach Norden; wir erfreuten uns an den Klängen des Pazifischen Ozeans, der seine Becken an den Felsen ertönen ließ, dem heiseren Bellen der Seehunde, dem Tuten der Möwen, dem fröhlichen Geschwätz umherziehender Teenager, die mit Surfbrettern und Frisbees den Strand entlangmarschierten. Alle Schmetterlingsplätze lagen nahe der Küste, viele von ihnen in stechend riechenden Eukalyptushainen, in denen lange Stränge aus orange-schwarzen Schmetterlingen wie Weihnachtsgirlanden an den Bäumen hingen. Einige Monarchfalter setzten sich genau auf die Spitze der immergrünen Zweige. Dann entfalteten sich ihre Flügel in einem Aufruhr aus Farbe, öffneten sich so weit wie möglich für die Sonne, zitternd und spielend wie helle Ornamente. Wenn Dutzende von ihnen einen Baum übergossen, dann erweiterten ihre Flügel die Kanten jedes Blattes in ein halbes Dutzend Richtungen und verliehen dem Baum eine zitternde Tiefe, ein surrealistisches Wackeln. Es sah aus wie ein automatisches Bilderbuch. Über uns war die Luft angefüllt von orangefarbigen Seglern. Manchmal schien die Sonne durch ihre vierteiligen Flügel, dann wirkten sie wie Täfelungen aus buntem Glas auf dem Weg zu einer Kathedrale.

Von diesem Schauspiel umgeben, saßen wir auf dem Boden; unsere Netze waren voller Schmetterlinge. Sorgfältig nahmen wir einen nach dem anderen heraus, überprüften Geschlecht, Gesundheitszustand und mögliche Schwangerschaft und brachten dann eine winzige Briefmarke als Markierung auf einem der Flügel an. Da es ein kühler Tag war, atmeten wir warme Luft über ihre Flugmuskeln und warfen die Schmetterlinge dann wie winzige Fallschirmspringer empor. Sie drehten sich einen Moment im Kreis, um Höhe zu gewinnen, flogen dann hinauf zu ihren Genossen hoch in den Bäumen und wurden wieder Teil der Girlande.

Halten Sie einmal einen Schmetterling in Ihrer Hand, und Sie werden wahrhaftig verstehen, was das Wort *flattern* bedeutet: Wenn Sie sehen, wie ein Schmetterling auf Augenhöhe direkt auf Sie zufliegt, wie seine zarten Flügel Wirbel in die Luft schlagen, dann fühlen Sie für einen Augenblick, daß *Sie* fliegen. Jeder Schmetterling ist einzigartig. Es ist schwer, sich einen fetten Schmetterling vorzustellen, aber genau wie wir Menschen haben Schmetterlinge Fettreserven, und einige sind dicker als andere. Sie haben einen unterschiedlichen Körperbau, verschiedene Farbmuster, einzigartig geformte Flügel und unterschiedlich schwarz-weiß gefleckte Körper.

In einem Fantasia aus Schmetterlingen verbrachten wir idyllische Tage damit, sie zu beobachten und zu markieren; wir arbeiteten zusammen, sprachen aber wenig. Das schwere Eukalyptusöl hielt uns die Insekten vom Leib, und nur wenige Vögel störten uns mit ihrem Nestbau, unsere Tage waren erstaunlich ruhig und friedlich. Die Eukalyptusdünste katapultierten mich zurück zu Wick VapoRub, das meine Mutter auf meine Brust strich, als ich noch klein war. Ich bin immer noch klein genug, um jetzt aufs neue erstaunt zu sein über das Wunder der Schmetterlinge, das Wunder lebendiger Farbe auf Flügeln.

Dieser Dezember lebt in meiner Erinnerung fort als eine Zeit besonderer Freundlichkeit, etwas, das man in seinem Garten nicht immer findet, als eine Zeit plötzlich wiedergewonnener kindlicher Wahrnehmung, als eine Zeit der Zeitlosigkeit und eines festen, geologischen Gefühls des Friedens.

45

Die Natur entwickelt ihren eigenen höllischen Garten unter dem Zementboden des Hauses, und der Gestank aus der Heizungsöffnung ist durchdringend und ekelerregend. Obwohl ich die Heizungsklappe in meinem Badezimmer geschlossen und mit einem großen Bildband über die Liebe abgedeckt habe, finden die Schwaden ihren Weg zur Klappe in Pauls Bad und wehen unbekümmert hinein, sobald die Heizung läuft. An diesem Morgen steht mein Freund Dan, ein Architekt, über die Klappe gebeugt und schnuppert. Dan ist ein Kenner von Hausgerüchen, ein Detektiv der Düfte; er dechiffriert, er erfaßt intuitiv, er arbeitet mit wohlfundierten Vermutungen, um den komplexen Atem eines Hauses zu lesen. Ist es krank? Wenn ja, wo ist die Wunde? Ist sie begrenzt? Ist sie unbedeutend oder klaffend? Wir sind mittelgroße Tiere, die ihre Umwelt zum Teil immer noch über den Geruchssinn wahrnehmen, obwohl wir diesen Sinn als roh und animalisch abtun – er ist kein Teil unserer Natur, zu dem wir uns bekennen.

Dan ist langbeinig und dünn und sieht aus wie jemand, den er selbst als Blaupause gezeichnet haben könnte. Angetrieben von einer Ästhetik von Linie und Form, reagiert er auf Räume in einer Weise, die ich zwar erkenne, aber nicht teile. Für ihn schwingen geisterhafte Hängebrücken zwischen unsichtbaren Quellen der Luft, verankert im Endlichen, aber das Unendliche einbeziehend. Sein Streben ist, aus diesen geistigen Brükken feste Verstrebungen der Wahrheit zu machen. Ich weiß, wie sehr ein falscher Winkel ihn ärgern kann. In solchen Momenten ist sein Schmerz nicht nur professionell, sondern er bohrt in seinen Eingeweiden. Dan bekommt regelrechte Zukkungen, so als ob die Ordnung der gesamten Schöpfung davon abhinge, die Elemente schnell wieder auszubalancieren.

In seinem Universum hängt die Ordnung tatsächlich davon ab, und natürlich beruhigt ihn Präzision.

»Das ist kein extremer Geruch«, erklärt Dan, nachdem er einen Moment nachgedacht hat. »Er ist frisch; es ist der Geruch von Abwasser, das erfolgreich in den Rohren unterwegs ist. Abwasser, das schon eine Weile steht, hat einen leicht anderen Geruch.«

Es ist faszinierend, ihn dabei zu beobachten, wie er dem Problem eines Hauses nachspürt, dabei methodisch Informationen sammelt und dann Möglichkeiten ausprobiert. Es scheint, als ob er sich das Haus wie eine Erzählung vorstellt. Und obwohl die meisten Menschen eine Bindung an das Vertraute haben und sich daher Veränderungen widersetzen, besteht Dans Aufgabe in diesem Haus darin, abzuwägen, was bleiben soll und was chirurgisch entfernt werden muß. Wieder einmal – wie so oft im Leben – lautet die Frage: Was widersteht, und was gibt nach?

Dan schlägt vor, daß Arbeiter Teile des Badezimmerbodens aufreißen, wobei sie spezielle Sägen, aber keine Preßlufthämmer benutzen sollten. Sie sollen den gekachelten Waschtisch von der Wand lösen, herausfinden, wo die Abflußrohre von Waschbecken und Dusche zusammentreffen, und dann ein ganz neues Abflußrohr nordwärts statt südwärts aus dem Haus heraus verlegen. Der alte Abfluß könne geschlossen werden. Er würde ihn vielleicht sogar mit Zement auffüllen, den man durch das Abflußrohr gießen könnte. Er sieht aus dem Badezimmerfenster und entdeckt die farbigen Fähnchen, die wie bei einer Regatta auf dem Rasen wehen.

»Junge, da draußen gibt's einen Haufen Sachen, die man umgehen sollte – Telefon, Gas, Stromleitungen, Wasser –, da sind eine Menge Nudeln unter dem Rasen da vorne.«

Wir gehen nach draußen, um noch sorgfältiger nachzuschauen. Dan bestimmt einen möglichen Verlauf für das Abflußrohr. Als wir wieder drinnen sind, inspiziert er den Spülstein, den Heizungsraum, den möglichen Verlauf der Rohre, die unsichtbar im Fußbodenzement eingelassen sind. Eine

Erzählung entsteht, eine mögliche Erklärung. Als vor fünf Jahren das Bad vergrößert wurde, mußten die Arbeiter verschiedene Rohre miteinander verbinden. Es kann sein, spekuliert Dan, daß das Verbindungsstück seitdem langsam zerfallen ist; vielleicht ist eine Dichtungsmanschette verrottet oder verrutscht, was einen Riß im Rohr zur Folge hatte, aus dem Gase herausdringen konnten. Wahrscheinlich ist all das ganz allmählich geschehen, aber irgendwelche neuen Löcher in den Heizungsrohren haben den Geruch dann plötzlich im ganzen Haus verbreitet. Das bedeutet, daß eine Umleitung der Heizung und das Zuschütten der alten Heizungsrohre mit Zement Abhilfe schaffen sollten.

Falls dem nicht so sein sollte, gilt Plan B: Hermetische Versiegelung der Gipswände im Heizungsraum. Wenn auch das nichts hilft, erfordert Plan C das Graben neuer Abflußrohre, wobei ein Strang nach vorne durch das Bad verläuft und ein zweiter aus der Küche unter den zementierten Hof, um dort mit der Hauptleitung verbunden zu werden. Das ist nicht der bevorzugte Plan, aber er ist machbar.

Als wir erst einmal diese Details – Oasen in der Wüste meiner Verwirrung – festgelegt haben, fühle ich mich ruhiger. Es gibt Sicherungen. Wir wissen jetzt, was eventuell getan werden muß, und können den Bau von was auch immer vermeiden, durch das ein mögliches Abflußrohr blockiert werden könnte. Nachdem dieses Problem gelöst ist, gehen wir zu dem der veränderten Heizungsrohre über. Wie soll man sie abdecken, wenn sie an der Decke verlaufen? Sollten sie offen als graue Metallrohre wie in einer High-Tech-Fabrik verlaufen? Gerundete Rohre? Dan findet, daß die Rohre, weil die Linien des Hauses durchgängig gerade sind, quadratisch und versteckt sein sollten. Aber wie soll das gehen?

Er entscheidet sich für eine Lösung, bei der die Decke in der Halle abgesenkt wird. Mir wäre etwas weniger Offenkundiges und dafür Bescheideneres lieber. Aber mir macht eine Veränderung in meiner Umgebung nichts aus. Paul, der nicht zu Hause ist und daher nicht gefragt werden kann, findet Veränderungen verwirrend. Sie stören ihn körperlich, belasten ihn als Vorstellung und erfüllen seine Eingeweide mit einem starken Gefühl von Panik. Als die Reparaturen begannen, zeigte ich ihm eine Reihe von Blaupausen, die er sorgfältig studierte. Zwar ist er zeitlebens ein Meister der englischen Prosa gewesen, doch in seiner Jugend hat er auch eine Ausbildung als Zimmermann genossen; jetzt sah er mich ausdruckslos an und fragte: »Was bedeutet das hier – in meinem Arbeitszimmer, wenn da steht ›Wand entfernen‹?«

Ich dachte einen Augenblick nach und antwortete dann: »Das bedeutet, mein Lieber, daß du nach Florida fährst.«

Selbst diese Veränderung wird eine Prüfung für ihn sein, aber er versteht nur zu gut, daß das Haus krank ist und wachsen muß, um geheilt zu werden.

»Welche Struktur wäre dir lieber?« fragt Dan und zeigt mir die Pläne für zwei radikal unterschiedliche Systeme.

»Ich laß' mich überraschen«, erwidere ich. Er sieht ganz schwach aus.

Dann kommt der Heizungsmonteur, und Dan und er sprechen eine Weile über das Wie und Wann der Umstellung. Ein Bauunternehmer wird alles vorbereiten, und am 20. Dezember wird der Heizungsmann mit seinem Team anfangen.

Wie sehr wir darum ringen, die Natur aus unseren Häusern zu halten! Natürlich nicht die gesamte Natur. Nicht die Rosen und die Lilien und den Lavendel. Nur das, was wir zur schlechten oder ekelerregenden Natur ernannt haben – Abwässer, Verwesung, Fäulnis, Schmutz, Insekten, Fledermäuse, Nagetiere. Wir mögen es nicht, wenn man uns angreift. Wir mögen es nicht, dreckig zu sein. Wir mögen es nicht, wenn unsere Anstrengungen um Sauberkeit und Reinlichkeit zunichte gemacht werden. Wir mögen es nicht, wenn unsere Fundamente unterhöhlt werden. Und wir fürchten all das, was wir nicht sehen können. Welche Schrecken mag es am Rande unserer Wahrnehmungsfähigkeit geben? Welche Teufel lauern im höllischen Untergrund unter dem Haus, in jenem Schmutz, in dem es von Larven wimmelt und in dem sich unbekannte Lebewesen verkriechen?

Natürlich können wir die Natur weder vereinfachen noch säubern, weder die äußere Natur noch unsere Körper. Aber wir tun so, als sei die Welt leicht zu handhaben – wenigstens unsere kleinen Heimstätten. Ich weiß das alles, aber trotzdem fühle ich mich getrieben, das Chaos zu zügeln, die Kräfte der Natur in meinem Haus zu organisieren, wo immer ich kann. Ich installiere eine Heizung. Ich schalte das Licht an. Ich lasse Wasser durch Rohre fließen. Würde ich nicht die Poesie eines Baches vorziehen, der über abgeschliffene Kieselsteine rieselt? Schon, aber das ist nicht praktisch. Und wir sind so praktische Tiere. Wir sind erstaunlich prosaisch, wenn man bedenkt, wie schwer beladene und oftmals hysterische Wesen wir sind. Hätte ich gerne einen Wasserhahn an der Westwand des Hauses, damit ich die Taglilien leichter wässern kann? Wahrscheinlich schon. Es wäre praktisch.

Heute abend werde ich die Rohre zum Außenwasserhahn an der Ostwand des Hauses trockenlegen, wie ich das jedes Jahr tue, wenn ich mir sicher sein kann, daß es nichts mehr zu bewässern gibt und die Temperaturen unter den Gefrierpunkt sinken. Gestern habe ich einen Strauß gekaufter Rosen in einer Vase arrangiert, und ich habe elf Narzissenlilien gepflanzt. Es gibt nur noch wenig Obst. Der Winter hat begonnen, eine Zeit der Ruhe und Erholung – der Garten ruht, das Haus erholt sich. Auch mein Knochen-Haus. Eine Kniesehne schikaniert mich, genau wie letzten Winter nach einem Sommer täglicher Radfahrten. Ich liege im Erkerfenster, überblikke den verschlafenen Garten und versuche, die Schrecken des Tages zu vertreiben, indem ich dieses Mantra wiederhole: *Ruhe und Erholung, Ruhe und Erholung …*

46

Es schneit und schneit und schneit. Mittags waren es schon 50 Grad unter Null, und das Thermometer fiel immer noch. Jetzt hängt eine dünne weiße Eisschicht von der Bank herab, die Zitterpappeln halten die Totenklage und verneigen sich. Während Schnee wie durch ein Sieb stetig senkrecht herunterfällt und liegenbleibt, beginnt der Drahtzaun auszusehen wie gehäkelt. Der Wind bläst eine Schneewehe zusammen, bis sie ihren Staub versprüht, den Pulverschnee, Freund des Skifahrers. Er sieht aus, als bestünde er aus kleinen weißen Körnern, aber ich weiß, daß er in Wirklichkeit ein Verbindung von säulen- und tafelförmigen Kristallen ist, die verhindern, daß der Schnee zusammenpappt. Die Form der Kristalle bestimmt, ob der Schnee klebt, fest zusammengepreßt ist oder große Verwehungen bildet. Es gibt viele kristalline Formen, von denen die dendritische, die klassische sternenförmige Schneeflocke, die man auf Pullovern und Weihnachtsschmuck findet, die bekannteste ist. Schneeflocken bilden viele Formen, die für das bloße Auge nicht immer sichtbar sind. Die meisten Menschen wußten nicht, wie Schneeflocken aussehen, bis im 19. Jahrhundert *Cloud Crystals* veröffentlicht wurde, mit Zeichnungen einer »Dame«, die begriffen hatte, daß sie Schneeflocken auf einem schwarzen Hintergrund durch ein Vergrößerungsglas betrachten konnte. 1931 veröffentlichte Wilson Alwyn Bentley einen Atlas mit Tausenden von Schneeflocken, die er durch ein Mikroskop photographiert hatte; er nannte ihn ganz einfach *Snow Crystals*. Abhängig von Temperatur, Feuchtigkeit und Wind können sich Schneekristalle zu Sternen entwickeln, zu Säulen, Tafeln, Nadeln, asymmetrischen Gebilden, Säulen mit Aufsatz, Hagel, Eiskörnern, Graupel und seltsamen Kombinationen wie »Kugeln« (Säulenbündel mit Pyramiden auf der Spitze) oder »räumlichen Dendriten« (Sterne mit sechs Spitzen, manchmal verbunden mit etwas, das aussieht wie eine aufrecht stehende Kiefer nahe der Spitze). Säulen sind hohle, räumliche Dendrite, feste Kristalle, die sehr leicht Dauerfrost und Lawinen produzieren. Die Sterne bilden sich in niedrigen Wolken, die Säulen in hohen Zirruswolken, aber wenn sie niederfallen, treffen sie auf andere Kristalle, brechen entzwei, bilden neue Formen, und so verdickt sich ein Schneegestöber mitunter zu schwerem Schneefall. Als ich noch klein war, machte meine Mutter manchmal das Licht im Haus aus und schaltete das Gartenlicht an; dann saßen wir beide auf dem Teppich im Wohnzimmer, bewunderten die eisüberzogenen Büsche in ihrem japanischen Garten und beobachteten die Schneeflocken, die wie Derwische unter dem Licht des Vorbaus tanzten. Wir sahen, wie aus Schneegestöber ein Schneesturm wurde, und ich wußte, daß die Chance groß war, am nächsten Tag nicht zur Schule zu müssen und statt dessen ein Schneehaus zu bauen.

Schnee sieht glänzend und fest aus – genau wie Glas, und doch sind seine Moleküle in ständiger Bewegung, er ist fortwährend im Fluß. Ich mag die seltsame Eigenschaft des Schnees, sich über und um Dinge herum zu ergießen, ohne zu zerbrechen; auf diese Weise bildet er Lufttaschen, überhängende Traufen, zufällige Iglus, in denen sich Tiere zusammendrängen, um es warm zu haben. Ich mag es, wie dicht Schnee sein kann und daß so winzige Flocken einer großen Stadt Einhalt gebieten können, obwohl Schnee doch nichts als Wasser und Luft ist, hauptsächlich Luft. Ich mag seine weiche Decke, die so gut isoliert, trotz seiner wesentlichen Eigenschaft, der Kälte. Ich mag die Schneehöhlen, die Insekten und Nagern Reisestraßen bieten. Ich mag es, daß Schokolade beim Joggen oder Skilanglaufen im Schnee das ideale Gegenmittel gegen die Erschöpfung der Kohlenhydratreserven ist. Und ich mag die vielen Namen, die die Menschen dem Schnee gegeben haben. Mit jedem Namen lerne ich den Schnee in einer anderen Weise sehen. Die Inuit und Indianer des Nordens, die berühmt für ihr Schnee-Vokabular sind, haben Worte für Schneegestöber *(theh-ni-zee)*, rauchigen Schnee *(siqoq)*, fallenden Schnee *(anniu)*, Schnee, der sich auf den Bäumen sammelt *(qali)*, windgepeitschten Schnee *(upsik)*, krustigen, geschmolzenen und wieder gefrorenen Schnee *(siqoqtoaq)*, wannenförmigen Schnee am Fuße von Bäumen *(qamaniq)*, feinen weichen Schnee *(saluma roaq)*, rauhen, grobkörnigen Schnee *(natatqonaq)*, tiefen Schnee, der Schneeschuhe erfordert *(detthlok)* und sogar für den Platz, von dem der Wind den Schnee hinweggeblasen hat *(sich)*. Und das sind nur einige Beispiele.

Bald wattiert der Schnee den Boden und talkt die Bäume, er dämpft die Geräusche und erstickt die Gerüche. »Gartenschriftsteller lieben es zu betonen, daß jede Jahreszeit genauso voller Schönheiten und Freuden ist wie die anderen«, notiert der Gartenschriftsteller Charles Elliott. »Das ist natürlich Unsinn.« In der gleichen erfreulich höhnischen Art und Weise fährt er fort:

> »Wenn man einen Äquinoktialsturm beobachtet, wie er die *Verbena bonariensis* umstürzt und die Astern wegfegt, die zweite Blüte des Bartfadens und alle anderen Herbstblumen vernichtet, diesen ganzen Kosmos, der so spät kam; wenn man die Vorhänge an einem Märzmorgen öffnet und die Magnolien unter 25 Zentimeter frischen, nassen Schnees planiert sieht; wenn man von der Veranda aus in den sechsten trostlosen Tag ununterbrochenen Mairegens stiert – dann wird einem das Herz nicht nur schwer, es plumpst einfach auf den Boden.«

Für die meisten Menschen scheint der Winter die härteste Jahreszeit zu sein. Ich mag seinen Kontrast von heiß und kalt: die warmblütigen Tiere, die über den Schnee ziehen, die Hitze der Heizung oder eines Feuers, die während eines Schneesturms für Behaglichkeit sorgt, tropische Pflanzen wie Amaryllen oder Orchideen, die auf dem Fensterbrett blühen, während auf der anderen Seite der Fensterscheiben der Schnee wie Vulkanasche fällt.

Ich finde es herrlich ironisch, daß die Bäume im Winter nackt werden und wir zusätzliche Schichten Kleidung anlegen. Wenn die Bäume nackt dastehen, kann man sehen, wie schwer sie darum gekämpft haben, ihre Blätter zu sonnen. Der Winter ist ihre Wüste. Wasser gibt es im Überfluß, aber als Schnee und Eis, und sobald es nicht flüssig ist, können die Bäume es nicht trinken. Vier Monate lang ohne Wasser auskommen zu müssen, erfordert Vorbereitung; die Bäume müssen ihr Programm auf ein Minimum kürzen. Wachstum ist teuer, es verpraßt Nahrung und Wasser; also hören die Bäume auf zu wachsen, und da das meiste Wachstum nun einmal in den Blättern stattfindet, fallen die Blätter. (Immergrüne Bäume lösen dieses Problem, indem sie wächserne, nadelähnliche Blätter produzieren.) Ein Baum investiert die Energie, die ihm verbleibt, in die Ausbildung der Samen, Blüten und Früchte für die nächste Jahreszeit. Bäume sind im Winter sehr lebendig, sie verlagern nur ihre Aktivitäten. Sie wenden sich nach innen.

Das Wichtigste für einen Baum ist es, an einem Platz zu wachsen, wo er viel Sonnenlicht bekommt. Wenn ein Baum am Boden wüchse, stünde er im harten Wettbewerb mit vielen niedrigwachsenden Pflanzen. Deshalb haben Bäume mit der Zeit einen hölzernen Stamm und Äste entwickelt, die stark genug sind, die lebenspendenden Blätter zu unterstützen. Diese Suche nach Licht wird jedem Spaziergänger durch einen schemenhaft erhellten Regenwald deutlich vor Augen geführt. Hoch oben im blättrigen Schirm der Baumdächer schwelgt und floriert das Leben. Sehr viele Tiere und Pflanzen leben *ausschließlich* im Baldachin des Waldes; dazu gehört auch das dreizehige Faultier, welches einmal in der Woche seinen Baum hinunterklettert, um auf sein Fundament zu scheißen und auf diese Weise die eigene Heimat zu düngen; dann klettert es schnell wieder hinauf, bevor es Opfer eines Raubtieres wird. In einem Regenwald wetteifern die Pflanzen erbittert um jeden Zentimeter Sonnenlicht. Immer halten sie nach der Sonne Ausschau, jener Quelle der Energie und Kraft; dies ist eine Art der Sonnenverehrung, die die alten Ägypter verstanden hätten. Ich mag es, wie die Bäume die Erde und den Himmel verbinden, wie sie den Blick vom Physischen zum Unsichtbaren lenken, vom Konkreten zum Abstrakten.

An einem wirklich kalten Tag erfülle ich manchmal das Haus mit dem Geruch frisch gebackenen Brotes, der in den Vorhängen und den Haaren hängenbleibt. Bei kaum etwas Anderem fühlt man sich so abtrünnig wie beim Backen im Winter, wenn man in reichhaltige Düfte eintaucht, die man mit Speisekammer, Feldern und sonnigen grünen Gärten assoziiert. Wenn man das Glück hat, einen Morgen damit zuzubringen, ofenwarmes Brot zu essen, während man sich in einer Badewanne aalt, die mit Lavendelöl parfümiert ist, und dabei ein Gartenbuch liest, dann kann ein Wintertag eine Überfülle von Sinnesempfindungen bereithalten. Ich liebe die machtvollen Aromen der Pflanzenöle, wobei Lavendel mein Liebling ist. Wenn ich aber einen Geruch auszuwählen hätte, der für die Menschen vieler Länder und Zeiten bedeutsam ist, dann würde Brot mit Abstand gewinnen.

Im Slang der 60er Jahre bedeutete »Brot« Geld, aber Brot war immer wertvoller als Gold, und es duftet geradezu magnetisch. Ich kann das backende Brot riechen, während ich durch das Haus gehe. Es duftet von der Waschküche am einen Ende des Hauses bis zur Garage am anderen. Kein Zweifel, daß auch die Bäckereien im Ort eifrig dabei sind, lockere Laibe zu produzieren, um unser proletarischstes Hungergefühl zu stillen – unseren Wunsch nach Brot. Der Geruch von Brot, das noch warm und feucht aus dem Ofen kommt – vielleicht ein wenig sauer oder von einer leichten karamelartigen Süße – kann einen auf eine Karawane der Erinnerungen schicken. Denn warmes Brot ist eine köstliche Mahlzeit, aber auch eine appetitanregende Vorstellung.

Die Erinnerungen, die das Brot heraufbeschwört, führen nicht unbedingt in die eigene Kindheit, sondern zu dem sogenannten einfacheren Leben unserer Vorfahren. (Es war, wie jeder Farmer weiß, nicht wirklich einfacher.) Die Menschen pflanzten den Samen, der zu Korn wurde, das man erntete, häckselte und mahlte, bevor man den Teig für den Ofen zubereitete. Stellen Sie sich vor, Sie wären in der Lage, die gesamte Geschichte Ihrer Nahrung zu genießen, während Sie sich an ihr erfreuen: die Kornernte, wiedergegeben in einem verführerischen Geschmack.

Brot hat auch eine soziale Geschichte. Während des 19. Jahrhunderts, als Brot zu einem Hauptnahrungsmittel wurde, das die Menschen in vielerlei Gestalt, als Pumpernickel, Challah, Baguette oder waffeldünne Pfannkuchen genossen, veränderte sich das tägliche Leben massiv. Denn die ständige Versorgung mit Brot hieß: Landwirtschaft, Getreidespeicher, privates Eigentum und Abmachungen über gegenseitigen Schutz. Brot schloß die Sicherheit eines Zuhauses ein, in dem das tägliche Brot der geringste Wunsch war, für den man hoffte und betete.

Immer noch brechen Menschen das Brot miteinander, so wie sie das schon immer getan haben, um Freundschaften zu besiegeln oder Allianzen zu schmieden (ein *Kumpan* ist im Wortsinne jemand, mit dem man sein Brot teilt). »Let us break bread together on our knees«, heißt es in einem alten Spiritual. Normalerweise essen wir gemeinsam mit der Familie, und so ist es leicht nachvollziehbar, daß ein Außenseiter in einen Familienverband integriert wird, wenn man das Brot mit ihm teilt. Brot ist zumeist ein weicher, duftender, wolkenartiger Gegenstand unter einer kräftigen Kruste, ein Nahrungsmittel, das gleichzeitig robust und sinnlich ist. Es verströmt verlockende Gerüche, die mächtig genug sind, jedermann von Arbeit oder Spiel abzuhalten. In vielen Sprachen ist das Wort für Brot männlich oder sächlich *(le pain, das Brot, el pan)*. Das ist überraschend, denn eigentlich werden Frauen mit der Sinnlichkeit des Brotes und den Praktiken des Backens assoziiert. Etymologisch zumindest bedeutet die englische Bezeichnung für Frau, *woman*, Brotmachen. Im Altenglischen bedeutete das Wort für Dame – *blaefdige* – »Kneterin des Brotes«. Im Lateinischen war die Frau die Formerin der Laibe, gleichgesetzt mit dem Verb *fingere,* von dem *Fikti-*

on und *fingieren* abgeleitet sind. Die Frau und die Fiktion kommen dieselbe etymologische Straße herabgeschlendert, und die reicht zurück bis zum indo-europäischen *dhoigho* – was soviel wie bedeutet wie »eine Wand, die aus Lehm oder Schlammziegeln erbaut ist«. Gleichzeitig ist dies der Ursprung des Wortes *Paradies*. Eine Frau knetet das Brot für die Familie, und sie formt es, erwärmt es und verbindet dabei die Bestandteile verschiedener Persönlichkeiten.

Immobilienmakler kennen die intensiven Gefühle, die durch Gerüche entfesselt werden, und einer ihrer Lieblingstricks ist es, in einem Haus, das von einem möglichen Käufer besichtigt wird, Brot backen zu lassen – besonders im Winter. Niemand kann diesem Duft widerstehen. Letztlich war Brot über weite Strecken des letzten Jahrtausends entweder eine drängende Notwendigkeit oder ein romantisches Ideal – beides zusammengefaßt im Geruch. Er zieht aus der Küche heraus, hängt sich an die Wände des Hauses und verankert sich im Geist, und er suggeriert die Mahlzeit einer Familie in einem Heim, in dem Behaglichkeit regiert und in dem aller Hunger befriedigt wird.

47

EINES TAGES IM TIEFEN WINTER versuche ich mich an den ungeheuer sinnlichen Geruch von Abraham Darby, meiner Lieblingsrose, zu erinnern. Wie war er noch einmal genau? Zitronat, Apfel, Zimt und Schokolade, soweit ich es mir ins Gedächtnis zurückrufen kann. Fruchtiger als die Blume, die Paradise genannt wird, nicht ganz so erdig wie Purple Tiger, weniger zitronenhaltig als Intrigue, schweißiger als Playboy.

Gerüche kann man nur sehr schwer in Worte fassen, besonders wenn sie so komplex sind wie der eigentümliche Geruch einer Rose. Für mich ist das schwer, aber nicht für jemanden wie Gertrude Jekyll (1843–1932), eine kluge, vielfach begabte, beunruhigende Frau, die ihre Vorlieben und Abneigungen nicht verbarg. Wenn sie Lust dazu hatte, war sie umgänglich und charmant, aber sie war auch als exzentrisch und manchmal einsiedlerisch bekannt. Beim Thema Garten glaubte sie, jedermann habe einen Anspruch darauf, ihre Meinung zu erfahren.

Jekyll war eine Britin aus der oberen Mittelschicht. Sie hatte eine große Begabung für Kunst, die sie begierig studierte. Aber als ihr Augenlicht sich verschlechterte, erklärte man ihr, sie müsse ihr geliebtes Malen und Sticken aufgeben; also wandte sie ihre Kreativität Dingen zu, die sie noch wahrnehmen konnte: Gärtnern, Photographie, Kunsthandwerk und Schreiben. In *A Gardening Credo* schreibt sie: »Mein Sehvermögen ist quälend und unzulänglich; ich bin kurzsichtig auf die schlimmste Weise, und es wird immer schlimmer (meine natürliche Brennweite beträgt fünf Zentimeter); aber ich versuche aus dem wenigen, was ich habe, das beste zu machen, und oft finde ich heraus, daß ich Dinge beobachtet habe, die starksichtigen Menschen entgangen sind.« Das ist ein gewaltiges Understatement. Sie hatte erstaunliche Sinne, die sie entwickelte und trainierte, bis sie, wenn sie ein Rascheln im Gras hörte, genau wußte, ob es sich um einen Vogel, eine Eidechse, eine Maus oder eine Schlange handelte. Sie konnte die meisten Vögel allein am Klang ihres Fluges erkennen. Sie konnte Bäume anhand der Windgeräusche in den Blättern bestimmen, selbst wenn diese mit dem Wechsel der Jahreszeiten austrockneten oder hart wurden.

> »Die Birken haben einen kleinen, schnellen, hochtönenden Klang, der fallendem Regen so ähnlich ist, daß ich mich oft täusche und denke, es sei wirklich Regen, obwohl es doch nur die Blätter sind, die mit einem kleinen, regen-

ähnlichen Muster gegeneinander schlagen. Die Stimme der Eichenblätter ist ebenfalls ziemlich hochtönend, aber tiefer als die der Birke. Kastanienblätter in einer milden Brise klingen viel gemächlicher, wie eine Art langsames Schlittern ... Ich bekenne, daß ich eine ausgesprochene Abneigung gegen den Lärm aller Pappeln habe; ich empfinde ihn als quälend hektisch, ruhelos und störend. Andererseits: Wie besänftigend und erfreulich ist das Murmeln der schottischen Fichte, ob nun von fern oder nah. Und welch erfreulich gedämpfte Musik erklingt aus einem windbewegten Getreidefeld, besonders bei reifer Gerste.«

In der Kunstschule studierte Jekyll die Farbtheorie bis in ihre beachtlichsten Einzelheiten und wandte sie später auf das Gärtnern an, wobei sie ihre besondere Aufmerksamkeit den vielen Tricks zuwandte, die Farben im Zusammenwirken oder bei wechselndem Wetter spielen. Eine meiner liebsten von all ihren Farbbeobachtungen lautet: »An einem dieser kalten, wolkenlosen Tage im März, wenn der Himmel von einem dunkleren und intensiveren Blau ist, als man es zu irgendeinem anderen Zeitpunkt des Jahres sehen kann, und die Gänse, die in meiner Nachbarschaft so häufig vorkommen, auf den breiten grünen Flächen der Parks grasen, habe ich oft bemerkt, wie überraschend blau die nördliche Seite einer weißen Gans ist.« Das allein wäre als Beobachtung schon wundervoll genug, aber offensichtlich fuhr sie fort, die Gänse den ganzen Tag lang zu beobachten, denn sie schließt: »Wenn man an einem solchen Tag um drei Uhr nachmittags nach Nordwesten und gleichzeitig auf die Gänse schaut, dann ist die Seite rechterhand hellblau und die andere Seite hellgelb, sie nimmt ein tieferes Orange an, während die Sonne westwärts wandert und sinkt, wobei sie durch eine größere Tiefe feuchtigkeitsbeladener Atmosphäre hindurchscheint.« Als ich diesen Abschnitt zum ersten Mal las, mußte ich lächeln, denn das ist eine klassische Kunststudenten-Übung: Stell Dir vor, Du wärest eine Ameise, die über einen Gegenstand klettert und dabei gemächlich jede Einzelheit beobachtet. Ich glaube nicht, daß es allein das nachlassende Augenlicht war, das zu dieser Art von haarkleiner Neugierde auf die Welt führte. Jekyll hätte ihre Sinne geschärft, auch wenn ihre Sehstärke Bestand gehabt hätte. Man sollte sich klar machen, daß es die meisten Menschen langweilen würde, den ganzen Tag dazustehen und die wechselnden Farben von Gänsen zu beobachten. Sie besaß eine Persönlichkeit, die von sensorischen Details angezogen wurde. Zweimal im Monat suchte sie sich einen Platz wie ein Vogel den Ast zum Singen, saß ruhig da, nahm die Empfindungen des Gartens in sich auf und schrieb so ihre regelmäßigen Artikel für den *Guardian*. Im Lauf der Zeit produzierte sie über ein Dutzend Bücher und 2000 Artikel und Essays, die – wie Barbara T. Gates in *Kindred Nature* gezeigt hat –

> »Einsichten darüber bieten können, wie diese Art des Schreibens das Natürliche in das Ästhetische transformiert. Wenn Jekyll das Gartengelände in die symbolische Struktur des Schreibens über Gärten umgestaltete, führte sie eine doppelte Übersetzung durch. Der Garten selbst ist eine Repräsentation der Natur, die durch die Kultur überarbeitet wurde, er stellt eine Situation dar, in der eine ästhetisierte Natur bereits buchstäblich am Platze ist. Das Schreiben über Gärten nimmt sich eine weitere Wiedervergegenwärtigung dieser Natur-als-Garten vor – eine Respekt einflößende Aufgabe.«

Jekyll brachte ihr Malerauge in ihrem eigenen realen Garten zur Anwendung, aber auch in den wandernden Gärten, die sie in ihren Büchern erschuf. Als begeisterte Anhängerin des Kunsthandwerks liebte sie schön entworfene handgearbeitete Gegenstände und verabscheute industrielle Textilien und Persönlichkeiten. Ihre rechthaberischen und gleichzeitig bezaubernden Bücher lehrten die britischen Gärtner vieles über die Anordnung von Blumen und die Gestaltung von Gärten, mit kompromißlosen Theorien über Farbe, Gewebe, Züchtung und Genuß. Wie Gates weise bemerkt, wird die Natur in Jekylls Begriff eines gutgemachten Gartens »nicht einfach imitiert, sondern neu interpretiert«.

Jekyll war eine harte Kritikerin von Pflanzen und Menschen, eine Frau von ästhetischen Normen, und gnade der Blume, die ihren Maßstäben nicht gerecht wurde. Vielleicht war der Stengel nicht steif genug, um ihr zu gefallen, oder die Färbung nicht deutlich rosa oder rot genug. Solche Blumen ließ sie fallen, da sie eine »schlechte und verwilderte Qualität« hätten. Jede Pflanze mußte sich ihren Lebensunterhalt in ihrem Garten verdienen und sich ihres Platzes würdig erweisen.

»Ich habe eine Reihe von Pflanzen ausrangiert«, erklärte sie, »einige, weil ich sie für ganz und gar unwürdig hielt, einige, weil mir ihre Farbe mißfiel, andere, weil sie zu lästigem Unkraut zu werden drohten, und wieder andere, weil sie – obwohl schön und reizvoll – in meinem trockenen Boden sehr unglücklich und voller Heimweh waren, und es war ganz klar, daß sie keine Pflanzen für mich waren.«

Vor allem, fand Jekyll, sollte ein Garten »Bilder« enthalten, die der »Gartenkünstler« zu schaffen hatte. Manchmal beschrieb sie diese Bilder als »lebende Bilder«, und ich frage mich – obwohl sie dergleichen in ihren Schriften nie erwähnt –, ob sie nicht von der Mode der *tableaux vivants* beeinflußt war. Auf jeden Fall war sie von den Möglichkeiten der Kamera fasziniert. Sie experimentierte mit Photographie, als diese noch in ihren Kinderschuhen steckte, sie photographierte ihre Familie und ihre Freunde und dieselbe Sorte Primeln, die unter meinen Apfelbäumen wächst. Sie schuf legendäre Gärten für ihre Nachbarn, aber sie vermittelte den Briten auch die Vorstellung vom Garten als Metapher, vom Garten als intimem Gesellschafter.

Claire G. Martin, die Autorin von *100 English Roses for the American Garden* (1997), erinnert sich: »Meine erste Erfahrung mit ›Gertrude Jekyll‹ fand 1987 statt, als ich sie in die Rabatte am Eingang einpflanzte. Zwischen März und August wuchs sie über drei Meter hoch!« Martin meint natürlich die protzige rosa Rose, deren fette Knospen sich zu großen duftenden Blüten öffnen. Ich habe keine Gertrude-Jekyll-Rosen in meinem Garten, aber ich beabsichtige, diesem Versehen im nächsten Jahr abzuhelfen und sie um den Muttertag herum zu pflanzen. Es geht mir dabei nicht um den Tag, sondern um die Zeit des letzten Frostes. Jekyll heiratete nie und hatte keine Kinder. Die Menschen bezeichnen sie oft als »alte Jungfer«, weil sie angeblich häßlich war, aber es gibt so viele Löcher in diesem Argument, daß man ganze Parks durch sie entwässern könnte. Es gibt nur wenige Werte, die so kurzlebig sind wie die weibliche Schönheit, die zudem abhängig von Kultur und Zeit ist. Es kann gut sein, daß Jekyll Liebhaber hatte und sich einfach entschloß, sie geheim zu halten. Einige Gartenliebhaber aus ihrem Kreis waren homosexuell. Vita Sackville-West ist unter ihnen vielleicht die bekannteste, eine Frau, die Gärten poetisch inspirierten und die einst über alte Rosen schrieb: »Reich waren sie, reich wie eine aufgebrochene Feige, weich wie ein reifer Pfirsich, sommersprossig wie eine Aprikose, korallenrot wie ein Granatapfel, blühend wie Weintrauben.«

Trotz oder wegen ihrer extremen Kurzsichtigkeit hatte Jekyll eine atemberaubende Gabe der Sinnlichkeit, die nur von der Helen Kellers erreicht wird. Sie war mit einem feinen Ohr gesegnet und mit einer besonders begabten Nase, und sie arbeitete hart daran, beide zu schulen. Ihre Augen zeichneten die feinsten Veränderungen in der Stimmung des Gartens auf. Aber die größte Gabe von allen war vielleicht ihre Fähigkeit zum Vergnügen. Als junge Frau bereiste sie die Welt, aber später stand sie am Äquator ihrer eigenen kleinen Welt, in der die Sonne immer hoch am Himmel stand. Sie betrachtete ihren Garten nicht als selbstverständlich, selbst als er ihr vertraut wurde. Pflanzen quälten und erfreuten sie, wurden von ihr ohne Zögern oder Bewertung akzeptiert und gingen ihr unter die Haut. Daß sie eine Rose an ihrem Duft erkennen konnte, sagt weniger über ihr Expertentum aus als über ihre Bereitschaft, sich von einer Wahrnehmung überfluten zu lassen, und über ihre Offenheit für das Entzücken.

Die Frau, der ich in ihren Büchern begegnete, besitzt eine großartige Fähigkeit zur Freude; sie ist jemand, der sogar an eintönigen Aufgaben Geschmack finden kann. »Das Jäten ist eine reizende Beschäftigung«, schreibt sie in *Wood and Garden* (1899), »besonders nach einem Sommerregen, wenn die Wurzeln klar und sauber hervortreten. Man erfährt dabei, wie zahlreich und verschieden die Unkrautsorten sind – es gibt fast so viele wie menschliche Launen.« Ich habe den Verdacht, ihre anderen Stimmungen waren ebenso stark. Aber ein Buch ist nur ein besonderer geistiger Ort, den der Autor mit den Lesern zu teilen bereit ist, die Gäste in seinem Garten sind. Jekyll scheint das Gärtnern und das Schreiben über das Gärtnern genossen zu haben; das ist keine Überraschung, denn ein Buch ist wie ein Garten. Immer gibt es etwas zu zurechtzuflicken und zu verbessern; ein Buch hat Jahreszeiten: Recherche, Schreiben, Herstellung, Veröffentlichung; ein Buch regt zu Zeremonien an, zu Ritualen, Kämpfen und Belohnungen. Jekyll war in beiden Welten zu Hause, dem physischen und dem aufgezeichneten, mit Sprache abgesteckten Garten. Wenn man über ein Ereignis schreibt, dann kann man es in Zeitlupe noch einmal erleben, ob es sich dabei nun um eine Blume oder eine Vorstellung handelt.

Es ist gut, daß Jekyll über ihre Gärten geschrieben hat, denn jetzt gibt es sie nicht mehr, oder besser gesagt: Das weiche Gewebe ist verschwunden, und nur das Skelett ist übriggeblieben, die Strukturen, in denen Jekylls geliebte Pflanzen wuchsen. Ich öffne die Deckel ihrer Bücher, als seien es Tore in die Vorzeit, in die verlorenen Gärten von Atlantis.

Jekylls Welt war letztlich nur klein, aber sie kartographierte sie sorgfältig. Malerei, Photographie, Stickerei und Perlenarbeiten, Gärtnerei und Architektur waren nur einige der Tätigkeiten, die sie faszinierten. Welches Vergnügen würde es bereiten, ihr durch meinen Garten zu folgen. »Erzählen Sie mir, was Sie hören«, würde ich sagen, »zeigen Sie mir, was Sie sehen.« Vielleicht wäre es nicht höflich, sie wie ein Präzisionsinstrument zu benutzen, aber ich beneide sie um ihre tiefe

Achtsamkeit. Im Sommer würde sie die Wolken am Sommerhimmel lieben, im Herbst die Finken, die zusammenhocken wie ein Haufen schwarzer Pfefferkörner, im Frühjahr den starken Likör der Wolfsmilch. Ich frage mich, ob sie ihre berühmte gärtnerische Empfindsamkeit auch auf den Rest ihres Lebens anwandte. Ob sie wohl mit verbundenen Augen in ein Haus gehen und allein am Geruch den Beruf oder das Geschlecht des Besitzers erkennen konnte? Ob sie wohl Freude am Klang knarrender Treppen hatte oder an der schlüpfrigen Dickflüssigkeit gekneteten Teigs? Niemand hat daran gedacht, sie danach zu fragen. Sicherlich wandte sie überall ihr Nützlichkeitscredo an: »Ist etwas wert, es zu besitzen? Ist etwas wert, getan zu werden? Diese Fragen bilden ein nützliches geistiges Sieb«, erklärt sie an einer Stelle, »durch das man viele Angelegenheiten hindurchschicken sollte, um die Spreu vom Weizen zu trennen.«

Wieder das Sieb. Der Mathematiker Henri Poincaré schreibt, daß seine Begabung nicht darin bestehe, fruchtbare Lösungen für Probleme auszubrüten, sondern in der Anwendung eines geistigen Siebes, das nur die besten Lösungen durchlasse. Wenn Pflanzen photosynthetisieren, dann schikken sie Botenstoffe (eine Flut von Kohlehydraten) hinab zu den Wurzeln, indem sie diese Stoffe durch mikroskopisch kleine Siebe von einer Zelle zur nächsten senden.

Ob Jekyll wohl ihr Unterscheidungssieb auch auf Freunde und Geliebte anwandte? Trotz ihrer angeblich »ätzenden« Art hatte sie loyale und ergebene Freunde, die sie liebevoll mit »Bumps« oder sogar »Tante Bumps« anredeten. Die vielleicht fruchtbarste Freundschaft verband sie mit dem Architekten Edwin Lutyens; mit ihm führte sie eine funktionierende Partnerschaft, die 40 Jahre hielt. Sie lernten einander auf einer Teegesellschaft kennen und fühlten sich trotz der 30 Jahre Altersunterschied sofort zueinander hingezogen. Im Laufe der Zeit entwickelten sie den einzigartigen Stil des »Lutyens-Hauses mit einem Jekyll-Garten«.

Als Jekyll starb, wurde ein ungewöhnliches Gemälde, das

lediglich abgetragene, schmutzige Stiefel zeigte, zu einem Symbol für ihre Verehrer. William Nicholson, der sie portraitiert hatte, malte auch diese Studie ihrer Gartenstiefel.

Über Jahre hinweg hatte Jekyll einen gleichermaßen großen Einfluß auf Architekten und Gärtner; einige von Jekylls Redewendungen sind Bestandteil ihres Alltagsvokabulars geworden.

Ich mag die Art, wie ihr eigener Garten zu ihr gepaßt hat – zu ihrem Körper und ihrer Seele. Sie war klein und weitherzig, und genau so waren ihre Gartentore. Männern, insbesondere jungen Männern, erlaubte sie nicht, ihr durch diese Tore zu folgen. Als füllige Frau war sie besonders den kleinen, zarten Zauberrosen zugetan, die kaskadenartig wie rosa Petticoats bis in den schweren Frost hinein blühen, und ich frage mich, was sie wohl aus der neuen roten Vielfalt in meinem Garten gemacht hätte.

Jekyll war ein so herrischer Typ, daß ich nicht sicher bin, ob ich es überlebt hätte, wenn ich sie engagiert hätte. Es versteht sich von selbst, daß ihre Schöpfung exquisit, harmonisch und malerisch sein würde, aber sie entspräche eher ihrer eigenen verbissenen Persönlichkeit als meiner phantasiereichen. Ich finde, einige ihrer Regeln sind eher launige Grillen, die sie durch eine ästhetische Theorie rechtfertigt.

Im Moment sehne ich mich besonders nach einem Wintergarten, und Jekyll verstand dieses atavistische Bedürfnis. Ihren Wintergarten betritt man durch einen doppelten Steinbogen:

> »Er ist auf allen Seiten mit Wänden versehen … und daher absolut geschützt. Vier Beete sind mit Heidekraut, Seidelbast, *Rhododendron praecox* und einigen wenigen anderen Pflanzen bepflanzt. Diese Beete weisen in Verbindung mit den sie umgebenden Rabatten und den wohlbepflanzten Verbindungswänden eine volle Bekleidung mit Pflanzen und ein ausgewogenes Verhältnis der Blüte von November bis April auf … und ein Sitz in einer verdeckten Nische ist eine wirkliche Sonnenfalle.«

Eine Sonnenfalle. Genau das Richtige im Winter. Das soll nicht heißen, daß die Winterwälder nicht schön wären, besonders wenn der Nebel an den Stämmen einiger Bäume hängt und andere Bäume grau-grüne Hosen aus Flechten tragen. Die dornigen Stechpalmenblätter wogen in einem dunklen Grün, und die Zitterpappeln entlang der Einfahrt belegen die Fähigkeit des Gartens, sich immer wieder selbst zu erfinden. Pappeln sterben jung – ich habe den Großteil meines Gehölzes in den letzten 25 Jahren verloren –, aber sie sind extrem fruchtbar; jedes Frühjahr werfen sie Wellen von klebrigen weißen Kätzchen ab, die Hof und Straße mit Schaum bedecken. Baumsperma. Da die Sprößlinge schnell aufschießen, wenn die älteren Bäume absterben, könnte sich das Gehölz in 50 oder 60 Jahren gänzlich selbst ersetzen. Mitunter vermehren sich die Pappeln aber auch geschlechtlich, und es könnte sein, daß ich alle Exemplare des einen Geschlechts verloren habe, denn männliche und weibliche Blüten wachsen auf verschiedenen Bäumen. Ich kann keine Pappelsämlinge finden, so intensiv ich auch suche; also habe ich vielleicht ein eingeschlechtliches Gehölz. Wenn dem so sein sollte, welches Geschlecht hat dann überlebt – das männliche oder das weibliche? Ich kann das nicht einfach per Augenschein entscheiden und werde die Angelegenheit wohl näher untersuchen müssen. Natürlich können sich Pappeln auch ungeschlechtlich vermehren. Wir Menschen sind an zwei Geschlechter gewöhnt und denken in den Kategorien von männlich und weiblich, Pflanzen aber haben nahezu ein Dutzend Methoden der Fortpflanzung entwickelt. Ein Pappelgehölz zum Beispiel sieht aus, als bestünde es aus einzelnen Bäumen. In Wirklichkeit aber teilen sich die Bäume gewöhnlich ein Wurzelsystem; sie sind also eigentlich *ein* Organismus mit vielen Trieben, ein Organismus, der riesige Ausmaße annehmen kann. Südlich von Salt Lake City in Utah gibt es einen Pappelstandort, der mit über 400 000 Quadratmetern vermutlich der größte lebende Organismus auf der ganzen Erde ist. Die Besucher denken wahrscheinlich, sie führen durch einen Pappelwald, aber es ist nur *ein* Baum – ungefähr 47 000 genetisch identische Stämme, die einem gemeinsamen Wurzelsystem entwachsen.

Wie dem auch sei: Meinen Pappeln (oder Pappelklonen) machen nasse Füße nichts aus, und sie leben ganz glücklich in der kleinen Aue entlang der Auffahrt. Das Sonnenlicht dunstet die Spitzen der münzenähnlichen Blätter ab, die einen köstlichen raschelnden Klang von sich geben, während sie im Wind erzittern. Pappeln gehören zur Familie der Weiden, deren Rinde und Blätter ein schmerzlinderndes Mittel enthalten, das Aspirin ähnelt. Pappeln sind aber auch große Heiler für das Waldland, denn sie gehören zu den ersten Bäumen, die sich auf einem verwüsteten Gelände wieder ansiedeln und Schatten und Schutz für die anderen Schößlinge liefern.

Jekyll lieferten die Pappeln eine Lehrstunde in Sachen Farbe. Das Auge sucht zwischen den begrenzten Tönungen des Winters nach Feinheiten. »Das Weiße an der Rinde ist hier silbrig-weiß und dort milchig-weiß, und manchmal zeigt es die schwächste Tönung einer rosigen Röte. Wo die Rinde noch nicht abgeschält ist, ist der Stamm gefleckt und umwunden mit einem zarten Grau und mit dem Silbergrün der Flechte.« Sie fährt damit fort, auch die vielen dunklen Färbungen der Rinde – insbesondere bei älteren Bäumen – festzuhalten. Ich bin sicher, daß Jekyll gerne das Vokabular der Inuit für Schnee gekannt hätte.

Das suchende Auge schweift über die Winterlandschaft und registriert die Haltung der nackten Bäume, lernt die Schönheiten des Eises kennen, pirscht sich an die Farben und findet Gefallen daran, wie sich Pflanzen und Tiere gegen die weiße Leinwand des Schnees abheben. Im Winter kann man den Wald *und* die Bäume sehen; er ist eine gute Zeit, um Äste zu entfernen, die das Haus bedrohen, oder tote Bäume zu fällen, die ohne jede Warnung umstürzen könnten. Jekyll riß Bäume so beiläufig aus wie Haare aus den Augenbrauen, um eine anmutige Ausrichtung in ihren Wäldern zu erreichen. Ich finde es besser, umgefallene Bäume im Wald zu belassen, auf daß die Tiere sich an ihnen erfreuen und die Pilze eine Heimstatt haben. Das führt nicht gerade zu einem ordentlichen Wald, aber es schafft horizontale und vertikale Linien und eine nette Vielfalt an Formen und Erhebungen, an denen man sich erfreuen kann. Schwere Baumstämme bilden kleine Ökosysteme, von denen Säugetiere, Vögel, Amphibien, Insekten, Pilze, Algen und sogar Wildblumen angezogen werden.

Jekyll hätte bestimmt Spaß daran, die Baumchirurgen zu beobachten, die gegen Mittag eintreffen, um ganze Bäume und schwere Äste zu entfernen, die das Haus gefährden. Sie tragen orangefarbige, feste Hüte und sehen ein wenig wie Astronauten aus. Die Waschbärhöhle auf halber Höhe einer gewaltigen Eiche macht den Baum instabil, aber ich bin lediglich wegen eines schweren Astes besorgt, der sich direkt über das Haus krümmt und bei einem Sturm leicht herunterdonnern könnte. Daher bewegt sich jetzt ein tapferer junger Mann in 20 Metern Höhe in einem Sicherheitsgurt, von dem man denkt, er müsse sehr in seine Bluejeans einschneiden. Man sieht selten menschliche Primaten, die sich wie unsere fernen Vorfahren durch die Bäume schwingen. Er umarmt den Baum und arbeitet sich langsam durch die Zweige vor; dabei ist er sehr vorsichtig und sorgfältig, aber ganz Primat. Seine Bewegungen sind so sicher wie die eines Bergsteigers, und er macht sich vorzüglich bei seiner Arbeit auf den schwankenden Ästen. Während ich ihn aus dem Gartenzimmer beobachte, nasche ich aus einer Schale mit Kirschen vom Biobauern. Im Sommer habe ich viele Kirschen entsteint, in kleine Beutel gefüllt und als Wintergenuß eingefroren. Da ich biodynamische Früchte vorziehe, esse ich immer die Früchte der Saison, und im Winter verzehre ich mich nach frischen Kirschen und Weintrauben, dicken Heidelbeeren und leuchtenden Erdbeeren. Der weise Staatsmann Boethius riet, man solle nicht hoffen, mitten im Winter neuen Wein zu bekommen, aber natürlich tun wir das trotzdem und sehnen uns nach den Früchten des Sommers.

Der Mann im Baum ist mit seiner Zigarette fertig. In 20 Metern Höhe hängt er lässig und wie zufällig im Kreuz des Baumes und hat alle Zeit der Welt. Genau so gut könnte er sich auch auf einem Verandastuhl räkeln. Jekyll würde ihm Anweisungen geben und ihn schikanieren, da bin ich sicher, und wahrscheinlich würde sie auch mich herumdirigieren. Ich bezweifle, daß sie diesem Drang widerstehen könnte. Die Ketten des Perfektionismus sind schwer, wie Oscar Wilde einmal über die Ehe sagte, und er fügte hinzu: »Man braucht zwei Menschen, um sie zu tragen ... manchmal auch drei.«

48

AUCH WENN DAS GÄRTNERN die langsamste der darstellenden Künste ist, so kann die Winterpause doch quälend lang sein. Bestimmt ist die Erde irgendwo im Weltraum steckengeblieben. »Der ernsthafteste Vorwurf, den man gegenüber Neu-England erheben kann, ist nicht der Puritanismus, sondern der Februar«, schimpft Joseph Wood Krutch in *The Twelve Seasons* (1949) und fügt hinzu: »Der Frühling ist noch zu weit entfernt, um Trost zu spenden, und sei es auch nur, ihn in der Vorfreude zu genießen, und der Winter hat längst jeden Charme der Neuheit verloren.«

Die Ruhelosigkeit wächst beim Warten auf das Wachsen der Dinge. Die Gärten versprechen Reinkarnation. Ein Garten ist Natur im kleinen, unter dem Schutz und der Manipulation, wenn nicht sogar der vollständigen Kontrolle des Menschen. Wenn man beobachtet, wie die Natur wächst, verbindet einen das mit dem eigenen Wachstum, nicht einfach dem Wachsen von Punkt A zu Punkt B, sondern der Art und

Weise, wie man in eine Tätigkeit oder eine Idee hineinwächst. Gärtner warten also wie winterschlafende Tiere voller Spannung auf das Frühjahr. Die Natur ist auch im Winter schön; das *müssen* wir so sehen, selbst wenn es bedeutet, Schönheit im Tod zu finden und irgendwelche Märchen zu erfinden, die man benötigt, um das unerträgliche Fehlen der Blumen zu überbrücken. Nicht jeder ist da so zuversichtlich. Mir gefällt Jamaica Kincaids schonungslose Erklärung: »Es ist Winter, und daher existiert mein Garten nicht. An seiner Stelle sind diese weißen Erdhügel, die erhöhten Beete sind schneebedeckt; es sieht aus wie auf einem Friedhof ... Ich nehme das immer persönlich; ich denke, ein Frost ist etwas, was irgend jemand mir antut.« Es hilft wenig, daß ein mit frischem Rauhreif bedeckter Garten aussieht, als ob jemand mit der Lötlampe über all die Blumen gegangen wäre. Ich versuche, das Beste daraus zu machen und irgendeine Freude versteckt zwischen den Verlusten zu finden. Im Winter suche ich den Garten nach auffallenden Phänomenen ab, nach ein paar Bröckchen Leben oder Überbleibseln, die eine Geschichte erzählen. Die Erfahrung von Schönheit aber ist im Winter anders als im Sommer, genau wie ein Buch und seine Verfilmung verschieden sind. Im Sommer wird man vom Garten überflutet, und selbst wenn man ganz still dasitzt, kann man die eifrigen Bienenvölker und die wogenden Farben genießen. Im Winter ist es viel anstrengender, sich am Garten zu erfreuen. Ich versuche mir vorzustellen, die Beete seien im Winterschlaf und nicht zerstört, denn ich weiß, daß sie in ein paar Monaten mit Gusto wiederkehren werden, und ich möchte nicht, daß meine Sinne in der Zwischenzeit hungern. Es macht mir auch Spaß, alles ganz neu und aus einer anderen Perspektive zu sehen, die Zweige, die mit Eis überzogen sind, den Schnee, der wie Diamantenstaub glitzert. Im Winter reagiere ich nicht auf das Wachstum im Garten, sondern auf seine bezaubernden Erscheinungen, und als Schönheitsjägerin bin ich ziemlich gut.

Beispielsweise ist dies die einzige Zeit im ganzen Jahr, in der der Garten seine Knochen enthüllt, sein Skelett herzeigt, auf die sich all das Saftige stützt. Purpurfarbige und grüne Rosenstengel biegen sich anmutig über die Gitter, fette orangefarbige und kleinere rote Hagebutten versehen die Beete mit Knöpfen. Einige der schönsten Stengel gehören zu den wilden Himbeeren, den sogenannten »schwarzen Kappen«, deren pflaumenfarbige Zweige mit einem weißen Glanz erröten. Im Winter ist es leichter, die Himbeerbüsche auszumachen, da sie nicht von den Brombeeren verdeckt werden, und beim Skilanglauf mache ich mir geistige Notizen, wo ich ihre leckeren Früchte finden kann, wenn der Sommer erst einmal da ist.

Die Amaryllen auf dem Fensterbrett haben begonnen, wie Yachten zu blühen. Zwei rote Geranien stehen im Wohnzimmer Wache und jubeln rot, mit Girlanden aus Troddelblüten übersät, gerade als wäre es Sommer. Sechs Orchideen in Töpfen tragen lavendelfarbige und gelbe Kometen zur Zimmershow bei. Meine Lieblingsorchidee ist der Frauenschuh, von dem man mir gesagt hat, er wachse wie Gras; aber ich hatte nie Glück mit ihm. Großen Erfolg habe ich dafür mit Nachtfalter-Orchideen, Dancing Ladies und anderen häufigen Sorten, deren zarte lange Glieder und fleischige Blütenblätter eine wundervolle Antwort auf die trompetenartigen, dicknackigen Amaryllen geben. Wenn man die Orchideen kennt, die im Regenwald nur spärlich wachsen, ist es ein seltsamer Anblick, sie in Gewächshäusern in langen, militärisch ausgerichteten Reihen eingetopft zu sehen, während über dem Glasdach Schnee vorbeitreibt. Es ist, als ob man in ein Märchen geraten wäre, und in einem gewissen Sinn ist man das ja auch – das Märchen der Äquatorsonne im Winter des Nordens. Nichtsdestotrotz ging ich heute morgen Orchideen kaufen.

Auf dem Parkplatz beobachtete ich ein älteres Paar, das in einem glänzenden schwarzen Auto vorgefahren kam. Sie fuhren in eine Parklücke und stellten den Motor ab. Dann stiegen sie langsam und steif aus, öffneten die Türen in mehreren Etappen, setzten einen Fuß auf den Boden, zogen sich an der

Tür langsam in die Senkrechte hoch und quälten sich mühsam heraus. Die Frau hinkte, ihre Hüfte verdrehte sich bei jedem Schritt.

»Paß jetzt auf, Mutter«, rief der Mann mit der gewohnheitsmäßigen Beschützerrolle, die er sich in 50, vielleicht 60 Ehejahren angeeignet hatte. Sein dünnes weißes Haar, seine blasse Gesichtsfarbe und seine vom Grauen Star getrübten Augen schienen sämtlich Schattierungen derselben Farbe. Sein dunkler Anzug schlotterte an seinem Körper, und irgendwie schien er nicht hineinzupassen, überhaupt nicht. Zusammen humpelten sie in geduldiger Langsamkeit zum Gebäude hinüber, konzentrierten sich auf ihre Anstrengungen und redeten nicht.

Fast zur gleichen Zeit bremste – nur 10 Meter weiter – ein junges Paar in einem rostzerfressenen blauen Chevrolet. Beide sprangen heraus und knallten die Türen zu. Am Kofferraum trafen sie aufeinander, ihre Hände fanden sich wie radargesteuert. Ein leichter Wind blies loses Haar aus dem Gesicht der Frau und entblößte vier silberne Ohrringe. Ihr Handgelenk war von einer tätowierten Rose geschmückt. Der Mann ließ ihre Hand los und legte seinen Arm um ihre Schultern, während sie energiegeladen ausschritten, erfüllt vom Tag und voneinander.

Bald schlossen sie zu den Älteren auf und überholten sie. Szenen wie diese habe ich mein ganzes Leben lang zu anderen Zeiten und an anderen Orten gesehen; keine hat mich sonderlich bestürzt. Ich nehme an, eine Art emotionale Immunität setzt in solchen Situationen ein. Heute aber fühlte ich mich vom unmerklichen Dahineilen des Lebens erschüttert. Ein fremdes und unbestimmtes Licht fiel auf die Dinge. Der volle Schrecken der Sterblichkeit, die Tatsache, daß jeder alt und gebrechlich wird und dann aufhört zu existieren, ließ mich in einem Gefühl des Untergangs frösteln. Niedergeschlagen schaute ich zu, bis beide Paare im Gebäude verschwanden; der junge Mann hielt die Tür für die beiden Alten auf, die lächelten und ihm dankten, während sie hineingingen. Die junge Frau beobachtete derweilen ungeduldig oder unfähig, die alten Leute anzusehen, die Autos, die ein- und ausparkten. Dann drängte auch sie ins Geschäft, er folgte ihr und gab ihr dabei einen Klaps auf den Hintern.

Ich wußte, ich würde warten müssen, bis dieses Gefühl des Losgelöstseins vorbeigehen würde und ich zu meinen Besorgungen, Zielen und Plänen zurückkehren könnte, um die Maschinerie der Verleugnung neu zu starten. Die Evolution ist kein Dummkopf; wenn wir ununterbrochen das Ende des Tunnels vor Augen hätten, dann gäbe es kein Vorankommen, keine Babies, keine Städte, keine Hoffnung. Hoffnung ist ein stärkendes Konfekt, mit dem man durch die langen Stunden nach Einbruch der Abenddämmerung kommt. Alle Straßen führen ins Rom meiner Verzweiflung. Ich wußte ganz genau, was mir bevorstand. Es war inakzeptabel, und es war nicht zu ändern. Ob ich der einzige Mensch auf diesem Parkplatz war, den in diesem Augenblick dieses intensive Gefühl der eigenen Sterblichkeit packte? Ich sah mich um: Autos, Menschen, die kamen und gingen. Beiläufig registrierte ich, daß meine Autoschlüssel im Zündschloß steckten; ich konnte mich nicht erinnern, ob ich gerade gekommen war oder fahren wollte. Plötzlich verstand ich, warum Menschen über so erschreckende Dinge wie den Tod so selten nachdachten. Es war, als fokussiere man sich auf das Nahe oder das Ferne. Wenn man auf das Leben konzentriert war, verschwamm die conditio humana – gnädigerweise, denn ansonsten wäre man nicht in der Lage zu funktionieren. Und wenn man die Brennweite veränderte und der Sterblichkeit unmittelbar ins Auge blickte, »das Feuer sah«, wie Wordsworth sagt, dann kam die andere Sichtweise zum Stillstand, diejenige, die den Löffel vom Teller zum Mund führt, die uns Verabredungen eingehen und jemanden schwanger werden läßt und die die Nadel einfädelt. Wenn man zu lange beim Tod verweilte, dann käme das biologische System zum Stehen, und man würde sterben.

»Geht es Ihnen gut?« fragte eine besorgte Stimme an meinem linken Ohr. Ich wandte den Kopf und sah einen Teenager in einem weißen Hemd und einer schwarzen Fliege, der einige leere Lebensmittelkartons hielt. Ich las den Konflikt in seinen Augen: Er wollte fürsorglich, aber nicht aufdringlich sein. Und ich – als ob der mich paralysierende elektrische Strom plötzlich versiegt wäre – war in der Lage zu lächeln und zu sagen: »Ja, ich war nur in Gedanken.« Dann drehte ich den Zündschlüssel um, legte den Gang ein und fuhr davon. Als ich die Kreuzung überquert hatte und einen halben Block weiter war, fuhr ich schon wieder mit gewohnheitsmäßiger Leichtigkeit. Wir beginnen unser Leben als Salzwassertiere, die neun Monate lang in einer salzigen Lösung im Mutterleib schweben. Wir wachsen. Wenn wir Glück haben, werden wir alt.

Nach Plinius dem Älteren enthüllen Orte in subtiler Weise die Zeremonien und Taten, die an ihnen gedeihen. Er nannte die Kunst, solche Qualitäten zu entziffern, »Geomantik«. Die Erde ist ein Garten im Weltraum, und wir sind ein Teil seines blühenden Lebens. Wie seltsam ist es, ein Sack aus Chemikalien zu sein, der über sich selbst nachdenken kann, und wie spaßig ist es doch auch. Auf der Vorderseite meines Hauses steht am Fuße eines Weißdorns ein Stein, in den die Worte *»Carpe diem«,* »Nutze den Tag« eingraviert sind. Neben ihm steht ein kleinerer Stein mit der Inschrift »Erstaune«. Die Steine liegen nebeneinander, denn sie sind die beiden Gesichter des gleichen Gedankens.

49

MEIN MUTTER BESUCHTE einmal die Hängenden Gärten von Babylon; natürlich fand sie sie verändert vor. Nach der Legende errichtete König Nebukadnezar um 600 v. Chr. diese Gärten im Herzen von Babylon. Die Stadt lag in einer Ebene, und Nebukadnezars Frau hatte Heimweh nach den Bergen ihres Heimatlandes; also baute ihr der König Terrassen, die von Steinbögen getragen wurden. Eigentlich waren die Hängenden Gärten höhergelegte Parks, vollständig eingerichtet mit Erdboden und Bäumen.

Heute sind sie kahle Geistergärten, umgeben von Verkaufsständen, und können nur noch auf Ansichtskarten bewundert werden. Alle historischen Gärten leben in der Vorstellung fort. Das gleiche gilt für die Gärten der Kindheit. Oder für die Gärten verflossener Liebschaften. Heraklit hatte recht, als er sagte, daß niemand zweimal in denselben Fluß steigt. Wir atmen die gleichen Luftmoleküle ein, wir bestellen den gleichen Boden, aber ein Garten, der aus Faulheit oder wegen eines Todesfalls vernachlässigt wird, verschwindet, denn ein Garten ist – wie das Leben selbst – ein kultivierter Raum. Mein Garten lebt in diesem Buch weiter, aber wenn ich eines Tages sterbe, wird er bald den Zielen eines anderen Menschen dienen, er wird überwuchert oder von Bulldozern niedergewalzt werden, um Häusern Platz zu machen. Ich beabsichtige, den Wald einer örtlichen Stiftung zu hinterlassen, damit er immer als wilder Park erhalten bleibt. In der Zwischenzeit lenke ich sein Wachstum, und er begleitet das meine. So ist es immer bei verschiedenen Generationen von Lebewesen.

Heute ist ein guter Tag, um die Spuren des Verkehrs im Garten zu lesen. Vogelspuren, Eichhörnchenspuren, Kaninchenfährten, Wühlmaustunnel und der Kot des Wildes (den die Jäger euphemistisch als »Losung« bezeichnen). Falls Sie darüber nachdenken sollten – allerdings wüßte ich nicht, warum Sie das tun sollten –: Bei den meisten Säugetieren kneift der Schließmuskel den Kot ab, der ausgestoßen wurde. Wenn man sich daher die Losung genau anschaut, kann man feststellen, aus welcher Richtung das Tier wahrscheinlich kam.

Winter bedeutet schillernden Schnee, Skilanglauf und das Zapfen von Ahornsaft, aber er bedeutet nicht die Abwesenheit von Vögeln. Viele von ihnen bleiben im Garten und begnügen sich mit dem, was sie an Nahrung schnorren können. Insekten, die in der Baumrinde ihren Winterschlaf halten, dienen als Nahrung für Meisen und Spechte. Finken, Sperlinge und Kardinale finden Strauchbeeren und Blumensamen, und die Krähen und Möwen fressen beinahe alles, besonders an den Tagen, an denen die Menschen ihren Abfall für die Müllabfuhr hinausstellen. Es gibt auch immer noch einige Eulen, Stare und Enten in der Gegend und auch Eichelhäher, Tauben und dunkeläugige Juncos. Wenn man sich anschaut, wie die Vögel sitzen, kann man die Windrichtung bestimmen. Sie sitzen mit dem Gesicht und angelegten Federn zum Wind, so daß die Kälte nicht eindringen kann. In den Winternächten hocken die Krähen zusammen in den höchsten Bäumen und bilden gruselige Lager von annähernd 50 heiser krächzenden Vögeln. Von Zeit zu Zeit hört man von gigantischen Krähen-Metropolen, gewöhnlich im Süden, wo sich bis zu 200 000 Vögel zusammenballen. In meiner Nachbarschaft sind 50 bis 100 Vögel das Maximum, und selbst wenn ich sie nicht sehe, finde ich doch oft ihre Spuren im Schnee (zwischen zwei Schritten lassen sie den Fuß schleifen), oder ich höre ihre nervtötenden Rufe, die irgendwo zwischen einem Kreischen und einem Bellen angesiedelt sind. Ihre riesigen Nester schwanken in den Gipfeln der Bäume. Wenn ich sie beobachte, werde ich oft an den höchsten Ausguck auf einem Schiff erinnert, den man »Krähennest« nennt; der Name stammt aus jenen Zeiten, in denen die Seefahrer hoch oben auf den Masten Krähen hielten. Wenn ein starker Wind das

Schiff vom Kurs abtrieb und der Kapitän den Sichtkontakt zum Land verlor, dann ließ man die Krähen frei und folgte ihnen zur Küste.

Ein Jet zieht seine Skispuren über den Himmel im Osten und hinterläßt weiße Parallelwolken aus Eis, bis sie im blauen Nichts dahinschmelzen. Und im Norden überschneiden sich zwei dicke Kondensstreifen in einem stattlichen, üppigen X. Ich frage mich, welcher Pilot wohl bei dieser Gelegenheit flog und in sich hineinlachte, als er die Abszisse kreuzte. Die beiden Balken werden jetzt im blauen, leeren Himmel breiter wie ein Kreidestreifen. Bald werden die Luftströmungen das X auflösen. Merken Sie sich diese Stelle, sagt der Himmel. Hier ist ein Schatz vergraben. Machen Sie an dieser Kreuzung eine Pause.

Tief am Himmel greift eine Wolkenzange nach der Sonne, reicht bis weit in den grünen Horizont hinein und läßt dann die Sonne wieder frei. Ein weiteres Flugzeug schneidet eine Straße durch das sich auflösende X und verwandelt es mit einem Streich in einen Stern. Dann zerschneidet es den Himmel so sauber, daß es für einen Augenblick so aussieht, als ob die obere Hälfte des Sterns aufsteigen und den ganzen Tag funkeln wolle. Welchen Spaß diese Piloten haben müssen! Ich erinnere mich, wie ich mich gefühlt habe, als ich solche Himmelsspiele spielte.

Als mein lieber Freund Martin bei einem Flugzeugabsturz ums Leben kam, bin ich noch eine Weile weitergeflogen, aber es war nie mehr wie früher. Meine jugendliche Pilotennaivität stürzte mit ihm zusammen ab – irgendwo zwischen Schrecken und Möglichkeit, und von da an zog die Ekstase, die ich beim Fliegen gefunden hatte, einen Schatten des Verlustes hinter sich her. Aber meine Jahre als Pilotin waren in vielerlei Weise wunderbar, und wenn ich den Flugzeugen über mir beim Herumtanzen zusehe, vermisse ich manchmal den Nervenkitzel des Hineintauchens in die Wolken, den kontrollierten Fall der Landung und das Austüfteln der Strecke von einem Wendepunkt zum nächsten, und ich vermisse die Flieger, die sich auf den ländlichen Flughäfen herumtreiben und eine einzigartige Kultur mit eigenem Humor und Werten bilden. Ich war keine besonders talentierte Pilotin, nie meisterte ich die unterschiedlichen Formen von Warteschleifen, noch kümmerte ich mich um den Blindflug nach Instrumenten (vor allem wegen der klimatischen Bedingungen in meiner Heimatstadt). Aber ich liebte es, Teil des Himmels zu sein, mit offenen Augen über die Erde zu treiben und mich an den wechselnden Jahreszeiten dort unten zu erfreuen. Es ist nie das gleiche, wenn man Passagier ist, und das ist man sogar dann, wenn man auf dem Notsitz oder dem Kopilotenplatz sitzt. Als Touristenflüge noch durch den Grand Canyon erlaubt waren, flog ich einmal als Kopilotin in einem zwölfsitzigen Hochdecker, und ich werde nie vergessen, wie die verängstigten Passagiere hinter uns schrieen: »Dieses Mädchen soll ja nichts anfassen.« »Dieses *Mädchen* ist eine Pilotin«, schnappte der Pilot zurück, aber es half nichts. Die Vorstellung von einer Frau im Cockpit machte ihnen Angst. Keine Frau konnte schließlich mit gefährlichen Maschinen umgehen oder in einem Notfall besonnen reagieren. Kann es sein, daß das wirklich erst 20 Jahre her ist? Das war noch nicht einmal in jenem dunklen Zeitalter vor der Frauenbewegung, sondern während jener Zeit, in der die Gesellschaft angeblich politisch bewußt wurde.

Schneeflocken treiben dahin wie Tausende von Schlittschuhläufern auf einem See in einem russischen Roman, der in vergangenen Zeiten spielt, in denen die Frauen Muffs trugen und sich nicht zu schnell drehten. Eis ist glatt, weil es unter dem Druck der Schlittschuhe, Schlitten, Ski oder Schuhe schmilzt und für einen ganz kurzen Moment zu einem wäßrigen Schmiermittel gerinnt, das bei Belastung heiß und schnell und locker wird. Danach kühlt es wieder ab, zieht sich zusammen und baut seine berühmte feste Oberfläche wieder auf.

Selbst bei Schneefall behält der Winter seine deutlichen Aromen, die ich so sehr mag. Die Luft riecht nach Tanne, Zeder, Eibe, feuchter Rinde, verrottenden Blättern, Holzrauch und Baumharz. Nichts riecht so rein wie frischer Schnee, der, während er fällt, die Luft wäscht, indem er Schmutzpartikel mit zu Boden zieht. Danach riecht die Luft so frisch wie vorher der Schneefall und leicht moussierend.

50

An kalten, nüchternen Morgen ohne Erlösung, wenn nicht einmal die Schönheit der Krähen, die wie schwarzer Samt auf dem Schnee aufgenäht sind, mich zerstreuen kann, gehe ich hinaus unter die Niedrigen und Sterblichen. Ich beuge mich zur Erde, jenem atemlosen Sumpf, in dem ein Körper für immer verschwindet, der alle meine Ziele und Leiden kurieren wird; und diesmal habe ich keine Angst, dieses Mal habe ich geschwelgt im kometenhaften Schnee, in Autoreifen, die von einer Brücke die Klänge eines Jets im Flug erklingen lassen, im mosaikartigen Flüstern des Feuers (mal wie Kavallerie im Galopp, mal wie Teppiche, die man im Wind ausschüttelt), in Eierflip, dick und mit viel Vanille wie ein Frappé, in den von Totenköpfen besessenen Azteken, die Schädel aus Felsenkristallen und Gold schnitzten, in der cremefarbigen Stute mit einem Gesicht wie ein Brioche, im Lispeln des Windes, in Aristoteles Ausspruch »Witz ist wohlerzogene Überheblichkeit«, in Fingerabdrükken, die mit Schlingen versehen sind wie eine Wetterkarte, im prächtigen Adieu des Herbstes, dessen Blätter aussehen wie Korallen, die man durch den Glasboden eines Bootes betrachtet, in Autobahnen, die geradeaus führen wie eine Satzung, in Staren, die an den Sparren des Stalls entlang kriechen wie die Christen durchs antike Rom, in den unerwarteten Bomben aus Sonnenlicht im Winter.

Ein Garten ist niemals fertig, soweit er sich auch entwickeln mag. Letztlich vollenden auch wir niemals unser eigenes Wachstum; wenn wir Glück haben, wachsen wir einfach weiter, bis wir aufhören zu sein. Zu Zeiten wachsen wir nicht kontinuierlich oder sanft oder überhaupt wahrnehmbar, sondern stolpernd, rutschend oder im Galopp, ohne es vorzuhaben, oder nur nach großer Anstrengung. Wir wachsen, weil das Leben Wachstum ist, und wir lieben das Leben nicht nur als Vorstellung, sondern zwingend, anonym, in jeder Zelle und Membran. Unsere Neugier ist auch eine Art Membran, genau so wie Liebe, Ehrgeiz, Glaube und die vielen Gewebe des Begehrens, die uns von einer Jahreszeit zur nächsten führen und uns am Ende definieren. Wir wachsen.

51

Seit Monaten regierte der Schnee, ein bis anderthalb Meter hoch, der wie Eiweiß durch den Garten wirbelte. Am Montag aber hat ein sanftes Tauwetter eingesetzt, und die ganze Woche über habe ich das geschmeidige Tröpfeln aus der Dachrinne gehört und den Schnee dabei beobachtet, wie er gleich Sahne verschwand. Das einsame Sabbern eines Eiszapfens wurde zu einer Wasserfolter für meine Ohren, die das Chaos lieben. An diesem Nachmittag tauchte die Steinbank wieder unter ihrer Schneedecke auf. Das Tauen ist die neue Philosophie des Gartens. Zwei Krähen, die schwer mit den Flügeln gegen den Wind schlagen, um zu landen, sehen wie Kellner aus, die Krümel vom Tischtuch wischen.

Ein Eichhörnchen springt von Baum zu Baum und versucht dann, einen Draht herunterzutanzen, der das Futterhäuschen hält. Nach 20 Versuchen läßt es sich nieder, um die Brotkruste zu fressen, die ich ihm hingeworfen habe. Aber es bevorzugt ganz eindeutig die süßen schaukelnden Samen oben im Futterhaus. Anscheinend ärgert es sich den ganzen Tag, denn später kommt es zurück, schätzt noch einmal die Aufgabe ein, rennt den Baum entlang und schlägt wie verrückt gegen den Draht, bis die Samen heraushüpfen wie Pfennige aus einer Bank. Dann stürzt sich das Eichhörnchen auf das Futterhäuschen, so daß es zu Boden kracht und seinen Inhalt überall hin verstreut. *Es gehört dir,* sage ich lachend zur mir selbst. *Du hast es verdient.*

Es war ein glorreiches Jahr für den Garten, obwohl es auch ein schweres Jahr mit vielen Verlusten war. Mein Garten bot mir ein Asyl abseits der fiebrigen Welt, das mich tröstete, wie er Gärtner zu allen Zeiten getröstet hat. Alle Bürden kann man am Gartentor ablegen; jenseits des Tores singt das Licht in den Bäumen, und die Blumenbeete warten geduldig auf Zuwendung. In jedem Frühjahr triumphiert der Garten über die Not und gedeiht aufs neue – trotz allen Wandels, trotz seines langen Schlafs und ungeachtet aller Rückschläge. Ein Garten ist immer eine Sage von Leben und Tod, Geheimnis und Wunder.

52

IST ES SCHON FRÜHLING? Der Frühling wandert mit einer täglichen Geschwindigkeit von ungefähr 20,9 Kilometern oder 14,5 Metern pro Minute nach Norden. Das klingt ziemlich schnell, fast so, als ob man dabei zuschauen könnte. Ich beginne nach feinen Hinweisen und Zeichen in der Schneelandschaft zu suchen. Die Zweige der Trauerweide sind bereits ein wenig gelb geworden, und die Wipfel weiter entfernter Bäume sehen vor lauter neuen Knospen staubrosa aus. Ein paar Kardinale sind frühzeitig eingetroffen, um die besten Nistplätze zu beanspruchen, bevor ihre Rivalen zurückkommen, und ich schwöre, daß ich das stählerne Näseln und Surren einer Amsel gehört habe.

Im Wald streckt ein Stinkkohl seinen grünen Trieb durch einen Wall aus Schnee. Ich spreize meine Finger nahe am Sproß und fühle Wärme. Stinkkohl wirft im Winter seine eigene Heizung an, indem er die Stärke der Pfahlwurzeln in Kohlehydrate umwandelt, die schnell und heiß verbrennen. Manchmal übersteigt die Temperatur der Pflanze die der Umgebung um mehr als sieben Grad. Wenn wir von Warmblütern reden, denken wir gewöhnlich nur an Tiere, Stinkkohl aber verhält sich in dieser Beziehung wie wir Menschen: Bei kaltem Wetter erzeugt er Körperwärme. Der Stinkkohl ist nach seinem Geruch benannt, der an verwesendes Fleisch erinnert – ein Bankett für Fliegen, die gleichzeitig seine Hauptbestäuber sind. Er kommt vor allem in den Marschen vor und blüht sehr früh. Aber ich finde auch andere Wildblumen, die schon blühen. Mein persönlicher Frühling beginnt hier im Wald – mit Forellenlilien, Stinkkohl, blauen Veilchen, Fußblatt, weißem Dreiblatt, wilden rosa Geranien und winzigen weißen Tränenden Herzen. Ein wenig später wird sich der Frühling auch in meinen Garten weiterschlängeln.

Andererseits hat der Magnolienbaum noch nicht zu blühen begonnen, obwohl ich einige seiner Zweige im Haus zur Blüte genötigt habe. Die Apfelbäume treiben noch keine Blüten, und auch der Redbud hat seine herzförmigen Blätter und fuchsienartigen Blüten noch nicht entfaltet. Die langen, sich in weichen Kurven schlängelnden Zweige der Forsythien sind schwach goldfarben geworden, aber ihre sonnigen Kaskaden werden noch Wochen auf sich warten lassen. An einem warmen Tag in der letzten Woche erschienen die ersten Kaninchen, wie aus dem Hut eines Zauberers entsprungen. Welcher Wecker hat da wohl in ihren Venen geklingelt? Warum gerade an diesem Montag? Sie waren gerade aufgewacht, da begannen sie einander auch schon wild den Hof zu machen, jagten einander quer über das Gelände und vollführten Pogo-Tänze in einer Art Hüpfmenuett, bei dem ich immer an geile Kaninchen denken muß. Die Eichhörnchen suchen ganz wild nach Futter. Der Abenddämmerungs-Chor hat einige neue Mitglieder geworben, vor allem Kardinale, die hoffen, andere Nestsucher bespringen zu können. Trotz all dieser Zeichen ist der Frühling noch nicht so recht im Saft.

Ein Reh schlendert zum Futterplatz der Eichhörnchen und fängt an, den heruntergefallenen Mais unterhalb des Eichhörnchen-Spielzeugs zu fressen. Ich frage mich, wo das andere Wild steckt. Normalerweise erscheint es nur in Gruppen. Dann eine Überraschung: Ich erkenne kurze, fünf Zentimeter lange Hörner auf dem Kopf des Tieres. Es ist ein junger Bock, dessen Geweih bald wachsen wird, und – genau! – männliches Wild neigt zu Einzelgängertum. Als ich ihm einen Apfel hinwerfe, beschnüffelt er dessen menschlichen Geruch und zieht sich in den Wald zurück. Aber er kommt bald zurück, um wieder vom Mais zu fressen.

Ab und an erschrecken ihn die Eichhörnchen, die über ihm herumturnen, aber er fährt fort, den Maisschatz abzuweiden. Er ist ein Jährling, stark und muskulös wie die Hirschkühe, er hat auch das gleiche Gesicht und Augen, die mit braunen Ringen umkreist sind. Auch die Eichhörnchen haben umrissene Augen – genau wie wir Menschen (unsere Augenlider). Augen sind ein wichtiges Merkmal, um schnell herauszufinden, wie die Stimmung und die Absichten eines Tieres sind. Während sieben graue Eichhörnchen eifrig die Bäume hinauf- und hinunterjagen, läßt sich der Bock schließlich zu einem bequemen Weiden nieder.

Obwohl ich sechs Meter entfernt auf meiner Couch im Gartenzimmer sitze, ist sich der Bock meiner bewußt, aber er scheint keine Angst davor zu haben, von mir beobachtet zu werden. Dann aber erschreckt ihn irgend etwas im Garten des Nachbarn, und er zieht sich langsam in den Wald zurück, wartet und beobachtet, wirft einen Blick zurück aufs Haus und kehrt dann vorsichtig zum Maishaufen zurück. Ein zweiter junger Bock schlendert aus dem Wald herbei und schließt sich ihm an. Ihre noch im Entstehen begriffenen Geweihe sehen wie Patronenhülsen aus. Dann erscheint Triangle, die große Hirschkuh. Ich freue mich, denn ich habe sie seit Monaten nicht mehr gesehen. Ob das ihre Jährlinge sind?

Von Zeit zu Zeit beäugen die drei Tiere die Maiskolben, die knapp außerhalb ihrer Reichweite an den Bäumen hängen, aber auch auf dem Boden liegt noch genug Mais. Nervös scheuen sie vor irgend etwas Wirklichem oder Eingebildetem zurück und trotten zurück in den Wald, wobei die Hirschkuh den Weg zum niedrigen Zaun eines Nachbarn vorgibt. Als sie einen Platz zum Springen gefunden hat, stellt sie sich im rechten Winkel auf und überspringt den Zaun. Die Böcke schreiten nervös auf und ab. Einer schnüffelt am Zaun, verlagert sein Gewicht auf die Hinterkeulen, spannt die Muskeln an, verliert die Nerven und läßt in seiner Spannung nach, er schreitet vorwärts und rückwärts, geht dann ein böses Risiko ein (nämlich sich eines seiner zarten Beine zu brechen) und schießt wie eine Rakete hoch, wobei er die Hinterhufe nach oben wirft, als er den Zaun überspringt. Der zweite, etwas kleinere Bock nimmt den langen Weg durch den Wald. Wahrscheinlich treffen sie sich auf dem waldgesäumten Pfad, der sich über einen Kilometer zwischen den Vorstadtgrundstükken hindurchschlängelt und nach Sapsucker Woods führt. Ich hoffe, daß die Tiere nicht über eine vielbefahrene Kreuzung müssen. Ich habe sie oft auf den Wiesen angrenzender Grundstücke gesehen und mich gewundert, wie weite Strecken sie zurücklegen. Diese Wälder und Grundstücke riechen vertraut für sie. Ich habe es schon einmal gesagt: Wir Menschen haben ihr Land besetzt, und wir sollten nicht überrascht sein, wenn sie einmal zum Abendessen hereinschauen.

Im späten Winter stellt man sich unter dem Schnee den Garten vor. Das Paradies existiert; wir können es zwar nicht direkt sehen, aber es ist da, wenn wir zurück oder etwas schräg oder nach vorne oder um das Eselsohr einer Kalenderseite herum blicken. Daher erinnere ich mich an das Paradies der Rosen im letzten Sommer und nehme das Paradies der 1000 Narzissen im Frühjahr vorweg. Alle Gärtner sind Optimisten, unser Kompaß weist nach vorne. Der Garten existiert schon als zukünftiger Stand der Gnade, den ich nur noch erwarten muß. Warum habe ich eigentlich im letzten Sommer keine Kapuzinerkresse gepflanzt? Jamaica Kincaid schreibt in *My Garden* über den narkotisierenden Genuß dieser Pflanzen: »Nachts war ihr Geruch köstlich – süß, wie etwas in Gärung, das einen verrückt machen könnte, wenn man es verzehrt.« Ich kann diesem aromatischen Delirium nicht widerstehen; im Paradies des nächsten Jahres will ich nachts ganze Berge Kapuzinerkresse inhalieren. Dieses Jahr habe ich ganz vergessen, den Riesenkohl zu pflanzen, der im späten Herbst einen purpur-grünen Archipel entlang der Auffahrt erschafft. Sollte ich einen Zen-Garten einrichten, in dem sich über Jahrhunderte hinweg nichts verändert außer der Oberfläche der Steine, auf denen Flechten und Moos wachsen? Sollte ich ein Gazebo bauen, ein Bauwerk, das in Persien als Plattform zur Beobachtung des Mondes erfunden wurde? Welche Tulpen werden wiederkehren? Leider blühen Tulpen nur wenige Jahre, und ich schreibe mir nie auf, welche ich wann gepflanzt habe, weil ich es vorziehe, von der Wiederkehr alter Bekannter und dem Auftauchen neuer Einwanderer in meinen Garten überrascht zu werden. Jede Mutterzwiebel, die ich im Herbst pflanzte, ist mit Tochterzwiebeln schwanger, die ungleiche Mengen ihrer Energie erben werden. Nach der Blüte wird die Mutter sterben, und die stärksten Töchter werden im darauffolgenden Jahr blühen. Da die Energie jedes Jahr aufgeteilt wird, erschöpfen sich die Zwiebeln mit der Zeit ganz einfach von selbst. Also behandele ich die Tulpen wie Jahrespflanzen, erfreue mich an ihnen, solange sie blühen, erwarte keine Bindung und schätze mich glücklich, falls sie länger verweilen. Ich weiß daher nie, wie der Frühjahrgarten aussehen wird, abgesehen davon, daß es eine Überfülle an Blüten in einer Landschaft geben wird, in der die Anarchie regiert. Jeder Zustand grünen Anstands, den ich erreichen mag, ist provisorisch, ein Aufblitzen von Kontrolle in einer Wildnis voller Diebe.

Ich möchte Zeit haben, um mich zu konzentrieren, und ich möchte nicht hetzen, heute abend aber bin ich furchtbar ungeduldig und wünsche mir, daß die Wachstumszeit endlich beginnen und der Garten, der für jeden Gärtner ein ganz eigenes Eden darstellt, sich als erneuerbares, wenn nicht sogar als permanentes Paradies neu erfinden möge. Ich glaube nicht an Gartengötter, aber ich glaube sehr wohl an die Macht der Anrufung, um den Geist des Gartens wachzurütteln: Du Garten des Wachstums, du Garten des grünen Blutes, du Garten, in dem getüpfeltes Licht und Wasser sich in den Bäumen vermischen, du Krähengarten, du Käfergarten, du Garten der Träume, du Garten in der Oase eines mit Leben getränkten Planeten, du Garten, in dem Wünsche Gestalt annehmen, du Garten der Blumenarchitektur und der gefleckten Rehe, du Garten, in dem das Wunderbare in einen Millionen Jahre alten Kieselstein eingeritzt ist, du Garten, in dem es von Sichtbarem und Unsichtbarem wimmelt, du Garten der Beete und der Samenkästen, du Garten des Taus, du Garten des Überfälligen, du Garten, in dem wir uns verlobten und in dem wir unser Gewerbe betreiben, du Garten, der du den Geist ins Heilige führst, du vergänglicher Garten, du Garten der Erinnerungen, du summender und zwitschernder Garten, du Garten, in dem Gifte und Arzneien gedeihen, du Teichgarten, du Wolkengarten, du Garten, der du eine Urne für die Seele bist, du Garten der Appelle und Verzeichnisse, in dem das Leben verschiedene Rezepte ausprobiert, du Garten, in dem Regen wie Manna fällt, du Garten, dessen dauernde Grenzen unendlich sind, du Garten, dessen Bräuche und Tabus böses Blut im Geiste machen, du Schneegarten, du Garten des Geistes, du Garten der Quarzkristalle und des verführerischen Lichts.

Jeden Tag muß es jetzt so weit sein: Der Frühling wird das windgefrorene Tal wiederbeleben, den Chor der Abenddämmerung neu stimmen und die Pappeln Loblieder über das

Ende des Winters anheben lassen. Ich schwöre, die Weiden werden gelber, während ich sie anschaue. Andere Bäume glitzern vor Saft und schwimmen in Knospen. Eichhörnchen spielen in den Hinterlassenschaften des letzten Jahres herum. Das Moos hat eine Willkommensmatte ausgebreitet, und rotkappige Pilze stehen in einem drolligen Durcheinander aus Sonne und Eis zum Appell bereit wie britische Soldaten. Der Frühling klinkt seine schweren Tore auf, scheucht alte, staubige Winterschläfer aus ihren Betten und beginnt ein ruhiges Hantieren mit Knospen, Knoten und Nüßchen und den flatternden Bändern aus Zeit, Licht und Blut. Als ich zum Briefkasten hinuntergehe, eingehüllt in Nebel, pfeifen Vögel auf ruckenden Füßen in den Pappeln, die dort wie Morgengeister zwischen den Häusern stehen, und endlich schmeckt die Luft grün.

Nachtrag

Die nachfolgende Liste ist eine Bestandsaufnahme der Pflanzen in meinem Garten, die ich zu Beginn des Monats September 2000 vorgenommen habe. Ich habe die Frühlingszwiebeln nicht aufgenommen, weil es von ihnen so viele Varianten gibt, daß die Liste endlos geworden wäre. Ebenso habe ich weder die circa 100 Rosenarten spezifiziert, die in den drei Rosenbeeten stehen, noch die natürlichen Waldpflanzen, die entlang des Waldweges wachsen. Aber vielleicht ist es hilfreich, daß ich die Lichtbedingungen für jedes der im folgenden aufgeführten Beete mitgenannt habe, denn man braucht schon ein paar Jahre, um herauszufinden, welche Pflanzen unter welchen Bedingungen am besten wachsen. Ich füge diesen Nachtrag für den Fall bei, daß Sie sich ein Bild davon machen wollen, welche Pflanzen wo wachsen, oder für den Fall, daß Sie sich einfach an den malerischen Namen erfreuen – so wie ich.

1. Beet in der Nähe des Weges auf der Vorderseite (Halbschatten)

Rosa x hybrida	Hybrid-Rose
Astilbe x arendsii	Gartenastilbe
Sedum spectabile	Fetthenne
Aquilegia x hybrida	Akelei
Aster novae-angliae	Neuenglische Aster
Achillea millefolium	Gemeine Schafgarbe
Eupatorium rugosum	Runzliger Wasserdost
Lobelia cardinalis	Kardinalsblume

Baptisia australis	Blaue Färberhülse
Verbascum chaixii	Gelbe Königskerze
Ligularia przewalskii	Przewalski-Greiskraut

2. Erhöhtes Beet in der Nähe der Auffahrt (volle Sonne)

Rosa x hybrida	Hybrid-Rose
Phlox subulata	Phlox
Iris ensata	Violette Schwertlilie
Iris pumila	Rote Schwertlilie
Alyssum saxatilis	Gelbes Steinkraut
Aster novi-belgii	Neubelgische Aster
Sedum kamtschaticum variegatum	Fetthenne
Aster laterifolius	Aster ›Prince‹
Papaver orientale	Türkischer Mohn
Hypericum calycinum	Immergrünes Johanniskraut
Dianthus	Nelke
Euphorbia polychroma	Vielfarbige Wolfsmilch
Sedum spectabile	Fetthenne
Platycodon grandiflorus	Ballonblume
Chrysanthemum x superbum	Sommermargerite
Rudbeckia fulgida	Schwarzäugiger Sonnenhut
Perovskia atriplicifolia	Silber-Perowskie
Lavendula angustifolia	Echter Lavendel
Iberis sempervirens	Schleifenblume
Aster novae-angliae	Neuenglische Aster
Sedum spurium	Kaukasus-Fettkraut
Coreopsis lanceolata	Mädchenauge

3. Beet am Ende der Auffahrt (volle Sonne)

Hemerocallis x hybrida	Taglilie ›Stella de Oro‹
Rudbeckia fulgida	Schwarzäugiger Sonnenhut

Lychnis coronaria	Lichtnelke
Phlox subulata	Phlox
Aster novi-belgii	Neubelgische Aster
Echinacea purpurea	Purpur-Sonnenhut
Sedum spectabile	Fetthenne
Scabiosa caucasica	Scabiosen
Dendranthema	Chrysantheme ›Mary Stoker‹
Chrysanthemum x superbum	Sommermargerite
Aster dumosus	Kissenaster
Aster novae-angliae	Neuenglische Aster
Cheiranthus allionii	Goldlack
Knautia macedonica	Ackerwitwenblume
Boltonia asteroides	Sternwolkenaster
Solidago x hybrida	Hybrid-Goldrute
Papaver orientale	Türkischer Mohn
Aquilegia x hybrida	Akelei
Buddleia davidii	Schmetterlingsstrauch
Oenothera fructicosa	Gelbe Nachtkerze

4. Kleiner Kreis in der Nähe des Beetes am Ende der Auffahrt (volle Sonne)

Achillea millefolium	Gemeine Schafgarbe
Hemerocallis x hybrida	Taglilien

5. Großes Beet an Vorderfront und Seite des Hauses (Halbschatten, voller Schatten)

Sträucher

Syringa patula	Zwergduftflieder
Kalmia latifolia	Breitblättrige Lorbeerrose
Cotinus coggygria	Grüner Perückenstrauch
Pieris japonica	Lavendelheide

Buddleia davidii	Schmetterlingsstrauch ›Black Knight‹
Prunus cistena	Zwergblutpflaume
Spirea nipponica	Japanische Strauchspiere
Calycanthus floridus	Gewürzstrauch
Fothergilla gardenii	Federbuschstrauch
Itea virginica	Rosmarinweide
Euonymous alatus	Flügel-Spindelstrauch
Forsythia intermedia	Hybrid-Forsythie
Campsis radicans	Trompetenblume
Rosa x hybrida	Hybrid-Rose ›CarefreeDelight‹, ›All That Jazz‹, ›Guy de Maupassant‹, ›Blaze‹

Mehrjährige Pflanzen

Hemerocallis x hybrida	Taglilie ›Siloam Double Classic‹, ›Breathless Beauty‹, ›Pandora's Box‹, ›Mary Todd‹, ›Brocaded Gown‹, ›Happy Returns‹, ›Stella de Oro‹,
Lilium orientale	Orientalische Lilie
Phlox paniculata	Stauden-Phlox
Digitalis purpurea	Roter Fingerhut
Eupatorium rugosum	Runzliger Wasserdost
Aster novae-angliae	Neuenglische Aster ›Alma Potschke‹, ›Honeysong Pink‹
Aster novi-belgii	Neubelgische Aster ›Patricia Ballard‹
Rudbeckia fulgida	Schwarzäugiger Sonnenhut
Sedum spectabile	Fetthenne ›Autumn Joy‹
Platycodon grandiflorus	Ballonblume
Aquilegia x hybrida	Akelei
Lychnis coronaria	Lichtnelke

Papaver orientale	Türkischer Mohn
Perovskia atriplicifolia	Silber-Perowskie
Verbascum chaixii	Gelbe Königskerze
Verbascum densiflorum	Großblütige Königskerze
Aster laevis	Glattblattaster
Polemonium caeruleum	Jakobsleiter
Liatris spicata	Ährige Prachtscharte
Geranium dalmaticum	Dalmatinischer Storchschnabel
Penstemon barbatus	Bartfaden
Aster x hybrida	Hybridaster ›Astee Roset‹
Veronica virginica	Virginischer Ehrenpreis
Belamcanda chinensis	Leopardenblume
Centaurea macrocephala	Gelbe Flockenblume
Artemisia ludoviciana	Beifuß ›Valerie Finnis‹
Delphinium elatum	Hoher Rittersporn ›Astolat‹, ›Bluebird‹, ›Black Knight‹
Sedum telephium	Purpur-Fetthenne ›Matrona‹
Aquilegia x hybrida	Akelei ›Black Barlow‹, ›Blue Barlow‹
Veronica spicata	Ehrenpreis
Baptisia australis	Blaue Färberhülse
Coreopsis lanceolata	Mädchenauge
Chrysanthemum x superbum	Sommermargerite
Veronica spicata	Ehrenpreis ›Icicle‹
Dianthus barbatus	Bartnelke
Salvia superba	Blumensalbei ›May Night‹
Sidalcea malviflora	Präriemalve ›Party Girl‹
Sedum spectabile	Fetthenne ›Carmen‹
Penstemon x hybrida	Hybrid-Bartfaden ›Husker's Ted‹
Tiarella wherryi	Schaumblüte
Astilbe x arendsii	Gartenastilbe ›Catherine Deneuve‹
Lamiastrum galeobdelon	Goldnessel ›Herman's Pride‹

Lilium orientale	Orientalische Lilie ›Hit Parade‹, ›Mediterranee‹, ›Bergamo‹, ›Milano‹, ›On Fire‹
Phlox stolonifera	Wanderphlox ›Bruce's White‹
Phlox divaricata	Waldphlox ›Fuller's White‹
Ligularia przewalskii	Przewalski-Greiskraut
Cimicifuga racemosa	Silberkerze ›Brunette‹
Liriope spicata	Schlangenwurz
Digitalis	Fingerhut ›Grime's Dwarf‹
Lobelia siphilitica	Virginische Lobelie
Silene maritima alba	Leimkraut ›Robin White Breast‹
Lobelia gerardii x vedrariensis	Stauden-Lobelie
Stachys officinalis	Heil-Ziest
Sempervivum tectorum	Echter Hauswurz
Opuntia humifusa	Zusammengedrückte Opuntie
Thalictrum delavayi	Wiesenraute
Dendranthema	Chrysantheme ›Clara Curtis‹
Oenothera fruticosa	Gelbe Nachtkerze

Einjährige Pflanzen

Lopezia racemosa	Moskitoblume
Zinnia elegans	Zinnie
Antirrhinum majus	Gartenlöwenmaul
Angelonia angustifolia	Mandiana
Amaranthus caudatus	Garten-Fuchsschwanz
Impatiens x hybrida	Fleißiges Lieschen
Clerodendron	Losbaum
Lobelia	Lobelie ›Crystal Palace‹
Mimulus	Gauklerblume
Viola	Stiefmütterchen
Nigella	Schwarzkümmel
Cosmos sulphureus	Schmuckkörbchen
Tagetes erecta	Studentenblume

6. Garten unter den Apfelbäumen (teilweiser bis voller Schatten)

Sträucher

Rhodondendron catawbiense	Rhododendron ›Catawhiense Grandiflorum‹
Rhodondendron roseum elegans	Rhodondendron ›Roseum elegans‹
Ilex aquifolium	Stechpalme
Leucothoe fontanesiana	Traubenheide
Pieris japonica	Lavendelheide

Mehrjährige Pflanzen

Polemonium Brise d'Anjou	Vielfarbige Jakobsleiter
Primula japonica	Japanische Primel

7. Schattengarten unter den Apfelbäumen (voller Schatten)

Lobelia siphilitica	Virginische Lobelie
Lobelia cardinalis	Kardinalsblume
Eupatorium rugosum	Runzliger Wasserdost ›Chocolate‹
Ligularia stenocephala	Greiskraut
Lamiastrum goleobdolon	Goldnessel
Ajuga reptans	Kriechender Günsel
Clematis integrifolia	Ganzblättrige Waldreben
Tradescantia x andersoniana	Dreimasterblume
Hosta seiboldiana elegans	Blaublattfunkie
Physostegia virginiana	Gelenkblume ›Variegata‹
Viola labradorica	Labradorveilchen
Geranium maculatum	Gefleckter Storchschnabel
Myosotis biennis	Vergißmeinnicht

Heuchera sanguinea	Purpurglöckchen
Astilbe chinensis	Chinesische Prachtspieren
Astilbe x arendsii	Gartenastilbe
Sedum spectabile	Fetthenne ›Autumn Joy‹, ›Carmen‹
Helenium autumnale	Sonnenbraut
Geranium endressii	Storchschnabel
Lilium orientale	Orientalische Lilie ›Stargazer‹, ›Bergamo‹, ›Hit Parade‹
Aquilegia x hybrida	Akelei
Ligularia przewalskii	Przewalski-Greiskraut
Matteuccia struthiopteris	Deutscher Straußfarn
Digitalis purpurea	Roter Fingerhut
Hemerocallis x hybrida	Taglilie ›Stella de Oro‹, ›Chicago Apache‹, ›Nob Hill‹, ›Bittersweet Honey‹, ›September Gold‹
Carlina vulgaris	Distel ›Silver Star‹
Aster novae-angliae	Neuenglische Aster ›Harrington's Pink‹
Helianthus salicifolius	Sonnenblume
Clematis	Klematis ›Madame Julie Correvon‹, ›John Warren‹
Mentha officinalis	Pfefferminze
Oenothera fructicosa	Gelbe Nachtkerze
Lysimachia mummularia	Pfennigkraut
Vinca minor	Kleines Immergrün
Onoclea sensibilis	Perlfarn

8. Garten am Teich (volle Sonne)

Lavandula angustifolia	Echter Lavendel
Sedum spectabile	Fetthenne ›Frosty Morn‹
Hemerocallis x hybrida	Taglilie
Hibiscus	Hibiskus ›Southern Belle‹

Lamium maculatum	Gefleckte Taubnessel
Caryopteris x clandonensis	Bartblume
Lilium orientale	Orientalische Lilie
Phlox paniculata	Stauden-Phlox (weiß)
Sedum spectabile	Fetthenne ›Autumn Joy‹
Phlox subulata	Phlox
Echinacea purpurea	Purpur-Sonnenhut

9. Zen Garten (Sonne, trockener Boden)

Lilium orientale	Orientalische Lilie
Lilium asiaticum	Asiatische Lilie
Lilium tigrinum	Tigerlilie
Hosta	Funkie
Sedum spectabile	Fetthenne ›Autumn Joy‹, ›Carmen‹, ›Matrona‹
Anemone x hybrida	Japanische Anemone

10. Lange Rabatte am Fuß des Grundstücks (teilweiser Schatten)

Hemerocallis x hybrida	Taglilie
Lythrum salicaria	Blut-Weiderich
Ligularia przewalskii	Przewalski-Greiskraut
Ligularia stenocephala	Greiskraut
Phlox paniculata	Stauden-Phlox (weiß, rosa, lavendel)
Helenium autumnale	Sonnenbraut
Lobelia siphilitica	Virginische Lobelie
Aster species	Aster
Paeonia suffruticosa	Strauch-Päonie
Lobelia x hybrida	Purpurne Lobelie
Eupatorium purpureum	Purpur-Wasserdost
Eupatorium cannibium	Kanadischer Wasserdost

Oenothera fructicosa	Gelbe Nachtkerze
Astilbe x arendsii	Gartenastilbe
Chrysanthemum superbum	Sommermargerite
Chelone glabra	Schildblume
Onoclea sensibilis	Perlfarn
Solidago species	Goldrute

11. Neues Beet (noch nicht voll eingepflanzt)

Sträucher und Bäume

Malus	Apfel ›Radiant‹
Salix integra	Japanische Strauchweiden
Salix discolor rosea	Rotweide
Hibiskus syriacus	Straucheibisch
Euonymous alatus	Flügel-Spindelstrauch
Forsythia intermedia	Hybrid-Forsythie
Rosa x hybrida	Hybrid-Rose ›Simplicity‹
Hosta	Funkie

12. Garten in der Nähe der Veranda (noch nicht voll eingepflanzt)

Hosta	Funkie
Hemerocallis	Taglilien
Lobelia siphilitica	Virginische Lobelie
Rudbeckia fulgida	Schwarzäugiger Sonnenhut
Caltha palustris	Sumpfdotterblume
Dendranthema	Chrysantheme ›Clara Curtis‹
Yucca filamentosa	Palmlilie
Aster species	Astern ›Professor Kippenburg‹, ›Woods Light Blue‹, ›Alma Potschke‹
Aster lateriflorus	Aster ›Lady in Black‹

Ligularia przewalskii	Przewalski-Greiskraut
Ligularia dendata	Greiskraut
Achillea millefolium	Gemeine Schafgarbe ›Paprika‹
Hyssopus officinalis	Ysop
Anthemis kelwayi	Färberkamille
Calamintha nepetoides	Fasanenminze
Helianthus helianthoides	Sonnenblume ›Flora Pleno‹
Sedum spectabile	Fetthenne ›Carmen‹
Sedum seiboldii	Fetthenne ›Vera Jameson‹

13. Eichhörnchengarten (teilweiser und voller Schatten)

Hemerocallis x hybrids	Taglilie ›Manila Moon‹, ›September Gold‹, ›Pandora's Box‹, ›Happy Returns‹, ›Mary Todd‹
Eupatorium rugosum	Runzliger Wasserdost ›Chocolate‹
Ligularia przewalskii	Przewalski-Greiskraut
Ligularia dendata	Greiskraut
Sedum spectabile	Fetthenne ›Autumn Joy‹
Rudbeckia fulgida	Schwarzäugiger Sonnenhut
Eupatorium purpureum	Purpur-Wasserdost
Hakonechloa macra	Goldbartgras
Lobelia cardinalis	Kardinalsblume
Sanguisorba canadensis	Kanadischer Wiesenknopf
Primula denticulata	Kugelprimel
Primula japonica	Japanische Primel
Astilbe chinensis	Chinesische Prachtspieren
Dicentra spectabilis	Tränendes Herz
Monarda didyma	Indianernessel
Aster novae-angliae	Neuenglische Aster ›Alma Potschke‹
Lobelia siphilitica	Virginische Lobelie

Lobelia hybrid	Purpurlobelie
Polemonium caeruleum	Jakobsleiter ›Brise d'Anjou‹
Pieris japonica	Lavendelheide ›Mountain Fire‹ (Strauch)

14. Kleiner Garten gegenüber dem Eichhörnchengarten (Schatten, trockener Boden)

Althyrium nipponicum	Regenbogenfarn
Hakonechloa macra	Goldbartgras
Sedum spurium	Kaukasus-Fettkraut
Myosotis biennis	Vergißmeinnicht
Primula polyanthus	Primel
Brunnera macrophylla	Kaukasus-Vergißmeinnicht
Galium odoratum	Waldmeister

15. Lichtung (starker Schatten)

Hemerocallis x hybrids	Taglilien
Hostahybrids	Hosta
Sedum spectabile	Fetthenne ›Autumn Joy‹, ›Rosy Glow‹
Primula denticulata	Kugelprimel
Pulmonaria officinalis	Echtes Lungenkraut
Lamium maculatum	Gefleckte Taubnessel
Physostegia virginiana	Gelenkblume ›Variegata‹
Trollius europaeus	Trollblume

16. Bibliotheksgarten (Halbschatten)

Hemerocallis	Taglilien
Astilbe x arendsii	Gartenastilbe
Astilbe chinensis	Chinesische Prachtspieren

Lobelia cardinalis	Kardinalsblume
Thalictrum aquilegifolium	Akeleiblättrige Wiesenraute
Rudbeckia fulgida	Schwarzäugige Susanne
Pulmonaria officinalis	Echtes Lungenkraut
Physostegia virginiana	Gelenkblume
Chelone oblique	Schildblume
Trollius europaeus	Trollblume
Polemonium caeruleum	Jakobsleiter
Helleborus foetidus	Stinkende Nieswurz
Primula japonica	Japanische Primel
Saxifraga	Steinbrech
Tussilago farfara	Huflattich
Aquilegia hybrids	Akelei

17. Rabatte in der Nähe der Auffahrt (volle Sonne)

Coreopsis verticillata	Mädchenauge
Paeonia suffruticosa	Strauch-Päonie
Miscanthus zebrinus	Zebragras
Rudbeckia fulgida	Schwarzäugiger Sonnenhut
Hemerocallis x hybrids	Taglilie ›Stella de Oro‹
Heliopsis helianthoides	Garten-Sonnenauge
Erianthus ravennae	Ravennagras
Digitalis lutea	Gelber Fingerhut
Rudbeckia triloba	Sonnenhut
Coreopsis lanceolata	Mädchenauge
Achillea filipendulina	Goldgarbe
Iris sibirica	Sibirische Schwertlilie
Miscanthus sinensis	Chinaschilf
Carex	Segge

Danksagungen

Vielen Dank an Carrie Szewczyik für ihre unbezahlbare Unterstützung, die es mir ermöglichte, meine Tage schreibend und im Garten zu verbringen, während ich mich von einem Fahrradunfall erholte.

Chrys Gardener war so freundlich, das Manuskript zu lesen und dabei nach unglücklichen Ausdrücken zu suchen. Sie und Bill Carini sind wunderbare Menschen, die geholfen haben, Garten und Besitzerin viel Freude zu bringen.

Einige wenige Abschnitte dieses Buches erschienen in abgewandelter Form in *Civilization*, *New York Times*, *Parade* und *Victoria*. Ich bin den Herausgebern für ihr Willkommen dankbar.

Tief empfundener Dank an Paul West und Jeanne Mackin, die das Manuskript liebevoll durchsahen, an meine Agentin Virginia Barber für ihre Galanterie und gute Arbeit und an meine Herausgeberin Terry Karten für ihre Gewissenhaftigkeit und ihren inspirierenden Enthusiasmus.

JUAN MADRID
Mein Amazonas
Eine phantastische Reise
EUROPA VERLAG